大学图书馆泛学科化服务体系

陈　进　著

海洋出版社

2018年·北京

图书在版编目（CIP）数据

大学图书馆泛学科化服务体系/陈进著. —北京：海洋出版社，2018. 4
ISBN 978-7-5210-0072-6

Ⅰ. ①大… Ⅱ. ①陈… Ⅲ. ①院校图书馆-图书馆服务-研究 Ⅳ. ①G258. 6

中国版本图书馆 CIP 数据核字（2018）第 207306 号

责任编辑：杨海萍　张　欣
责任印制：赵麟苏
海洋出版社　**出版发行**
http：//www. oceanpress. com. cn
北京市海淀区大慧寺路 8 号　邮编：100081
北京朝阳印刷厂有限责任公司印刷　　新华书店发行所经销
2018 年 11 月第 1 版　2018 年 11 月北京第 1 次印刷
开本：787mm×1092mm　1/16　印张：22. 25
字数：341 千字　定价：58. 00 元
发行部：62132549　邮购部：68038093　总编室：62114335

前 言

1950年，美国内布拉斯加大学图书馆借推行分馆制的契机，在人文、社会科学、科学技术及教育四个分馆开始聘用学科馆员，因此，该馆成为美国也是世界上第一个最具代表性开展学科馆员服务的大学图书馆。此后，在北美、欧洲等地，学科馆员制度迅速普及，并逐步形成以学科馆员制度为代表的服务体系。

我国高校图书馆探索学科馆员制度大约起步于20世纪90年代末，不过，直到2007年之前，大多数高校图书馆的学科化服务基本以照搬国外学科馆员制度的经验和做法为主，缺乏中国特色与本土化创新，未能深入理解并凝练学科化服务的意义和内涵。并且，高校图书馆普遍存在认识上的"偏见"，认为学科化服务"高高在上，无法企及"，认为馆员一定要有高的学历和很强的专业背景才能够胜任学科化服务。这种不自信和盲从的态度，阻碍了学科化服务在更多高校图书馆的建立和普及。

其实，只要仔细思考，找准方向，学科化服务并不神秘，学科化服务可以无处不在，甚至成为每一所大学图书馆创新服务方向。上海交通大学图书馆早在1993年就意识到学科馆员制度是研究型大学图书馆的发展之路，相继召开研讨会探讨学科化服务的可行性，并在2003年末，推出学科咨询馆员制度，至2008年，以闵行校区的新图书馆落成为契机，对原本舶来品的学科馆员制度进行了卓有成效的全新设计和本土化创新改造，形成了以IC^2创新服务模式为核心的泛学科化服务体系。从服务理念重塑，到组织机构改革，到学科服务团队组建，直至馆藏空间布局与各类业务流程，从一线服务到后台支撑，全盘以学科化服务为主线进行了整合，再加上和谐的组织文化保障，最终在国内走出了一条独具特色的泛学科化服务之路。泛学科化服务让读者有了良好的服务获得感，不仅全面提升了图书馆的服务效能和服务品质，而且在中国高校图书馆界产生了深远的影响。2011—2012 年期间，由上海交通大学图书馆负责的 CALIS 三期馆员素养培训项目，通过 5 期学科馆员培训班、2 期学科服务走进西部培训班和 2 期馆长研修班，共培训了全国 192 家高校图书馆的 322 名学科馆员，组织了近 200 所大学图书馆馆长互动研讨，建立起适应不同层面的、标准化和规范化的专业馆员素养和能力培训体系。此外，该项目还接受了 100 余位访问馆员，在实践中接受学科化服务训练。今天来看，具有中国特色的全新型学科化服务体系如同种子，在越来越多的高校图书馆播种、生根、发芽、结果。可以说，学科化服务在中国高校已经是风生水起，蓬勃向前，进入了普及推广和纵深推进的新阶段。

抚今追昔，泛学科化服务体系从初期举步维艰的破冰之旅，到高歌猛进的深化之举，再到势如破竹的普及之略，终至今天精彩纷呈的文化之韵，孕育了 IC^2 创新服务模式、资源建设“三一原则”、鲜悦(Living Library) 等多个服务品牌。依托 IC^2 创新服务模式的 IC^2 创新支持计划和 IC^2 人文拓展计划，泛学科化服务体系开拓创建院系基地、遍访教授，嵌入教学、兴智慧泛在课堂，融入科研、推信息专员计划，设立创新交流社区，交圕·学堂、“思源悦读”和以人为书的“鲜悦(Living Library)”弘扬阅读文化，情报分析辅助高端决策、人才评估、学科态势分析。这一系列原创性的服务举措点燃了图书馆员的激情和创意，提升了图书馆的形象。使得图书馆的服务到了教师的办公桌、研究者的实验室，到了教室和学生宿舍，到了校园的每一个角落，渗透到学校教学、科研及人才培养的每个环节。有效实现了图书馆服务“走进院系基地、融入学科团队、嵌入研究过程”的目标，反响热烈，成效显著。

回顾这段历史，从 2008 年 IC^2 创新服务模式的提出，到 2012 年泛学科化服务体系的逐渐形成，上海交通大学图书馆经历了从认识、理解、探索、创新，再到实践、修正、完善和再实践的过程，将中国高校的学科化服务提升到了一个符合时代特点、具有战略高度的水准。志合者，不以山海为远。秉持“天下图书馆是一家”的朴实愿景，我们非常愿意与业界同仁分享探索学科化服务之路的经验。自2012年10月起，经过充分讨论，我们决定对泛学科化服务体系进行系统的总结。至2014年10月形成初稿，又经过近三年的实践探索、反复修改和完善，2017年初终于定稿付梓。本书由上海交通大学图书馆馆长陈进教授带领团队著述，并负责主题及框架规划、文稿审核、修改及定稿。全书包含六章。

第一章：概论，由兰小媛负责并执笔完成。该章作为开篇，首先分析了信息化浪潮中高等教育的发展动向和变迁趋势，分析了大学图书馆在信息时代所面临的机遇和挑战，阐明了大学与大学图书馆的应对思考，以及所必须进行的改革和转型。同时，介绍了国内外学科化服务的发展与演变，进而引出泛学科化服务体系的形成过程，归纳了该体系的概要与特色。

第二章：IC^2创新服务模式，由宋海艳负责并执笔完成。该章详细阐述了作为泛学科化服务体系主体思想来源的IC^2创新服务模式的基本内涵、发展理念、核心内容、主要品牌以及实施要素和实施机制。对IC^2创新服务模式的核心思想进行了完整的梳理与总结，从四个方面介绍了IC^2创新服务模式的实施机制，概述了上海交通大学图书馆在泛学科化服务的初期，以创新为引领，以服务促转型的探索历程。

第三章：资源建设“三一原则”，由李芳负责统筹，李芳、彭佳、黄栋晓、张迪执笔完成。该章剖析了传统资源建设模式和方法所存在的局限，提出了将资源建设的权限交给院系师生、学科馆员和采访馆员三方面、并统一协同操作的文献资源建设“三一原则”。详细阐述了“三一原则”的基本思想、实施框架、实施举措，最后从五个方面介绍了“三一原则”的操作方法、流程和要点。

第四章：泛学科化服务框架与实施，由潘卫、高协负责统筹，潘卫、高协、汤莉华、付佳佳、杨眉、刘宁静执笔完成。该章阐述、分析了作为泛学科化服务体系核心精髓的 IC^2 创新支持计划和 IC^2 人文拓展计划，在全面融入大学的教学、科研、创新型人才培养和文化传承与创新等各个方面的意义，并给出了相应的服务框架。同时针对不同用户群体，阐述了提供服务的特点和重点。最后，选择包括联络拓展、信息素养教育、嵌入教学、创新交流、融入科研、支持决策、弘扬文化等几个方面的典型学科化服务，详细说明了服务目标、流程和操作方法。

第五章：服务保障系统，由郭晶负责统筹，郭晶、孙翌、杨莉、黄琴玲、张洁、胡银霞执笔完成。该章论述了对服务保障系统进行动态的分层规划与设计的思路，重点阐释了包括组织管理、业务流程、资源保障、系统工具、团队建设等5个核心保障层面，探讨了构建理想的服务支撑系统的实现策略。最后论述了在泛学科化服务体系中起关联支撑作用的宣传推广工作。

第六章：文化与服务，由徐璟负责统筹，徐璟、陈晶晶、张叶蓁、王昕、陈琛执笔完成。该章重点阐述和分析了图书馆文化的一般概念，通过分析当前战略转型期的图书馆文化现状，提出文化与服务的关系。进而，从组织文化、管理文化和环境文化三个方面，描述了图书馆文化的核心内涵，并阐述了文化提升服务的本质。

综上所述，本书在上海交通大学图书馆泛学科化服务体系创新探索和实践成果的基础上，总结凝练，贡献了一套全新的、富有中国特色的学科化服务理论。它让原本舶来品的学科化服务从云端落地，经过全新设计，本土化改造，接上地气，在中国大地上生根发芽，茁壮成长。本书既有学科化服务的理论和思想，更有开展学科化服务的具体方法与操作模型，融理论与实践于一体，具有较强的理论与实践指导性，可供一般的高校图书馆参考、借鉴、移植和嫁接，当然也可以拷贝模仿，甚至拿来即用，以适合自身开展学科化服务的需要。希望本书能嘉惠中国高校图书馆，为推动学科化服务的本土化进程尽绵薄之力。当然，由于学科化服务仍然在不断完善的过程中，同时也由于作者的水平有限，书中难免存在不足之处，恳望能够得到专家及同仁的不吝赐教和雅正。

谨以此书献给曾经和正在为探索中国高校图书馆学科化服务之路而努力的同仁们！

陈进

2017 年 10 月于上海

目　次

第一章 概论

21 世纪的今天，全球信息化浪潮汹涌澎湃，数字化、网络化已成为现代社会的时代特征，人类已经全面进入了信息时代。随着云计算、物联网、移动互联网等新型信息技术的出现，人类又迈向了更为高级智能的大数据时代。可以说，蓬勃发展的信息技术引发的信息风暴正在涤荡着我们的生活、工作、学习和思维，深入渗透到社会的各行各业，对社会、经济、文化的发展乃至人类文明进程产生深刻影响。

大学作为人类文明的殿堂和思想创新的摇篮，在信息化浪潮中不断发生着变化。甚至可以说，信息技术引发了高等教育领域的一场革命，催生了高等教育的多元化形态和全新的创新发展模式，促使高等教育的理念与实践相应产生了巨大的变革。

大学图书馆作为一所大学的人文地标、文化高地和信息资源集散地，是大学科研、教学、人才培养及文化传承中不可或缺的重要环节，其生存与发展与高等教育休戚相关。因此，考察高校图书馆所处的高等教育环境变迁与发展动向，了解在此宏观背景下高校图书馆的发展现状、面临的机遇与挑战，将有利于高校图书馆凝练目标、制定规划，以便更好地把握当下、探索方向、思考未来。

1.1 高等教育的变迁

1.1.1 大学的本质、大学精神与人才培养

信息技术与高等教育的深入融合，使得师生角色、学习体验及教学、科研模式发生巨大变化。而这一切发展变化的驱动力与出发点，在于为了更好地实现现代大学所承担的“育人、科研和服务社会”的功能。只有认清大学

的本质与使命，理解大学文化与精神，把握人才培养理念的核心及变化趋势，才能理解为什么在信息技术的驱动下会出现“以培养和激发创新能力为核心目标”的新型教、学、研方式，才能更好地完成大学所肩负的传承文化、服务社会、培养创新型人才的职能与使命，也才能更好地思考大学图书馆在大学中的职责和定位。

（1）大学的本质

大学是人生成长的重要阶段，是青年学子追求理想、探索真理、成长智慧、磨炼意志与展现自我的知识殿堂与精神家园，因此，认清大学的本质具有非常重要的价值，有助于我们更好地思考大学在社会中的角色、使命与功能。对大学本质的研究，众多学者从大学机构属性、组成要素、功能等不同角度提出各自的观点。例如，吕立志认为“大学的本质是一种功能独特的文化机构，教育功能是大学这种机构独特的文化组织的根本属性”[1]；孙绵涛认为“大学的本质是学术自由性与受控性的对立统一”[2]；朱为鸿认为“大学是一种文化的存在，离开了文化内涵大学就失去了自己”[3]；复旦大学副校长蔡达峰认为：“教育始终是大学的基本使命，最优秀的大学是最能够坚守教育本质的大学，大学教育本质上就是帮助学生完善人格，发展潜能，成为高尚的人”[4]；清华大学原校长顾秉林指出“一流大学的本质在于其特色的校园文化、大学精神及运行机制”；原上海交通大学校长张杰则认为“大学的根本使命是培养人才，其灵魂是学术追求，本质是创新。对研究型大学来说，其本质就在于把一群极具创新思维的教师和一群极具创新潜质的学生聚集在一起，让他们的创造力互相激发，产生使学生受益终身的创造能力和创新智慧”[5]。从上述这些观点可以看出，尽管学者对大学的本质认识角度不同，但其核心要义可概括为“文化机构、育人、特色校园文化、创新、学术自由”等关键词。

（2）大学精神

大学文化是指一所大学长期积淀形成的稳定的、共同的价值追求和理想信念；而大学精神是大学文化的精髓和核心。苏联科学院院士尼·瓦·贡恰连科认为“精神原则被认为是文化的核心，文化的决定性因素”[6]。中国现代著名的教育家罗家伦先生认为，一个大学的精神，可以说是它的学风，也可以说是它在特殊的表现中所凝成的风格。这种风格的凝成不是突如其来的，更不是凭空想象的。造就大学精神的因素，第一是大学本身的历史演进，第二是大学中教职员与学生组合的成分，第三则是大学教育理想的建立和实施。这三项各有不同，但互为因果，以致不能严格划分。

可见，大学精神是大学在发展历程中形成的文化积淀和独特的品格气质，体现了一所大学的办学理念和价值追求，是驱动大学发展成长的精神动力和生命底蕴，同时它又以价值导向和文化意念的形式影响和规范着大学的行为，简而言之，它是一所大学的“精气神”。如，清华大学精神被概括为：“自强不息、厚德载物的校训，行胜于言的校风，严谨、勤奋、求实、创新的学风和爱国奉献、追求卓越的光荣传统”；上海交通大学精神包括“饮水思源、爱国荣校”的校训，“当为一等人才”的育人理念，“起点高、基础厚、要求严、重实践、求创新”的办学传统和“求真务实、努力拼搏、敢为人先、与时俱进”的品格。尽管不同大学在历史发展中形成了各具特色的大学精神，但从宏观上和本质上，大学精神可以归纳为“科学精神、人文精神、创新精神、独立精神、自由精神、批判精神、社会关怀精神”七大方面。大学精神作为大学文化的核心，对学校的发展起着精神激励和价值导向的重要作用。因此，大学文化、大学精神的建设与创新是新时代大学持续发展的动力和重要任务。

(3) 人才培养

大学的根本使命就是要培养高素质人才，换言之，培养人才是大学之所以存在的根本理由和终极价值。习近平总书记在2016年12月7日至8日的全国高校思想政治工作会议上强调：高校立身之本在于立德树人。只有培养出一流人才的高校，才能够成为世界一流大学。办好我国高校，办出世界一流大学，必须牢牢抓住全面提高人才培养能力这个核心点，并以此来带动高校其他工作。上海交通大学从创立之初就以“储才兴邦”为历史使命。老校长唐文治先生提出交大的使命是造就领袖人才，并提出“修一等品行，求一等学问，创一等事业，成一等人才”的办学宗旨。今天，培养拔尖创新人才是新时代赋予一流大学的核心使命。面对新的时代要求，为实现“培养领袖型人才”的宏伟目标，2007年以来，上海交通大学提出以学生为主体的“能力建设、知识探究、人格养成”三位一体的人才培养目标体系，以学生能力建设为核心，注重培养学生提出问题的能力、系统解决问题的能力、知识整合的能力、交流和沟通的能力[5]。三位一体育人体系的提出，预示着上海交通大学的人才培养模式正在与世界一流大学接轨，从以前以教师为主体的“知识传授”、“知识灌输”的被动模式，转向了以学生为主体的“能力建设”、“知识探究”和“人格养成”的主动模式，重点激发学生的创新能力。

1.1.2 高等教育信息化

（1）信息技术催生高等教育变革

20世纪90年代以来，教育与信息技术的渗透融合，已经成为世界各国教育发展的新趋势。在信息化潮流中，高校的办学理念、教与学以及科研模式正在经历一场巨大变革。信息技术对提高教育质量、创新教、学、研模式的支撑和带动作用已初步显现。在线学习、e-Learning、e-Reserve、e-Science、MOOCs、翻转课堂、可汗学院①、密涅瓦计划②等，各种新型教学形态和科研方式纷呈迭现，使得师生角色、学习体验及教学、科研模式不断发生变化、不断推陈出新。可以说，信息技术既带给高等教育史无前例的发展机遇，又置其于前所未有的严峻挑战之中。

为了判断信息技术在教育领域的应用趋势，自2002年起，美国新媒体联盟（NMC）每年一度发布系列化的《地平线报告（Horizon Report）》，用于预测和描述未来五年全球范围内会对教育产生重大影响的新兴信息技术。其中，《地平线报告（高等教育版）》旨在考察新兴技术对高等教育的教与学及其科研的潜在影响。截至2016年，共发布了13个高等教育系列的年度报告。历年的《地平线报告》展现了信息技术在高等教育领域的应用趋势与发展潜能，描绘了信息技术驱动下的高等教育的未来走向。在此，以2014年的

---

① 萨尔曼·可汗创立了非盈利的、面向全球所有人提供免费教育的可汗学院，拥有广泛的专业视频课程。

② 密涅瓦（Minerva）大学由KGI和Minerva联合创办，致力于向全球最具智慧，最积极进取的学生提供了一种全新的大学体验，包括：沉浸式的全球化体验，现代化的课程，终身的成就支持，真正无地域限制、无歧视的招生。

《地平线报告（高等教育版）》为例，介绍新兴技术在高等教育的应用进展和产生的影响。该报告发布了影响高等教育发展的六大趋势、高等教育面临的六大挑战及六大教育技术进展，如表1-1所示。

表1-1　2014年《地平线报告（高等教育版）》摘要

加速高等教育技术应用的关键趋势	未来1~2年内将引起高等教育变革的短期趋势	持续泛在的社会性媒体
		在线学习、混合学习和协作学习的整合
	未来3~5年内将引起高等教育变革的中期趋势	数据驱动的学习和评价的兴起
		学生从消费者向创造者的转变
	未来5年后将引起高等教育变革的长期趋势	适应变化的灵活办学
		在线学习的进化
阻碍高等教育领域技术应用的重大挑战	可以解决的挑战	教师的数字技能偏低
		教学激励机制相对缺乏
	困难的挑战	新型教育模式的竞争
		推广教学创新
	难以克服的挑战	扩大教育机会
		保持教育的切合性
高等教育领域教育技术的重大发展	近期：一年或以下	翻转课堂
		学习分析
	中期：3~5年	3D打印
		游戏与悦趣化学习
	远期：4~5年	量化自我
		虚拟助理

可见，2014年的《地平线报告（高等教育版）》指出了当前高校教育技术应用所面临的重要挑战，描绘了信息技术推动下的高等教育发展趋势和未来蓝图，可带给大学和大学图书馆诸多启发和思考。

（2）新型教、学、科研方式

从2014年的《地平线报告（高等教育版）》可以看出，当前，信息技术已经全面渗入到高等教育的教学、科研及人才培养的各个方面，不仅改变了大学师生交流沟通、获取信息的方式，也深刻影响了他们的学习方法、教学方式和研究模式。在此，以最受高等教育界关注的MOOCs、“翻转课堂”、e-Science为例进行介绍。

1）MOOCs

当前，MOOCs（Massive Open Online Courses，慕课）成为国内外高等教育界最热门的话题之一。它引发了大学教学模式的数字化、网络化、全球化的历史变革，推动传统课堂向便捷高效的在线网络课堂转型。

MOOCs是以e-Learning方式提供的在线公开课程。在MOOCs的世界里，视频课程被切割成10分钟甚至更小的“微课程”，由许多个小问题穿插其中连贯而成。自2008年第一门MOOCs课程诞生后，新型的大规模公开在线课程网站迅速崛起，被《纽约时报》评为2012年横跨IT和教育界的一个革命性事件。领军的三大巨头是Coursera，Udacity和edX。其中，Coursera由斯坦福大学与世界百余所知名大学合作，截至2014年8月底已经发布704门课程[8]；edX由麻省理工和哈佛大学联合推出，截至2014年8月底上线了217门课程[9]。这些网站以名校和免费吸引了无数学子的关注。全世界200多所顶尖大学加入MOOCs，有196个国家和地区近500万学生在MOOCs网站上注册，开展网上的在线学习。可以说MOOCs现已遍及全球，成为了世界网络课程新的潮流。

近来，MOOCs西风东渐，在中国掀起了一场教育教学改革风暴。2013年被称为中国高校的“MOOCs启动年”。教育部、国家开放大学、上海市都相继推出了具备“MOOCs”的特征的资源共享平台。国内一流高校优质课程也正在逐渐推送到网络，上海交通大学成为第一所加盟全球最大在线课程联盟Coursera的内地高校。清华大学和北京大学与美国edX合作，上海交通大学、复旦大学则与美国Coursera合作，贡献了一批世界级的精品课程。此外，中国还以高校联盟共建平台的形式开展MOOCs的实践探索活动，例如：五个同根生的交通大学（上海交通大学、西安交通大学、西南交通大学、北京交通大学和台湾新竹交通大学）共同建设开放式MOOCs课程平台，在平台上提供代表五校学科优势与特色的优质课程资源，以实现高等教育优质资源共享，扩大交通大学的社会影响力；上海交通大学还联合北京大学、清华大学、复旦大学等 12 所大学共同组成“在线课程共享联盟”，实现在线优质课程共享，实施基于大规模在线课程的教育教学改革；2013 年 4 月 27 日，包括中国人民大学、北京航空航天大学、哈尔滨工业大学、复旦大学、上海交通大学在内的 28 所高校首批签约加入了中国东西部高校课程共享联盟，该联盟目前已经发展到有 73 所高校成员。

MOOCs 引发的“学习的革命”，给高等教育人才培养和教学方式带来深刻变化。原上海交通大学校长张杰认为“这场在美国发起的大规模开放在线课程，其运作模式开始触动传统高等教育的根基，将引起大学的重新洗牌，最终形成全新的大学格局”[10]。清华大学校长陈吉宁认为“MOOCs 拆掉了大学的围墙，我们必须重新思考并重塑大学与社会的关系，更好地履行大学服务社会这一重要职能，不能期盼一切尘埃落定之后再采取行动”[10]。也有学者认为 MOOCs 对大学的影响可能更多地表现在教学策略和教学方法方面，其颠覆了传统的“教”与“学”理念，是高等教育方法与途径的创新与变革。但曾担任过英国开放大学副校长的约翰·丹尼尔爵士（Sir John Daniel）认为：MOOCs 带来的真正的变革应该是高等教育商业模式中最核心的稀缺资源面临着开放性教育资源的挑战。各高等教育机构都蜂拥般参与 MOOCs 的开发，其内在的竞争将迫使他们重新审视自己的核心使命，从而前所未有地专注于学生和教学质量，这将给高等教育带来巨大的变化[11]。的确，在 MOOCs 风暴中，大学应该思索自己教育的独特性在哪儿。

2）翻转课堂

“翻转课堂”（Flipped Classroom，或者 Inverted Classroom）是当下最热的教育改革和教育创新话题之一。该教学模式最早出现在 2007 年，萨尔曼·可汗（Salman Khan）和美国林地公园高中的两位化学教师——乔纳森·伯格曼（Jonathan Bergmann）和亚伦·萨姆斯（Aaron Sams）被认为是“翻转”的始创者。事实上，早在 2000 年，美国迈阿密大学在教授“经济学入门”课程时，就曾采用了“翻转课堂”的教学模式，在美国教育界引起热议。2011 年“翻转课堂”成为全球教育界关注的教学模式。2014 年，“翻转课堂”进入了美国新媒体联盟2014年的《地平线报告（高等教育版）》，并且在“高等教育领域教育技术的重大发展”列出的六项技术中排名第一位，成为最为现实的主要技术应用趋势。

“翻转课堂”的教学模式重新调整课堂内外的时间，调整师生角色，使学习者及其学习居于课堂教学的中心位置。在这种教学模式下，学生能够获得更多宝贵的课堂时间，能够更专注于项目学习，围绕本地化或全球化的挑战以及其他现实世界面临的问题开展研究性学习，从而获得更为深刻丰富的理解。“翻转课堂”其实是一种混合学习模式，巧妙地将在线学习与面对面的教学、新知识与技能的学习以及其应用和迁移有机地结合起来。可汗学院创始人萨尔曼·可汗把这种教学模式凝练成一句话：用视频再造教育。

“翻转课堂”的实质在于通过微型教学视频翻转了教学流程和师生角色。中国人民大学法学教授田宏杰认为：“翻转课堂”翻转的是时间、空间、地位、内容，根本上是思维方式的转变，课堂的掌握者从老师变成学生，与其说是翻转，不如说是回归课堂[12]；西南财经大学教师教学发展中心主任王远均则认为：“翻转课堂”的精髓不在于技术，而在课堂上的提问与互动，学生和老师的碰撞会激发出新的火花[12]。

“翻转课堂”实现了在线教育与实体教育之间的对接，全面增强了课堂上教师与学生、学生与学生之间的互动性和协作性，其最大意义在于激发了学生学习的主动性，真正做到了“以学生为中心”；而老师有针对性的个别辅导也使得“因材施教”落到实处。目前，引入“翻转课堂”实践的学校越来越多，“翻转课堂”正在给教育带来颠覆性的变革。

3）e-Science 推动科研模式创新

进入新世纪以来，信息技术在科研活动中的深入应用使得传统科研范式产生了巨变，科研学术环境呈现出泛在化、数字化、虚拟化、个性化等趋势。而基于 e-Science 平台的协同科研新模式正是在这种背景下出现的。e-Science 的出现使得全球性的、跨学科的、大规模科研合作变得更加方便、快捷。2009 年 10 月微软研究院发布了《e-Science：科学研究的第四种范式》论文集，首次全面描述了快速兴起的数据密集型科学研究。

e-Science 的发展给科研人员的科研模式带来了革命性的改变，不仅突破了交流的时空障碍，也促使科研人员的交流方式更加多元化，交流的次数更加频繁，交流的内容也将更加丰富。同时，e-Science 的产生和发展，推动了科学研究朝着资源共享与网络协同的方向发展，这将对人类的科学研究活动产生巨大的推动作用。

目前，很多国家投入了大量资金和人力来支持和推进 e-Science 的发展，出现一批基于网络的“虚拟科研环境（Virtual Research Environment，简称 VRE）”，用来支持教育、科研、学习过程中的协作和参与新模式。研究者借助 VRE 进行协作研究、共享数据或使用多种针对其研究领域的特别工具，是 e-Science 的具体实施[13]。目前，虚拟科研环境越来越明确地走向基于网络和工具的科研协作与交流[14]。国外比较有代表性的 e-Science 系统包括：美国康奈尔大学和其他六家机构于 2003 年筹建的生物医学界研发合作系统 VIVO 平台，用以联系全美各地的生物医学研究人员，该平台现已经扩展到覆盖所有学科；美国印第安那大学、密歇根大学、斯坦福大学和麻省理工学院于 2004 年共同构建面向服务的 Sakai 平台，为各高校和学术团体建立企业级合作，提供新型教学、科研和服务的“协作与学习环境”；美国加利福尼亚大学的菲尔·波恩和利奥·恰鲁博两位教授于 2007 年创建的 SciVee 平台，用于给科学家、科学研究人员在运用文字的学术论文、文章之余，还能随文添加与内容信息有关的视频，以增加可读性；国内代表性的 e-Science 系统包括：中国科学院网络中心自主研发的科研协同云服务平台 Duckling 2，用以实现中国科学院研究所以及其他科研单位的网络化协同应用。

目前，我国高校对科研信息化工作的发展非常重视。借助先进信息技术构建 e-Science 平台，管理海量的科研数据，促进科技资源和成果交流与共享，成为推动高校科研创新的一个重要手段。可以预见，如果 e-Science 能够大规模应用，对于更快推动人类科学研究的发展，将具有重要意义。

1.1.3　大学与大学图书馆的思考

（1）大学的思考

1）充分利用信息技术，改革教学方式，创新人才培养模式[15]。

从 2014 年的《地平线报告（高等教育版）》可以知道，信息技术与高等教育的深度融合，已经成为了高等教育发展的重要支撑。新一代信息技术是推动网络课程进入新阶段的杠杆，《国家中长期教育改革和发展规划纲要(2010—2020年)》也明确指出“信息技术对教育发展具有革命性影响，必须予以高度重视”。当前，信息技术不仅为各种新型教育形态的出现提供了技术保证，而且也促使教育工作者转变教育理念，重新思考教育的宗旨、目标及核心任务。

当今的学生是在数字时代成长起来的一代人，思维模式和行为方式已经发生了根本变化，他们被称为“数字土著（Digital Natives）”，并且具有以下特点：他们是新型数字化设备的拥趸，接受新事物速度快，学习新东西速度快，每天从网络上获取大量信息；他们喜欢视觉化的、图表化表达，以游戏化方式生存，并且能一心多用同时处理多个任务；他们喜欢天马行空的跳跃式的“蚱蜢思维”，并时刻处在和同伴进行交互的社交网络中。正是由于“数字土著”已成为了学生的主体，促成了未来高等教育的教学形态将向在线学习、混合式学习和协作学习模式转变的格局，出现了数字化学习、移动学习、电子书包、增强现实学习、游戏化学习等新的教学形态。

早在2004年，詹姆斯·杜德斯达特（James J. Duderstadt）在《美国公立大学的未来（The Future of the Public University in America）》一书中指出：今天的大学生是成长于信息技术环境中的新一代年轻人，他们早已习惯了“即插即用”（plug and play）式的学习与生活方式，要想吸引这一代人中的精英投入到大学数字化变革和创新发展的行列中，大学就必须对现行的课程教学与人才培养模式进行大刀阔斧的改革。因此，大学应顺应教育信息化趋势，针对学生数字化生存的需要，利用新兴技术，改革教学方式，采用新的教学理念，重新设计教学流程、环节与课程体系，创新人才培养模式，为学生设计全方位参与式的探索型学习环境，促进学生从知识消费者向知识创造者转变，提升高等教育人才培养质量。例如，提供e-Learning在线学习环境，促进学生参与在线学习的主动性和能动性；设计教育游戏，为学生提供悦趣式的学习体验；利用社会性网络工具和在线协作工具创造协作学习环境，培养学生的协作互动能力；利用学习分析技术，为学生制定个性化的学习方案和提供个性化的学习指导，等等。

2）提升教师数字素养，帮助教师实现角色转换

随着翻转课堂、MOOCs等新型教学方式的出现，教师的角色转变势在必行。学生越来越多地参与课堂外的非正式学习活动，越来越多地使用新型数字媒介设备获取信息与知识，教育者的角色和作用将逐渐转变成学生自主学习的指导者。若是教师的信息素养不足，将直接影响教师、科研人员利用信息技术开展教学、科研的能力。目前的教育者中的大多数属于“数字移民”，在面对数字科技、数字文化时，其自身也会面对一个较为艰难的学习和适应过程。因此，开展信息素养教育，提升教师的数字技能水准，帮助教师适应新角色的要求，是大学推进网络化教学的重要任务。

另一方面，面对翻转课堂、MOOCs等新型教学方式在全球大规模应用的情形，大学应审时度势，顺势而为，有组织地积极加入在线课程联盟。目前，内容开放、数据开放、资源开放等概念以及数据和信息的透明性与易获取性等理念，正在成为一种新的价值观[16]。因此，大学需要以开放的姿态，积极参与网络课程教学创新实践，探索基于大规模在线课程的教育教学改革，并思考如何更为有效地支持基于网络的规模化课程学习的协作、交互及评价。此外，还应该思索自身教育的独特性与核心使命。

（2）大学图书馆的思考

21世纪大学的最显著特点是全球化、学科交叉、科研与教学一体化。大学图书馆是高等教育中的重要一环。作为支撑学校教学与科研的重要部门，大学图书馆在高等教育信息化的潮流中，需要关注新兴技术对学习、教学和高等教育的影响。面对层出不穷涌现出来的新型教、学、研方式，与时俱进成为了大学图书馆的基本要求。大学图书馆需要认真思考，对空间、资源、技术及其服务等各个方面进行重新设计和整合，利用信息技术创造新的学习环境，提供便捷易用的资源利用方式，推出无所不在的泛在服务，以适应教育模式的变革和教、学、研方式的转变。

1）优化空间与延伸服务，适应教学与科研方式的转变

目前，学生的学习方式正在转向在线学习、混合学习和协作学习的整合。学习者甚至更偏好通过博客、虚拟社区、甚至教学游戏等非传统学习途径获得信息与知识。图书馆正好是支持在线学习、混合学习、协作学习与非正式

学习的理想场所。事实上，网络教学使得教师和学生对图书馆的需求将越来越大。首先，图书馆拥有丰富的学习资源，可无缝嵌入在线教学的学习系统中，从而有效支持在线学习和混合学习；其次，近年来方兴未艾的信息共享空间及学习共享空间，正是图书馆为支持协作学习和非传统学习而营造的自主学习环境。未来，图书馆甚至还可以考虑创建创客空间、梦想工厂等空间场所，为学习者进行探究式、协作式、游戏式学习提供场所设施和各项资源。再次，图书馆应该将服务触角延伸到用户的信息环境（如 e-Learning、e-Reserve、e-Science）中，有机嵌入教学和研究过程，搭建促进创新、参与、交流与合作的平台，提供面向用户需求的、开放的、个性化的泛在服务，支持用户的自主型和研究型学习方式，从而帮助师生提升知识创新与学术交流的质量和效率，使图书馆的服务更加贴近创新型大学的发展需求。

2）积极应用新兴技术，支持创意创新研究

新兴技术在教育与学习中的广泛应用已成为趋势。图书馆需要保持对新技术的敏感，及时将社会化、移动、智能、游戏化、数据分析、虚拟现实等技术应用在服务中。构建智慧型数字图书馆，将数字资源无缝地嵌入学习环境中并搭建交互式平台，运用大数据和学习分析技术实现学习过程与资源的动态关联并参与学习过程评价，利用情景驱动和知识挖掘技术开发嵌入式的知识发现和推送系统等[17]，以优化用户体验，拓展个性化服务内容。

此外，图书馆还应该成为新技术的体验区，积极引入 3D 打印、触摸屏、感应器、机器人、可穿戴设备、虚拟助手设备等先进科技元素和技术设施，为用户的学习研究和创意体验提供必要的工具，以拓展用户视野，提升创新能力。

3）开展大学师生综合素质教育，支持创新型人才培养

翻转课堂、MOOCs 等新型教学形式的出现，预示着高等教育面临着教师与学生角色转变的挑战。教师由课堂传授知识的主导者，转向引导学生自主学习的指导者，而学生正在从知识消费者向知识创造者转变。这种角色转变对教师与学生的综合能力和知识结构提出了新要求。一方面，大学老师应该成为指引学生学习的领航者，除了熟悉专业知识外，还应具备较高的教育信息化素养；另一方面，学生自己查找信息资源和聚合知识内容的能力同样非

常重要。

图书馆作为大学的第二课堂，不仅应承担大学信息素养教育的重任，还应该促进大学师生综合素质的全面提升，为师生的角色转变提供必要的帮助。因此，大学图书馆应当为师生提供信息素养、技术素养、批判性思维、科研素养、写作素养、数据素养和知识素养等方面的教育与培训课程，以提升师生创新思维、信息通晓和知识管理能力[18]；同时，图书馆还要提供支持学生与教师交流互动的空间及平台，全面支持创新型人才培养。

1.2　大学图书馆的发展现状

在当今信息时代，大学图书馆所处的高等教育环境发生了巨大变革，新兴技术在高教领域的广泛应用，导致了学习方式、教学模式和研究范式的重大变革，给大学图书馆带来了严峻的挑战，当然，也同时带来了前所未有的发展机遇。大学图书馆作为支撑学校教学、学习和研究的重要部门，如何在教育信息化浪潮中抓住机遇，迎接挑战，化危机于契机，需要进行深入思考和努力探索。

1.2.1　大学图书馆面临的挑战与机遇

(1) 挑战

1) 失落的图书馆精神

图书馆曾经是宇宙的信息中心，是人们获取信息与知识的最佳场所。“知识圣殿”、“人类灵魂的宝库”、“人类精神的庇护所”是它曾有的荣光；而阿根廷诗人博尔赫斯的诗句“天堂应该是图书馆的模样”，道尽了文人墨客对图书馆的推崇和向往。

上世纪 70~90 年代，受信息技术冲击及自身发展动力不足的影响，世界图书馆事业陷入衰退。图书馆学教育也日渐式微，专业人才培养与需求的错位，使得图书馆教育萎缩严重。20 年间，美国图书馆学会认证的具有硕士学位授予权的图情学院，从 70 多家减少到 40 多家。例如，1990 年，美国第一家能授予图情博士学位、素有“理念图书馆学摇篮”之称的芝加哥大学图情学院“含泪关门”；1992 年，创立于 1887 年的全美第一家图情学院——哥伦比亚大学图情学院关闭。信息技术的冲击仅仅是导致图书馆发展一度陷入窘况的外部因素，最根本的内因是图书馆行业发展和教育没有及时跟上和适应新时代的变化。在轰轰烈烈的时代变化中，图书馆依然给人一种固守陈规、服务落伍、精神状态不佳的保守形象。图书馆行业社会地位不高，图书馆员得不到社会的价值认同，对行业前景产生迷茫，从而导致了优秀人才流失和缺失，人才队伍素质堪忧且结构不合理，这又加剧了图书馆的内忧外患。

21 世纪初形势更加严峻。伴随着网络信息提供商的强势来袭，图书馆用户不断流失，生存空间萎缩。2010 年 3 月，OCLC 发布的《研究型图书馆：危机与系统化变革》[18]一文中，作者调查了研究型图书馆馆长对面临的危机及其可能带来的影响的看法，并认为图书馆的价值、图书馆的人力资源、图书馆的技术肯定将面临危机。面对岌岌可危的边缘化情势，曾经在图书馆员心中固有的“必然价值信心”和“成功的骄傲”已经被新环境下加快变革的紧迫感所取代，我们呼唤着超越传统或当前图书馆的视角与勇气[19]，迫切希望找回失落的图书馆精神，振奋行业士气。

2）信息提供商的强势竞争

大学图书馆曾经是大学师生获取文献资源最为仰仗和倚赖的场所，然而，信息技术的日新月异，使得知识交流、传播、创造模式发生了颠覆性的变革。Google 等搜索引擎提供商携强势而来，彻底改变读者获取信息与知识的方式，使图书馆原来引以为豪的书目系统被“边缘化”。数据库商、出版商、书商构成了新的数字化信息服务平台，他们直接为用户提供全方位的信息服务；网络百科和咨询类服务正在挑战大学图书馆的参考咨询服务；新兴技术（社会网络、移动技术、电子书、云计算等）在学习与研究中的广泛使用，进一步让大学图书馆的传统服务功能逐渐减弱。

可见，泛在的数字信息环境为用户利用信息带来了前所未有的便捷和高效，方便易用的搜索引擎及海量开放的网络资源成为了用户获取信息的首选。网络开放资源与原生数字资源使大学图书馆的资源中心地位逐渐丧失，大学图书馆在学习和科研中所起的作用愈渐弱化，这里已经不再是获取文献资料的唯一场所，甚至已经不是主要场所，大学图书馆的地位被边缘化。

3）教育信息化对图书馆的高要求

当前，e-Learning、e-Reserve、e-Science、MOOCs、翻转课堂、非传统学习、个性化学习等新型教、学、科研方式已经成为潮流和趋势，游戏式学习、学习分析、3D打印和可穿戴技术等新兴技术将在高校大行其道，教师和学生角色持续转变，教育范式发生深刻变革。在这样的背景环境下，大学图书馆如何适应教育信息化要求，如何重新定位功能职责、更好地支持学校的发展战略；如何在空间、资源、技术及服务等方面实现变革转型，以满足越来越挑剔的用户的要求，这些都是大学图书馆必须面对的难题和挑战。

（2）机遇

1）国家教育政策的支持

图书馆之所以成为大学的一种象征，它是大学精神的重要守护者，被喻为大学的心脏。大学图书馆在支撑教学和科研、弘扬学术精神、传承校园文化等方面，具有深厚积淀和得天独厚的优势。从本质上来讲，大学需要图书馆。图书馆是高等学校的文献信息中心，不仅是为高校教学科研服务的学术性机构，也是高校培养优秀人才的重要场所，与教师和实验室一起被公认为是办好高等学校的三大支柱。同时，图书馆也是一所高校办学实力的重要标志。一流的大学需要一流的大学图书馆。事实上，在中国从教育大国向教育强国转变的进程中，在我国建设世界一流大学的步伐中，离不开大学图书馆的积极参与和全力支持。

客观形势上，2017年全国教育工作会议的召开、《国家中长期教育改革和发展规划纲要（2010—2020年）》的出台、国家“十三五”规划的制定，昭示了国家对教育事业的空前重视及投入力度的加大，为大学及大学图书馆提供了前所未有的契机。因此，图书馆必须抓住大好机遇，顺势而为，迎难而上，谋求新的发展思路。

2）服务理念、服务模式与国际图书馆界接轨

目前在中国，大学图书馆尤其是一流大学图书馆的服务理念与国际图书馆界实现了接轨。“以用户为中心”的先进理念，已成为国内大学图书馆馆长共同认同和倡导的服务理念和核心追求，有些方面甚至已经超越了国外。近年来，国内图书馆界提出了许多有关图书馆“以用户为中心”的主张，例如

“图书馆是用户的图书馆”、“建立以用户为核心的图书馆服务体系”、“用户永远是正确的”、“在图书馆面前人人平等”、“图书馆是体现人类自由与平等理想的圣地”等等。用户的需求成为图书馆服务的风向标，研究用户需求并围绕用户需求开展图书馆服务，已经成为大学图书馆界的共识。这非常有利于图书馆行业凝心聚智，共谋共识，促进图书馆行业的整体进步。

学科馆员制度作为一种先进服务模式，是信息时代大学图书馆为用户提供优质服务的必然选择。近年来，国际主流的学科馆员制度在中国高校图书馆发展迅速，无论是学科服务深度和广度，还是学科服务的内涵与外延，从理论到实践，都取得了长足的进步，并且在实践中形成了自己的品牌和创新特色。如上海交通大学图书馆提出的 IC^2 创新服务模式，就是对学科服务理论的重要创新。该模式将目前国内外大学图书馆备受欢迎的信息共享空间（Information Commons）和创新社区（Innovation Community）以相互促进的乘法关系结合起来，希望达到图书馆服务效能的平方级提升的效果。

3）办馆条件大幅度改善，软硬件水平跟上国际步伐

进入 21 世纪以来，随着国家对高等教育投入的加大，大学图书馆办馆条件普遍都得到改善。馆舍面积、馆藏资源购置经费等都得到了较大程度的增加，国内一流大学图书馆的软硬件设施的水平基本跟上了国际步伐。“教育部高校图书馆事实数据库”中数据表明，2006 年是大学图书馆馆舍建设的高潮，共有 300 所高校图书馆上报了在建新馆的建筑面积；2007 年度，531 所高校图书馆的建筑面积总计约为 891 万平方米，馆均约为 1.68 万平方米[20]。可见，馆舍空间得到了大幅度改善。另外，中国一流高校馆在引进国外先进的软件上也不遗余力，近年来很多大馆都引入了 ALEPH500、Metalib/ SFX、Primo、RFID 等多项在国际图书馆界引领潮流的产品与技术。此外，图书馆人员队伍建设也正在向知识化、专业化、高学历化方向快速发展。这些有利条件为高校图书馆的稳定发展和持续进步提供了物质和人力上的保障。

1.2.2 大学图书馆的变革与转型

当前，高校图书馆所处的信息环境发生了根本变化，用户信息需求和信息行为也不断变化，这一切要求图书馆顺应时代潮流，积极应变，善于求变。

在应对挑战和顺应信息化潮流中，国内外大学图书馆一直在思考，如何重新定位功能职责，更好地支持学校的发展战略；如何在空间、资源、技术及服务等方面实现变革转型，以适应高等教育信息化的要求。“图书馆的未来、变革、创新与超越”成为了国内外图书馆界讨论的热点。丘吉尔的名言“要进步就必须求变；要完美则更要不断求变”（To improve is to change; to be perfect is to change often）已经成为了国内外许多大学图书馆馆长秉承的信念。Rethinking（反思）、Redefining（重新定义）、Remodelling（重塑形象）、Restaffing（人员重新配置）、Restructing（结构重组）、Renewing（创新）成为图书馆变革的共性话题[21]。

（1）组织机构与管理变革

计算机、通讯和自动化技术的发展导致图书馆的资源形态和服务方式都发生了重大改变。图书馆的组织结构和运行方式要适应这种变化也必须做出相应的改变。组织结构重组与管理变革已成为高校图书馆组织研究与实践关注的焦点。

1）组织机构扁平化、矩阵式趋势

传统的中国高校图书馆组织形态基本上是以图书馆业务工作为核心，将图书馆分成采访编目、流通、阅览、典藏、咨询、自动化等职能部门。这种按职能划分的组织结构在很长一段时期内都是高校图书馆组织结构高效运转的重要保障，保证了组织内统一领导，信息沟通渠道单一顺畅，各职能机构分工合作，维持了图书馆的正常运转[22]。但是，随着信息时代图书馆面临的内外环境的发展变化，以往以业务流程为核心设计的线性机构结构，已经不适应以读者服务为中心的发展模式和图书馆日趋复杂和动态变化的各种环境。长期相对稳定的工作环境和单一业务流程，已经形成管理上的惯性思维和惰性经验模式。主要弊端包括：层级过多的垂直结构阻碍了组织对问题的快速响应和决策；各部门各自为政，缺乏及时协调与联系机制，效率低下；管理幅度小，易带来本位主义，限制了馆员的全面发展，等等。

为了提高机构的效能，大学图书馆需要把握机遇，根据内外环境变化，对机构中的要素进行结构性改变，以适应未来发展要求。目前，以用户需求驱动为核心、以先进信息技术支撑的业务流程重组思想将持续推动大学图书馆组织机构的变革。服务与组织体系的整合与优化将成为未来高校图书馆服务模式及组织结构变革的主要趋势之一[22]。大学图书馆应该以服务为导向，重新确立关键性职能，精简、增设或合并业务部门，或在更大范围内重组相同或相似职能的机构，构建扁平化、柔性化、网络化的组织结构模式[25]。图书馆组织扁平化管理正是为了应对快速发展的环境变化而产生的。所谓组织扁平化管理，就是通过精简管理层次，以便组织最大限度地将决策权延伸至基层，而建立起具有竞争力的组织结构管理模式[23]。其优点是：敏捷、灵活、快速、高效，强调柔性管理和人本管理。

近年来，国内部分高校图书馆进行了组织机构与管理改革的探索，大多吸收了欧美大学图书馆盛行的扁平化管理的理念，对业务工作进行重组和简化，并加以创新，形成了具有自身特色的扁平化、矩阵式组织结构模式，例如，有“三部一室”（文献资源建设部、读者服务部、技术支持部、办公室）的简洁结构，也有“四部一室”（在“三部一室”的基础上增加参考咨询部）的可行模式，实现了业务流程从“文献流”到“服务流”转变。

2008 年，上海交通大学图书馆在重塑全新服务理念的基础上，为有效推行学科化服务，改革并形成了在中国高校图书馆界颇具影响力的“三部一所”组织机构模式。该模式依据“站在读者的视角、一切以用户为中心”的基本原则，对传统的图书馆组织结构进行了大刀阔斧的改革，将原有的 13 个部室整合为全新的由读者服务总部、技术服务总部、行政管理总部和情报科学技术研究所（简称：情报所）组成的“三部一所”结构，如图 1-1 所示。其中，除情报所主要担当战略情报研究、硕士学位点管理和综合查新站管理职能外，三个关键业务部门的工作流程采取“前端推进、后台保障、全程宣展、团队协同、重视互动”的运行模式，形成了合理的垂直化、扁平化、多分馆协同的管理结构，有效地简化了工作流程，减少了工作界面，提高了工作效率，提升了服务形象。

2）团队模式成为核心管理思想

20 世纪以来，管理理论专家不断研究推出的“矩阵式组织”、“扁平化组织”、“虚拟组织”等新型组织管理模式，其共同前提都是以超越个人的团队作为基本的任务或绩效管理单位。团队管理模式是现代企业管理理论研究的

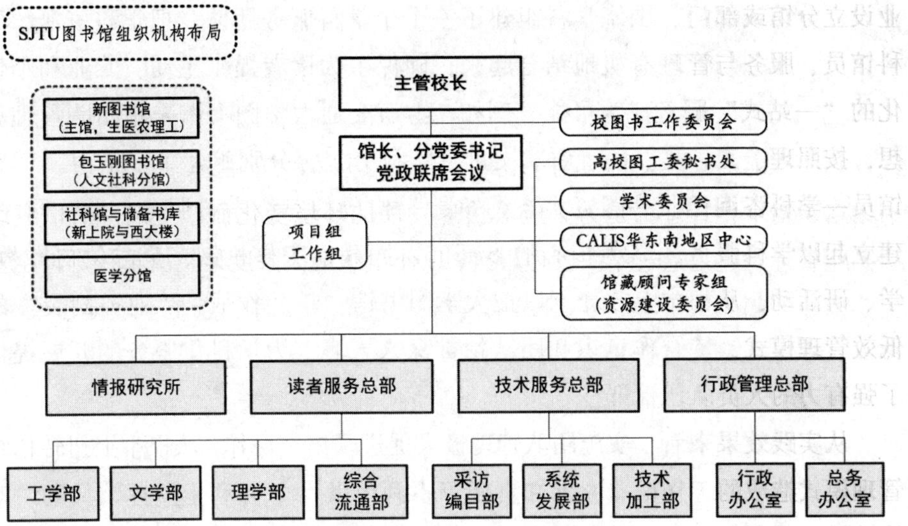

图 1-1　上海交通大学图书馆组织机构布局图（以 2014 年为例）

重要成果，团队是高效组织应付环境变化的最好方法之一。企业管理理论认为，团队由目标、人、定位、权限、计划五大要素构成，是作为拥有共同信念、目标及工作规范，且以此自我约束，在工作中紧密协作并相互负责的个体组合[26]。上世纪 90 年代以来，这种以任务为导向的、适应性的、弹性的、竞争性的团队组织形式在西方广泛流行。

随着学科馆员制度在中国高校的落地、推广与普及，越来越多的大学图书馆采用了团队管理的思想。团队管理是高校图书馆适应内外环境变化所进行的组织管理创新，是图书馆组织机构进行扁平化调整后管理机制上的必然选择。在大学图书馆中所谓的团队，是指围绕大学图书馆服务目标的实现而组建的、归属某一特定任务或项目的、由若干成员组成的一个群体。这个群体不等同于职能部门，它既可以是大学图书馆中纵向的一个部门，也可以是跨部门的一个群体[27]。学科服务团队就是最典型的大学图书馆团队。通常，学科服务团队是按照明确分工、相互协作原则，针对院系或学科团队的、以某一特定的服务目标为基础而设立的，由具有相同或类似服务经验、学科背景、知识结构互补的 3 至 5 人所组成的服务小组。

近年来，越来越多的大学图书馆尤其是研究型大学的图书馆，按学科专业设立分馆或部门，围绕学科组建了一个个学科服务团队，把学科资源、学科馆员、服务与管理有机地结合起来，确保了为读者提供主动、专业和个性化的“一站式”服务成为可能。例如，上海交通大学图书馆采用团队管理思想，按照理、工、生、医、农、文进行学科分组，分别组建了多个由“学科馆员—学科咨询馆员—阅览室咨询馆员”构成的三级学科服务梯队，同时，建立起以学科服务团队为核心的多部门协同联动工作机制，全方位支撑教、学、研活动，从根本上改变了以往大学图书馆“单兵作战”“业务割裂”的低效管理模式，使合作意识和团队精神深入人心，为学科化服务的开展提供了强有力的人员队伍保证。

从实践效果来看，实施团队管理极大促进了馆员协作，从根本上扭转传统管理模式造成的工作懈怠、推卸责任等不利因素[28]，有利于发挥馆员的主观能动性，有利于形成馆员自我管理、积极协作、同甘共苦的良好的工作风气，有利于促进馆员之间相互学习、相互带动与有效沟通，有利于提高馆员的工作能力和服务水平。同时，团队管理也是“以人为本”管理理念的具体体现，有助于提高工作的质量和效率，从而有利于工作目标的实现。团队管理对于推进我国大学图书馆学科馆员制度的可持续发展，促进大学图书馆管理效能与服务水平的提升起到了十分重要的作用。

（2）资源建设的新动向

1）资源结构的 E 化：从 p-First 到 e-First，甚至是 e-Only

近年来，馆藏资源数字化潮流浩浩荡荡，国外许多高校图书馆通过订购，获取开放期刊、参与 Google 在线图书馆项目等，大规模地提高数字资源（或电子资源）的比例。数字资源的增加和印刷型资源的减少已经成为大势所趋。馆藏结构出现了从 p-First 到 e-First，甚至是 e-Only 的趋势。其中，期刊的电子化趋势最为明显。美国大学图书馆的文献资源数字化趋势愈演愈烈，有的美国图书馆员甚至认为到 2025 年，纸本图书将从高校图书馆消失。如霍普金斯大学的医学图书馆，当前有 70%~90%的经费用于购买数字资源，而将来的发展目标是实现全部资源数字化。斯坦福大学图书馆新建的工程图书馆，其规划是实现 e-Only，到 2020 年实现馆内无纸本文献[29]。国内，尽管部分综合型大学图书馆依然提出“印刷版与电子资源并重”的资源建设原则，但是，许多大学图书馆数字文献占全部馆藏的比重实际上在逐年增加，每年用于购买数字文献的经费占总文献购置费的比率也正在逐步提高，而且，大学图书馆已经极少购买纸本图书的复本。

此外，越来越多的大学图书馆积极参与开放获取（Open Access，OA），这也进一步促进了图书馆资源的电子化。机构资源库、学科资源库及开放获取期刊（简称 OA 期刊）成为了图书馆电子资源的重要组成部分。由于在出版成本的经济性、信息传播的时效性、获取使用的便捷性、成果推广的广泛性等方面具有很大的优势，近年来 OA 期刊得到了越来越多方面的关注和认可，其数量和影响力均呈现不断扩大的趋势。

另一方面，图书馆资源建设的模式也发生了巨大变化，读者成为了资源建设的主导者和话语者。近年来兴起的“读者决策采购（Patron Driven Acquisitions，简称 PDA）”模式，将进一步促进大学图书馆文献资源结构的优化。印刷和电子两大载体未来将发展到什么程度，现在还不明朗。但有一点是肯定的，正如《MIT 图书馆 2005—2010 年战略规划》[30]中所指出的：图书馆要管理更多类型的资源、更多的数字化内容、更多的自产资源、更多有形的印刷内容、更多的多媒体内容、更多的数据和数据类型。

2）特藏资源建设和网络资源保存成为重要方向

21 世纪的今天，特藏已经成为数字时代大学图书馆避免资源同质化的根本性问题，是大学图书馆提升核心竞争力的关键因素之一。特藏文献具有稀缺性、独特性和珍贵性等特点，具有很高的人文、学术和历史价值，可为学者进行原创性研究提供独特的第一手材料，在保存学校历史文献、支持教学科研等方面发挥着重要作用。Peter Zhou 认为：在不久的将来，大学图书馆将是一个巨大的网络空间（Cyberspace）与若干个特藏（Specialized Collections）所组成的信息机构[31]。可见，在 Google 数字化浪潮席卷一切的情形下，只有特藏资源是无可替代的。可以说，特藏资源成为了大学图书馆的镇馆之宝，因此，在许多大学的发展规划中，特别突出了特藏建设的重要性，如牛津大学图书馆在《图书馆服务 2010 年远景规划》中专门列出了特藏建设的战略目标[32]。

事实上，自 1939 年起，哈佛大学最早在图书馆建立档案部，专门收藏学校的档案资料，并以此建立特藏资源。后来，许多美国大学图书馆陆续建立了以收藏学校档案为基础的特藏资源库。经历了近80年的发展，不少美国一流大学图书馆形成了规模庞大的特藏体系，如耶鲁大学收集了包括善本书、手稿、档案、地图、照片、音像制品、乐谱、艺术作品和古老的纸莎草纸在内的大量特藏品[33]，极具研究价值。迄今，美国1 800所大学都有相应的特色馆藏管理部门[35]。2003年，ARL专门出版了《特色馆藏发展的指导原则》[35]，为美国高校图书馆特藏建设提供指导。

我国高校特藏建设起步相对较晚，最初是从20世纪80年代建设“文库”开始的。自1987年中国人民大学最早建立“大学文库”[36]以来，我国高校尤其是一流大学图书馆普遍开展了“大学文库”的建设。进入21世纪后，随着信息技术的不断进步和迅速普及，基于网络的特色资源库建设成为我国大学图书馆特藏建设的重要方向，尤其是“CALIS专题特色数据库建设项目”的开展，进一步促进了国内大学图书馆数字特藏的建设进程。此外，近年来国内也出现了一些具有一定知名度的专题特藏、学科特藏及人物特藏，如清华大学图书馆的“保钓、统运”资料专藏和“科恩（Robert S. Cohen）”藏书、北京大学图书馆的“西文东方学文库”及“季羡林特藏”、同济大学图书馆的“中国古代机械复原模型”、浙江大学图书馆的“建筑艺术史”特藏等。但从特藏建设的整体进展和深度来看，中国高校图书馆仍然处于探索起步与零星建设阶段。

此外，大学图书馆馆藏建设的另一个重要趋势是保存网络资源，通常是有选择地永久保存网站与网页，并组织成专题。目前，国外已经有许多大学图书馆正在开展网络信息资源的保存研究和实践。如斯坦福大学图书馆收集美国政府网站，北德克萨斯大学图书馆保存现已不存在的美国政府机构与委员会的网站及出版物，提供永久访问。

(3) 服务发展新趋势

早在2005年，帕垂西亚·万德（Patricia A. Wand）在《高校图书馆2010年愿景》报告[37]中指出：到2010年，大学图书馆能够为用户提供无时不在、无处不在的服务，图书馆的服务将更加灵活、多样化、个性化、人性化，图书馆的设施将更先进和完善，大学图书馆将成为一个多功能的、舒适的、受欢迎的场所。时至今日，此报告中的大部分愿景在许多大学图书馆已经成为现实。

在大学图书馆变革和转型实践中，“以用户为中心”的理念逐渐深入人心，并成为改革创新的出发点和动力源泉，大学图书馆也逐渐从传统实体图书馆向复合图书馆、泛在图书馆、智慧图书馆等形态转型；服务内容由传统的文献提供服务向学科化、知识化服务、泛在服务转变，服务空间逐步由传统实体空间转向虚实一体的信息共享空间（IC）、学习共享空间（LC）；服务手段也越来越多样化、移动化、智能化与人性化。

1）从提供文献借阅等传统服务向学科化、知识化服务转变

随着知识社会的发展与泛在知识时代的到来，大学图书馆在教学和科研中扮演的角色开始发生了变化，逐渐演变成了大学信息和知识交流、加工与利用中心，大学图书馆的服务也从提供文献借阅等传统服务向学科化、泛在知识服务转变。近年来，学科化服务在中国高校图书馆发展迅速，迄今，已有超过百余所高校图书馆实施了学科馆员制度。学科化服务在中国走过了十余年的发展历程，从过去以文献提供为主的单一服务，发展到现在的针对和嵌入用户群体、以个性化、知识化服务为核心的多样化服务，并不断呈现出蓬勃发展之势。学科化服务也逐渐彰显出令人瞩目的成效和价值，有的大学图书馆因此成功改善了形象，大幅提升了图书馆在大学和行业的地位和影响力。

这些年来，中国各种类型的高校图书馆在学科化服务领域进行了大量的思考和探索，摸索新环境下适合中国高校图书馆的学科化服务之路，并在实践中发展了学科化服务的理论体系、创新了学科化服务的方法与模式，形成了具有中国特色的学科馆员制度、运行机制与实施方法，使得原本为舶来品的学科化服务在中国高校实实在在落地生根、茁壮成长，并培育出特色化、个性化、知识化的服务产品和成果。如上海交通大学图书馆提出的基于IC^2创新服务模式的学科化服务理念，就是针对综合性、研究型大学的特殊创新学术环境而创立的一种全新的学科化服务体系。该体系在国外学科服务理论体系的基础上进行了创新和突破，并通过探索和实践形成了特色鲜明的、理论与实践相结合的、可资推广的响亮品牌。

可以预见，将来学科化服务的重要发展趋势是：无时不在、无处不在、无所不能的泛在服务，具体动向包括：学科馆员深度嵌入课程教学；提供多类型、多层次、全方位的信息素养教育；全程跟踪与支持重点科研项目；提供学术评价、学科态势分析、学科规划等高端知识服务等等。

2）从传统物理空间转向 IC、LC 等新型服务空间

詹姆斯·赫夫（J. Huff）提出 21 世纪作为场所的图书馆具有三大功能："环境、存贮、圣殿"（[45] James Huff. Defining the non-virtual library. American Libraries, 2003, 34（11）：36）。大学图书馆作为大学师生的第三文化空间，一直在探索如何由馆藏阅读空间转变为以读者为主的合作学习、合作研究、合作创造和交互式传播空间[38]。近些年兴起的信息共享空间（Information Commons，IC）、学习共享空间（Learning Commons，LC）、研究共享空间（Research Commons，RC）、知识共享空间（Knowledge Commons，KC）的建设热潮，表明了大学图书馆正在致力于改善图书馆的空间环境和物理设施，使得图书馆能够成为一个具有吸引力的场所。可以认为，"空间共用、资源共享、交流协作，一站式服务"是当前大学图书馆新型空间建设的核心理念。

信息共享空间（IC）是 20 世纪 90 年代中期在美国兴起的一种动态的图书馆服务创新模式，它将硬件、信息资源、服务体系融于统一空间，用户在 IC 中不仅可享有信息资源和信息服务，而且还能以相互合作的方式进行学习和研究[39]。早在 1992 年，美国爱荷华大学（University of Iowa）图书馆就推出了"信息拱廊（Information Arcade，简称 IA）"服务，通过不断地拓展、完善，最终形成了较为成熟的信息共享空间（IC）[40]，并被国内外的大学图书馆广泛采用。《Library Journal》杂志副主编安德烈·艾博年（A. R. Albanese）先生从"一站式用户体验、可伸缩性、组织变革、交流与互动、协作空间、技术支持"[41]等多个方面总结了 IC 的成功因素。最近几年，随着高校图书馆越来越重视对教学、科研活动以及学生学习的支持，又逐渐出现了学习共享空间（LC）、研究共享空间（RC）、知识共享空间（KC）等新型服务空间的建设热潮。其中尤以 LC 发展最快、影响最广，是目前最具代表性的一种支持读者个性化、协作化学习和知识创造过程的知识服务创新模式[42]，

凸显了大学图书馆作为一所大学的教学和学习支持机构所应发挥的主动作用。这种由实体空间和虚拟空间组成，提供一个具有丰富资源和设施的、能够进行相互交流讨论、同时还可随时上网撷取各种信息的学习共享空间模式，已经成为国内外大学图书馆对空间进行改造的主要模式[43]。

IC、LC、RC、KC 的兴起，充分展现了图书馆界对图书馆功能与角色的重新认识：大学图书馆不仅是信息的保存者和组织者，也是信息的提供者和加工者，不仅是大学的信息资源中心，也是促进读者进行学习交流、互动合作、研究创新和社交的最佳场所。IC、LC 等新型服务空间模式拓展了大学图书馆服务的时间和空间，使得大学图书馆的服务从纯粹的物理空间转向了虚实空间相结合，服务时间从有限走向无限。大学图书馆空间的未来发展趋势是建成提供知识化增值服务的多维虚实交流环境，以进一步支持用户沉浸交流（Immersion-Interactive）与知识创新。

3）服务手段从人工转向自助、移动、智能、泛在

近年来，大学图书馆借助于互联网络和新型信息工具，让参考咨询、图书借阅等传统的基础服务也焕然一新。目前，图书馆的参考咨询服务，除了传统的面对面、电话、邮件咨询外，许多大学图书馆还遵循用户的行为习惯，嵌入了各式各样的用户在日常生活中频繁使用的通信工具，例如 MSN Messenger、Yahoo Messenger、AOL Messenger、SMS、微博、微信等，使得参考咨询服务随手可得。此外，图书借还服务也有了较大发展和突破。伴随着 RFID 技术的引入，有效提高了流通部门的智能化服务水平和工作效率，读者借还图书变得轻松便捷，而且可以实现 24 小时自助借还图书馆；更加有价值的是，RFID 为借阅数据统计带来了方便，便于快速准确地统计、分析用户阅读行为。

引入移动设备，实现图书馆的资源和服务在 PDA、Kindle、IPAD、智能手机等移动设备上获取，是最近几年图书馆服务发展的又一新趋势。2010 年，美国大学与研究图书馆协会（ACRL）将移动服务列为学术图书馆发展的十大趋势之一，指出“移动设备的激增将驱动新的服务”，并预测手机图书馆将改变用户的需求和期望。当前，大学图书馆的移动服务主要包括短信提醒、短信参考咨询、移动 OPAC、移动内容传递、移动上网、手机图书馆应用软件、

图书馆音视频导览等形式。用户可以随时随地随身地进行图书馆馆藏资源检索、书目查询、用户管理等活动，实现图书馆服务的无处不在、无时不在的泛在性。

“泛在图书馆”的概念是伴随着“泛在知识环境”的诞生而出现的。国外首次提出“泛在知识环境”是在2003年的NSF的报告中。大学图书馆随即迅速跟进，2003年12月，由查尔斯·劳里（Charles B. Lowry）博士领导的团队直接将“泛在图书馆”作为马里兰大学图书馆未来五年发展的新导向[44]。2005年，澳大利亚蒙纳士大学信息技术网发布了一个“泛在图书馆”的研发计划。泛在图书馆的核心理念是“图书馆要提供主动的、无处不在、无时不在的服务”。马里兰大学图书馆查尔斯·劳里（Charles B. Lowry）和乔治亚州南方大学图书馆的Lili Li总结了数字时代泛在图书馆的六个特征[45]：①网络化；②全天候；③开放性；④多格式；⑤多语种；⑥全球化。目前，泛在图书馆的建设方兴未艾，将会成为未来大学图书馆发展的重要方向。

（4）新技术加快图书馆变革

信息技术成为当代图书馆发展的引擎。从图书馆发展史来看，几乎每项新信息技术的出现都会给文献信息的生产、交流与服务形态带来巨大的挑战和机遇[46]，导致图书馆服务和形态发生变革，进而引领图书馆的发展动向。如网络技术、数字技术的出现导致数字图书馆的产生和发展；Web2.0技术的产生引发了Lib2.0建设热潮。随着RFID及云计算技术的发展，出现了以感知化、互联化、智能化为核心的新一代信息技术浪潮。在经历了传统图书馆到复合型图书馆的转型革命之后，大学图书馆将迎来以第三代图书馆，即“智慧图书馆”为核心的下一次革命[47]。

1）Lib2.0

Lib2.0是Web2.0理念和技术在图书馆的应用和发展，其核心理念包括“以用户为中心、强调用户参与、图书馆没有障碍、倡导个性化及人性化服务、保持开放性和共享性”等。从2005年9月Michael Casey正式提出Lib2.0的概念，到Lib2.0技术和元素的尝试应用，再到Lib2.0建设的全盘规划，最后到Lib2.0实践的全面开展，高校图书馆Lib2.0建设在2010年左右达到了高潮。

Lib2.0实践主要包括以下几类：

① 图书馆网站的2.0化：对很多图书馆而言，最普遍的尝试Lib2.0的做法就是采用一些廉价、甚至免费的新技术，改变图书馆网站的用户界面。例如在网站上集成RSS、Blog、Wiki等2.0技术和元素。

② 对原有图书馆系统进行2.0改造：一些图书馆系统与服务供应商看到了Lib2.0的开发价值及其在理论上和实践上的巨大号召力，纷纷以Web2.0技术和理念改造产品和服务。目前，最主要的实践是对图书馆系统中的OPAC进行2.0改造，主要方法包括三种：a）重新设计OPAC，增加2.0元素，如RedLightGreen、WPOPAC（Scriblio）、FISH、BlackLight；b）引进Endeca、AquaBrowser、Encore、Primo、YakPac、WorldCatLocal、BiblioCommons等第三方软件，让OPAC即刻变脸；c）利用开源软件开发新的OPAC，如基于开源软件Drupal开发的Social OPAC 2.0等。

③ 基于开源软件构建Lib2.0新系统：国外很多图书馆基于开源代码搭建集成图书馆系统软件，目前最主要的开源集成图书馆系统包括：Avanti、Emilda、Evergreen、GNUTeca、Koha、Learning Access ILS、NewGenLib、OpenBiblio、phpMyLibrary、PMB、PYTHEAS和WEBLIS等。其中，Evergreen和Koha是目前研发最活跃，应用也最为广泛的系统。除了推出2.0版的图书馆集成系统外，国外图书馆界也应用开源软件构建了一些用于学科服务和资源导航的Lib2.0系统，如SpringShare公司推出的LibGuides系统。

④ 将图书馆服务推送到外部的2.0网站上去：应用MySpace、Flickr、PBwiki、Second Life等社交网站来拓展和延伸图书馆的服务。国内外有许多图书馆正在利用综合型的社区网站，宣传和推广图书馆的资源和服务。例如，在MySpace上有一个称之为“图书馆组”的虚拟社区；也有许多国外的图书馆员成为了Second Life上的虚拟参考咨询的志愿咨询员，通过该社交网站为用户提供虚拟参考咨询服务。此外，大学也鼓励教师积极使用社会网络，如康奈尔大学向教师推荐使用社会网络工具，如RSS、Facebook、Blog、Twitter和Social Blokmarking等，既可以帮助其提高数字化素养，又能够确保其快速了解相关研究领域的新发展[48]。

2）智慧图书馆

2009年初，IBM率先提出了智慧地球的概念，认为未来的地球应该是构建于感知化、互联化、智能化基础之上的。随后，“智慧国家”、“智慧城市”、“智慧校园”等概念应运而生。图书馆界也随之提出了“智慧图书馆”概念。从技术角度来看，现今的物联网、云计算、RFID和智能技术、数据分析新技术等，为智慧图书馆的建设提供了必备的基础技术条件，使数字图书馆向更为智慧的高级阶段发展成为可能。

智慧图书馆的理念和实践最早出现在欧美的大学图书馆、公共图书馆和博物馆中[49]。2004年，加拿大渥太华的一些公共图书馆、高校图书馆和博物馆建立起以“智慧图书馆”命名的联盟[50]。国内图书馆界也及时跟进了智慧图书馆理论研究，对其定义、内涵、要素、特点等进行了探讨。如我国智慧图书馆理论的主要研究者、上海社科院信息研究所所长王世伟认为：智慧图书馆是以数字化、网络化、智能化的信息技术为基础，以互联、高效、便利为主要特征，以绿色发展和数字惠民为本质追求的现代图书馆科学发展的理念与实践[50]。该观点主要是从构建智慧型公共图书馆角度定义智慧图书馆，认为智慧图书馆的核心要素是“书书相联的图书馆、书人相联的图书馆、人人相联的图书馆、任何时间可用的图书馆、任何地点可用的图书馆、任何方式可用的图书馆”[49]。也有人从智能计算的角度认为，智慧图书馆=图书馆+物联网+云计算+智能化设备，是通过物联网来实现智慧化的服务和管理[51]。

我们认为，大学智慧图书馆应更加侧重于为教学、科研与人才培养提供便捷高效的泛在服务，使用户获取信息和服务像呼吸空气一样自由。构建大学智慧图书馆，需要利用感知技术更好地了解用户的需求，主动推送个性化信息；利用语义网技术，将不同来源的教学与学术资源关联起来，提供一站式资源发现与获取服务；利用智能技术，对海量学术数据进行分析、挖掘与预测，为用户提供知识增值服务。大学智慧图书馆能够通过感知了解用户在教、学、研中的各种需求，主动地提供相应的服务。

目前，一些大学图书馆尤其是一流大学图书馆，已经将建设智慧图书馆列为重要的发展目标，并完成了未来规划。例如，上海交通大学图书馆在2020年中长期发展规划中就明确提出，到2020年，力争建成智慧图书馆。具体规划包括：以学科领域、服务任务和目标为驱动，协同感知、网络和应用等各个层面，对环境、目标等进行智慧获取和处理，实现任何人、任何物、任何信息载体在任何时间、任何地点的互联互通，海量信息在物联网平台的聚合而产生新的信息，并引发全新的服务创新模式，最终实现智慧图书馆的建设目标[52]。上海交通大学图书馆还提出了智慧图书馆的五大要素，即：资源——优质、多元、高效；服务——智能、泛在、感知；技术——精准、便捷、智能；馆员——敬业、专业、创新；读者——乐用、协同、敏锐。

作为智慧图书馆的基础之一，RFID 技术被越来越多的高校图书馆开始尝试运用。如今，上海交通大学、复旦大学、苏州大学、汕头大学、北京理工大学等近百所高校图书馆已经先后运用实施了 RFID 项目，实现了图书自助借还、智能盘点等功能，奠定了迈向智慧图书馆的部分基础。此外，国内也有部分高校图书馆开展了智慧图书馆的技术预研和技术模型规划，如北京邮电大学于 2009 年底开始感知性智慧图书馆示范系统（BUPT-SLDS）项目研制工作。上海大学图书馆规划从感知、计算和交互三个层次实现智慧图书馆[47]。

当前处于起步阶段的智慧图书馆建设无疑将成为 21 世纪大学图书馆发展的重要方向。

1.3　学科化服务的进展

1.3.1　学科化服务的发展与演进

学科化服务的出现和发展是现代大学图书馆服务走向知识化、专业化、精深化的必然。在半个多世纪的发展历程中，随着时代的发展和用户需求的变迁，学科化服务的内容、模式、方法和手段也在不断地演进。学科馆员的核心职责也从最初的“以馆藏资源建设为主”演变成今天的提供“全程参与、深度嵌入”的知识化服务，并且继续向提供“无所不在、无所不能”的泛在智慧型服务的方向发展。

（1）发展历史与现状概述

1）欧美大学图书馆

学科化服务最早起源于美国、加拿大等欧美国家的研究型大学图书馆。自上个世纪 50 年代起，美国一些大学图书馆就开始设立学科馆员。如 1950 年，美国内布拉斯加大学图书馆在设立分支图书馆时就配备了学科馆员，正式实施了学科馆员制度。20世纪60年代，美国研究型大学图书馆普遍设立了学科图书馆。1981年，美国卡内基梅隆大学图书馆推出了“跟踪服务（Tailing Service）”，后随俄亥俄大学图书馆推出了“网络馆员免费导读（Free Introduction to Internet Librarian）”服务，这些服务属于最早的有体系的学科化服务[53]。2007年，美国研究图书馆协会对63个研究型图书馆进行调查，发现其中有94%开展了学科化服务[54]。

国外学科馆员制度已有半个多世纪的历史，经过一个逐渐成熟、逐步深入的过程，形成了较为完善的管理机制、认证制度和评估体系。美国大学图书馆的学科馆员一般由专业馆员担任。专业馆员有着严格的从业资格认证制度，通常要求具有美国图书馆协会（ALA）认可的大学授予的图书馆学或信息学硕士以上学位。学科馆员除了图情博、硕士学位，往往还具有另一专业学科的学士或以上学位，属于专业学科知识和图书情报知识的复合型人才。学科馆员的称谓名目繁多，例如：联络馆员（Liaison librarian），图书馆联络员（library liaison），学科书目员（subject bibliographer），学科馆员（subject librarian）及学科专家（subject specialist）等。按照美国图书馆协会（ALA）编辑的词汇表[55]的定义，这些不同的名称代表的是这样一类图书馆工作人员：他们通晓某一学科的知识，担负着从图书馆的资源中选择和评估该学科领域的资源的责任；并且，他们还需要承担在该学科领域内的信息服务以及资源的书目组织等任务。可见，早期学科馆员的核心职能是承担专业馆藏资源建设工作。按照康奈尔大学图书馆的解释，传统的学科化服务内容，可以归纳为CRIO：Collection（C）——馆藏建设、Reference（R）——参考咨询、Instruction（I）——教学培训、Outreach（O）——院系联络。

欧美学科馆员服务模式一般是采用“学科分馆—学科馆员组合”的模式。这是由于欧美大多数综合性大学按学科设置分馆的情况决定的，一所综合性大学设置几十个图书馆学科分馆的现象比比皆是，因此学科馆员一般都设置在对口的学科分馆里。例如，康奈尔大学图书馆有20个学科分馆，每个学科分馆都有学科馆员，分别负责对口的学科服务。而对于那些没有专业分馆的院系，则由主馆的学科馆员负责联系和提供服务。

通常，在欧美的大部分一流综合性大学，均拥有庞大的学科馆员队伍，学科馆员的设置往往是以二级学科为服务对象，几乎覆盖学校所有的学科。有些一流大学的学科服务覆盖的学科数多达数十甚至百余个，学科馆员数量超过了100名，基本上每个二级学科都有至少1名学科馆员。有的大学甚至为某些教授配备了专门的学科馆员。例如，哈佛大学法学院图书馆指定每个学科馆员为几个教授服务，要求随时提供图书馆的各种服务，使学科馆员真正能为所服务的学科或教授提供针对性强，细致、专业和周到的信息服务。可见，在美国综合性的大学图书馆，学科服务这棵大树已经是根深叶茂，深深扎根于院系师生中了。

另一方面，国外大学图书馆对学科馆员有着良好的支持、培训和管理制度，有专门的学科馆员管理机构；特别强调学科馆员的终身学习，鼓励学科馆员旁听院系核心课程以及参加专业数据库的使用培训，以提升学科馆员的专业背景知识和综合能力。

2）国内大学图书馆

我国学科馆员制度的发展可以分为三个阶段：1998年之前的探讨酝酿阶段、1998—2006年的探索起步阶段、2007年至今的快速发展阶段。

我国学科馆员制度的探索与研究起步于二十世纪后期。目前能检索到的国内最早研究学科化服务的文章发表于1989年，该文介绍了国外学科馆员制度的发展状况和实践，从理论层面探讨了我国实施学科馆员制度的可行性和意义[56]。1993年，上海交通大学图书馆意识到学科馆员制度是研究型大学图书馆的办馆之路，时年6月在图书馆业务体制改革研讨会上，提出了学科馆员体系建设的讨论稿，提出组建学科馆员队伍，选派既有专业学科背景、又有图书情报理论知识和实践经验的高级专业人员担任学科馆员，建立若干个学科业务组，负责学科范围内的采访、分编、借阅、检索、咨询等工作[57]。但由于当时实施学科化服务的主客观条件均不具备，因此，学科馆员制度并未付诸实施。2003年，上海交通大学图书馆再度探索实施学科馆员制度的可行性，在对国内外已实施的学科馆员制度进行充分研究，并就图书馆馆员队伍结构现状进行分析后，于当年年底正式推出学科咨询馆员制度，通过图书馆设立学科咨询专家与院系委派图情咨询专家的对应机制，保证学科咨询馆员在院系工作的开展。2008年，上海交通大学图书馆正式全面实施了学科馆员制度，创立了具有鲜明特色的“IC^2 创新服务模式”，并以此为核心，在实践中逐渐形成了“泛学科化服务体系”，在中国高校图书馆界反响巨大，影响深远。

国内其他高校图书馆在开展学科化服务的探索与实践中也有良好表现。1998 年，清华大学图书馆率先成立了国内第一个“学科馆员小组”，安排了信息参考部的 14 位馆员组建成学科馆员小组，每位学科馆员与各院（系、所）负责图书情报工作的教师配合开展工作[58]，在国内高校率先开启了学科化服务。随后，北京大学、西安交通大学、南开大学、武汉大学等多个高校图书馆，均先后开展了各种形式不同的学科化服务，包括设立“学科联络员”、“学科咨询馆员”、“信息参考馆员”、“对口咨询馆员”、“在线咨询员”等新岗位，并采用“学科馆员—图情教授”的联动模式，合作开展学科化服务。据统计，截至 2006 年，国内共有 40 所高校设立了学科馆员[59]。当然，这段时期大学图书馆的学科化服务尚处于探索起步阶段，大部分大学图书馆对于原本为舶来品的学科馆员制度理解并不深入，同时也受制于中国高校图书馆当时的管理机制、组织结构、服务体系、人员队伍素质等因素的制约，学科化服务的推行和开展无法全面有效推行，大多数高校图书馆的学科化服务或流于形式、或浅尝辄止、或有名无实，受众面和影响力均有限，处于不温不火的状态。总体来说，这个时期学科化服务并没有实质性的进展。

国内学科化服务的快速发展是在 2007 年之后。自 2006 年中国科学院国家科学图书馆实施“融入一线、嵌入过程”的新型学科化服务后，有关学科化服务的理论研究开始大量涌现。2008 年上海交通大学图书馆提出基于“IC^2 创新服务模式”的学科馆员制度，将国内高校对学科化服务的关注和实践推向了高潮。

2008 年，上海交通大学图书馆以闵行校区的新图书馆落成投用为契机，在重塑服务理念、改革组织机构的条件下，确立了学科化服务的服务主线，正式开始实施学科馆员制度，开创了具有上海交通大学图书馆鲜明特色的基于“IC^2 创新服务模式”的学科化服务体系，全面跃升了图书馆服务，增强了图书馆的吸引力与影响力。同时，“IC^2 创新服务模式”在中国高校图书馆界也产生了深远的影响。2008 年以后，中国高校图书馆界对学科服务的热度明显提升，CALIS 三期建设项目在 2010 年至 2012 年间连续举办了 5 期学科馆员培训班、2 期馆长高级研修班，更是引发了全国范围内的学科馆员制度的实践热潮。很多高校图书馆纷纷仿效交大模式，进行机构改革和服务创新，进行了富有成效的理论探讨和实践探索，使得学科服务的开展在中国高校风生水起，迎来了学科服务发展的新局面，进入了大规模推广与普及的新阶段。

2008 年调查发现，108 所“211 工程”高校图书馆中已有 83 所开展学科服务，所占比例为 76.85%[60]。到 2014 年，几乎所有的“211 工程”高校和许多非“211 工程”高校都已开展了学科服务。其中，包括了理、工、农、医、商、法及综合等各类大学，既有“211 工程”重点大学图书馆，也有普通本科乃至专科高等院校图书馆[26]。从管理机制上看，目前国内学科馆员采取兼职或专职两种形式，以兼职为多；管理模式主要有集中式、分散式、挂靠式三种，以分散管理居多。但从发展趋势上看，已经有越来越多的高校馆正在建立集中管理的专职学科馆员队伍。学科馆员的工作内容主要包括：馆藏建设、参考咨询、信息素养培训、院系联络以及情报分析等五大方面。

学科馆员制度的推广和普及促进了中国高校图书馆服务水平和质量的提高，较好地满足了教学、科研的深层次需求，成为大学图书馆服务创新的亮点，提升了图书馆的影响力和存在价值。但是，也必须看到，由于国内学科化服务发展的时间较短，除了处在第一梯队的少数大学图书馆的学科化服务形成规模和自身特色外，大多数高校图书馆的学科化服务仍然存在较大差距，其中不足之处主要体现在：学科馆员人数少，力量薄弱，素质不高，有些仅仅是尝试性兼而为之；学科服务覆盖的学科面窄，服务不够深入，也缺乏专业性；院系师生对学科化服务不了解、不配合，服务效果差强人意等。以至于有研究者认为，我国高校图书馆推行学科服务多年，但大多成效不明显，有的几乎没有成效[61]。甚至也有学者质疑学科服务到底能走多远[62]。这些都是目前国内高校图书馆在继续深化推进学科化服务时值得深入思考的问题。

(2) 发展趋势与动向

1) 服务内容：从传统走向泛化

传统舶来的学科化服务，其主要服务内容是以学科资源建设、参考咨询、用户培训、院系联络为主。近年来，随着用户需求的转变和图书馆功能的拓展，学科馆员的服务内容已大大拓展，范围越来越广泛。新增加的服务内容涉及参与学术出版、科研数据监管、资源数字化与管理、深层次知识服务、高端情报分析服务等诸多方面。如密歇根大学图书馆成立了“学术出版处（Scholarly Publishing Office）”[63]，负责对本校教师学术成果的电子出版和传播，支持在联机环境下以传统方式出版期刊和专著，也出版那些只以电子形式传递的学术著作；又如，康奈尔大学图书馆作为主要成员参与了学校的研究数据管理服务组（Research Data Management Service Group），提供各种研究数据的管理服务，包括存储备份、元数据加工、数据分析、数据发布等[64]。

服务内容的泛化是今后学科服务的趋势之一。围绕教学、科研和人才培养的各个环节，按需提供丰富多样的针对性服务，主动参与到学校的各项工作当中，将图书馆服务渗透到学校的方方面面。这正是当前大学图书馆重塑形象、体现存在价值、赢得地位的重要途径。

2）服务方法：从简单浅嵌入向全程深嵌入发展

嵌入式服务（Embedded Subject Service）是当前高校图书馆开展学科化服务最流行的做法之一。这是一种以用户为中心的主动型学科化服务，通过融入用户的学习或科研过程、进入用户的物理空间或虚拟空间等方式，以期最大程度满足用户需求。从20世纪90年代初开始，国外的各类图书馆即尝试将图书馆员及其服务嵌入到用户中[65]，其中美国最为典型。美国许多著名的大学（如哈佛大学、约翰·霍普金斯大学医学院、加州理工大学、杜克大学等）图书馆的学科馆员开始利用电子资源、网络技术手段，尝试嵌入网络在线课程的教学[66]。2011年，ARL以“学科联络馆员的角色转变（Transforming Liaison Roles）”为题发布了年度报告，提出学科馆员应该嵌入用户的研究、教学和学习过程中，建立参与用户学术行为的新模式[67]，体现了美国高校图书馆界对于嵌入式学科服务的重视。中国近年来的嵌入式服务也引起了业内的密切关注，相关理论研究和实践大量涌现。可以说，嵌入式服务是当前大学图书馆学科化服务突破瓶颈、迎接挑战、实现与用户实质性合作的重要途径[66]。

美国的D. Shumaker等将图书馆嵌入式服务概括为三种类型：物理嵌入、组织嵌入和虚拟嵌入[68]。近年来，出现了嵌入用户环境、嵌入教学与学习、嵌入学术交流与科学研究、嵌入馆藏资源建设等诸多形式的嵌入式服务。嵌入式服务推出之初，主要以嵌入物理空间、虚拟空间与嵌入教学为主，嵌入的程度较浅。如早期的嵌入教学主要做法是馆员在教师的专业课中增加一堂信息素养课程，这种嵌入属于单次、短期的浅嵌入，馆员介入程度较低，且作用有限。目前，嵌入式服务正在朝着全程参与、深度嵌入方向发展。例如，在康奈尔大学嵌入式教学中，学科馆员与专业教师共同设计课程并全程参与，使信息素养教育和教学内容、教学评价紧密结合在一起，这种合作授课模式取得了良好的效果。今后，全程的、持久的深度嵌入式服务将成为学科化服务发展的重要方向。

3）服务模式：从图书馆单方开展转向多方合作推进

开展学科化服务不仅要调动图书馆多方面力量和各种资源，还要与院系、科研团队、学校职能部门等多方机构打交道。随着学科化服务的深入发展，多部门之间的协作联合变得越来越重要。从学科化服务的实践来看，嵌入教学、科研以及人才培养的各个环节，提供全程主动服务，均离不开大学图书馆与各方的通力合作。从图书馆内部合作、到图书馆与学校各部门的合作、再到跨机构合作，甚至是国际合作，合作已经成为了图书馆开展学科化服务的主旋律。

未来的学科馆员将行走在学校的每一个角落，将服务送到教授的办公室、研究者的试/实验室、学生的教室和宿舍，而且，广泛的联系与协同合作必定成为趋势。学科馆员与用户之间相互支持，相互依赖，彼此相互渗透、形成紧密的战略伙伴关系。大学图书馆也将改变过去孤立静止的形象，成为活跃的“机构超人”。

4）服务主体：从传统学科馆员向新一代学科馆员转变

随着时代的发展，为了更好地适应环境和用户需求的变化，学科馆员的角色也在不断调整和转变。初景利认为：如果以联络人为主要特征的学科馆员称为第一代学科馆员的话，那么以融入一线、嵌入过程为主要特征的学科馆员可被称为第二代学科馆员[69]。张晓林则预测了学科馆员从 1.0 到 3.0 的变化趋势，他认为：学科馆员 1.0 指基于图书馆资源与服务的信息检索获取，强调学科馆员会做什么；学科馆员 2.0 指基于用户的、以信息为基础的知识发现分析，强调学科馆员的能力建设；学科馆员 3.0 则是指基于用户的、覆盖知识能力和嵌入科研过程的知识服务，强调的是按用户需求提供服务[70]。可见，未来的新一代学科馆员不仅能够利用自身知识、技能以及新技术提供服务，还要嵌入到用户的教学与科研过程，提供基于用户需求的增值型知识服务。

伴随着图书馆服务的不断拓展与深化，学科馆员将从最初基于文献的服务提供者，逐渐演变成集多种角色于一身的“超人”：学科信息制作者与发布者、知识管理者、教育工作者、虚拟交流的组织者、科研伙伴、学习顾问等。学科馆员的职责也会逐渐拓展到参与课程设计与授课、教学与科研资源的组织与提供、学生综合素质拓展与提升等方方面面。

在学科化服务步入知识化、泛在化、智慧化的进程中，必定需要更多的多能型的新一代学科馆员。今后，学科馆员的角色还会不断演化，“走进院系、融入团队、嵌入过程”将成为新一代学科馆员的核心职责；“围绕用户需求，提供泛在智慧服务”将成为新一代学科馆员的核心目标。

1.3.2 学科服务的未来

（1）存在的问题

在中国高校图书馆学科化服务步入快速发展的新阶段，学科馆员制度的探索实践取得了较大突破。在学科馆员制度的建立方法、实施模式、管理机制等理论研究方面也取得了一定成果。目前，学科化服务成为了大学图书馆服务创新和实现核心价值的最佳途径。但也正由于其发展迅猛，又没有放之四海而皆准的现成模式可循，不少大学图书馆在开展学科化服务的实践中遇到了问题，概括如下：

1）缺乏全盘规划和顶层设计

目前，尽管几乎所有的“211 工程”高校和许多非“211 工程”高校都已开展了学科化服务，但大部分高校的学科化服务缺乏全盘规划和顶层设计，往往是在原有的服务体系和组织机构的基础上，开展所谓的学科化服务。由于机构设置、管理机制与运行模式的不配套，缺乏必要的保障体系，学科化服务的开展受到了掣肘与限制，导致服务开展不顺畅、服务效果不显著。

事实上，开展学科化服务必然会牵一发而动全身，只有站在图书馆的全局高度，进行全盘规划和顶层设计，以用户为中心，调整组织机构和服务体系，合理配置资源、技术与人力等方面的保障体系，才能使得学科化服务的开展顺畅而且高效。

2）服务能力与用户需求之间的矛盾突出

按照发展趋势来看，未来大学图书馆的学科化服务将嵌入教学、科研与人才培养的全过程，以用户需求为目标，提供全方位的、个性化的知识服务。这为用户描绘了一幅极具吸引力的美妙蓝图。但对于大学图书馆而言，不断增加的用户需求意味着图书馆学科化服务的压力激增。现在的形势是，学科馆员往往仅有精力为重要团队或重大项目提供服务。从长远发展来看，随着学科化服务朝着宽泛化、精深化、个性化方向的进一步推进，有限的服务能力与日益增长的用户需求之间的矛盾将长期存在，而且会日益突出。如何平衡这之间的矛盾，有所为有所不为，需要大学图书馆在部署学科化服务的格局时，做出权衡取舍。

3）粗放型模式与精细服务需求的矛盾

由于大多数中国高校图书馆开展学科服务的时间较短，学科馆员队伍力量单薄，学科馆员设置多数都是以学院或学科大类为服务对象，只能保障部分重点学科的服务开展。同时，学科服务机制也不够完善，千头万绪的工作都是学科馆员一肩挑。由于精力和时间的限制，学科馆员难免顾此失彼，导致了只能按照粗线条开展学科化服务。这种粗放型模式难以将服务做精、做细，疏于细节，必然导致服务深度不够、专业性不强，从而影响用户对学科化服务的感受和体验。有道是细节决定成败，学科化服务要真正深入人心，一定要细致入微，精细化服务才能使用户对学科化服务有真切良好的感受。

4）学科馆员素质与数量跟不上服务发展需求

学科馆员是开展学科化服务的主体，学科馆员队伍的力量和素质决定了学科服务的优劣和成败。在美国，大学图书馆对学科馆员的聘用有着严格的从业资格认证制度，除了要有某个专业的学士学位外，还要求具有美国图书馆协会（ALA）认可的大学授予的图书馆学或信息学硕士以上学位。正是由于这种严格的职业制度，确保了图书馆学科馆员的业务素质和服务质量，保证了学科馆员制度的成功实施和发展。

而在中国，随着学科化服务的大规模普及，越来越多的图书馆员转型成为了学科馆员。尽管对学科馆员的任职资格也有较高要求（基本上要求硕士以上学历或副高以上职称，而且最好具有学科专业背景），但是，由于我国至今并没有高校图书馆从业资格准入制度，图书馆员的整体素质并不高，真正符合学科馆员素质要求的复合型人才在我国大学图书馆中所占比例非常低，因而导致学科馆员队伍的整体水平不高，而且良莠不齐。此外，每个大学图书馆实际的学科馆员人数普遍较少，一般只有几个人到十几个人，队伍力量相对薄弱。这也制约了学科服务的成效和影响力。

随着学科化服务的不断深入发展，学科馆员素质与数量跟不上服务发展需求的状况将越来越严峻。如何提高学科馆员队伍的综合素质，为学科化服务的开展提供人力资源上的保障，是大学图书馆制定学科化服务发展策略时必须深入思考的问题。

（2）未来发展：泛学科化服务

在过去的理论研究和实践探索中，学科化服务基本上是被定义为研究型图书馆利用其馆藏和馆员的优势为用户的科研和学习提供专业的学科信息与知识服务[71]。因而学科馆员的主要职责便是：学科联络、馆藏建设、资源导航、信息素养教育等。长期以来，国内外有关学科化服务或学科馆员制度的研究者，基本都持有这种将学科服务与流通、借阅等基础服务截然分开的观点，并且认为，学科化服务比图书馆中的其他服务都要高端，进而导致学科化服务凌驾于图书馆其他服务之上，甚至形成了重学科化服务、轻基础服务的情形。长此以往，由于人为地割裂了业务工作的相关性，势必会挫伤基础服务馆员的积极性，严重时甚至会影响到大学图书馆事业的长远发展。

为此，经过了一段时间的研究与探索实践，我们发现，学科服务与基础服务应该是一体的。从辩证关系来看，基础服务是学科化服务的基石，而学科化服务则是对基础服务的提升和拓展，两者属于一个服务框架下的有机整体。首先，基础服务与学科化服务的服务对象是一致的，都是院系各学科专业的师生。对他们而言，他们唯一关心的是享受图书馆的服务；其次，基础服务与学科化服务是相辅相成的。基础服务中的很多数据信息，反映了用户的偏好和关注热点，这些都是有的放矢开展学科化服务时需要利用的宝贵信息；而同时，学科化服务也提升和拓展了基础服务。学科化服务以其独特的魅力使得用户对图书馆更为仰仗与青睐，吸引用户更为频繁地使用图书馆，从而为基础服务赢得更广泛的受众面。再次，基础服务与学科化服务的目标是一致的，都是要满足学校师生的教学、科研及人才培养过程中对图书馆的各种需求，发挥图书馆在教学支持、学术支撑和文化熏陶等方面的独特作用，提升用户对图书馆的感官体验，彰显图书馆的存在价值和意义。最后，基础服务与学科化服务也是密不可分的，你中有我、我中有你，水乳交融。例如，举办一个学科主题书展，需要基础服务馆员与学科化服务馆员之间的通力合作。相反，将书展单纯归为基础服务或学科服务都是不合适的。

经过上述分析，站在全局视野的角度，我们提出“泛学科化服务”的概念。也就是说，大学图书馆在（按学科）为读者提供服务时，所有服务都是开展学科化服务所必需的，都是学科化服务的一部分，因此，从广义上都可以视为学科化服务。泛学科化服务中的“泛”有两重含义：其一是服务内容的宽泛，图书馆所能提供的所有服务都可以看成是学科化服务；其二是服务形式的泛在，服务要无时不在，无处不在，渗透到用户教学、科研和学习的全过程，这其实也正是未来的智慧图书馆服务的基础。

从 2008 年提出“IC^2 创新服务模式”，到 2012 年逐渐形成“泛学科化服务体系”，上海交通大学图书馆从认识、理解、探索、创新，再到实践、总结，将学科化服务提升到了一个符合时代特点的、全新的高度。“泛学科化服务”贡献了一种全新的学科化服务理论，突破了原有学科化服务理论相对封闭的诸多局限，它让学科化服务不再是飘在空中，而是从云端落地，并接上了地气，在中国高校图书馆的沃土上生根发芽，茁壮成长，呈现出勃勃生机，拥有了无限的机遇和可能。

1.4 泛学科化服务体系的形成

为了更好地支持上海交通大学建设世界一流大学、培养创新型人才的发展战略，经过缜密的调研、分析、酝酿和规划，上海交通大学图书馆以主馆落成为契机，在重塑服务理念、改革组织机构的前提下，于 2008 年 9 月开始，全面推进以学科化服务为主线的全新图书馆服务。按学科化服务需求，调整了资源布局和人员配置，创新服务模式，开创了具有鲜明特色的IC^2创新型服务模式，形成了响亮的IC^2服务品牌。以IC^2创新型服务模式为内核，逐步建立并形成了一套完备的、与时俱进的泛学科化服务体系。经过8年多富有成效的探索和实践，在泛学科化服务的管理机制、内容设计、运行模式、实施举措等方面积累了丰富的理论成果和实践经验，并且，将进一步在实践中不断丰富和完善。

1.4.1 泛学科化服务体系概要

（1）背景

随着计算机技术、网络技术、通信技术的飞速发展，泛在知识环境、泛在技术、泛在图书馆等主题成为图书馆学术界研究的热点。国外有学者甚至认为“泛在图书馆”将成为图书馆发展的未来形态[72]。从大量的相关理论研究可以看出，早些年国内外图书馆界对“泛在”的理解主要基于技术层面，认为先进的信息技术正在把传统图书馆变成所有服务都能通过指尖触碰或键盘敲击而得到的泛在图书馆[73]，因而，有学者认为“泛在图书馆是一个高度技术依赖型的知识环境”[74]，其核心理念是“无处不在的图书馆”（Ubiquitous Library）。受此观点的影响，国内外图书馆界构建“泛在图书馆”的实践最初大多是从技术支持、系统架构、网络设施等角度开始的。

与此同时，随着学科化服务在中国高校的迅速推广和持续深入，近年来国内学者对学科化服务（或学科馆员）与泛在图书馆（或泛在知识环境）之间的关系进行了探讨，如有学者指出“学科化服务渗透着泛在图书馆的理念，从某种意义上，学科化服务就是在创建泛在图书馆，是泛在图书馆功能的体现”[74]；“学科馆员提供的服务实质上就是一种泛在化的、无所不在的服务，它与泛在图书馆服务的本质是一致的”[75]。可见，随着对学科化服务认识的深入，人们对“泛在”的理解已经渐渐超越了技术层面，上升到了一种新的高度，因而带来了更加开阔的视野。研究者认为学科化服务的本质就是要为用户提供无所不在的“泛在服务”，因此，“图书馆员可以在图书馆里提供服务，也可以到用户一线提供服务，可以在用户的虚拟社区提供服务”[76]。

上海交通大学图书馆进一步深化了对“泛在学科服务”的理解，认为泛在理念下的学科化服务具有前所未有的包容性和渗透性。其中，包容性体现在学科化服务内涵的广泛性，图书馆的一切服务都可以纳入学科化服务的范畴；而渗透性则体现在图书馆服务渗入学校教学、科研以及人才培养的每个环节，服务触角无处不在。在此基础上，上海交通大学图书馆创立出一套行之有效的泛学科化服务体系，并且取得了良好的理论成果和实践效果，体现出较高的服务价值。

（2）核心内涵

上海交大图书馆“泛学科化服务”理论体系的核心内涵为：依托 IC^2 创新服务模式，围绕学校教、学、研以及学科发展格局，以学科（包括师生、科研团队、学生社团）为对象全面组织、整合、优化图书馆各项资源与服务，精心组织和设计各种服务，并主动将资源与服务推送到师生最熟悉与便捷获取的环境，满足不同层面的需求，全面支持教、学、研的整个过程。同时，融合与嵌入到用户的信息环境当中，实现图书馆服务无隙不入、无处不在、无时不在，与师生良性互通，形成协同发展的机制，不断提升学术资源品质，提高图书馆服务效能，使之成为教学科研活动的有机组成部分。

在“泛学科化服务体系”的框架中，未来的大学图书馆将成为一个灵活柔韧的“变形金刚”和跨部门协作的“机构超人”，强调围绕用户教学科研的全过程及动态需求，不断更新服务内容和服务形态；并且要与学校相关职能部门密切合作，通过人工或智能手段，将资源以及有形或无形服务主动推送到教授的办公桌上，送到试/实验室里，送到教室和学生宿舍，送到校园的每一个角落，最终实现图书馆服务如水银泻地一样，渗透到学校教学、科研及人才培养的每个环节。

（3）理论体系框架

泛学科化服务的理论体系框架包括：

1）一套服务理念：资料随手可得，信息共享空间；咨询无处不在，馆员走进学科；技术支撑服务，科研推进发展。

2）两种服务模式：针对普通学生的普遍推广与针对教授、学科团队等的重点服务。

3）三层支持框架：机制层、资源层、技术层。

4）四大战略举措：顶层设计、整体规划、分层推进、突出特色。

5）五项行动计划：融入用户了解需求、环境设施与技术平台建设、学术资源组织与揭示、馆员素养培训、嵌入教学与支持科研。

6）六类服务内容：院系联络、信息素养教育、资源建设、参考咨询、创新交流社区建设、情报分析服务。

基于上述理论框架，在考虑理论体系的构成要素时，重点突出“泛在服务”的思想，从服务设计、资源建设、管理机制各个角度，全面定义了泛学科化服务体系的七大构成要素，具体包括：

1）服务对象的泛化：划分层次，针对不同类型的用户，服务各有侧重点：a）针对本科生，侧重提供启发式教育；b）针对研究生，侧重提供激发创新思维的创新式服务；c）针对教师和科研人员，侧重提供学科资源保障和深层次服务；d）针对管理决策者，侧重提供战略发展态势等前瞻式服务。

2）服务内容的泛化：a）常规服务：院系联络、参考咨询、信息素养教育、资源服务宣传等；b）课题服务：查新、文献推送、定题服务、课题跟踪等；c）深层次服务：学科发展态势分析、战略情报分析等。

3）服务手段的泛化：a）人工：常规服务学科馆员亲力亲为，深层次服务学科馆员群策群力；b）自动：通过引入先进的自动化系统平台及工具设备，实现图书馆资源和服务的自动推送与便捷获取；c）智慧：通过人工智能系统或先进的智能设备，实现智能化服务及智慧服务。

4）服务空间的泛化：建设无所不在的泛在服务空间及环境，包括：a）物理空间：建立信息共享空间及院系服务示范基地；b）网络虚拟空间：建设学科博客、学科服务平台、学科信息导报等；c）用户信息环境：将服务触角延伸到用户所处的信息环境中，如与“豆瓣”开展合作，揭示馆藏中已有的豆瓣新书等。

5）资源建设主体的泛化：改变过去由采访专家唱主角的情形，资源采购由读者、学科馆员和采访专家三方联动；最终模式是：院系师生说了算，学科馆员定基调。

6）组织机构的协作化：建立以泛学科化服务为核心的组织机构、管理策略与运行机制，建立多部门协调联动的工作机制，组建由“学科馆员—学科咨询馆员—阅览室咨询馆员”构成的三级学科服务梯队。

7）合作伙伴的泛化：改变以往图书馆孤立静止的形象，除了与院系进行密切合作外，还与学校职能部门，如宣传部、学指委、教务处、研究生院、科研院等，以及学生社团建立广泛的合作伙伴关系，突破机构壁垒，创新服务内容和形式，使图书馆触角延伸到整个校园，全方位支持学校的发展战略。

1.4.2　泛学科化服务体系的特色

从理论价值上看，泛学科化服务体系是对中国高校图书馆学科化服务理论的一次全面总结和突破创新，是学科化服务理论在中国高校的新发展，具有极为重要的里程碑式的意义，对于中国高校图书馆开展学科化服务具有重要的指导意义和深远的历史意义。

泛学科化服务体系的建立，其本质就是要以用户的需求为根本驱动，以图书馆提供泛在服务为指导思想，通过管理变革和服务创新，最终为读者提供有效的一流服务。因此，图书馆必须围绕学校的发展战略，以满足用户的需求为第一要旨，从全局着眼设计和提供服务。正是基于这些思考，上海交通大学图书馆所创立的泛学科化服务体系，才能够较为有效地满足学校各层次、不同类型用户的需要，才能充分展示图书馆的整体价值，才能有效破解实际工作中的诸多难题，在实践中取得良好的实施效果。同以往学科化服务理论相比，泛学科化服务体系具有以下鲜明特色：

（1）视野开阔，思想前瞻

泛学科化服务的理论体系源于实践，又高于实践。该理论体系吸纳了当前图书馆界最关注的“泛在”思想，并将“泛在”含义加以延伸和拓展，演绎为学科服务内容的广泛性及服务手段与服务形式的泛在性，创建了无所不容、无处不在的“大学科化服务观”，对以往学科服务理论进行了较大的发展与创新。同时，突破了以往理论中将学科化服务与其他基础服务截然分开的局限，合理整合了整体有机服务机制。所以，相比较于以往理论，泛学科化服务的理论体系的学术视野更为开阔，更具全局性；思想观念也更为先进，更具前瞻性，因而更能满足当前和未来高校图书馆开展学科化服务的实际需要。

（2）体系完备，与时俱进

泛学科化服务体系架构于全局设计理念的基础之上，从管理机制、资源保障、技术支撑、服务内容等多个角度进行顶层设计和整体规划，具有思想依据、理论基础、体系框架与现实可操作性，因而是一套系统的、完备的理论体系。在泛学科化服务体系中，图书馆的各项工作以学科化服务为主线展开，部门之间以团队形式相互协作和支持配合，共同推进，对外表现出是一个有机整体。这其中，部门协作是组织保障，资源整合是坚实基础，先进技术则为服务插上翅膀。同时，泛学科化服务体系也是一套不断与时俱进的理论体系，在实践中生长发展并不断接受检验，以包容的姿态，根据服务环境和条件的变化逐步修正和完善。

（3）动态开放，实用性强

泛学科化服务体系是一个开放的、动态发展的理论体系，具有主动生长的灵活性。该体系既有学科化服务的理论知识，又有开展学科化服务的具体方法与操作模型，融理论与实践于一体，具有很强的指导性与实用性。对于一般高校图书馆而言，既可以拷贝模仿、拿来即用，也可以借鉴改造、移植和嫁接，以适合自身开展学科服务的需要。

参考文献

[1] 吕立志．崇尚学术：中国大学文化建设内在之魂［J］．高等教育研究．2011（01）：14-18.

[2] 孙绵涛．我的大学本质观研究［J］．辽宁教育行政学院学报．2013（02）：18-25.

[3] 朱为鸿．民族文化传统：中国大学文化创新的基点［J］．现代教育论丛．2009（07）：83-86.

[4] 蔡达峰．改革开放中的中国大学教育——纪念改革开放三十周年［J］．复旦教育论坛．2008（05）：5-8.

[5] 张杰．大学本质与创新人才培养［J］．民主与科学．2010（06）：10-12.

[6] 贡恰连科．精神文化——进步的源泉和动力，求实出版社，1988年版，第268页.

[7] Coursera网站．［2014-07-26］．https：//www. coursera. org/.

[8] edX 网站.［2014-07-26］. https://www.edx.org/.

[9] "慕课"来了，中国大学怎么办？［N］. 光明日报.［2013-07-16］.

[10] 约翰·丹尼尔，王志军，赵文涛. 让 MOOCs 更有意义：在谎言、悖论和可能性的迷宫中沉思［J］. 现代远程教育研究. 2013（03）：3-12.

[11] 翻转课堂是网络教学的必然发展.［N］. 2014-07-31. 中国青年报.

[12] 孙坦. 2007 年以来国外有关虚拟研究环境下图书情报机构发展问题的研究进展［J］. 图书馆建设. 2009（07）：95.

[13] 黄金霞，鲁宁，孙坦. 2007 年以来虚拟科研环境的研究和实践进展［J］. 图书馆建设. 2009（07）：110-113.

[14] 杨宗凯，张屹，朱莎. 从技术视角看高等教育信息化——历年地平线报告内容分析［J］. 现代教育技术. 2012（04）：16-20.

[15] 黄金，鲁克. 信息技术挑战催生高等教育变革［N］. 中国教育报，(8).

[16] 任树怀，胡礼忠. 新兴技术环境下大学图书馆面临的挑战与对策［J］. 大学图书馆学报. 2014（01）：14-19.

[17] 尹雪，任树怀. 从信息素养到信息通晓［J］. 情报资料工作. 2009（04）：104-108.

[18] A Michalko J Malpas C. A. Research Libraries, Research and Systemic Change.［2014-08-02］, http://www.oclc.org/resources/research/publications/.

[19] 张晓林. 超越图书馆：寻求变革方向——第 77 届国际图联大会观感［J］. 图书情报工作. 2011（21）：5-10.

[20] 王波. 2007 年的高校图书馆［R］.［2014-08-02］. http://blog.sina.com.cn/s/blog_542d9f710100bxvi.html.

[21] 叶兰. 国外大学图书馆变革的新动向及其启示［J］. 图书馆论坛. 2013（06）：38-43.

[22] 郑晓霞，吴秀玲. 高校图书馆组织结构的演化趋势研究［J］. 新世纪图书馆. 2012（02）：57-58.

[23] 赵圭. 扁平化管理——图书馆管理的亮点［J］. 山西师范大学学报（自然科学版）. 2008（S2）：147-148.

[24] 左雪梅，马功兰，王晓燕. 基于业务流程重组的图书馆组织变革［J］. 图书情报工作. 2011（01）：65-69.

[25] 高坐仓. 基于绩效视角的学科馆员团队管理模式构建——以西安交通大学图书馆为例［J］. 理论导刊. 2010（07）：81-83.

[26] 李梅娟，王茂春．基于团队的高校图书馆组织变革［J］．晋图学刊．2007（05）：38-41.

[27] 范玉红．基于构建学科服务团队管理模式的高校图书馆管理机制研究［J］．上海高校图书情报工作研究．2013（02）：13-17.

[28] 刘丽艳．图书馆数字资源建设与团队管理［J］．图书馆工作与研究．2009（03）：76-77.

[29] 斯坦福大学图书馆．斯坦福大学 SEQ2 图书馆愿景：信息实验室（下）．［2009-9-14］．http：//www. las. ac. cn/las/research/doc/strategy/19. pdf.

[30] 柯贤能译．麻省理工学院图书馆著．MIT 图书馆 2005-2010 战略规划．［2009-9-15］，http：//www. las. ac. cn/las/research/doc/strategy/4. pdf.

[31] 周欣平．美国大学图书馆的变革与方向［J］．图书情报知识，2008（5）：21-23.

[32] 李书宁编译 牛津大学图书馆．牛津大学图书馆服务 2010 愿景．［2014-08-16］．http：//www. las. ac. cn/las/research/doc/strategy/16. pdf.

[33] Library of Yale University. Special Collection at Yale. ［2014-8-28］，http：//www. yale. edu/collections_ collaborative/primarysources/overview. html.

[34] 闫丽庆．国内外大学图书馆特色馆藏建设概况及比较［J］．新世纪图书馆，2011（1）：26-28.

[35] ARL. Special Collections：Statement of Principles 2003. ［2014-08-16］，http：//www. arl. org/storage/documents/publications/special - collections - statement - of - principles-2003. pdf.

[36] 王瑞菊，彭冀晔．近年来我国高校文库研究综述［J］．图书与情报，2013（1）：134-136.

[37] Patricia A. Wand. The Academic Library in 2010：A Vision，Report of Symposium 2010.［2014-08-16］http：//www. library. american. edu/Symposium_ 2010. pdf.

[38] 张晓林．研究图书馆 2020：嵌入式协作化知识实验室［J］．中国图书馆学报，2012（1）：11-19.

[39] 吴建中．开放存取环境下的信息共享空间［J］．国家图书馆学刊，2005（3）：7-10.

[40] 任树怀，盛兴军．学习共享空间的构建［J］．大学图书馆学报，2008，26（4）：20-26.

[41] Andrew R. Albanese. Campus Library 2. 0. Library Journal［J］，2004，129（7）：30-33.

[42] 徐阳，郭俊仓．学习共享空间理念与构建探析［J］．价值工程，2011，30（27）：171-172.

[43] 朱恩渝，孙晓．大学图书馆的3C空间设计与实践［J］．图书馆论坛．2014（03）：119-123.

[44] Charles B. Lowry. The Ubiquitous Library：University of Maryland Library in the NewDirections&Continuing Legacy. ［2014-08-20］. http：//www. lib. umd. edu/deans/ublibreport. pdf.

[45] Lili Li. Building the Ubiquitous Library in the 21st Century［2014-08-17］. http：//www. ifla. org/IV/ifla72/papers/140-li-en. pdf.

[46] 胡小菁，范并思．云计算给图书馆管理带来挑战［J］．大学图书馆学报，2009（4）：7- 12.

[47] 康晓丹．构建第三代图书馆的技术思考——以上海大学图书馆为例［J］．大学图书馆学报．2014（01）：78-82.

[48] 朱强，张红扬，刘素清，张春红，周春霞，黄涛．感受变革探访未来——美国三所著名大学图书馆考察报告［J］．大学图书馆学报，2012（02）：5-12.

[49] 王世伟．未来图书馆的新模式——智慧图书馆［J］．图书馆建设，2011（12）：1-5.

[50] 王世伟．论智慧图书馆的三大特点［J］．中国图书馆学报．2012（06）：22-28.

[51] 严栋．基于物联网的智慧图书馆［J］．图书馆学刊，2010（07）：8-10.

[52] 郭晶．上海交通大学智慧图书馆之“型”与“行”［J］．中国教育网络，2011（11）：24.

[53] 蔚海燕，卫军朝．研究型图书馆学科服务的转变：从学科馆员到学科服务平台［J］．大学图书馆学报．2013（06）：74-81.

[54] 刘素清，郭晶．高校图书馆学科服务突破瓶颈的理论思考［J］．图书馆杂志，2010（4）：35-37.

[55] The ALA Glossary of Library and Information Science. Ed. Heartsill Young. Chicago IL：American Library Association，1983，220.

[56] 毋益人．学科馆员应该做好哪些工作［J］．河南图书馆季刊，1989，（4）：27.

[57] 陈进．上海交通大学图书馆馆史［M］．上海：上海交通大学出版社，2013年12月.

[58] 姜爱蓉．清华大学图书馆“学科馆员”制度的建立［J］．图书馆杂志，1999（06）：30-31.

[59] 陈建华．我国高校馆学科馆员制度的现状与前景［J］．图书馆理论与实践．2007（02）：88-89.

[60] 修薇薇，马爱芳，赵建梅．基于网络平台的高校图书馆学科服务调查［J］．图书馆杂志，2008（8）：41-44.

[61] 宋海沂．学科馆员制度研究热的冷思考［J］．图书馆学刊，2011（9）：6-8.

[62] 李超平．学科服务：能走多远？［EB/OL］．［2014-08-18］．http：//www. mingzhiguwen. net /archives /1876. html.

[63] Scholarly Publishing Office of Michigan University Library.［2014-09-04］http：//www. lib. umich. edu/spo/.

[64] 范爱红，Schmidle Deborah J. 学科服务发展趋势与学科馆员新角色：康奈尔范例研究［J］．图书情报工作．2012（05）：15-20.

[65] 初景利．学科馆员对嵌入式学科服务的认知与解析［J］．图书情报研究，2012，3（5）：1-8，33.

[66] 初景利，孔青青，栾冠楠．嵌入式学科服务研究进展［J］．图书情报工作．2013（22）：11-17.

[67] Transforming liaison roles［EB/OL］. http：//www. arl. org/rtl /plan /nrnt /nrntliaison. shtml.

[68] Shumaker D，Tyler L. A. Embedded library services：An initial inquiry into practices for their development，management，and delivery［EB/OL］．［2010-03-06］．http：//www. sla. org/pdfs/sla2007/ShumakerEmbeddedLibSvcs. pdf.

[69] 初景利，张冬荣．第二代学科馆员与学科化服务［J］．图书情报工作．2008（02）：6-10.

[70] 赵树宜．推动图书馆向知识服务转型——2012学科馆员服务学术研讨会综述［J］．图书情报工作．2012（09）：145-147.

[71] 蔚海燕，卫军朝．研究型图书馆学科服务的转变：从学科馆员到学科服务平台［J］．大学图书馆学报．2013（06）：74-81.

[72] Charles B. Lowry. Let's call it the "ubiquitous library" instead. Library and the Academy，2005，5（3）：293-296.

[73] IFLA. Future IFLA Conferences：Science and Technology library section open session. IFLA Journal. 2005，31（4）：381.

[74] 范广兵，初景利．泛在图书馆与学科化服务［J］．图书情报工作，2008（01）：105-108.

[75]　刘姝．泛在图书馆环境下学科馆员泛在化服务的实践［J］．大学图书馆学报，2012（02）：74-76.

[76]　初景利，吴冬曼．论图书馆服务的泛在化——以用户为中心重构图书馆服务模式［J］．图书馆建设，2008（04）：62-65.

第二章　IC^2 创新服务模式

IC^2 创新服务模式是上海交通大学图书馆首创的一种突破传统约束、能够大幅提升图书馆服务效能的全新开放型服务模式。该模式完全站在用户的视角，将信息共享空间与创新社区有机结合，在经历了创意、发展、成熟阶段后，通过实践、总结和宣传，逐渐演变成为了泛学科化服务体系的基础内核和主体思想。在 IC^2 创新服务模式的框架下，可以将图书馆的资源、设备、技术、场所乃至图书馆员和读者等有效地组织成一个整体，相互紧密协同，联动配合，既能激发更大的图书馆服务驱动力，激发用户参与的积极性，又可在开放、包容的指导思想下不断更新思路、完善内涵，凸显出现代大学图书馆在人才培养、教学、科研、管理、文化以及互动交流等多方面的作用和功能。

本章聚焦 IC^2 创新服务模式的核心思想，详细阐述 IC^2 创新服务模式的基本内涵、发展理念、核心内容和品牌以及实施要素和机制等内容，以期给出 IC^2 创新服务模式的全貌。

2.1　内涵

2007 年，上海交通大学图书馆在着手改革图书馆原有服务体系时，采取了总体规划、全面再造的战略思路。改革工作从顶层设计入手，全面、系统地推进。首先是重塑了服务理念，其次是改革了组织机构，然后才是考虑确立新型的服务模式和服务体系。正是在这样的条件下，产生了 IC^2 创新服务模式的核心思想，但作为一种服务模式，直到 2008 年，在走进院系，尝试性探索开展全新学科化服务并证明其核心思想具备前瞻性、合理性和可行性之后，才被正式确立下来。如今，IC^2 创新服务模式已经成为一个广受读者欢迎的、响亮的服务品牌，同时也是高校图书馆界的一种具有典型代表性的服务模式。

2.1.1　基本要义

IC^2 创新服务模式的核心思想源自于“信息共享空间（Information Commons，简称：IC_1）”和“创新社区（Innovation Community，简称：IC_2）”，其关键要义是将 IC_1 与 IC_2 这两个“IC”以相互促进的乘法关系相结合，突出图书馆服务在强化学术创新支持与深化人文素养拓展两大方面的作用，以求达到图书馆服务效能平方级大幅提升的目的。可以用公式的形式来表示为：IC^2 = Information Commons（IC_1）× Innovation Community（IC_2）。

为了更好地理解 IC^2 创新服务模式，需要先了解 IC_1 和 IC_2 的基本内涵。

（1）信息共享空间（IC_1）

信息共享空间（IC_1）是在共享式学习和开放获取运动背景下，于 20 世纪 90 年代在美国最先兴起的一种以培育读者信息素养，促进学习、交流、协作和研究为目标的创新服务模式。其诞生主要基于两种思想：第一种，以美国北卡罗莱纳大学 Charlotte 图书馆 IC_1 前负责人 Donald Beagle 为代表，认为 IC_1“是一种新的基础设施，是围绕综合的数字环境而特别设计的组织和服务空间。作为一个概念上的教育空间实体，IC_1 涉及从印刷型到数字型信息环境组织的重新调整，以及技术和服务功能的整合”[1]。在这种思想下，大学图书馆的 IC_1 是一种有着综合性服务设施和协作式学习环境的场所。第二种，以美国图书馆协会（ALA）前主席 Nancy Kranich 为代表，认为“IC_1 确保对理想信念的开放存取和利用，它以价值、法律、组织、通讯设施和资源等内容为特征，促进信息共享、共有和自由存取，鼓励人们在民主讨论中学习、思考和实践”[2]。她的观点是在开放存取运动背景下，把 IC_1 作为历史意义上的社会共有设施，任何人都可以最大限度地自由存取和利用。

随着信息技术的飞速发展和数字资源的快速增长，传统的大学图书馆服务很难满足新一代用户学习与研究的需求，图书馆有必要重新审视和定位自己在支持学习和学术研究中的角色，与大学中其他公共服务和教育部门结合起来，共同支持用户对学习、研究与学术交流的信息需求。为此，大学图书馆作为大学或学院的一部分，不仅仅是一个知识宝库，还要不断适应用户学习和研究行为的变化，快捷支持用户的学习和研究。基于这种视角，美国教育委员会（the American Council on Education）将 IC_1 视为是对传统图书馆的一种调整[3]。

1992 年 8 月美国爱荷华大学（University of Iowa）图书馆推出的“信息拱廊（Information Arcade，IA）”被认为是 IC_1 的最初雏形[4]。它由图书馆、学校信息技术办公室（OIT）和学院三方合作，经过两年精心筹划而建立。其目标是以图书馆为中心，综合传统印刷型资源和新型电子资源，支持校园内跨学科教学和研究。其后，这一模式在北美地区广为流行。多所大学，诸如美国北卡罗莱纳大学图书馆、南加利福尼亚大学的 Leavy 图书馆、亚利桑那大学图书馆以及加拿大达尔豪西大学图书馆、卡尔加里大学图书馆等，纷纷效仿，相继建立各自的 IC_1 并取得显著成效。由于 IC_1 在促进学生学习、培育信息素养和强化知识管理等方面具有无可替代的优越性，其扩展十分迅速，澳大利亚、爱尔兰、印度以及我国的港澳台地区的大学图书馆都相继开展了 IC_1 的实践与研究。很多新建或改扩建的大学图书馆，如我国的香港城市大学、岭南大学、台湾师范大学等都采用了 IC_1 服务模式[5]。国内上海大学、复旦大学视觉艺术学院、上海师范大学、上海交通大学等图书馆也纷纷推出 IC_1 服务。

随着网络区域化、社会化、全球化的发展和开放获取运动不断深入，以及用户对服务方式和服务内容需求的不断变化，IC_1 产生了不同的进化分支。根据服务应用的侧重点差异，目前它正向学习共享空间（Learning Commons，LC）、研究共享空间（Research Commons，RC）、知识共享空间（Knowledge Commons，KC）、大学共享空间（University Commons，UC）和全球共享空间（Global Information Commons，GIC）等方向发展。其中，LC 注重通过各种有效手段来促进协同式学习，RC 侧重于对研究人员学术和协作研究的支持，KC 强调对知识获取、共享和知识创造活动的支持，而 GIC 则突破了 IC_1 作为一种大学图书馆服务模式的狭小空间，拓展为全球性的信息获取理念，强调在虚拟网络环境支持下人类对知识的平等获取与共有共享[6]。无论其如何发展演变，IC_1 作为一种服务理念和思想，得到图书馆界的高度认同。

大学图书馆的 IC_1，成为图书馆员、计算机专家、多媒体工作者等服务人员共同支持下的一个能够为用户提供学习、研究、交流和一站式信息获取的服务环境。故而，在本质上，它既是一种共享式学习环境，也是一种图书馆服务的创新模式。

IC^2 创新服务模式正是借助了 IC$_1$ 能够为用户提供的一站式图书馆服务和开放式学习环境的特点，通过进一步对环境进行重新设计，并融入虚拟环境，设置开放式学习和交流研讨区域、提供个人或团队协作式工作空间以及必要的软硬件设施支持，对资源与服务进行有效整合，提供优质便捷的学习和研究支持。

(2) 创新社区（IC$_2$）

与 IC$_1$ 相比，创新社区（IC$_2$）的研究和应用相对薄弱。IC$_2$ 也被称为“创新共同体”，其形成与科技创新以及技术进步有着密切的关联。早在 1934 年，约瑟夫·熊彼特（J. A. Schumpeter）在《经济发展理论》中就首次提出了“创新”这一概念，认为创新是一种自发和不连续的变化，即把一种从未有过的关于生产要素和生产条件的“新组合”引入生产体系，且创新构成了经济系统发展的根本性内在驱动力[7]。而共同体（Community）也称为“社区”，源于社会学领域，是一个以地缘划分人类群体的概念，指某地缘范围内的全体居民。共同体作为具有共同目的、规范的人组成的群体，被广泛引入其他研究领域，例如，具有共同规范的科学家群体的“科学共同体”，具有共同利益的企业员工群体的“利益共同体”。

近年来，部分学者意识到，创新作为跨主体（人或组织）的系统活动，其不同主体层面的关联性与互动性更适合用 IC$_2$ 来表示。Sawhney 和 Prandelli 指出传统围绕 R&D 部门的封闭的等级制管理以及基于市场机制的开放式管理都无法很好地协调和控制不同参与者的分布创新活动，IC$_2$ 在环境开放程度以及系统稳定性方面居于两者中间，能很好激发和广泛利用人员的个体创造力和集体创新能力[8]。国内学者，如吴永忠、关士续也认为创新不仅是企业多职能部门共同参与的活动，而且是发生于企业内外许多机构之中的活动，需要对技术创新主体的观察基点从各个创新行动者转移到 IC$_2$ 上来[9]。谢章澍、杨志蓉总结认为“创新共同体”的研究具备三个方面的特征：① 明确创新过程的多参与者，包括组织和个人；② 关注创新参与者之间的联结关系，特别是个体与集体创新之间的关系；③ 强调了基于创新成功所形成利益分享期望与机制前提下的所有参与者之间互动[10]。

美国从国家和区域创新的角度，对 IC_2 给予了足够的重视，提出 IC_2 的主要目标是实现“知识产权与实物产权的融合，人力资本与金融资本的碰撞”，并促使该体系全面承担起美国研究竞争力提升的主要任务，同时推动以研发集群为核心的投资与经济开发行为，科技园区、大学与学院、联邦实验室、私营研发企业成为 IC_2 的四个构成要素[11]。

随后，各种 IC_2 纷纷出现，最有代表性的是“知识创新社区（KIC）”。为改善欧洲的创新环境，2008 年欧盟成立“欧洲理工学院”，它没有实体校园，而只是由数个 KIC 组成。KIC 也不是一个实体概念，而是由某个特定区域内的大学、研究组织与企业间的合作形成的虚拟网络[12]。欧盟建立 KIC 的消息一经公布，便引起了包括中国在内的许多国家的共同关注，国内的相关部门和研究机构也纷纷从不同的角度探究其运行机制、建立原因及其对于中国创新型国家建设的借鉴意义，足见 IC_2 的重要意义。在各类 IC_2 的驱动下，Von Hippel 提出了“用户创新社区”概念，认为用户创新社区是由信息和通讯技术提供支撑，以终端用户为创新源的结构化集成系统，利用计算机和通讯网络支持产品问题处理或解决方案开发的分布式单位。信息和通讯技术为用户创新社区的构建提供了可能，使得组织和终端用户之间的联系不受地理边界、时间差异和组织类别的影响，也为个人提供了分享思想以及与创新组织进行创新合作的交流机制[13]，逐渐将重心转移到了终端用户群体。而将 IC_2 引入到图书馆界，是由于其在促进学术交流与研究合作等方面的作用。

如果说 IC_1 强调的是对开放式学习环境的营建，那么 IC_2 则侧重于用户参与和交流的知识社区构建。也就是说，图书馆不仅要有支持学习的空间，也要主动创新运行机制。

对 IC^2 创新服务模式来说，正是希望采用 IC_2 以用户为中心、以创新为主线、以社区型服务为载体和表现形式的思想和特征。图书馆应当通过对自身理念、环境、功能、服务和管理等进行不断创新，成为更加灵活并具有主动生长特征的服务有机体；而作为社区中心元素的用户，尤其是对有提升创新能力需求的用户群体而言，不仅仅是被动的服务接受者，也是信息环境设计和建设、IC_2 活动的参与者和组织者。因此，在 IC_2 中，图书馆和用户都可以是自主创新的主体。

（3）IC^2 创新服务模式的基本内涵

无论是 IC_1 还是 IC_2，都是基于各自的目标和特定需求在某个单一目标方向上所给出的新型服务模式。然而，对于一般大学和研究型图书馆来说，既有支持学习和科研的任务，又有支撑创新人才培养的责任。为了满足这样的需求，上海交通大学图书馆创造性地将 IC_1 和 IC_2 进行了乘法性结合，让两种 IC 服务模式同时发生作用，而且相互促进，从而在用户的参与下，在保障图书馆能够大幅提升服务效能的同时，又能够促使用户可以获得开放、便捷、舒适的学习、科研和交流体验。最终形成了具有协同效应的 IC^2 创新服务模式。其中，IC_1 侧重为用户营造优质便捷的学习和科研支持环境，通过对资源、技术、服务和空间进行有效整合，满足用户对图书馆一站式服务获取和开放式学习、科研支持环境的需求。而 IC_2 则注重以各类创新活动为导向，设计动态灵活、实体和虚拟环境交叉作用的主题社区，构建学术支持与文化拓展的多维服务架构，并通过协同互动的系列服务项目及可持续发展的创新支持机制，多方位延伸功能触角，与各方力量开展广泛的合作，鼓励用户参与，使图书馆可以吸纳更多的力量和资源。最终确保由 IC_1 和 IC_2 融汇而成的 IC^2 创新服务模式，能够提供更有特色和针对性、更具吸引力和影响力的创新支持服务和人文拓展服务，进而整体上提升图书馆的服务效能[14]。

因此，可以将 IC^2 创新服务模式的基本内涵概括为：① 以主动适应并不断开发用户的需求为目标，营建个性化、人性化和开放式的学习环境；② 构建主题鲜明、各具特色、鼓励用户参与和互助的学术交流环境和创新主题社区；③ 汇集相应的资源、咨询馆员、用户、配套的服务与活动等组成要素，通过各要素的高密度接触与交流，使“人—信息资源—服务—环境”充分发挥各自的功效；④ 使具有不同需求的用户可以通过学习空间或特定的主题社区，实现各自的目标；⑤ 使图书馆成为具有主动生长特征和自主创新能力的智能化设施和用户信赖与首选的知识存取环境[15]。

2.1.2　主要特征

我们已经知道，IC^2 创新服务模式并不是信息共享空间（IC_1）和创新社区（IC_2）的简单叠加或组合，同样，也不是传统大学图书馆服务中单一的按需提供信息、服务和场所，它并不简单地满足于响应用户需求，而是主动有意识地开发用户的创新潜力和学术信息需求，主动融入到知识学习与科研创造的过程中；另一方面，IC^2 创新服务模式还注重在用户之间、用户和图书馆之间构建良好的关系和顺畅的交流机制，提倡合作、交流、分享和创造，由此来促进信息的流动、汇聚和增值。

IC^2 创新服务模式兼具有 IC_1 和 IC_2 两种服务模式的双重属性，而且融会贯通。其主要特征可概括为：

（1）灵活性

作为一种新的服务模式，持续满足不断变化的需求，是 IC^2 创新服务模式追求的目标之一。IC^2 创新服务模式体现的是围绕用户需求，建立和组织运行机制更加灵活的大服务模式。既可以按照服务需求，设置核心部门或团队，开展常规和核心服务，又可以根据需要灵活组建临时工作组（团队），开展特色及阶段性工作。而且，在开展具体服务时，还可根据特定情境和需求制定具体的实施策略。

（2）社会性

图书馆是为人还是为书服务，是区别传统图书馆与现代图书馆的重要标志。“人”在这里的含义是深刻的，人的图书馆有三大特征：① 以人为本，图书馆的工作是根据社会的、读者的需求展开的；② 互动，图书馆员与用户读者之间、人与信息之间要不断交流和互动；③ 人性化，尽管现代信息通讯技术已经相当发达，但图书馆工作更需要人与人之间面对面的感情交流[16]。图书馆需要摆正读者或用户在图书馆中的位置，突出图书馆根据人的需要而设置、以人为本而运行，由于人的需求和社会环境是不断变化的，所以图书馆必须不断的进行自我调整以适应新的发展需要。社会性一方面体现在践行“以人为本”的理念，充分发挥人的积极性和创造性；另一方面指通过共享和社区，开展人性化的“社区型”服务，鼓励信息交流和研究探讨，满足特定用户的需求。

（3）融合性

融合性强调整合和共享，通过对实体与虚拟环境下 IC_1 和 IC_2 中各类资源和服务的融合，充分发挥 IC_1 的共享性和 IC_2 的集合性，优化整体服务内容、方式和效果，以便提供更为先进、便捷、智能、高效、优质的服务，使用户可以在无缝的信息环境中更加便捷地获取所需要的服务，并且提升对服务的接受度和认知度。

（4）协同性

无论是 IC_1，还是 IC_2，其中均存在合作与共享，这就使得 IC^2 创新服务模式具有一种协同的特征。协同性体现在内部和外部两个层面。内部层面主要是指图书馆部门与部门之间、部门与馆员之间以及馆员与馆员之间的协同，往往需要由来自不同部门、具有不同专长和职责的馆员协同工作，联合提供服务支持；而外部层面则主要是指图书馆根据用户的需求，与用户、相关机构合作者和其他利益相关者的协同，以便支持用户的协同学习和研究。同时，协同性还体现在将用户、利益相关者和馆员均看作是一种资源，由此协同多方进行信息资源与信息环境的建设和共享，从而将人的资源与书的资源结合起来，形成更大协同效应。

（5）主动生长性

阮冈纳赞曾指出，图书馆是成长着的有机体，一个生生不息的图书馆应不断地回应和满足设置母体及其用户的信息需求，并根据这一需求自我调节，持续发展，IC^2 创新服务模式的生长性正与其相对应。它更加突出主体的积极参与作用，一方面指服务的主动性，图书馆通过活化运行机制，馆员改变传统服务方式，变被动为主动，积极主动地走近用户，挖掘用户需求，开展主动创新型和介入式、融入式服务，如参与学习和科研过程；另一方面指用户的主动性，用户通过主动或有意识地参与到 IC^2 的建设过程和活动中，促进学习、科研和管理的开展，培养创新能力，提高综合素质。主动生长性使得馆员和用户在交互过程中彼此促进和完善，不断成长和进步。

（6）互动联动性

IC_1 是一个动态的服务模式，IC_2 是一个创新的社区和集合，二者共同为图书馆、利益相关者以及用户提供了一个交流的空间。图书馆无论是以人为本还是持续发展，都需要注重交流互动以及联动。其中，互动特别强调馆员与用户的交流与交互，以便更好地把握需求、对接需求、满足需求。联动既强调图书馆内部的联动，以便整合资源，形成服务的合力，又重视图书馆与用户以及利益相关者的联动，以便保持服务的有机增长，增强服务用户、社区和社会的能力，提升服务效应。从这个角度来说，互动联动性与协同性密切相关，但又有不同侧重。协同性强调图书馆内、外部的协作和支持，以保障服务的有序推进；而互动联动性则注重内、外部的合作与联合，特别是内部与内部的互动、内部与外部的互动，以保障服务的高效和优质。

2.1.3 核心思想

IC^2 创新服务模式的主旨思想是通过 IC_1 和 IC_2 的相互融合，促使原来各自所具有的优势得到最大程度的发挥，而且还能激发出新的效能，使图书馆成为用户和信息之间友好的、具有高度黏合性的连接，为培养具备较强综合素质与创新能力的人才提供强有力的支撑平台，同时，促进创新型图书馆的形成和建设。其核心思想可以概括为两大方面：

（1）启迪创新　鼓励参与　促进交流

通过 IC^2 创新服务模式的建设和实践，以用户为中心，为用户营造一个交流、互动、创新、先进的教学、学习、研究、管理的环境。更为重要的是，吸引用户融入这一便捷、高效的一站式、智能化服务环境中，参与到相应的活动中来，为用户创新提供引擎和环境、为用户参与提供激励和反馈、为用户交流提供技术和平台。从而满足用户多样化的需求，形成对图书馆服务的良好体验，发挥图书馆作为场所的空间价值和作为阵地的纽带价值，营造用户个性化的“第三空间”，真正成为教学、科研的“第二课堂”和辅助管理、决策的“智囊团队”。

（2）互动沟通　相互塑造　共同提升

与 IC^2 创新服务模式的特征紧密契合，既面向用户，又适用馆员。用户是服务的终端，用户的感知和体验是服务终极所在，通过 IC^2 创新服务模式，可以给用户营造互动沟通交流的平台和环境，同时，也通过用户参与和享受“社区”服务，增强合作和创新，促进彼此影响和相互塑造，整体提升用户在学术研究、社会交往、学习探究、团队协作等方面的能力。此外 IC^2 创新服务模式也对馆员的能力和发展提出较高的要求，要求提升馆员能力的培训与锻炼，注重馆员的人文关怀，为馆员创造成长与提升的机制，进而通过馆员的工作，增强图书馆的整体服务能力。馆员在服务过程中，需要不断地与用户互动、交流，及时掌握、挖掘用户的需求，为满足用户的需求而提升能力、提高效率，馆员展现的专业技能，提升了用户的素质和能力，从而使得馆员和用户在相互沟通交流中，相互激发和激励，进而不断完善服务机制，提升服务内容和质量。

2.1.4　现实意义

“一所大学不可能伟大，除非有一个伟大的图书馆”，这是上海交通大学图书馆一直记在心中的一句话。过去图书馆强调的是以完善自身业务流程为核心的封闭式管理，习惯以书为中心展开各项业务，却忽视了用户的感受，而现代的大学图书馆，应当成为学术交流中心、知识加工中心和文化传承中心[14]。为此，IC^2 创新服务模式，重视用户，并积极主动寻求更加高效便捷的方式来满足用户需求，在做好服务的同时，让用户切实感受到图书馆服务的变化，使图书馆在创新中获得发展，所以，该模式自推出以来，受到国内外同行的广泛关注，已经成为重要的具有影响力的服务品牌。

（1）对接需求，应运而生

IC^2 创新服务模式改变了过去以图书馆自身业务流程为核心的封闭式管理局面，转而将用户放在中心位置，重视用户的感受和需求。通过调研、访谈等方式，多途径、全面了解用户需求。根据用户需求，组织和设计服务内容和形式，推出适合用户、能够满足用户需求的核心服务及各种个性化服务。

（2）整合资源，有效利用

随着数字图书馆的飞速发展，我国大多数高校图书馆的软硬件设施和服务环境都逐步改进，因此，在基于 IC^2 创新服务模式组织和实施服务的过程中，通常是有效整合和利用现有的资源和空间，而并不需要图书馆额外专门增加硬件设施和软件资源[17]。从实体环境来看，咨询台、合作学习、研究室、多媒体制作空间、休息区、计算机室等组成了实施 IC^2 服务模式的室内基础布局。因此，一般只需对建筑体内的布局进行适当的简单调整，基本上就能够适应 IC^2 创新服务模式的应用实施。因而，整合资源并加以有效利用成为重点。在合理配置和整合各种资源的过程中，一方面，通过改变传统的服务方式，优化组织和运行机制，馆员的主动性、积极性可以得到充分调动和发挥，另一方面，用户也从原来被动的服务接受者，转变为可以参与服务组织和设计的重要参与者，甚至可以成为实施参与的主力军。此外，在推进服务的过程中，通常还需要借助外部力量进行协作和互补，从而达到有效利用各类资源的目的，对图书馆来说，这些相关资源的整合，成为实现创新服务的重要推动力。

（3）重视效能，提升质量

IC^2 创新服务模式，要求对以往的图书馆服务进行变革，通常都需要通过服务机制、组织机制、管理机制等变革和创新，激活更加强大的服务效应，并强调提升服务质量，特别重视服务效能的提升和积累。服务效能和质量的提升，主要体现在三个方面：① 通过全方位掌握用户需求，改进用户感知和体验，增强用户对服务的参与和认可，提升服务效能；② 通过整合图书馆内、外服务资源，改进服务的支持，挖掘服务潜能，提升服务质量；③通过与利益相关者和用户的互动、联动，增强服务针对性和适用性，加强服务成效的反馈与改进，提升服务品质。

IC^2 创新服务模式超越了任何传统单一服务模式，既提供开放式的学习和自由交流环境，满足了用户一站式服务的需要，又通过细分用户类型，主动挖掘用户需求，建立不同的主题社区和知识创新支持机制，鼓励合作、交流和参与，营建良好的关系和密切的联系，提供更具亲和力和人性化服务[18]。

2.2 理念

2.2.1 形成背景

IC^2 创新服务模式充分融合了 IC_1 和 IC_2 这两个特别典型的服务理念和模式，有效地推动了大学图书馆的服务创新和变革，很好地适应了大学图书馆发展的需要。为适应环境和需求变化，提升、拓展并增强服务功能，创新体制成为了大学图书馆发展的必然选择。

（1）面对挑战，主动转型适应环境

一直以来，图书馆的服务环境都面临着新的挑战和变革。20 世纪 90 年代以来，北美图书馆界开展了“作为场所的图书馆（Library As Place）”运动[19]，图书馆的场所职能重新受到关注。大学图书馆开始建立信息共享空间，创建舒适开放、吸引读者学习和研究的场所，满足读者在社交、协同学习和一站式获取服务等方面的需要。随着 Web2.0 的迅速发展，图书馆又将 Blog、RSS、Wiki 等 Web2.0 工具引入服务，建立起 Lib2.0，形成网络互动服务社区。Web2.0 对图书馆的影响不仅体现在技术应用上，由于网络社区的交互性及用户参与性，更多的是给图书馆带来了理念、服务模式及管理运营等方面的深层次变革。2001 年，美国密歇根大学信息学院的琼·达伦斯教授提出了“信息社区”理论，其内涵是：为了适应人们的信息需求，让具有获取动态信息资源目标的特定人群相互联系起来形成社区，社区内的个人和组织有意识地建立合作关系，通过促进交流和互助来丰富各自的知识[20]。2004 年，国外对“图书馆社区型”服务的研究形成了热点。例如：Sohair F. 等通过在伊利诺斯技术学院学习社区的调查，分析了图书馆参与社区服务的方法。Mc Ginn 博士通过 SetonHall 大学图书馆的实践，强调了社区建设和学术交流的密切关系[21]。与此同时，在服务环境之外，图书馆所处的教育环境、技术环境也不断在发生着深刻的变化。信息技术的发展和进步，迫使图书馆加快应用新技术的步伐。事实上，图书馆越来越需要借助技术手段来改进服务方式，提高服务效率，进而适应用户对技术的使用习惯。伴随着高等教育的发展和改革，大学图书馆作为支撑高等教育信息环境的重要组成部分，必须紧跟高等教育的变化和发展趋势，动态调整服务内容，不断创新服务模式和方式。

在这个角度上，IC^2 创新服务模式，正是大学图书馆迎接变革，转型发展的产物之一。

（2）应对危机，转变思路转型发展

面对各种挑战，大学图书馆除了被动地接受不断变化的外部环境、并适应环境变革之外，还需要积极行动起来，转变传统服务思路，重新思考未来发展的方向。在这方面，“重塑品牌”和“重新定位”的观点给予我们一个重要启示。图书馆需要重新认识并摆正读者或用户在图书馆中的位置，突出图书馆是根据人的需要而设置的，并且以人为本而开展服务[22]。为此，与其失落，图书馆不如积极地行动起来改变现状，让用户真正了解和喜欢图书馆。早在20世纪70年代，德尔文和兹维基格（Zweizig）就提出了影响至今的"用户中心论"，指出图书馆应关注用户个性和所处的具体情景环境，根据用户需求设计服务并开发系统[23]。以用户为中心的思想逐渐深入人心，如何让用户感受和体验到不一样的图书馆服务，成为改变服务现状的关键。服务是图书馆永恒不变的宗旨，与传统的大学图书馆相比，现代的大学图书馆要求整个运行机制均面向服务而设置，资源的收集、整理、保管以及提供等等功能的每一环节都必须站在用户的立场来思考。现代大学图书馆管理的目标就在于如何有效地将一切服务都纳入以用户为中心的轨道，只有这样，大学图书馆才能成为一个动态发展，而且是受欢迎的信息系统。

IC^2 创新服务模式的最大特点就是，结合时代特征和综合环境，引入了新颖的服务理念，有效整合资源、技术、空间、环境、馆员等因素，重新组织服务体系，调动各方的积极因素，形成一种积极、阳光、向上的服务氛围，进而完成从忽视用户到重视用户的转变，从被动式服务到主动式服务的转变，这正是一个大学图书馆敢于应对危机，积极转变思路、主动转型发展所作出的思考和选择。

（3）紧跟时代，找准定位创新发展

从挑战到变革，大学图书馆的转型并不是一蹴而就的，往往需要从理念、机制、管理、服务、乃至文化等各个方面进行全面的重新思考和定位。在新的高等教育环境和新的信息时代驱动下，许多大学选择了建设"创新型图书馆"，寻求更为优化的服务机制和服务模式。所谓创新型大学图书馆，是指，为了适应日益复杂的高等教育环境和用户需求变化，大学图书馆在理念体系、机构管理、人力管理与服务等几个重要层面寻求变革突破，加强内涵建设，从被动发展模式转变为适应变化、用户驱动的主动创新个体。其根本特征是以用户需求为中心，动态适应、创新成长、灵活拓展、开放前瞻[24]。包括两层基本含义：其一是，引入内部创新机制，使图书馆首先成为具有主动创新意识和较强适应能力的知识服务保障体系，辅助推动研究型综合性大学的发展；其二是，创建有吸引力的学习研究环境和智能化设施，积极融入科研和创新过程，为创新主体提供高质量的服务支撑平台[15]。这就意味着大学图书馆需要思考来自各方的服务创新需求，在服务机制和管理机制上做出相应的变革，更加注重外部环境带来的影响，积极主动为用户营造和搭建全新的服务支撑体系。

IC² 创新服务模式是 IC_1 和 IC_2 理念的平方级扩展，它强调以环境凸显文化底蕴与育人功效，重视以服务支撑学术创新与文化拓展[25]。2008 年，上海交通大学图书馆以新馆建设为契机，合理调整物理空间布局、组织机构和服务机制，营建以倡导阳光心态和集体精神为核心的组织文化体系，为创新型图书馆奠定良好的基础。在创新发展的过程中，更加明确了：① 创新是发展的动力，需要以创新求发展；② 创新需要结合所在机构的发展需求，大学图书馆应特别关注高等教育变革，围绕所在高校的战略发展目标而制定发展策略，全面与实际教学、科研、管理、人才培养等需求对接；③ 新的服务模式需要打破传统，以“一切站在用户角度，最有效服务读者”为原则，在服务内涵、服务品牌、管理机制上下功夫；④ 文化是保障持续发展的翅膀，新的服务模式需要重塑服务理念，重视组织文化和服务文化的培育，发挥文化对图书馆组织机制、管理机制和创新服务的推动力作用；⑤ 现代图书馆，尤其是大学的图书馆，应当成为学术交流中心、知识加工中心和文化传承中心。这一系列发展诉求，推动着创新型图书馆的建设和发展。

2.2.2 发展理念

一种新的服务模式，带来的不仅仅是服务的变化，更重要的是思想观念、精神状态和发展理念的转变。一套科学、合理的发展理念，对于大学图书馆开展服务具有重要的指导作用，同时也是贯穿整个服务发展的重要线索。当然，发展理念也必须与时俱进、动态更新，随着服务环境、条件的变化，发展理念也要随之改变，尽管发展理念一经确立，将在特定的时间阶段，主导服务的组织和开展，规划服务的核心路线图。

IC² 创新服务模式在发展和实践探索中，始终重视发展理念的凝练、完善和总结，从而保持对凝练创新服务思路的高度规划和指导。

(1) 聚焦用户需求，创新服务理念

用户是图书馆服务的终端，用户的需求是推动图书馆发展的重要源泉。为了适应新的发展环境，在新的服务模式和形势下，大学图书馆需要创新服务理念，紧密围绕用户需求，因需改变服务。跟随着用户需求的变化，大学图书馆的职能也在悄然发生变化，从藏书楼到图书馆、再到知识工厂和创新触媒，从一个以馆藏为中心的信息深井，演变为以用户为中心的知识喷泉，大学图书馆越来越重视对用户需求的对接和挖掘。当今的服务环境下，大学图书馆终于有了新的认识，逐渐重视按照学术信息流来展开服务，关心在知识和用户之间建立有效链接，同时，更加强调服务的主动性、个性化、专业化和智能化，重视知识和服务增值，重视管理文化、组织文化、团队精神。

服务理念其实是一个图书馆历史和文化的结晶，是对其独特服务文化内涵的一种简练表达，它将图书馆的定位、服务宗旨和服务理念进行高度概括，使之成为全体馆员共同努力的目标和行动向导，凝练服务思想和价值取向，从而形成独具特色的服务文化。在任何创新服务模式当中，理念的创新和确立可谓是发展的灵魂。

一个新的发展理念的确立，要求从前瞻思维和开放多元出发，能够体现发展特色和追求卓越的特点，具有丰富、精深的内涵，而且，可以做到因需而变和持续改进，如图 2-1 所述。

图 2-1 IC^2 创新服务模式的理念创新思考

所谓前瞻思维、开放多元，是指要面向开放的环境，既要有前瞻性和突破性的思考，又要进行系统全局规划，多渠道整合更多资源。体现发展特色，既可以培育一种优势，也可以发展一种能力，这种优势和能力将成为未来保持优势和核心竞争力的重要源泉；追求卓越则是他们制定的服务理念，能够激发一个机构创造更多优秀的元素，为机构带来价值。因需而变和持续改进，主要是针对服务理念的适用性而言的，随着社会环境、技术环境、资源环境、学术环境的变化，服务理念需要与时俱进，成为一个有机生长体，能够根据需求动态调整，通过不断改进做到可持续发展。

IC² 创新服务模式根据上海交通大学图书馆的历史特点、发展特色和服务需求，打破过去所谓“服务至上”的空洞说教，建立起一个与实际服务工作紧密联系的 84 字的服务理念体系。这一服务体系涉及服务理念、服务定位、服务宗旨等三大部分的重新思考和凝练。其中，

☞ 核心服务理念为：资料随手可得，信息共享空间；咨询无处不在，馆员走进学科；技术支撑服务，科研推进发展。

☞ 服务宗旨可以概括为：一流服务、主动服务、智能服务；一站式、自助式；个性化、人性化。

☞ 服务定位则是指：以人为本，读者之家；知识服务，第二课堂；信息主导，共享空间。

在上述这个服务理念体系中，核心服务理念由 36 个字组成，概括了整体服务的重要思想和主要路径，包含三个层面的深刻含义。

1）资料随手可得，信息共享空间

重点勾勒出图书馆内的服务意境。是指在图书馆的馆舍里面，印刷型资源（图书、期刊）应当布局合理，放置得当，可以随手方便快捷地被取到；另一方面，数字资源充沛，结构合理，规划管理有序，借助（有线、无线）网络的全覆盖，信息资源充满了整个空间。而整体图书馆的服务意识和布局，也正好达到了信息共享空间（IC_1）的要求。

2）咨询无处不在，馆员走进学科

侧重强调服务创新和服务方式的改变，提供主动、上门、贴近的服务。变过去坐等读者来馆才提供服务为主动走出去的上门式服务。除了在图书馆内提供参考咨询这样的受用户欢迎的服务之外，更必要的是，要让参考咨询无处不在，可以在阅览室里，可以在教授的办公室里，可以在研究者的试/实

验室里，当然，也可以在学生的宿舍里。从根本上讲，其实就是要让服务无处不在；另一方面，倡导馆员走进学科，“走进院系基地、融入学科团队、嵌入研究过程”。走出图书馆、走进教学和科研工作的一线提供服务，有更加开阔的空间，有更多接触用户的机会，无疑会增加用户对图书馆的了解和信任。在走进学科的过程中，如果能够积极主动地同师生成为朋友，再嵌入教学或科研当中提供图书馆的服务就变得容易多了，服务效果自然会得到提升，而且，用户的体验度和满意度也会变好。

3）技术支撑服务，科研推进发展

特别强调了一个综合性大学的图书馆，其服务必须要有内涵和品质，必须要有技术含量，必须要用心来做服务，而不是仅仅停留在微笑服务的状态。尤其是在当今的信息时代，技术早已经成为大学图书馆的重要支撑元素。因此，鼓励馆员在做好基本服务工作的同时，积极参与旨在提升服务质量和效能的科研工作，通过科研项目的研发，凝练出新的、有效的服务技术，再反过来回馈于图书馆的服务之中，用技术支撑服务，用科研工作的成果推进图书馆各项工作稳步、高效、长久、生态地向前发展。

（2）创建服务品牌，服务深入人心

从广义上来说，品牌是代表某一种产品或服务的广为人知的名称。如果一个图书馆能够通过自己的某种独特性，或一定的信息产品、或某一特色服务，在同行业中形成一种差别优势，那么这种产品或服务就是图书馆的一种品牌[26]。例如，美国密歇根州的“Michigan eLibrary（密歇根 24/7 全天候图书馆）”就是一个非常知名的信息门户品牌；路易斯安那州的 Beauregard Parish（博乐加得堂区）的“Mobile Electronic Library（移动电子图书馆）”是一个提供移动图书馆服务的知名品牌[27]；英国 Tower Hamlets（塔瓦尔·哈姆雷特）地区的公共图书馆成功打造了“Idea Stores（理想书屋）”服务品牌[28]。国内不少图书馆也注重服务品牌的建设，如“上图讲座”、“北京记忆”等。在用户心目中形成一个清晰、有个性和有特色的品牌，是图书馆服务创新成功的重要因素，服务品牌就如同一面旗帜，让用户对图书馆服务有一个深刻的印象和认知。换一个角度，图书馆的业务往往比较繁琐，一项新的服务，如需在相对较短的时间内赢得用户的认可，必然要走品牌建设的道路，便于用户快速接受图书馆服务。品牌一旦树立，便需要不断地宣传、推广和维护，当然，更重要的是要用扎实、优质的服务保障品牌的榜样作用，确保图书馆的服务在用户心目中的有利形象。

上海交通大学图书馆在创建 IC² 创新服务模式的过程中，一开始就十分注重将其作为品牌来建设。基于 IC² 创新服务模式所开展的各项工作，都需要精心设计、认真规划、广泛沟通、互动实施，其目的是希望让用户能够透过服务品牌，想到图书馆服务，感受图书馆服务，了解图书馆服务，享受图书馆服务，依赖图书馆服务，最终让图书馆的服务深入人心。经过一定时间的积累，服务品牌会自然成为图书馆服务的名片，进而为深化开展服务吸引更多的关注，聚集更多的资源，形成协同服务的局面，让用户对图书馆服务形成良好的印象和评价，为进一步获取更多支持、不断提升服务品质奠定重要基础。当然，任何一种具有品牌价值新的服务模式，要形成一定的影响，还是需要持续深化，并不断总结、完善。

在 IC² 创新服务模式这个主品牌之下，上海交通大学图书馆又围绕学校的发展战略，结合人才培养、学科发展和校园文化建设等特点，精心设计、创建并推广了“IC² 创新支持计划”和“IC² 人文拓展计划”两个子品牌。其中，IC² 创新支持计划，重点是在纵深方向，提供强化支持学术创新的服务，而 IC² 人文拓展计划，则主要注重横向在校园范围内，为弘扬大学精神、传承大学文化而提供服务。母品牌 IC² 创新服务模式为子品牌提供信誉保障和理论依据，而子品牌则代表母品牌成为实际应用的抓手和触角，直接为教学和科研乃至管理提供服务，提供有效的支持。母品牌和子品牌交相呼应，相辅相成，使 IC² 创新服务模式得到了良好的发展[29]。如今，IC² 创新服务模式在广大用户的心中已经具有了很高的影响力，只要想到图书馆的服务，IC² 必然是一个重要的关键词，这就是品牌的价值。

（3）纵向深化服务，支持学术创新

为教学、科研、学科发展等学术活动在纵深方向提供精准、深化的服务，支持学术创新，正是 IC² 创新服务模式的重要使命和基本任务之一。IC² 创新支持计划作为 IC² 创新服务模式的下属子品牌，其重心主要集中在对教学、科研相关联的学术创新提供支持和服务，特别关注和强化的就是对教学、学术、学科、技术、甚至竞赛等各类创新活动的支持，致力于以创新引领未来，通过营造创新环境，构筑学术殿堂，打造知识工厂，确保用户获得充分的满意度，最终达到提高服务质量和效率、增强服务的实际成效的目标。

IC^2 创新支持计划所提供的纵向深化服务，综合图书馆和用户的特征，进行全盘思考，完成服务定位，并通过深入实践和探索，不断完善，形成更加优质的服务。对图书馆而言，纵向深化，需要从以下几个层面着手：① 巩固已有服务品牌，不断创新和深化；② 对用户需求进行分层，对用户群体进行分类，使得服务更加具有针对性和适用性；③ 不断深化组织管理机制对服务的影响和推动作用，保障服务的高效和有序开展。而对用户来说，纵向深化，就意味着服务的贴切和精准，深入到教学活动与教学改革中，融入到科研创新和学科发展的工作中，让服务更加个性化、更加有针对性、更加高效和便捷。

另一方面，为了真正发挥创新触媒的作用，图书馆从机构设置、空间布局、场所功能、虚拟环境、资源揭示等方面，积极加大对创新活动的连接和支持，如主题社区、研讨区、技术体验、成果展示、成果转化、学科分析、前沿追踪等，让用户能够通过参与和享受图书馆的服务，启迪创新，从中寻找创新团体、创新思想和创新平台，激发创新活动，产生更多创新成果。

（4）横向加强合作，促进文化传承

弘扬大学精神、传承文化是大学图书馆的基本职能和重要历史使命，也是大学图书馆创新服务体系、提升形象、第二课堂、辅助育人的主要内容。IC^2 创新服务模式，不仅仅是全面考虑大学图书馆的学术优势与功能，紧密围绕学校战略发展目标，关注直至引领国际化发展趋势，而且还借助其子品牌 IC^2 人文拓展计划，横向联合学校其他相关职能部门以及学生社团，协同合作开展文化服务、文化传承、综合素养教育，辅助培养兼具专业和人文素养的复合型人才，营造校园文化氛围。

开展以传承文化为主旨的文化服务，是现代图书馆发展的一大驱动力。成功的大学图书馆文化服务项目，其推进实施的关键要点包括：创意突出、规划完善、内容多元、形式新颖、多方联合、宣传全面、品牌塑造、互动实施与总结评价[30]。从这些要点可以看出，要达成文化服务和浓郁校园文化的目的，单单依靠图书馆自身的力量是显然不够的，图书馆的资源、设施、馆员乃至思路和手段均有限，因此，唯有通过合作，搭建弘扬文化的阵地和平台，吸引更多的校内资源、社会资源、人力资源和环境资源，形成联合互补的态势，才能够将优秀文化这个博大精深、内涵丰富的服务，做得更加具有特色、更加具有影响力。

IC^2 人文拓展计划，在大学图书馆文化环境布局、多元文化服务活动实施、校园智力资产保存及管理、文化服务活动等方面，积极引入创新型元素，进行了重点规划与设计。依托图书馆在阅读、书目指导、文献学、信息管理等方面的专业优势，以“点亮阅读、启迪人文、弘扬文化”为宗旨，依据人文推广、启迪、提升、积淀、弘扬、创新的生命周期，充分发挥图书馆作为校园文化地标的平台效应，借助文化环境设计、主题展览、文化讲座、鲜悦（Living Library）等主体形式，联合学校相关机构和学生社团，创意开展了类型多样、形式丰富的文化服务活动，对于活跃校园文化氛围、提升学生的整体人文素养、促进校园与社会联动等起到了良好的作用。

2.3 内容

2.3.1 服务品牌

菲利普·科特勒（Philip Kotler）将品牌定义为一个名称、名字、符号或设计，或者是它们的组合，其目的是识别某个销售者或者某群销售者的产品或服务，并使之同竞争对手的产品和服务区别开来[31]。对于大学图书馆而言，品牌是将服务内涵外在化的标记。服务品牌能够充分对外展示服务的优势，既是服务的重要实践载体，也是服务的旗帜，可以为服务带来很高的社会效应和经济效应。在理论凝练和实践探索的过程中，IC^2 创新服务模式逐渐展现出成效和价值，获得认可，并成为了师生心目中的品牌。随着品牌服务的深化和细分，又诞生了“IC^2 创新支持计划”和“IC^2 人文拓展计划”两个子品牌，分别面向对（教学、科研等）学术创新的支持和对（大学精神、文化素养等）人文素养的培育与拓展（图 2-2）。

与此同时，IC^2 创新服务模式的实施过程中，由于特殊的形式和广受欢迎

图 2-2 IC² 创新服务模式的品牌

的效果，鲜悦（Living Library）从其中独立出来，逐渐发展成为一个独立的品牌。另一方面，在 IC² 创新服务模式的框架下，“创新交流社区”的品牌也正在实践和积累当中。

当然，服务品牌的建设和经营是一个长期的过程，尽管上海交通大学图书馆现有的服务品牌已经具有相当的品牌效应和影响力，但是，进一步加强服务品牌的内涵建设，不断完善服务品牌的品质，不断提升服务品牌的价值效应和核心竞争力，深入构建服务品牌的长效维护和提升机制，将是后续值得深思和实践总结的课题。

（1）IC² 创新支持计划[32]

IC² 创新支持计划创立于 2008 年，所设立的主要目标是“激活知识、启迪创新、提升素养”。该计划以支持学术交流和科学研究创新为基点，其最大的特色和亮点是，建立院系学科服务基地，面向学科、针对学科团队或学生群体，组织、开展各项学科化服务。服务过程中，借助 IC² 的平方级优势，巧妙地将馆员团队、资源体系、空间布局、服务基地、知识环境、虚拟空间等各个服务要素与教学、科研、学科、社团相融合，有成效地为教学、人才培养、科学研究提供全方位的立体支撑。

2008 年 9 月起，率先与学校中最具典型代表性的机械与动力工程学院联手，迈出了学科化服务的第一步，建立起第一个“IC² 创新支持计划”学科化服务示范基地，并相继探索性地开展了走进院系、拜访教授、量体裁衣式信息素养教育等服务工作，受到学院师生的热烈欢迎。之后，面向不同院系，连续策划并相继推出了三期具有不同特点的“IC^2 创新支持计划”主题活动①，使学科化服务顺利地渗透到院系和读者之中，并逐步深入人心，较大地提高了图书馆服务在用户心目中的知晓度和满意度，至此，IC^2 创新支持计划成功打造了 IC^2 创新服务模式的首个服务子品牌。随着品牌建立和传播，许多学科化服务工作（诸如：院系基地值班、信息素养教育、信息专员培训计划、专利学堂、科研创新跟踪以及高端情报分析服务等）成为常态，并在有保障的条件下持续向前推进。

IC^2 创新支持计划的重要特征之一，就是“走进院系基地、融入学科团队、嵌入研究过程”，即，走出图书馆、走进教学、科研第一线开展服务。其主要服务内容包括：主动嵌入课程教学，针对科研团队或学习研究群体的专题信息素养教育，拜访教授了解需求、推介学术资源，举办院系主题书展，培养信息专员等等。同时，还注意宣传学科化服务与创新支持的理念，让用户充分了解其中的深刻涵义，进而激发用户主动参与的积极性，激活用户的潜在需求，形成互动的服务局面，有效提升服务效能。在 IC^2 创新支持计划下，用户不单纯是被动的服务接受者，可以成为各类学术主题服务、信息内容加工、创新互动环境的设计者和主导者。

另一方面，IC^2 创新支持计划也充分注意合理利用图书馆的空间优势和人气凝聚力，为团队学习、项目研讨、学术交流、创新成长提供定点、持续、深入的精细化服务，为学生提供创意展示和交流的平台，使图书馆成为名副其实的信息共享空间和创新社区。

（2）IC^2 人文拓展计划[33]

一个卓越的大学图书馆，除了为大学提供优异的学术文献信息支撑以及相关的服务功能之外，通常还兼具传承文化和活跃校园文化氛围、促进先进文化的职能。为在校园中协同提升人文素养、达成传承和弘扬文化的使命，

① 根据服务对象、阶段，每期主题活动的设计重心均有所变化，其中，第一期以“提升信息素养，助力精英成长”为主题，第二期以“拓展创新基地，嵌入学研过程”为主题，第三期以“融入学科团队，助推教学科研”为主题。

自 2009 年起，上海交通大学图书馆在 IC^2 创新服务模式的品牌下，创立了 IC^2 人文拓展计划这个子品牌。旨在借助创建大学图书馆的文化品牌、搭建新型大学图书馆的文化服务平台（包括文化展示区、群组交互空间、多媒体空间等），发挥大学图书馆在文化传承、人文积淀、校园人气集聚地等方面的优势，开展丰富多彩的文化实践活动。

IC^2 人文拓展计划以“点亮阅读、启迪人文、弘扬文化”为核心思想，确定了人文推广、人文启迪、人文提升、人文积淀、人文弘扬和人文创新六大服务版块[29]。每个版块都有明确的主题和内容，分别设有“阅读，让校园更美丽”、读书讲座、鲜悦（Living Library）、艺术走进校园、主题展览、阅读推广等特色鲜明的模块，其中又包括，主题征文、主题书展、人文经典讲座、多媒体资源展播等内涵丰富多彩的活动。同时，还通过建设校园文化社区中心、沙龙中心的形式，推动文化的积累、交流、传承、弘扬与创新，全方位提升校园人文素养。

在取得了初步成效后，IC^2 人文拓展计划又进一步拓宽发展目标，阶段性重点聚焦：提升馆员的文化学术实力；整合多方文化建设力量；建立虚拟文化社区；推出与文化导引相关的通识课程；建立灵活的文化、学术联动机制等[25]。

（3）鲜悦（Living Library）[34]

鲜悦（Living Library）创立于 2009 年，属于在推广 IC^2 创新服务模式的过程中，逐步产生的一个独立品牌。它最早是 IC^2 人文拓展计划下面的一个服务模块，由于其以人为书的创新阅读形式和广受欢迎的效果，逐渐单独发展成为了一个具有影响力的品牌。其品牌 Logo 如图 2-3 所示。

图 2-3 鲜悦（Living Library）的 Logo

“鲜悦”其实也是上海交通大学图书馆赋予“Living Library”的一个专有名称，寓意着“新鲜的知识在愉悦中传授”。鲜悦（Living Library）的基本服务模式是以人为书，代表着读者（借阅者）可以直接从“人书”的大脑中获取新鲜、鲜活的知识或者 Know-How，在愉悦的互动过程中，享受“悦读”的快乐，并获得所需知识或信息。它具有三个主要特点[35]：① 以人为书，思维交流：社会阅历和经验是不可多得的财富，每个人都是一本值得学习的鲜活的“书”；② 即时互动，高效激活：通过面对面的交流方式，信息得以即时互动沟通，实现阅读效率的最大化；③ 主题多样，内涵丰富：大多是以当前热点或备受关注的话题为借阅主题，而即使是同一主题的“书目”，其表述的观点和内涵、观点形成的角度等，也会因书目的社会经历、成长经历而各有特色和优点，因而所收获的知识点也会不同。

鲜悦（Living Library）提倡交流、沟通、分享、启迪的宗旨和精神，以人为书，通过搭建一个自由、炫动的交流平台，邀请校园中和社会上具有代表性和正能量的人物作为每期活动的“畅销书”，以共同关注和感兴趣的话题营造借阅主题，在自由、平等的沟通与交流中，碰撞思想的火花，感悟精彩的人生。作为社会化阅读和交流的一种新形式，鲜悦（Living Library）改变了传统阅读和网络阅读中对文字、信息、符号的获取单方面的心理过程模式，节省了信息出版、发布的中间过程，通过面对面问答式的交流和沟通，使“新鲜知识”在互动中得到快速传播。

（4）创新交流社区[36]

创新交流社区是 IC^2 创新服务模式的有效拓展和延伸，重点是强化 IC^2 中创新社区（IC_2）的功能。目前，创新交流社区尚未独立成为一个服务品牌，但是其新颖的交流形式和功能定位，迅速赢得了用户的关注和参与，开局和前景良好。创新交流社区主要是依托图书馆的物理和虚拟空间，汇集学科资源，并协同开展学科服务、支持协同创新。通过积极营造便于开展学术交流、互动研讨、创新协作的场所和环境，使图书馆能成为用户学习与教学模式创新、创新能力培养、思维碰撞与脑力激荡等交流、学习、研究的理想场所和交流社区。

创新交流社区以图书馆为基地，联合学校相关职能部门，以培养学生的创新意识和动手能力、促进创新团体间的交流、沟通与协作为宗旨，其核心思想是：培育创新人才，助力协同创新。创新交流社区共计设计了八大板块的系列活动，包括：创新交流沙龙（启迪创新）、创新俱乐部（思维创新）、创新竞赛与成果展示（实践创新）、学业分享中心（促进学习）、个性化创新支持服务（助力创新）、创新深层服务（引领创新）、虚拟“创新交流社区”（驱动创新）、创新技术体验（体验创新）。

创新交流社区在促进创新团队之间的交流协作、创新团队对学生工作室的交流指导、以及科技创新文化氛围的营造等方面取得了较为显著的成效，与此同时，各项创新实践活动也推动了图书馆学科化服务的向前发展，加强了图书馆与学校职能部门和学生社团之间的联系与合作。

2.3.2 服务框架

IC^2 创新服务模式以具有主动生长与不断创新特征的图书馆为基础，以整个校园为服务场所，通过实体与虚拟服务平台的共同支撑，构成服务体系。其中，信息共享空间（IC_1）与创新社区（IC_2）平方级有机结合，既有以 IC_1 为核心特征的服务形式，也有以 IC_2 为主要载体的服务方式，不过，在具体开展服务的过程中，其实并没有严格的区分界限。

概括起来，IC^2 创新服务模式的服务框架体系，有 8 个组成部分（图 2-4）[15]，分别是：

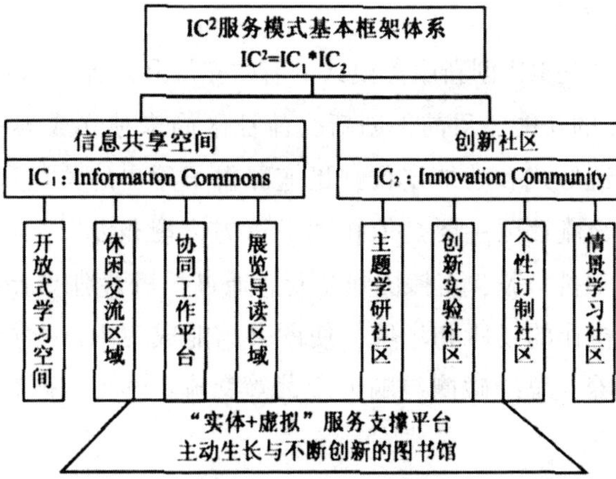

图 2-4 IC2 创新服务模式的基本框架体系

(1) 开放式学习空间

充分体现 IC_1 的含义，营造个性化、便捷化的信息和学习空间，主要支持自由和开放式学习和研讨。

(2) 休闲交流区域

体现共享和分享的主旨，利用物理空间，在服务场所分散设置多样化的休闲和交流区域，满足用户人际交流、社会交往、心理成长需要。

(3) 协同工作平台

挖掘馆员特长，根据学习和研究需求，汇聚馆内外资源和设施，设置若干规格不一、布局灵活的协同工作站，由馆员和用户共同参与，主要用于支持协同学习和跨学科研究。

(4) 展览导读区域

提供多种类型的展览和导读服务，如临时展览、特色展览、专题展览、各种专题导读服务等，通过主题丰富、不同形式的展览和导读，促进信息交流和优秀文化知识和成果的导航、展示和传播。

(5) 主题学研社区

依据不同主题或学科服务发展需要，设计“主题学习社区”、“主题研究社区”、“主题创新社区”等，配备相应的信息资源、用户、研讨环境、馆员服务点以及必要的支持设施，提供针对不同学科领域、不同类型需求的主题服务，满足学术成长交流和研讨需求。

(6) 创新实验社区

建立创新实验室和新技术体验区，提供最新信息产品、创新能力训练软件的演示、测试和操练；支持用户的各类创新实践活动；提供各种类型的工作站，满足科学研究、协同共享及多媒体制作等专业技能培养的需要。同时，设立新技术体验区，便于用户了解最新技术对学习、生活、研究带来的变化，通过探知、感知新技术，拓展视野，增加对技术的敏感和敏锐接受能力。

(7) 个性订制社区

为满足用户多样化个性化需求，提供各类灵活的按需预约订制服务，包括支持个人或小组的研讨式学习空间、支持重点项目并协助搜集重要资源的专题研究室、支持学生社团的各类活动等，满足学术研究、创新人才培养以及教学改革活动的个性需求。

（8）情景学习社区

适应国际上先进的沉浸式（immersive）教育理念，提供场所、设施并设定所需的情景环境，满足用户语言学习、辩论及口才演练、教学备课、人文素养提升、信息素养教育及论文写作指导等综合素质培养和多方面需要。

基于 IC^2 创新服务模式推行服务，并不局限在实体图书馆中，同样包含了所涉及的数字图书馆和网络化环境，即可以利用网络社区和网络社会化工具、创建虚拟电子社区来拓展图书馆的服务空间，共同营造适应用户需求变化的服务环境，满足用户各类需求。

2.3.3 服务模式

IC^2 创新服务模式是在实践中探索发展出来的一种服务模式，在不同的时期，其服务的表现形式可能各不相同，并且随着实践的积累与总结，服务模式将在动态变化中不断完善，日臻成熟。

（1）“三大阵地+两层推进”的全覆盖服务模式

基于 IC_1 和 IC_2 的理念，为保障服务对象的全覆盖，使用户能够快速发现或寻找到适合自己的服务，图书馆充分利用物理和虚拟空间，依托三大阵地、并划分成两个层面开展服务。

1）馆内场所：在物理空间上，图书馆根据用户需求，对馆内场所功能进行设计和规划。采用大开间、大开放的通透格局，学科阅览室以学科划分，与学科相关的图书、期刊、工具书、计算机设施、咨询服务等都按照学科集中，实现了书刊合一、借阅合一、人在书中、书在人旁，提供“藏、查、借、阅、参”五位一体的一站式高效服务。在主体服务区域，引进先进的自助设备，为用户提供自助借还书、打印、扫描、复印等服务。图书馆还配置了大量的投影仪、打印机、复印机、计算机、移动式桌椅等设备，方便用户使用。同时，为满足用户学习、科研、休闲娱乐等多元化需求，设置了功能丰富、支持创新的多元服务区，包括阅览区、展览区、多媒体制作及播放区、互动研讨区、音乐素养厅、教学培训教室、会议室、外语自主学习中心、咖啡区、便利超市等，具备了学习、科研、社交休闲等多项功能，将知识性、创新性和休闲性融为一体，让用户到图书馆有所取、有所得、有所乐。即便在学科阅览室内，也通过主题书展、学科信息墙等，开展导读阅览、学科咨询、课题查新、馆藏建设以及学科情报研究等工作。这些设计，使得用户在馆内即可享受到贴心、便捷、智能的服务。

2）院系基地：通过 IC^2 创新支持计划和 IC^2 人文拓展计划，图书馆在院系设立服务基地，主动将服务送达教学、科研第一线，并及时带回更多的需求，实现图书馆服务模式从被动到主动的转变。图书馆学科馆员定期到院系服务基地开展服务工作，完成联络、值班、信息素养培训、拜访、访谈、调研等任务，以“走进院系基地、融入学科团队、嵌入研究过程”的方式，将图书馆服务送到教师的办公室、试/实验室，送到学生的教室甚至宿舍。院系基地有效成为了图书馆与用户互动的纽带和平台，既可以近距离了解用户的需求，也可以让用户快速了解图书馆，并享受图书馆精心、精准服务，大大提升了用户对图书馆服务的感知度和满意度。

3）虚拟社区：顺应信息技术对用户及图书馆服务的影响和需求，图书馆充分利用网络虚拟空间，搭建服务新平台，扩宽服务渠道。先后曾借助学科信息服务博客、内嵌 IM 在线咨询、RSS 订阅、E-mail 推送、移动图书馆、LibGuides 学科服务平台、专题网站建设、学科信息导报等服务形式，揭示学科资源、征订书刊、建立学科咨询知识库、发布研究心得，提供交流互动的平台。这些虚拟社区和平台的建设，用户可以非常便捷地获取图书馆服务，更为重要的是，促使图书馆的服务广泛深入到用户的学习、研究环境中。

在三大阵地的基础上，综合考虑图书馆服务人力资源的制约和用户类型等问题，采取了两层次推进的服务策略，即，对于一般信息需求的用户（如大学本科学生），以“普遍推广型”服务为主，如开展通识性信息素养教育、组织文化讲座；而对于有特定需求的用户（如教授、科研团队等），则采取按需定制的“重点支撑型”服务，比如，针对创新科研团队，可以提供学科态势分析等深层次服务，组织专题访谈和小型沙龙等[37]。这种推进服务的方式，既能够保障图书馆人力资源的合理调配，又便于图书馆对不同用户采取有针对性的服务，而用户也享受到更加个性化的服务，从而保障对服务对象的全覆盖。

（2）“持续性服务+阶段性推进”任务化服务模式

IC^{2}创新服务模式，在保障服务对象全覆盖的基础上，从服务的长效性和影响力考虑，在实践中，以持续性服务为主导，在特定时期或阶段，又采取以任务为目标的阶段性重点推进服务。持续性服务和阶段性活动相结合的任务化服务举措，符合当前高校用户对服务的需求。

其实，持续性和阶段性只是一个相对的概念，随着服务的深入和常态化，阶段性活动将有可能转变为持续性服务，而持续性服务中，也有部分可能面临一些需要突破或解决的特殊问题，由此也可以被设置成一种特定时期的阶段性活动。

持续性服务和阶段性活动的关系，就像是江河中水与浪花的关系。水利万物而不争，恰好是对图书馆服务的最好诠释。持续性服务好比是江河中的水，源源不断、生生不息地流淌，日复一日，永不枯竭，象征着永恒不断的服务；而阶段性活动就是那江河水中泛起的朵朵浪花，或波澜壮阔、气势如虹，或如白云翻卷、变化无穷，代表着精彩纷呈的服务活动。如果江河之水只会静静地流动，那就只能是平淡而默默无闻，正是因为有了那跳动的浪花，才让江河之水充满了活力，才给江河之水增添了气势。大学图书馆的服务与活动恰似如此。

持续性服务，主要是保障服务的连续性和深入化，巩固已有的服务成效。特别是围绕品牌服务，精心规划，持续推进。如IC^{2}创新支持计划，在推出之时，连续三期开展活动，围绕核心板块内容，在此基础之上，逐渐形成一种常态化服务，让用户知晓服务将长期推进，保持对用户的吸引力。同时，IC^{2}人文拓展计划，也基本上按照学期或学年的节奏，定期推出相关主题讲座、阅读推广以及文化展览、艺术欣赏等活动。此外，在场所和阅览室基础服务方面，也做到相关服务政策或措施的稳定性，使得用户对图书馆服务有一个共性的认知。持续性服务的开展，不仅有利于进一步巩固常态和品牌服务，也可进一步督促图书馆保持服务的长效性，逐渐达到服务规模，形成服务影响。

阶段性活动，则是在持续性服务的基础上，根据用户需求和特定的工作需要，以阶段性任务或项目为目标，组织开展具有特色和需要当前解决和重点突破的服务，增强服务弹性，增强服务特色。如在 IC² 创新支持计划中，为全面了解用户的需求，特别是针对重点科研人员的需求，增强服务的准确性，在第三期主题活动当中，将拜访教授作为重点突破的工作，各学科服务团队纷纷走入院系，通过与教授的近距离交流，了解和掌握需求，推荐资源和服务。随后再对所征集到的需求进行集中梳理，找出共性内容，最终形成面向教授用户的专题服务内容。随着拜访教授的工作不断持续深入和个性化推进，该项阶段性重点工作逐渐又由阶段性活动转变为常态的持续性服务，使图书馆可以长期获取典型用户的需求。另一方面，在 IC² 人文拓展计划中，每年的“4·23 世界读书日”活动，既是每年一度的阶段性重要文化活动，同时又是一种坚持开展的常态性持续核心文化服务。为了辅助建立学生用户对学校的情感纽带，增强与学生的互动，图书馆特别推出了一项阶段性的“毕业季”活动，广受学生追捧。这些阶段性工作的开展，为图书馆服务增加了亮点和特色，增强用户对图书馆服务的新体验，为服务增添精彩。

（3）凝练服务模式的“容器说”

创新与变革时期，也正好是图书馆服务快速生长的时期，各项服务层出不穷。而这些纷繁的服务项目，是否真正适合用户，是否能够满足用户的需求，或者只是一种临时性服务还是一种常态性服务，均需要在服务实践的过程中积累经验，总结完善，并最终淘汰过时的、不适合的，而留下有代表性的典型服务。特色甄选服务模式，究其根本就是一种在实践中大浪淘沙的服务模式，以不断优化服务内容和形式，甄选出最有价值和最有代表性的服务。

容器说，可以形象地理解为“炼丹炉”，实践是炼出灵丹妙药（满足需求的有用服务）的标准，满足用户需求是炼丹要达到的目标；也可以理解成是“大浪淘沙”，淘出真金，荡涤掉流沙。“容器说”可以用来解释图书馆遴选品质服务的方法和过程。大学图书馆在推出各种新的服务工作时，一般必须首先将其放入实践这个容器中逐个检验，从中筛选出那些真正符合需求的服务来，而淘汰那些不合格、或者说不满足用户需求的服务项目。所遴选出来的服务，通常在一定程度或者某个层面上赢得了用户的欢迎，于是，作为常态化服务或特色服务予以保留，并投入服务实践，当然，还需要一边开展服务、一边不断总结和完善。相反，即便是被淘汰的服务项目，往往也是出于较好的服务创意，但是，经过实践这个容器检验，尝试下来并不能真正满足用户所需，或者当前不符合用户需求，或者对用户没有吸引力，因此，也不得不废止。

可以说，大学图书馆服务平台这个“容器”，广泛接受各种服务创意，具有很强的包容性，借助这个容器，让服务接受实践的检验，以用户满意或需要作为衡量标准，严格筛选并最终凝练出有创意、有价值、高品质的能够让用户满意的创新服务。

2.3.4 服务功能

大学图书馆作为存储和传播特定信息资源、服务和教育的重要机构，已经成为知识社会不可或缺的重要力量。为了适应瞬息万变的信息环境和动态发展的用户需求，大学图书馆必须以创新作为驱动力，激活馆员和用户的创意思维，进一步开拓思路，主动迎接变化，深入挖掘资源，拓宽服务范围，为大学的快速发展提供更加有效的信息动力和服务支撑。

在充分了解并把握大学发展目标和战略规划的基础上，IC^2 创新服务模式提出了自身的服务功能和定位，在支持教学、科研、人才培养、管理以及文化传承等方面，充分履行大学图书馆的职责和使命。这五项服务功能，各司其职，各有侧重，然而在实际服务中，许多职责和功能的发挥相互协同、相互影响、相互促进。正因为如此，才使得 IC^2 创新服务模式保持着一种互动、联动的有机生长状态。

(1) 支持教学

根据大学的特点开展支持教学的服务工作，是大学图书馆核心服务内容之一。大学图书馆拥有丰富的、具有针对性的文献和信息资源。对教学的支持，直接体现在利用其丰富的文献和信息资源，保障教学工作的顺利开展，辅助推动教学模式的改革，并开展相关的创新服务，在今天也十分重要。

1) 提供教学参考支持

大学图书馆有着独特、丰富的专业和教学参考文献资源。事实上，支持教学是大学图书馆长久以来的重要发展目标之一，主要体现在资源建设时，对教学参考文献的特别支持。大学图书馆通过纸质资源和电子资源，为公共基础学科和各专业的教学工作提供教学参考资料，并随时关注和跟踪课程设置的变化，保持教学参考资源的及时更新和调整。

2）助推教学模式改革

随着信息技术在高等教育领域的普及和新一代人才成长的时代变化，改革传统的教学模式、提升教学质量，已经在各个大学悄然兴起。大学图书馆作为支持教学的一个重要环节，为支持 MOOCs、翻转课堂、研讨式课堂等全新教学模式，积极建造新型电子教参服务平台，创建智慧泛在课堂，主动助力学校的教学模式改革。同时，大学图书馆也开展嵌入课程的服务，提供融入开放课程的服务等，多方面发挥辅助教学模式变革的作用。

（2）助力科研

支持学术研究、支持科研和学术交流是当今大学图书馆义不容辞的重要职能，主要体现在学科文献资源建设、学术文献信息资源的整合与有效利用、空间资源协调与利用、学科态势、热点、趋势情报分析等方面。

1）全流程支持科研

随着图书馆的转型发展和馆员队伍学历和基本素质的提升，全流程支持科学研究和学科建设已经成为大学图书馆展示实力和体现知识服务价值的重要方面。所谓全流程支持科研，不是简单地停留在传统的文献信息资源服务提供，而是进一步在深入个性化了解资源需求、辅助开展学术交流等方面有所突破，进而更是在学科信息分析、知识产权、知识挖掘等方面提出更高的追求。目前大学图书馆在全流程支持科研、开展服务上，基本上都是根据科研工作以及学科发展的需求和特点，逐步进入了开展诸如开题调研、文献综述、项目申请、前沿追踪、热点分析、成果发表、知识产权知识普及、项目前景分析等系列化知识服务的时代。全流程支持科研的服务，在不同程度上、从不同侧面提高了用户的研究效率，增强了用户对资源和信息技术利用的深度，为科学研究、学术交流和学科建设提供了有力的支持。

2）营造创新研究环境

在全流程支持科研的同时，大学图书馆还充分利用物理空间和虚拟空间，积极为学术研究营造创新环境，搭建创新交流的平台。在物理空间上，开展小组研讨室、专利学堂、创新沙龙等服务，营造支持团队、促进交流的创新服务氛围。另一方面，积极利用虚拟空间扩大创新交流的渠道，建立学科博客、RSS 成果订阅、学术论坛、基于 LibGuides 的学科信息平台，建立机构知识库等。所有这些服务，不仅丰富了大学图书馆的服务内容，让大学图书馆真正成为一个活跃的知识工厂，而且，还有可能帮助用户改进研究方式，促进交流，提高研究效率，充分展现出大学图书馆的服务价值。

(3) 支撑人才培养

人才培养质量是衡量一所大学贡献的主要方面，现代大学都制定了有效的人才培养体系，如上海交通大学“知识探究，能力建设，人格养成”的三位一体人才培养体系。三位一体的主体就是学生。学生通过知识探究来建设能力，完成能力建设以及人格的养成。身处知识社会和创新型人才培养体系中的大学图书馆，需要重视创建开放的学术交流环境与信息共享空间，通过对信息的搜集、分析、提炼、传播和转化，激活知识和创新思维，全面支撑学生的成才成长。

1）奠定学术成才基础

作为大学人才培养的重要目标之一，就是培养创新能力和知识利用能力。大学普遍都在积极地通过各种渠道激发学生的创新和研究能力。大学图书馆根据自身的优势和特点，也在为辅助学生成才提供基础性支撑，开展实践性服务，如发起优秀本科生学术论文 OAPS（Outstanding Academic Papers by Students）项目、举办研究生创新论坛等。大学图书馆还借助学科化服务，针对本科生和研究生开展专题信息素养培训，毕业设计（毕业论文）写作，学术规范、开题报告的撰写，论文写作与投稿，开题调研等，培养学生利用信息资源，并有效开展学习和研究的意识与能力。

2）营造茁壮成长环境

大学图书馆是知识的殿堂，也是自由、开放的象征。为了全方位辅助人才培养，上海交通大学图书馆不断转变思路，创新服务方法，针对符合大学生特点的成长路径，提出了各种新颖的服务计划，如成立学业分享中心、建设学业促进中心、建立学生成长档案、鼓励学生参加文化阅读活动、开展鲜悦（Living Library）活动、组织成立社会实践基地、开展社会交往、职业发展、心理辅导讲座培训等。从日常学习、生活出发，为学生提供健康、自由的成长环境，鼓励他们利用青春大好时光，补充知识和能量，让学生在充分融入大学学习和生活的同时，有意识地主动培养和提升个人综合能力。

（4）辅助管理决策

由于掌握科学技术情报分析的独特技能，近些年，大学图书馆在面向学校、学校的职能部门或院系开展决策和管理支持服务方面，日益得到各方的高度重视，已逐渐发展成为大学图书馆探索新服务的重要方向。一方面，管理部门在各项管理方面更加科学、规范、严格和透明，进而形成了相关需求，特别在人才引进、学术影响力分析、学科评估以及成果评价等方面更加迫切。另一方面，大学图书馆经过并还在不断进行创新服务转型，馆员队伍的素质得到显著提升，支持管理和决策的分析型专业人才得到补充，队伍结构明显改善，更加重视引进相关资源和先进分析工具，达到了开展深层信息服务和知识服务的能力水准。

从战略意义上讲，大学图书馆在挖掘辅助支持决策和管理的职能，既有利于发挥文献情报分析服务的优势，履行协同支持学校发展规划的辅助使命，又能够凸显出当今大学图书馆所独具的不可或缺的服务价值，为深入发展赢得了机会。

另一方面，伴随高等教育机构对管理和决策的科学化的重视，大量需要相关服务支持。与专业分析机构或第三方社会评价机构相比，大学图书馆作为情报分析机构，具有置身校园、掌握一手资料、明确发展战略、了解用户、熟悉发展趋势等绝对优势，而且安全性和经济性很高。

（5）传承文化

大学是学术精神的象征，是优秀文化的传承者和弘扬者，而大学图书馆则是储存、传播知识与文化的中心，传承文化是大学图书馆的光荣职责。

大学图书馆所肩负的文化传承任务，可以细分为如下三个层次：

1）世界和国家优秀文化的传承

对优秀文化的传承，源于图书馆传统的文化教育职能。大学图书馆通过对具有特色和独特性的人类知识资产和文化资产资源的建设、储存和传播，包括举办文化展览或艺术欣赏，达到传承文化的目的，使用户在对资源的利用中，在潜移默化中，培养和树立自身的世界观、人生观和价值观。

2）大学精神的传承

大学精神是一所大学在其发展理念的框架下，长期积淀而形成的一种稳定和共同的追求、理想与信念，代表人、思想、价值观、理性、创新、智慧与博大胸怀。大学精神对于人类文明、社会发展和文化进步具有极为重要的意义。大学图书馆乃是学校中公认的文化阵地，需要积极作为，传承大学的人文精神、自由精神、创新精神、科学精神和批判精神，可以通过举办学术著作展、校史展、学术名人展，协同建设名师库、机构库、名人故居等，积极传承大学文脉精髓、弘扬优秀学术风范。

3）校园文化建设与传承

大学图书馆在校园中是文献信息资源、文化和人气的集散地，具有传播校园文化的突出优势。因此，大学图书馆应当积极发挥场所和阵地作用，主动成为校园文化的建设者、保存者和传承者，为用户营造自由、开放、活泼、阳光的文化校园氛围，如开展阅读活动，举办专家讲座、名人讲坛、书评比赛、好书推荐、图书导读等。在图书馆内加强环境文化的建设也十分重要。环境文化可以帮助图书馆成为优秀文化的宣传者、展示地和体验区，让图书馆成为校园文化传承和弘扬的主要阵地和平台，形成书香浓郁、欣欣向荣的文化绿洲。

2.4 实施机制

2.4.1 实施内容

在服务实施的内容上，IC^2 创新服务模式寻求活动化、板块化设计和组织，以便于多方协同推进。经过实践积累和总结，在核心服务体系中，逐渐凝练形成了“5+X”内容板块，如图 2-5 所示。

在具体实施时，并不是每次都必须具备完整的“5+X”服务内容，而是根据服务需求和当时的服务重心，柔性灵活组合。而随着实践的规模化和体系化，部分板块在内容上可以相互交叉和配合，以达到更加满意的服务效果。

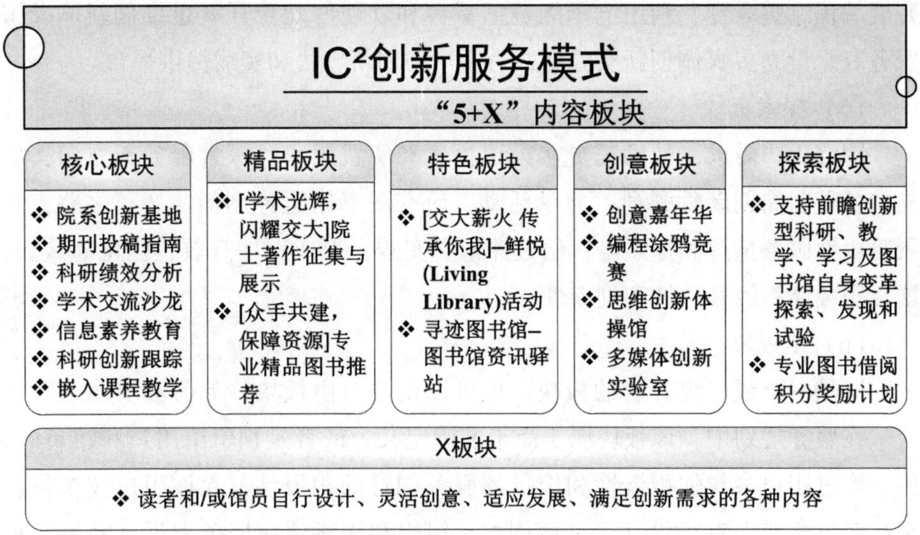

图 2-5　IC² 创新服务模式实施内容板块

（1）核心板块

紧密围绕服务创新，从巩固服务品牌出发，提供核心服务。包括建立院系服务基地、开展信息素养教育、组织学术交流沙龙、开展教学支持、科研创新跟踪以及科研绩效分析、专利学堂和其他专题服务等内容。

（2）精品板块

重视文化服务，促进文化传承与弘扬。以资源建设为抓手，注重特色资源、精品资源建设，与用户互动联动，保障资源建设多视角、全方位，提升资源建设质量。

（3）特色板块

图书馆作为学术交流中心和知识集散地，重点实现校园各类文化和智力资源的有效循环，激活隐性知识和创新思维，分享经验智慧。通过增进与用户的互动与反馈，加强各类特色服务，保障鲜悦（Living Library）服务的持续性。主动创意多种特色活动，提升服务活力。

（4）创意板块

以鼓励创新、激发创意为出发点，营造创新环境，如组织创意嘉年华、开展编程涂鸦竞赛、利用电子阅览室平台和软硬件配置开展思维创新体操馆服务等。设立多媒体创新实验室，为用户的创新想法和实践提供平台。

（5）探索板块

围绕用户需求，鼓励馆员多渠道探索和实践服务，探索服务新方向，如支持各种前瞻创新性科研、教学活动，研究图书馆服务创新与变革之路，开展阶段性服务试点和探索等，通过探索和实践，形成更加有效、优化的做法，增强服务体系的开放性和创新性。

（6）X 板块

这是一个或一组开放的板块，也可以说是自由板块、灵活板块或未知板块。在服务规划中，该板块属于尚未准确定义、或者是预留给用户和馆员的，用于增进用户参与的积极性和馆员的服务创意的积极性，允许用户或馆员甚至是双方合作，自行设计、灵活创意，组织和探索适应服务发展，满足各种创新需求的服务内容。

2.4.2 战略框架

规划对服务的实施至关重要，直接影响到服务的组织和效果。IC^2 创新服务模式在近几年的实践和实施中，充分调动资源、服务、技术、人员的力量，以“学科服务牵主脉，院系基地塑外延，资源技术做内核，团队协同为精髓，文化建设铸灵魂”为发展思路[38]，围绕服务创新思想，制定了一个具有系统性、操作性的战略规划框架，如图 2-6 所示。

（1）明确一条主线

IC^2 创新服务模式注重对大学图书馆内、外资源的整合与利用，形成服务合力。在确定服务创新的方向时，主动结合学校的发展战略和自身发展要求，明确了学科化服务的主脉络。随着泛在技术环境的影响、服务的深入化和服务的整合效应日渐显现，学科化服务逐渐向泛在化、移动化和一体化方向发展，为适应新形势下创新服务发展要求，IC^2 创新服务模式将“泛学科化服务”作为服务主线，并以此为思想和实践的基础，构筑泛学科化服务体系。

（2）突出两个重点

IC^2 创新服务模式平方级融合了信息共享空间（IC_1）和创新社区（IC_2）

图 2-6 IC² 创新服务模式战略框架

两种服务的特征，强调服务的综合效应，形成纵向“学术创新支持”和横向“人文素养拓展”两个服务重点。其中，学术创新支持以 IC² 创新服务模式的子品牌“IC² 创新支持计划”为主要依托，通过各种创新计划和活动，促进学术交流和研讨，支持科研创新和交叉研究，为教学、学习、科研和管理提供环境和平台，有效支持学术创新。人文素养拓展以 IC² 创新服务模式的另一子品牌“IC² 人文拓展计划”为主要平台，利用物理空间、服务阵地、网络空间以及利益相关者的资源，重点开展文化服务专项，通过文化传承、校园文化建设等活动，发挥文化教育和环境育人职能，提升用户人文素养，成为学校的文化中心。

（3）发挥三块职能

结合传统图书馆主要职能，IC² 创新服务模式依据现代大学图书馆发展要求，针对用户的信息使用特点和实际需求，提供愈益个性化和人性化的服务模式和场所环境，满足用户学习研究、个体成长、学术发展、社会交往、创新能力培养等多方面的需求，重新将大学图书馆职能定义为“知识加工中心、学术交流中心和文化传承中心”，强化图书馆作为知识、信息流转枢纽的多元化职能。

1）知识加工中心

构建开放式学习、研究环境及多功能服务区，将知识性、创新性和休闲性融为一体，满足学习、科研、社交休闲等多项功能，将大学图书馆建设成为不再只是藏书、看书、单纯学习研究的场所，而是成为用户学习研究的平台和信息枢纽系统，甚至成为用户的工具或某种生活习惯。充分发挥馆员特长，注重对文献和信息内容的整合和挖掘服务，提供知识服务，使大学图书馆成为促进知识生产和传播的主要阵地，成为一个动态的知识加工中心。

2）学术交流中心

促进学术交流是大学图书馆的主要功能之一。在具体服务中，图书馆需要根据学科专业结构和需求，提供文献资源，进行知识传播，辅助开展学科热点和前沿信息等追踪服务，借助物理和虚拟空间，积极构建学研主题社区活动，营造便于学术交流的环境。鼓励用户参与，激发用户利用学术交流环境开展学术研究、学术研讨和学术创新等活动。全面支持各种创新和学术活动，让大学图书馆成为一个活跃的学术交流中心。

3）文化传承中心

文化传承与大学图书馆的文化教育职能密不可分。依托大学图书馆的文化职能、空间优势与专业优势（如阅读指导、信息资源保存与管理），系统地构建多元文化服务体系，发挥图书馆在文化传承、人文积淀、校园人气集聚地等方面的优势。把图书馆作为一个文化平台，以文化环境设计、主题展览、文化讲座、名师库建设、机构知识库、互动社区等为主体形式，通过开展丰富多彩的文化实践活动，打造校园文化社区中心。凝聚智力文化，提升人文素养，推动文化的积累、交流、传承、弘扬与创新，进而将大学图书馆建设成为一个蕴聚的文化传承中心。

（4）实施四大举措

行动力是对服务实践最好的证明，为了有效开展服务，IC^2 创新服务模式在实施中，采取四大举措，确保实施中切实执行服务。

1）组织保障

传统的图书馆强调以完善自身业务流程为核心的封闭式管理，习惯以书为中心实施管理并开展服务，容易忽略用户的感受。服务模式的创新需要有相应的组织运行机制作为保障，为适应新的服务要求，上海交通大学改革了过去沿用多年的图书馆组织机构和业务流程，根据“一切站在用户角度，最有效服务读者”的原则，以用户为中心，大刀阔斧地改革了机构，强化团队力量，将过去的 13 个部门整合为读者服务总部、技术服务总部和行政管理总部等三大部门。① 在服务一线直接面向用户的读者服务总部，其人员主要来自原来的流通、阅览、期刊、参考咨询、情报所等部门，占全馆人数的 60%。读者服务总部下面按照学科划分为工学部、理学部、文学部、以及综合流通部，各学部中按照学科设置若干由“学科馆员+咨询馆员+阅览室咨询馆员”组成的学科服务团队。学科服务团队以受其他团队支持的协同方式开展服务工作，具有深入一线、能够迅速响应读者需求的服务机制。② 技术服务总部由原来的自动化技术、网络和计算机系统、电子服务、采访、编目、以及技术加工等业务部门组成，负责在后台提供各类文献信息资源、系统平台、网络和计算机、信息技术等保障，负责为学科服务团队提供服务支持，负责拓展新的服务技术和方法。③ 行政管理总部则承担着全程宣传、互动反馈、对外协调和协作、档案管理、后勤保障工作、全馆的数据统计和分析工作。

三大部门采取“前端推进，后台保障，全程宣展”的联动运行模式，类似于解放军的总参、总后和总政的管理机制。读者服务总部相当于“总参”，活跃在服务工作最前线；技术服务总部担当“总后”角色，在后台提供资源保障和技术支撑；而行政管理总部的职责则类似于“总政”，负责内外宣传与沟通。这种组织架构，以用户为本，以扁平化结构为纲，以团队为魂，倡导各部门之间的合作支撑与协同推进，有助于充分发挥和调动集体智慧和全员参与，确保服务得到有效、持续的开展。

2）服务重组

IC² 创新服务模式以泛学科化服务为主线，根据用户学科特性和需求特征，对服务进行重组。主要包括以阅览室和物理空间为主要阵地的基础服务，以院系为主要阵地的学科化服务两大类型。基础服务重点聚焦阅览服务、导读服务、展览服务、互动交流与研讨服务、艺术欣赏服务、创新体验服务等；而学科化服务则主要以院系拓展服务、信息素养教育、学科资源建设、学科咨询、学科深层服务、创新交流服务、文化阅读服务等形式展开，并且学科服务团队是所有工作推动的主力军。无论是基础服务还是学科化服务，全部需要站在用户的角度、根据用户的需求，对各项服务工作进行梳理、重新设计和分类组织，凝练成全新的服务内容或项目，再进行统一规划和部署，保障服务的协同推进和整体效应。

3）基础支撑

IC^2 创新服务服务模式特别强调图书馆中各个部门的合作协同，学科服务团队、资源建设团队、技术支持团队、宣传推广团队、后勤保障团队等相互紧密配合，互补支持，全力一致支撑学科服务团队的对外服务，让用户感受到一个强大的整体服务状态。这就是泛学科化服务的支撑体系。

采访编目部担当资源建设团队的角色，承担资源建设、利用和评估等工作；系统发展部负责组建技术支持团队，承担资源发现、揭示以及系统平台维护等主要任务；此外，技术加工部也会贡献技术支持团队，负责资源数字化、多媒体资源准备等工作；行政办公室则担当宣传推广团队的作用，负责做好服务宣传、统计和存档工作，并通过各种渠道，了解服务效果反馈；总务办公室担任后勤保障团队，负责提供服务硬件设施、办公条件、服务资源等配置、保障和支撑。从泛学科化服务角度来说，不同性质的团队都在不同方面和不同程度地提供学科化服务，唯一的差别就是，有些是直接面向用户开展服务，而有些则是在后台参与保障，间接为用户服务。以学科资源建设为例，学科服务团队和采访编目部共同开展学科资源建设工作，其中，学科馆员、采访馆员和用户组成一个团队，学科馆员一方面需要主动了解用户已经表达的需求，予以响应和反馈，另一方面则要根据学科用户特征，主动挖掘和发现用户在学科资源建设方面的需求，做好资源建设布局和规划。而采访馆员一方面要根据学科馆员了解和掌握的需求进行学科资源采选，另一方面，则定期关注各主要出版源的资源，主动梳理各学科主要出版资源，传递给学科馆员参考和遴选，优化学科资源建设渠道。在流程上，采访馆员需要为学科馆员的服务提供支撑，必要时与学科馆员一起当面向用户了解资源建设需求，实际上，在某种程度上这就是典型的跨部门合作和协同支持。

4）内涵升华

新的服务是为适应新的环境和需求而设计并实施的。随着服务的不断向前推进，需要经常重新审视那些已经不太新的服务，与时俱进，更新服务内容，并通过重新定义和凝练，不断深化和升华服务，为新的服务提供强大的思想源泉和根基，进而确保能够不断提升服务的综合内涵。内涵的升华包含诸多方面，诸如资源、技术、人员以及服务拓展等，均需要根据服务的深化和需求来变化，按需重点提升。例如，在当前的服务环境下，信息资源的查找和检索，重点是要考虑方便、快捷，而且还必须实现知识发现与获取一站式，可以通过建设新一代的 OPAC 系统、或者借助 Primo、Summon、EDS 等系统搭建一站式知识发现与获取平台。在服务优化整合方面，注重服务规范制定、业务流程优化和资源按需整合，形成个性化、特色化、精细化的特色创新服务，充分发挥服务整合和组合的优势。在馆员队伍和团队精神方面，更加注重馆员能力培养和技能提升，倡导组建和培育学习型团队，在管理中强调互动管理和人文关怀等。在服务职能拓展方面，寻求不同层面的共建共享、跨界协同和联盟合作，开展文化传承服务和社会服务，提升服务对周边地区的辐射能力和影响力。通过对不同业务、不同层面服务内涵的实践、思考和总结，使服务内涵更加具有时代性和扩展性，不断深化服务内涵，增强服务的适用性。

（5）建设五项机制

IC^2 创新服务模式具有互动、开放、联动、融合、协同等特征，在服务中，强调建设 5 项机制，保障服务是一个动态的有机体。

1）主动生长

IC^2 创新服务模式产生于相互交叉的物理和虚拟环境，具有主动生长性特征和机制，以一种自由开放的姿态，强调服务的有机组成，包括包容灵活的组织机构、积极主动的服务方式、专业敬业的人才队伍建设、阳光积极的组织文化氛围、动态活跃的场所服务、前瞻开拓的服务规划、循序渐进的服务深化等。这种主动生长的服务机制，一方面，可以确保服务需求的快速响应、服务内容的切实推进和服务效果的及时反馈；另一方面，又通过包容、渗透、吸纳等特性，不断创意、发展出新的服务思路，进而生长出新的服务。

2）交叉融合

IC^2 创新服务模式的交叉融合机制，意在增强服务的整体性和一体化，使服务更加便于规划和实施。交叉融合可以理解为团队交叉、服务融合两个层面。团队交叉实际上就是馆员的交叉，即在实际服务工作当中，无论是直接面对用户的学科服务团队还是位于后台的间接支撑服务团队，均要求注重团队合作精神，不断加强团队内、外的交叉协作，形成能力互补，从而达到增强整体服务能力的效果；服务融合主要是，聚焦满足用户需求这一核心目标，强调服务的相互连接性，将原来一些分散、孤立的单一性服务，通过整合、重组、借鉴、再造等方式，对原有服务进行交叉融合，形成新的组合型服务，提升服务效应。

3）合作联动

合作联动机制主要是依据 IC^2 创新服务模式的开放性和泛在化，要求不同服务之间或者服务参与者之间加强合作与联动。借助合作和联动，在图书馆内部，可以有效整合资源，扩大服务的合力；而在图书馆外部，则可以有效吸引馆外力量，提升服务的知晓度和参与度，巩固服务品牌，提升服务影响力。同时，还需要重视图书馆与用户的合作与联动，既可以增强服务力量和反馈，又可以促进服务的改进和优化。在一定程度上，通过合作联动，可以促进资源、人员、空间、技术、用户之间的有效流转，保持服务力量的动态发展。

4）动态协调

对于一种新的服务模式，许多内容尚处于探索和完善阶段，因此，建设一种动态协调机制，将有助于根据服务需求的变化或者服务重心的变化，灵活、及时地调整服务定位和服务重点，保持服务的适用性和可控性。从整个服务流程上看，动态协调机制适应于服务的各个阶段。在服务规划时期，保持动态协调，可以促进规划的科学性；在服务实施阶段，有了动态协调机制，则可以根据资源、环境、条件等因素变化，调整服务实施的步骤或者内容；在服务评价和总结阶段，有了动态协调机制，可以增强评价和总结的互动性和客观性，而不是完全的静态反映。当然，动态协调也包含了对团队成员的灵活调整，以便组织更合适的服务团队。总体上，动态协调机制的建设，不仅能够提高服务的适用性，而且也在一定程度上保持服务的开放性和生长性。

5）协同创新

IC^2 创新服务模式是一个开放、共享的服务模式，协同创新机制，意在强调团队式服务，充分发挥集体智慧和群策群力的优势，快速形成能够深入人心的全新服务。其中，协同是一种方式，创新则是目标，是指在特定的需求和服务目标下，灵活组织服务团队，达到创新服务的目的。协同创新还可以是图书馆与用户之间的协同，用户既是享受服务的对象，又积极为服务的开展提供创意、想法和力量。当然，协同创新机制还包括服务或项目之间的协同创新，由此使得不同服务之间，由相互独立的状态转变为相互扶持的状态，促进服务一体化发展，增强服务的整体效应。

（6）推行六种方式

IC² 创新服务模式在服务实施中，倡导根据服务需求的变化，灵活采取不同的服务方式，以取得满意的服务效果。根据服务实践，梳理总结出服务中可以推行的 6 种方式。

1）灵活创意

创意是服务的源泉和方式，优秀、良好的创意不仅可以激发馆员的服务热情，而且可以增强用户的参与热情，增强服务的吸引力和活力，并增添服务的特色和精彩之处。为此，在服务实施中，非常鼓励服务创意，重视对服务创意的收集、发现和包装。这些服务创意有的来自馆员的突发灵感，有的来自馆员在以往服务中的发现和积累，有的则可能来自用户的建议或呼吁。在这个过程中，既讲究创意的灵活收集和发现，也讲究创意的灵活组织和设计，广泛通过各种渠道收集和宣传，也通过各种服务将创意部署和执行下去。

2）互动实施

互动实施方式，强调的是在创新服务的实施过程中，兼顾服务效果，以互动的形式，保障服务实施的灵活性、有效性。在互动的对象上，可以是服务组织者和参与者之间的互动，也可以是服务组织者与组织者之间的互动，或者服务参与者与参与者之间的互动。组织者之间的互动使得服务能够做到上下一致、前后一致，协同效果更佳；组织者与参与者的互动使得服务规划和效果可以获得响应和反馈；参与者之间的互动使得服务效果得以传播，并激发更多潜在的服务需求。从互动的效果看，互动实施使得服务的规划和部署更具整体性，便于掌握服务节奏，保障服务取得预期效果。

3）立体推进

立体推进是从服务的组织策划来保障服务效果的一种方式。在整体规划、互动实施的基础上，通过立体推进，落实服务的实施和推广，有利于资源共用、联合保障，以便最终达到服务效果。这种方式既增强馆员与用户的协作，节约资源，调动馆员的积极性，又能确保服务的全方位、多角度覆盖，发挥连锁轰动效应，增加服务深度和广度。同时，立体推进方式更加关注的是服务的协同、深入推进，从中调动多方力量和资源，发挥整合和组合优势，保障服务的推进效果，更适合于大型服务活动或系列服务活动的实施。

4）按需定制

需求是服务的动力，也是服务的依托。为了满足用户多层次的需求，在服务实施过程中，根据用户特征和需求特点，采取按需定制的服务实施方式。这种方式重点还是需求的满足与对接。一方面，将用户需求进行分类，按照不同需求的特点和要求，提供不同类型和内容的服务，此为被动按需定制。另一方面，图书馆根据馆员能力和发展目标，形成各类服务内容，通过对用户特征进行分析，将可提供的服务内容和项目进行分类，提供给不用的用户，此为主动按需定制。无论是被动还是主动的按需定制，其最终目的，均是为了满足用户的需求，更好地与用户需求对接，提供用户需要或适合用户的服务，达到服务实施效果。

5）重点突破

创新服务的实施，在开创时期或探索阶段，因为沟通不够或者信息不对称，往往并不是一帆风顺，也会遇到困难或难题，此种情况下，需要以重点突破的方式，主动沟通，灵活处理。通过主动与用户沟通，和用户做朋友，了解用户的实际需求，寻找服务中存在的问题以及用户的兴趣点，做到服务应需，重点突破，使所提供的服务切实是用户所需要的。当然，重点突破的方式，也非常适合用于特色服务或针对重点用户的服务。特色服务是用户以往不曾体会的感受，为了确保服务的后续推进，需要根据特定时期的服务重点，采取重点突破的方式，以在短时间内取得实质性或突破性进展；或者针对重点用户，采取重点突破的方式，集中团队力量，量身定制，给用户鲜明的服务体验，打开服务新局面。

6）全面渗透

为保障服务对象以及服务效果的全覆盖，在创新服务的实施中，可以采取全面渗透的方式，这种方式可以促使服务在立体推进的保障下，实现最佳的服务效果。服务对象的全面渗透方式，是指在对用户分群或服务分层的前提下，对不同用户采取逐渐渗透的方式，将不同的服务推送给不同的用户，最终让不同用户有效接受和感知服务内容和效果，满足服务需求，确保服务对象的全覆盖。服务效果的全覆盖，是从最佳服务效果出发，实施中由浅入深、由小到大、由点带面，逐渐深入或延伸，确保服务与需求的最佳对接，最终全面渗透，达到服务效果最大化。

2.4.3　实施要素

IC^2 创新服务模式是一个开放、共享和创新的空间，从实施的基础构架来看，包含馆员、用户、信息资源、技术、空间和活动（服务）等六大相互密切关联的基础要素，如图 2-7 所示。在这 6 个要素中，各要素需要具备各自的特征，如馆员的敬业、专业和创新等能力；用户应具有创新、协同、敏锐等特征；资源需注重优质、多元和高效；技术要强调精准、便捷和智能；空间要做到互动、新颖和传承；服务需达到优质、泛在和多样。

若按照功能划分，这些要素又可以归为四大类：中心要素、关键要素、支撑要素和纽带要素。在 IC^2 创新服务模式的服务实施过程中，需要首先明确和清晰各要素的作用和影响，以便综合考虑并组合各要素功能和作用，保障服务实施的效果。

（1）中心要素：用户

用户是服务诉求的终端所在，用户的需求及其变化将推动各要素的调整和组合，因此，决定了用户是服务实施的中心要素。用户作为中心要素，对服务具有正、反向反馈的作用。馆员是服务的主要实施者，需要与用户保持良好互动；信息资源、技术和空间场所是服务的重要支撑条件，需要针对用户需求，对资源、技术和空间进行合理调度和配置；活动或服务是连接用户的具体感受形式，一般必须根据用户的需求或特点，选择合适的方式和内容。

作为实施 IC^2 创新服务模式的中心节点，用户决定着服务的实施部署。一

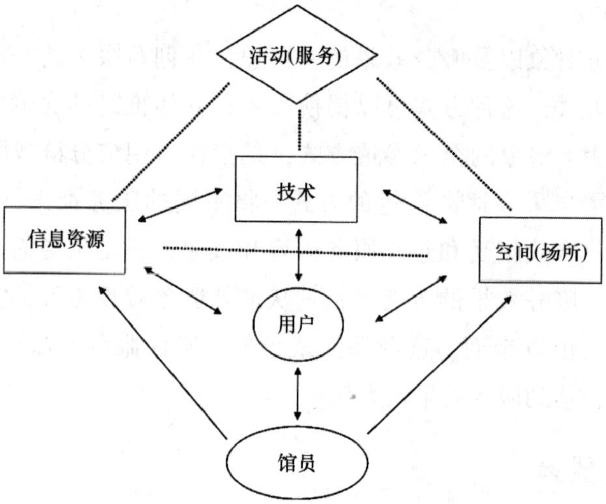

图 2-7　IC² 创新服务模式的实施要素

方面，用户需求的大小和多少影响各要素的合作和组织；另一方面，用户对服务的感知和接受程度受到其他要素的影响。同时，用户也可以根据自身兴趣，利用图书馆的信息资源、技术和空间，来设计所需要的服务或活动。

（2）关键要素：馆员

馆员是实施创新服务的主力军，馆员能力的高低，在一定程度上决定了服务质量水平的优劣，直接关系到基于 IC² 创新服务模式所开展的服务的成效。在服务实施中，一方面，要求馆员与用户建立良好的互动关系，主动与用户沟通，了解用户需求；另一方面，需要馆员根据服务需求，调动信息资源、技术、空间资源和设计和组织服务（活动），以便满足用户的需求。为此，实施服务的过程中，馆员需要发挥关键要素的作用，要有能力充分了解用户，有效控制技术、资源和空间等要素，设计出针对性强、效果好的服务。根据创新服务的要求，馆员除了应掌握基本的职业素养和专业技能之外，还需要具备如下更为严格的要求，包括但不限于：① 具有自主创新能力，对新知识、新技术有强烈的学习兴趣和热情，并能勇于尝试和主动探索；② 了解创新的意义，具备较强的服务创新意识和服务创新能力，掌握基本的创新知识和创新教育技能，能熟练运用各类创新素质训练软件和工具，提供创新支持并具备较全面的综合素质；③ 熟悉各类社区（包括物理实体社区、网络虚拟社区、社区类软件工具）的特点和运行模式，能够创建和管理"社区型"服务；④ 了解并能运用数据挖掘、信息分析、用户心理、用户行为、用户调查等信息学、社会学、组织行为学等方法和工具，挖掘和分析用户需求，不断改进和创新服务方式[15]。

(3) 支撑要素：信息资源、技术、空间

信息资源、技术和空间这三个要素代表了服务实施中的支撑环境，它们与馆员和用户之间存在潜在的双向联系。信息资源是最为基础的支撑，离开了信息资源，图书馆的服务便成了无米之炊。没有信息资源，馆员很难开展工作，用户则无法开展学习、教学和研究工作。技术是最为有效的支撑，可以保障馆员的服务效率和品质，改善用户体验。空间是最为普遍的支撑，包括基于场所的物理空间，基于网络的虚拟空间以及其他特定空间，是一个非常广泛的存在。馆员既可以利用空间为用户营造良好的服务氛围，也可以通过空间直接开展服务。用户也可以通过图书馆提供的资源、技术和空间，自己策划组织社区活动，参与信息资源建设、信息技术利用和空间使用的设计和构建。

另一方面，支撑要素除保持与中心要素和关键要素的联系外，各支撑要素之间也相互关联，信息资源是基础，它是技术和空间存在的意义，没有资源，技术便没有实体依托，空间也不再属于图书馆。同时，技术和空间可以使信息资源的表现和传播更为多样，信息资源往往既需要依托先进的技术来发现、揭示和获取，又需要借助各种形式的空间来储存、传播和展示。进一步，空间需要借助先进的技术来增强服务的智能化、吸引力和良好体验性。

(4) 纽带要素：活动（服务）

所谓纽带要素，是指在实施服务时，需要有效调动各种要素参与到服务的策划、设计和组织中，完成实施的目标和任务，因而，活动（服务）就像纽带一样将各种要素连接在一起。一方面，活动（服务）是各种要素发挥作用的动力，为开展某项活动，馆员、用户在互动沟通的基础上，相互调动信息资源、技术和空间，活动（服务）决定这些要素流动的方向和效率。另一方面，活动（服务）的质量和形式受到各个要素的影响和制约，各个要素之间的协作和融合影响活动（服务）的策划和设计，决定活动（服务）的实施效果。

2.4.4 实施流程

IC^2 创新服务模式，倡导集体智慧和团队式服务，非常重视服务的整体规划和互动实施。在服务实施中，需要对用户的需求进行全面论证，充分调动馆员积极性，合理调配各种资源，制定详细、缜密的服务计划，确保所提供的服务真正符合用户需求。经过近几年的实践，逐渐形成了由两大阶段组成的 IC^2 创新服务模式的典型“5+2”实施流程，即：第一阶段的 5 步推进实施，再加上第二阶段的 2 步评估提升，如图 2-8 所示。

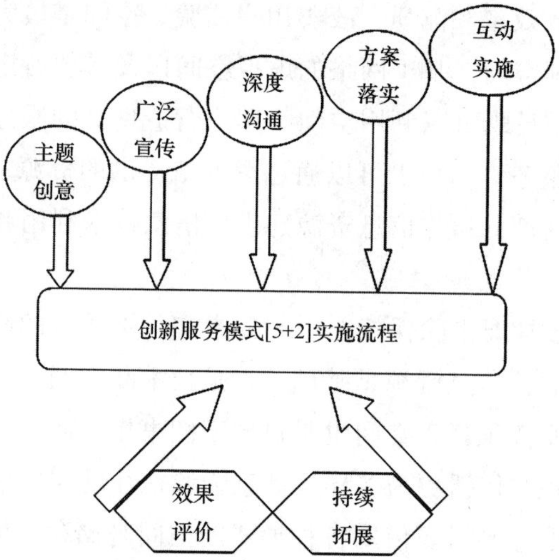

图 2-8 IC^2 创新服务模式的“5+2”实施流程

（1）推进实施阶段

这一阶段的重心是设计和推进有价值的服务。

1）主题创意

依据当前用户对服务需求的要点、背景和环境，选择一个好的服务主题是启动服务的关键。服务主题可以来自馆员、也可以源于读者，团队和集体智慧非常重要。有了初步的创意想法后，需要对主题进行初步的策划，涉及服务目标、内涵、主要内容、活动意义等系列规划准备。首先需要根据用户的需求，明确服务目标，对服务主题进行定位；之后，根据服务定位，凝练服务内涵，系统思考服务对用户和图书馆的意义和价值；在此基础上，根据服务内涵，确定服务的基本思路，包括可能涉及到的人员、合作方、资源、技术、空间等因素，并描绘出主要内容框架；最后，确认服务内容、服务需求、已有服务条件等，形成服务策划。策划必须紧密围绕服务主题，进行构思和规划。

2）广泛宣传

对于已经确定的主题创意，应该通过各种渠道进行广泛宣传，当然，也包括借助用户帮助宣传，让馆员、用户和相关职能部门充分知晓、并了解服务主题的特点。一方面，可以增强馆员的思想共识，另一方面，也可以判断创意是否合适，或者提升用户的参与兴趣，吸引各方面的关注。当然，广泛宣传的另外一主要目的，是可以了解和收集更多的对服务主题的建议和新创意。作为服务的主要策划者，图书馆需要广泛、经常收集各种建议和意见，了解服务实施中的问题，同时，积极与用户互动，关注用户对服务主题的态度和反馈，以便动态调整主题创意。

3）深度沟通

通常是在广泛宣传的基础上进行深度沟通，深度沟通也可以放在主题创意完成之后开展，旨在更加深入地了解主题创意是否符合需求和形势。若是放在广泛宣传之后，其重点是根据相关人员的反馈信息，进行主题创意的完善。这样的沟通通常会更加深入和具体，有利于进一步丰富主题创意的内涵，形成更多的服务共识，吸收更多服务资源，让主题创意更加具有价值、具有可操作性。如果是在创意之后、宣传之前进行深度沟通，则可以针对主题创意，有侧重地在小范围内与馆员或者用户进行沟通交流，了解创意的适用性和不足，以便尽快做出调整，再行广泛宣传。这样做可以增强宣传的效果。

4）方案落实

在前期宣传和沟通的基础上，对服务创意符合用户需求、是否有价值，大家已经有了广泛的共识。于是，制定详细的服务方案，以便于实施落实服务创意，就成为了关键的重要工作。制定系统、全面的服务实施方案，需要根据主题创意，有效吸收和融合馆员、用户的创意和想法。当然，还可以联合用户或相关机构，联合协作制定服务实施方案。好的方案需要涵盖服务目标、内容、形式等要点；应当明确参与组织、策划和实施的人员结构、数量，以及分工安排等事项；进一步，所制定的方案还应当考虑操作执行的可行性、难易程度和预期效果，以免造成方案思路不清、无法操作的问题。

5）互动实施

互动实施是同用户一起共同执行服务方案的过程，也是实际推动服务的关键一步。在实施服务的过程中，强调互动，是 IC^2 创新服务模式推进服务的代表性特色之一。所谓互动，就是充分调动用户的积极性，充分把握用户的需求和兴趣，吸引用户主动自愿地加入服务过程。用户既参与、享受服务，又为服务作贡献，而非图书馆的一厢情愿、自娱自乐。此外，基于互动交流，服务组织者可以动态地了解服务方案在执行过程中所产生的问题，以便及时调整、修正。总体上看，互动实施可以增强服务的灵活性，扩大服务参与度，提高服务的协同效果，确保顺利达成服务目标。

（2）评估提升阶段

这一阶段的重点就是对已经开展的服务进行评价，总结优缺点、经验和教训，为今后进一步提升服务品质、保障服务生态可持续发展，提供思想和思路。

1）效果评价

在按照一定的周期，对主题创意所形成的服务进行互动实施之后，还需要从服务宣传、方案内容的完成、人员的合作参与、时间进度的推进、各项资源利用、实践效果、服务持续、服务拓展、用户满意度等不同方面，对服务及其效果进行全面或者重点部分进行分析、总结和评价，了解和掌握服务中各项工作的实际执行和落实情况，了解服务所产生的实际效果，总结服务的典型经验，表彰优秀人员，发现存在的问题、不足和缺陷，为后续服务的开展提供借鉴和参考。在一定程度上，效果评价是对服务效果的检验和考核，同时，也是间接对服务开展的监督和跟进，有助于服务方案的落实、执行，保障在取得预期服务效果的基础上，进一步提升服务的内容、形式等，促进服务良性循环。

2）持续拓展

在完成每一项服务之后，或者在完成服务推进的关键阶段性节点任务之后，并对服务成效进行总结、评价的基础上，还必须要思考服务的不断深化和持续拓展问题，积累服务的实践经验，巩固那些优秀的、具有特色的、受欢迎的和成熟的服务成果，深化已有服务，确保服务的连续性；同时，详细分析服务取得成功的关键，服务失败或未引起共鸣的原因，保存精华、去其糟粕，对已有服务给出提升和改进建议，为创建新的服务提供思想基础；再则，通过用户参与的研讨交流活动，不断优化和改进服务，确定现有服务的延续性，寻求现有服务的扩展性，尤其是拓展有需求而未开展、有创新而未实施的服务内容，促进新型服务的发展。持续拓展，既是前期服务实施过程的连续，也是后续服务启动的指导，使服务如江河之水，生生不息，持续产生有影响力的服务。

参考文献

[1] Donald Beagle. Conceptualizing an information commons [J]. Journal of Academic Librarianship. 1999, 25 (2): 82-89.

[2] Nancy Kranich. Libraries and the information commons: a discussion paper [EB/OL]. (2003-12-03) [2007-08-23]. http: //www. ala. org/ala/washoff/oitp/icprins. pdf.

[3] 任树怀，孙桂香．信息共享空间在美国大学图书馆的发展与启示 [J]．大学图书馆学报，2006，24 (3)：24-27，32.

[4] Creth Sheila D., Charles B. Lowry. The information arcade: playground for the mind [J]. Journal of Academic Librarianship, 1994, 20 (1): 22-24.

[5] 任树怀，盛兴军．信息共享空间理论模型建构与动力机制研究 [J]．中国图书馆学报，2008，34 (4)：34-40.

[6] 任树怀，盛兴军．信息共享空间体系结构与实施策略 [J]．上海大学学报：社会科学版，2008，15 (5)：149-160.

[7] 约瑟夫·阿洛伊斯·熊彼特．经济发展理论 [M]．北京：商务印书馆，2000：18-22.

[8] Sawhney M, Prandelli E. Communities of creation [J] California Management Review, 2000, 42 (4): 24-54.

[9] 吴永忠，关士续．技术创新系统建构观［J］．自然辩证法通讯，2002，24（5）：32-39.

[10] 谢章澍，杨志蓉．创新共同体：企业全员创新模式的新探索［J］．科学学研究，2006，24（5）：775-779.

[11] 苏宁，屠启宇．构建创新共同体协同创新谋发展——美国建设创新共同体应对危机［J］．华东科技，2013（2）：70-73.

[12] 邓智团．区域创新范式的社会形塑——以欧洲“知识创新社区”的建立为例［J］．科学学研究，2009，28（8）：1238-1245，1270.

[13] Von Hippel，E. Innovation by user communities：Learning from open-source software［J］. MIT Sloan Management Review，2001，42（4）：82-86.

[14] 谢晓丹．IC² 推动大服务——访上海交通大学图书馆馆长陈进［J］．中国教育网络，2010（1）：16-18.

[15] 郭晶，陈进．IC²：一种全新的大学图书馆服务模式［J］．图书情报工作，2008，52（8）：115-118.

[16] 吴建中．转型与超越——无所不在的图书馆［M］．上海：上海大学出版社，2012：29.

[17] 王春梅．IC² 服务范式的阐述与评析［J］．现代情报，2012，32（2）：61-63.

[18] 刘盈盈．以信息共享空间为主题的研讨会议文献综述［J］．图书馆杂志，2009，28（10）：29-30，37.

[19] Freemana G T. The Library as place：Changes in learning patterns，collections，technology and use［EB/OL］.［2007-10-09］. http：//www. clir. org/pubs/reports/pub129/freeman. html.

[20] 肖永英．国外社区信息服务理论与实践发展的几个新特点［J］．图书馆论坛，2005（6）：227-230.

[21] Wastawy S F，Uth C W. Stewart C. Learning communities：An investigative study into their impact on library services［J］. Science& Technology Libraries，2004，24（3/4）：327-370.

[22] 吴建中．转型与超越——无所不在的图书馆［M］．上海：上海大学出版社，2012：3-5.

[23] 于良芝．图书馆学导论［M］．北京：科学出版社，2003：204.

[24] 郭晶，陈进．创新型大学图书馆的变革思路与建设实践［J］．图书馆，2008（5）：25-27.

[25] 郭晶，陈进 . IC^2 演绎大学图书馆之美［J］. 中国教育网络，2010（1）：22-23.

[26] 王建萍 . 论图书馆品牌文化与图书馆竞争力［J］. 图书馆学刊，2003（4）：11.

[27] MEL：Mobile Electronic Library［EB/OL］.［2010-01-03］. http：//www. beau. lib. la. us/mel.

[28] Idea Stores［EB/OL］.［2010-02-13］. http：//www. ideastore. co. uk.

[29] 杨莉，兰小媛，陈进 . 大学图书馆品牌经营与推广渠道——以上海交通大学图书馆 IC^2 新型服务品牌实践为例［J］. 图书馆建设，2011（3）：99-102.

[30] 陈幼华，陈进，郝雁 . 高校图书馆文化服务活动实施模式研究——以上海交通大学图书馆为例［J］. 大学图书馆学报，2013（2）：35-41.

[31] 郭晶 . 图书馆学科化服务研究与进展［M］. 上海：上海交通大学出版社，2013：179.

[32] IC^2 创新支持计划［EB/OL］.［2014-08-13］. http：//www. lib. sjtu. edu. cn.

[33] IC^2 人文拓展计划［EB/OL］.［2014-08-13］. http：//www. lib. sjtu. edu. cn.

[34] 鲜悦［EB/OL］.［2014-08-13］. http：//www. lib. sjtu. edu. cn.

[35] 徐璟 . Living Library：高校图书馆学科化知识服务的创新点——以上海交通大学图书馆为例［J］. 图书情报工作，2010，54（1）：58-61.

[36] 付佳佳，黄敏 . 图书馆 IC^2 创新支持服务的有效拓展——上海交通大学“创新交流社区”的建设实践［J］. 图书馆杂志，2013（9）：69-72.

[37] 郭晶，黄敏，陈进等 . 上海交通大学图书馆学科服务创新的特色［J］. 图书馆杂志，2010，29（4）：32-34，49.

[38] 陈进 . IC^2 创新服务［J］. 中国教育网络，2011（10）：85.

第三章　资源建设“三一原则”

资源是大学图书馆开展各项服务的基础，因此，资源建设的好坏，资源是否能满足教学、科研、人才培养和学科建设的需求，是否能独树一帜、形成特色，就成为了大学图书馆支持服务的一项关键的重要工作。过去的一段时间，尽管大学图书馆一直在积极努力、而且认真负责地建设资源，丰富馆藏，也在寻找机会同用户进行沟通，了解资源需求情况，但是，资源建设体系相对比较封闭，观念较为陈旧，实际上是图书馆的馆藏专家在担当资源建设的主角，导致资源与用户需求之间的矛盾日益突出，基本上无法满足高校教、学、研各项活动的要求。为了解决这一突出矛盾，上海交通大学图书馆在创建泛学科化服务体系的过程中，提出了资源建设的“三一原则”。一改过去图书馆独自决策的传统，将采购文献信息资源的权限一分为三，由用户(院系师生)、学科馆员和采访馆员三方协同分担责任，合力共同完成资源建设任务，并且，希望不断完善，逐步达到“院系师生说了算，学科馆员定基调”的目标。

本章将聚焦资源建设的三一原则，分别从基本定义、实施框架和具体操作方法等不同方面，详细论证和分析这一全新资源建设原则的核心思想和实践方法。

3.1　基本定义

资源建设的“三一原则”是泛学科化服务体系的重要组成部分，对于突破传统和常规，在当前快速发展的新信息时代，以全新的思路开展文献信息资源建设，以便更好地满足用户需求，具有较好的指导意义和实践价值。

3.1.1 资源建设模式

大学图书馆的主要职能，就是支持学校的教学、科研和人才培养工作，因此，大学图书馆的资源建设必须瞄准学校的整体发展战略目标，全面而有特色地满足教、学、研各方面的需求。为了做到这一点，大学图书馆在资源建设的过程中，形成了一些典型的资源建设模式。

（1）传统模式

传统的资源建设模式，基本上都是由图书馆内部的资源建设部门（例如：采访部）担当主要职责，并完成几乎所有文献信息资源的购置。再加上过去以图书馆为核心的管理机制的因素，图书馆和用户之间，在资源满足度上面存在较大的矛盾。

随着时间的推移，国外大学图书馆较早起步、并逐步推行了学科馆员制度，其核心内容之一，就是改变大学图书馆资源建设，特别是学科资源建设的模式。图书馆资源建设更多地采取了“学科馆员为主，院系专家（用户）为辅”的方式，甚至“对学科馆员来说，学科馆藏的建设是其最为基本的职责，学科馆员花在选书和馆藏开发方面的时间可占其全部工作的25%~50%”[1]。

而即便是今天，我国的大学图书馆，由于管理体制、馆员队伍素质、经费规模等因素的制约，服务观念未能及时更新，学科馆员制度尚无法真正普及，除极少数大学图书馆在用户主导或学科馆员主导资源建设方面取得一些成功经验之外，大部分图书馆所采用的，仍然是以图书馆的采访馆员为主导的资源建设模式。

总结起来，传统的资源建设模式主要有以下三种：

1）采访馆员主导的资源建设模式。这种模式要求采访馆员具备多元化学科知识结构，时刻关注和研究出版动态，收集和分析用户需求，从而可以根据文献所蕴含的知识内容来进行资源选择，并作出采购决策。

2）采访馆员与院系专家（用户）合作的资源建设模式。在没有学科馆员制度或者学科馆员制度不够完善的大学图书馆，常常采用这种模式来进行外文信息资源或是价格较高的信息资源的采选。在这种模式下，一般由院系专家（用户）来完成资源的初始选择，然后再由采访馆员进行查重、合并、类比推荐等基础性工作，并最终作出采购决策。

3）学科馆员主导的资源建设模式。这种模式下，学科馆员负责收集和分析用户需求，然后根据相关院系及其学科的专业设置、科研动向以及馆藏资源配置等综合情况，进行资源选择，并作出采购决策。在整个过程的最后阶段，采访馆员仍然会参与订单发送、联络、协调和催询等事务性工作。

资源建设的传统模式在学科资源需求日益强烈、学科发展不断深入、学科交叉越来越广泛的背景下，呈现出如下局限性：

1）馆员学科背景的局限性与资源采选工作的学科多样性之间的矛盾

由采访馆员主导的资源建设模式，对其自身的素质和知识结构均有较高要求。随着学科专业化分工越来越细，学科蕴含的知识量越来越大，新学科和交叉学科的不断涌现，文献信息资源所涉及内容不断综合化和专深化，这无疑给采访馆员带来了全新的挑战。采访馆员面对各种学科的文献信息资源时，自身学科背景的局限性与采选工作的学科多样性之间的矛盾明显暴露出来。此外，随着出版业的蓬勃发展，文献信息资源出版形式的日益多样化，用户对文献信息资源需求也更加多变和复杂，而这些都要求采访馆员能够投入更多的时间去研究出版动态和用户需求，然而，采访馆员又不得不埋首于繁重的选书、发订等日常事务工作中，无暇兼顾相关信息的收集。长此以往，势必影响馆藏资源建设的质量，难以保障符合用户需求的资源，最终导致馆藏资源失去用户信任、失去自身特色。

2）院系专家选择资源的偏向性和馆藏资源系统性发展之间的矛盾

在采访馆员与院系专家（用户）合作的资源建设模式下，由于院系专家既了解本学科领域的整体发展态势，又熟悉本专业教学或科研的实际需要，因此，将学科文献信息资源的选择权交给院系专家（用户），有助于确保所购置资源的准确性，提高资源的利用率，进而提升馆藏资源的用户需求满足率和满意度。但是，院系专家（用户）并未受过专业训练，通常在出版和书目组织方面并不具备优势，而且又不太可能邀请到所有的院系专家（用户）参与，因此，在选择学科信息资源时，院系专家（用户）一般只专注于所熟悉的某一个专业领域的学科信息资源，因而，所形成的资源选择结果很难全面覆盖学校的各个学科，最终导致馆藏资源会缺乏系统性和协调性发展。

3）学科馆员专业知识的更新与学科快速发展之间的协调

在学科馆员主导的资源建设模式下，主要是由学科馆员参与制定图书馆文献信息资源建设的发展规划，并具体负责相关学科领域的信息资源建设。这对于提高大学图书馆资源建设的实用性、系统性可以起到积极的作用。但是，学科馆员取代院系专家和采访馆员来选择资源，是否能够反映用户的真实需求，完全取决于学科馆员的敬业素质、专业知识水平和整合能力，不易控制。事实上，学科馆员是否能不断跟踪学科专业的动态发展，是否能跟上学科快速发展的步伐，以及对学科领域信息资源和馆藏资源的熟识程度，都会影响到馆藏资源建设的特色化与协调性。

与此同时，行业内的相关研究报告和使用数据显示，通过传统的资源建设模式订购的资源，普遍存在着资源的利用率和经费投入产出比偏低的情况。有研究报告指出，许多大学图书馆采用传统模式订购的纸质图书的流通率一般在60%左右，甚至低至50%。研究还表明，纸质图书和整库打包订购的电子图书的流通率都在缓慢地下降，而基于用户实际需求订购的图书的流通率，无论是纸质图书或是电子图书，通常比通过传统模式订购的图书的流通率更高[2]。另一方面，随着现代出版业的高速发展，学术资源的数量迅速增长，资源的种类和载体形式不断丰富。相比之下，大学图书馆的资源建设经费越来越捉襟见肘。如何通过资源建设模式的创新，最大限度地满足用户需求，全方位地保障资源建设对学校教学科研支撑作用的有效发挥，成为国内外高校图书馆探索和研究的热点。

（2）新型模式

正是在这样的背景下，需求驱动（Demand-Driven Acquisition，简称为DDA）或者用户驱动（也称为读者决策采购，Patron-Driven Acquisition，简称为PDA）的资源建设模式，作为一种新兴的图书资源建设模式，近年来在世界各地的大学与专业图书馆得到快速发展。

DDA是指根据读者的实际需求与使用情况来选择资源，由图书馆统一付费购买的一种新兴的资源建设模式。一般来说，DDA模式的主要流程为：首先由图书馆与出版社或资源集成商确定符合本馆馆藏发展政策的预设文档

(Profile)，然后由出版社或资源集成商提供符合预设文档要求的图书 MARC 记录，图书馆把 MARC 记录导入图书馆馆藏目录，用户通过图书馆馆藏目录查到书目记录后，或者点击链接直接阅读电子书，或者要求提供印刷本，由图书馆统一付费购买[3]。

按所采购文献信息资源的载体类型，DDA 可以分为三种：纸本图书的 DDA、电子书的 DDA、纸本书与电子书整合的 DDA[1]。就电子图书的 DDA 来说，根据采购图书的触发条件和采购类型的不同，又可以分为两种：一是分级付费的 DDA。根据用户阅读电子书的时间长短，以及是否永久拥有来确定某一本电子书的实际订购费用；一是基于使用统计数据的 DDA，也称为数据驱动采购（Data Driven Acquisition）。在该模式下，图书馆预先同意支付一定的最低费用，就可以在某一段时间之内访问其平台上所有的电子图书，到期后，根据这段时间的点击和浏览量，来确定最终采购的电子书，作为拥有永久使用权的资源加入到图书馆馆藏中。比如：Wiley 和 Palgrave 等出版商推出的“循证采购（Evidence-based Collections）”，就属于这一类型。

在实际推行中，纸本图书的 DDA 模式主要有以下几种常见的做法[2]：

1）基于馆际互借请求的 DDA

这种方式是指当用户提出的馆际互借请求时，如果被请求的图书符合图书馆预设的一系列条件，则采购相应的图书，而不是通过馆际互借的方式来满足用户需求。比如，普渡大学图书馆从 2000 年起，就施行了对于馆际互借请求中近 3~5 年内出版的、150 美元以内的、非小说类英语书籍直接采购的政策。

2）与网上书店合作的 DDA

这种方式是指当用户在网上书店购买图书时，系统自动对用户的身份进行识别，如果用户是与该网上书店有 DDA 协议的图书馆的用户，且所购买的图书符合图书馆预设的一系列条件，网上书店系统将逐步提示用户，使其提出购买请求，由图书馆买单。所订购的图书会寄送到用户指定的地址，供推荐该书的用户优先使用，而图书馆则根据网上书店的通知，更新书目记录、馆藏和用户借阅信息。

3）与馆配书商合作的 DDA

这种方式是指馆配书商将其书目数据导入馆藏目录系统，当读者在馆藏目录系统中检索到的图书馆实际并未订购的图书时，如果该图书符合图书馆预设的一系列条件，就予以采购。

据 Publishers Communication Group 于 2010 年 3 月对美国 250 家高校图书馆的调查，32 家已经采用 DDA 模式，42 家计划 1 年内采用，另有 90 家计划在 3 年内采用，在 74 家已经或计划一年内采用的图书馆中，有 75%为研究型大学。根据这项调查，在已经采用 DDA 模式进行资源建设的图书馆之中，88%对这种模式的效果满意或十分满意，只有 3%表示实际效果不如预期[4]。而到了 2012 年，一项针对 339 家美国高校图书馆（包括研究型大学、4 年制和 2 年制高校）的名为“Survey of Ebook Usage in U. S. Academic Libraries”的调研结果显示，31%的调研对象（105 家高校图书馆）已经采用了 DDA 模式进行资源建设[5]。

鉴于 DDA 的快速发展，2014 年，美国国家信息标准协会（National Information Standards Organization，简称为 NISO）推出了一组 DDA 应用指南。虽然这些标准主要面向电子书 DDA，但是，它们也同样适用于纸本图书 DDA。

DDA 模式在美国高校图书馆界得到迅速推广应用的原因在于：采用 DDA 模式之后，图书馆所订购的资源都是用户实际使用过的资源，这样自然就降低了零利用率馆藏资源的比例，资源购置经费的投入产出比得到保障。更为重要的是，用户可以直接快速地获取所需资源，保障了用户需求即时得到满足，并且可以依据用户的实际需求有效拓展资源覆盖范围，特别有助于新兴学科领域的资源建设。除此之外，学科馆员还能够真正了解到用户的实际需求，提高学科馆员选择资源的效率和精准性，进而提升用户满意度。在资源建设经费有限的情况下，采用了 DDA 模式可以在一定程度上提高资源的利用率。但是，DDA 模式属于一种用户自主的模式，主要特点是满足用户对资源的现实需求，因此，很难保证全面兼顾馆藏资源的前瞻性和系统性建设，久而久之，便可能丧失一所大学图书馆的馆藏特色。

3.1.2　“三一原则”的定义

多年来，大学图书馆一直在努力探索一种全新的文献资源建设模式，这种模式既能更加契合用户需求、确保提升资源利用率、使有限的经费发挥更大的作用，同时又能维持馆藏资源结构协调、系统地发展。正是基于这种思考，也是在当前时代的学术环境的驱动下，上海交通大学图书馆提出了资源建设的“三一原则”。“三一原则”吸收了PDA模式以用户的实际需求来选择资源的理念，同时引入多方协同工作的机制，有利于充分发挥学科馆员熟悉学科需求和采访馆员擅长书目组织的专业优势。

“三一原则”中的“三”是指将资源建设的权限划分成三大部分，分别交给用户（院系师生）、学科馆员、采访馆员，而“一”则代表学校资源建设委员会（通常由院系主管副院长为代表）和图书馆馆务会（党政联席会议）所组成的资源建设领导小组，如图3-1所示。所谓“三一原则”是指，在资源建设的全过程中，以用户需求驱动（Demand-Driven）为核心，在资源建设领导小组的指导下，用户（院系师生）、学科馆员和采访馆员多方协同，共同构建能够有效支撑教学、科研、人才培养和学科发展的优质文献信息资源保障体系。最终，“三”和“一”有机结合，构成一个完整的全新资源建设模式。

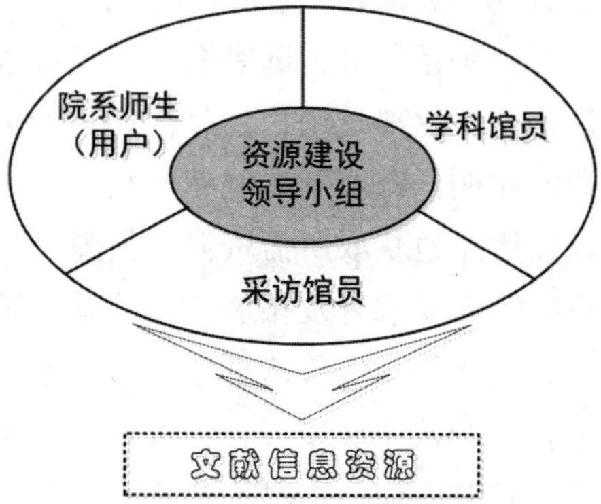

图3-1 三一原则的控制方组成示意图

“三一原则”的最终外在表现形式是，买什么资料由“院系师生说了算”，而具体操作则由“学科馆员定基调”。其实际运行和实施规则包含两大方面。其一，面上资源建设，重点体现“三”的协同合作。充分发挥各方面的特长和作用，以用户（院系师生）为主体，首先提出资源需求，也可以在学科馆员和采访馆员的组织下提出资源需求建议；学科馆员负责对用户的需求进行梳理、分析、查重、汇总、合并同类项，对于无法购置的资源或者因为经费不足不能采购的资源，学科馆员还要负责推荐类似资源、或者向用户做好沟通解释工作；由采访馆员负责整体汇总、查重，从图书馆馆藏结构整体布局的角度进行优化整合，补充部分保持结构性馆藏的资源，最后完成订购、协调、催询等工作。其二，特殊资源或高价资源建设，重点突出“一”的作用。针对一些学科覆盖面相对较窄、但是又较昂贵的资源，例如历史类专题数据库，根据用户（院系师生）建议，或者学科馆员、采访馆员的提议，由资源建设领导小组进行综合决策。其根本目标是，要确保最大限度地将有限的资源建设经费用到最合适的需求上面。

“三一原则”的核心内涵体现为用户（院系师生）需求驱动、多方协同和集体智慧三大特点。

(1) 需求驱动

需求驱动，就是把用户（院系师生）的需求作为资源建设的原动力。“三一原则”将用户需求放在最为重要的位置，而且倡导和鼓励用户直接参与资源建设，因为只有这样，大学图书馆才能真正有效地构建起满足学校教学、科研、人才培养和学科建设等各项活动需要的文献信息资源，才能建立起有特色的馆藏资源体系，让大学图书馆切实担当起信息中心的作用。

用户需求主要包括：

■　一般学习、教学和科研等常规需求；

■　重大科研课题、精品课程教学等现实需求；

■　重点学科保障、新兴学科扶持等支持学科发展的潜在需求；

■　交叉学科发展的特殊需求；

■　创新活动、竞赛活动等灵活多样的个性化、时效性需求。

(2) 多方协同

正是由于突破了传统各自为营、而创新形成的多方协同参与的资源建设模式，所以多方协同成为了“三一原则”的重要特色。在“三一原则”的框架下，协同可以是多方面的，包括：用户（院系师生）、学科馆员和采访馆员的协同；图书馆与院系、学校职能机构之间的协同；图书馆内部各部门之间的协同。扩展开来，这种协同内涵丰富，形式多样。一方面，借助理念创新、机构保障和业务流程优化，实现学科馆员、采访馆员和用户（院系师生）的协作配合，将资源建设的主体由图书馆一方主导，拓展为以用户为核心的多方协同，共同围绕资源建设的目标齐心协力，从而产生 1+1+1>3 的协同效应。另一方面，图书馆通过机制创新，实现图书馆与院系的协作和资源共建共享，包括：建立国际会议论文集呈缴制度，针对院系的资源按比例配套建设机制等。此外，始终保持图书馆内部各部门之间的协同、保持图书馆与各院系和学校职能机构的协调，也是实现整体和局部兼顾、构建高品质资源的重要保障。

（3）集体智慧

"三一原则"吸收了 Web 2.0 和 Lib 2.0 的思想，融合用户（院系师生）和馆员的不同特点，充分发挥各方面的优势，取长补短，凝聚不同人群、不同专业的智慧和经验。因而，集体智慧也是"三一原则"的基本内涵之一。对于大学图书馆来说，用户（院系师生）不仅仅是信息资源的被动接收者，更是信息资源的贡献者和分享者，因此，除了受过专业训练的馆员的智慧和经验之外，用户的智慧在资源建设中也有不可或缺的作用。图书馆通过融入智慧和经验搭建专业技术平台，建立方便、快捷、畅通的用户需求感知渠道，让用户在利用图书馆资源的过程中，自觉嵌入资源建设的相关过程，提供建议，贡献智慧。最终让大学图书馆的资源建设变成是集体智慧的结晶。

3.1.3 要素剖析

"三一原则"包含核心、保障、基础、关键和支撑等五大要素，每个组成要素之间彼此作用和相互影响，协同完成资源建设的任务，如图 3-2 所示。

（1）核心要素：用户

用户（院系师生）是资源终端使用者，自然就成为资源建设的驱动力，因此，作为"三一原则"的核心要素。在资源购置经费有限的情况下，往往需要在某一位用户或某一个用户群体的现实需求和所有用户的整体需求之间加以平衡和取舍，亦或需要在用户使用满足率与特色馆藏体系建设之间进行权衡。因此，注意在用户和学科馆员、采访馆员之间建立良好的协同关系和

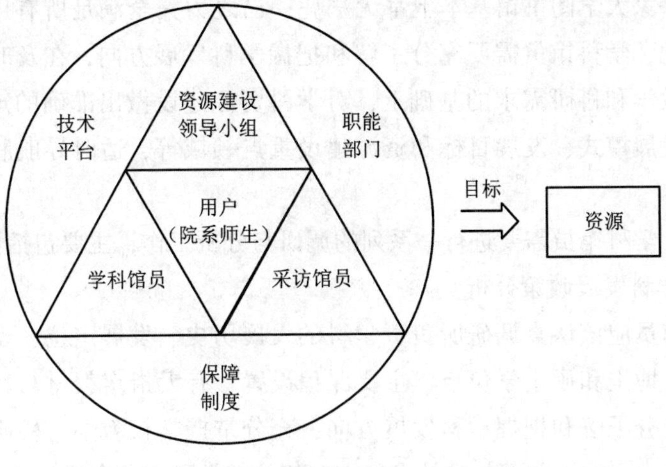

图 3-2　三一原则中各组成要素的关系

有效的沟通机制，充分反映各方面的长处，具有极为重要的作用。通过密切的正向反馈和逆向影响，不断实现图书馆满足各种需求的综合平衡。

用户和各个支撑要素之间也存着在密切的双向关联。一方面，用户既是技术平台的使用者，又是参与制度实施的主要群体；另一方面，用户在使用技术平台和参与制度实施的过程中，通过与（学科、采访、技术）馆员的互动交流，为促进图书馆提高服务质量、优化和完善技术平台和制度等贡献其知识和智慧。

（2）保障要素：学科馆员

学科馆员具有熟悉学科以及熟悉学科所需资源的优势，包括对本学科的整体把握和调控，明确普通常规、重点保障和新兴扶持等各类学科资源的建设定位，通过积极联络用户，并分析和判断用户所提出的需求，稳步推进落实，从而保障“三一原则”所倡导的资源建设模式的顺利推行。学科馆员在资源建设中的角色可以概括为：需求驱动的导航者、资源建设的协调者、知识重组的主导者、学科资源的评价者。

1）需求驱动的导航者

由于学科的不断细化和出版市场的繁荣兴旺，每年出版的学术类图书的数量不断增加，而与此相矛盾的是大学图书馆资源建设经费的相对紧缩。于是，任何一家大学图书馆基本上都无法凭一己之力完全满足所有用户的所有需求。因此，学科馆员需要充分了解和把握学科发展方向，在及时收集相关学科关于教学和科研需求的基础上，对学科资源建设做出准确的定位，提出学科资源发展模式、发展目标和资源建设重点领域等，适时导航和适度调控用户需求。

为此，学科馆员需要进行一系列的调研与分析工作，主要包括：

（a）学科发展政策分析

学科馆员应该认真调研所负责学科的发展历史、发展定位、现有专业方向与特点、博士和硕士学位点、主要课程设置、有无指定教材与教参信息等等，做到充分了解和把握学科发展方向，充分掌握学校教学、科研对文献信息资源的需求，重点收藏与学校发展方向相关的学科主题资源。

（b）用户需求偏好分析

学科馆员应该深入院系，了解跟踪学科带头人、骨干教师以及研究生、本科生等的最新的文献需求，根据学科发展动态和趋势以及配合教学科研的开展，有针对性收集和整理所需的采购资源信息，从而，对学科用户群的使用偏好了如指掌，比如该学科用户是否习惯或依赖电子或印刷资源，对期刊、工具书、视频资源、特种文献是否有迫切需求等等。

（c）学科馆藏资源现状分析

学科馆员应全面调研所负责学科的各种类型资源，包括电子图书、电子期刊及纸本期刊、其他载体资源、中外文比例等，了解本学科领域的开放获取、灰色文献等非传统出版资源的状况。

2）资源建设的协调者

大学图书馆既要发挥其传承文明、弘扬大学精神、文化育人和辅助创新的职能，又要尽全力让资源建设经费效益最大化，充分满足用户对文献信息资源的需求。因此，学科馆员需要兼顾资源建设的原则性与灵活性，对用户的资源需求进行分析、整合、合并和聚类，协调相关学科资源，为最终采购资源提供决策参考。

3）知识重组的主导者

面对浩如烟海的各种资源，如何甄选出适合自己的那一部分有效资源，已经成为大多数用户所面临的一个难题。而知识重组则是解决这一难题的有效手段之一。

学科馆员由于接受过专业训练，并长期保持着同院系的联络和沟通，对院系用户的需求比较了解，熟悉相关检索工具和网络资源，熟悉学科资源及工具的使用和更新情况，具有信息素养教育的经验。学科馆员完全有资格作为主导者对学科资源进行知识重组与揭示，让经知识重组后的资源符合院系师生的需求。

4）资源利用的评价者

学科资源评价是图书馆资源建设中不可或缺的一个重要环节。学科馆员需要同采访馆员、技术馆员等其他部门的同事合作，定期采用定性和定量相结合的方法，客观评价学科资源的利用状况，并及时将评价结果通知图书馆和相关院系，同时为下一年度的学科资源建设提供参考，确保资源建设保持良性循环状态。

（3）基础要素：采访馆员

采访馆员具备书目组织、熟悉出版动态、负责联络协调出版机构或资源服务商等方面的专业优势，同时，作为资源建设的具体执行者，还需要负责对资源建设和馆藏结构进行宏观调控，在保障读者需求的前提下，兼顾馆藏的延续性、完整性、协调性。比如：注意馆藏资源合理的学科结构、类型结构、等级结构、文种结构、复本结构，做好印刷型文献和电子文献的协调采购，保障学校重点学科建设的文献信息资源，对新设学科的文献信息资源建设作适度倾斜等。所以，采访馆员在图书馆的资源建设中起到基础性保障的作用。在“三一原则”中，采访馆员是基础要素，其主要职责包括：

1）组织书目信息

书目信息是图书馆资源建设的第一手资料，其质量好坏直接影响到资源建设的整体品质，乃至后续服务效果，因此，组织好书目信息具有重要价值。采访馆员要密切关注出版信息和书评信息，了解和分析出版发行动态，全面准确地收集面向学校的、针对性的书目信息，既要避免遗漏有价值的书目信息，又要尽量减少重复性的筛选工作，提高工作效率。

2）协调经费使用

采访馆员是图书馆中、甚至是整个资源建设体系当中，最熟悉资源经费分配和布局的专业人员，对资源经费的走向具有较高的建议话语权和部分直接调控权。因此，通常需要由采访馆员来制订资源建设经费的宏观预算，判断各学科的经费分配比例、各种类型的资源经费分配比例、以及特色和常规资源的经费分配比例是否合理，并酌情动态调整不合理的部分。另一方面，采访馆员还需要根据馆际互借、文献传递需求以及高流通率资源需求等规划好配套经费。

3）执行资源采购

购置资源是一项既简单又复杂的工作，当然也是一项细致的工作。采访馆员需要依据馆藏结构对拟采购的资源需求清单进行馆藏查重，然后向书商或者出版社发出订单，并定期跟踪直到确认购置成功。一般而言，对于期刊和电子类资源，在用户和学科馆员选定资源的基础上，采访馆员还需要定期根据馆藏发展政策、学科发展及变化、经费预算和资源的实际使用情况等，进行动态调整，确定新订、续订和停订的资源品种，然后进入定期跟踪订单的执行情况状态，对逾期未到的资源进行催询，而对于无法完成的订单，则需要及时从系统中删除。接下来，就是查对验收、多发错发退货、结算付款、报销入库等事务性工作。此外，采访馆员还要定期对服务商的服务水平、到货周期和到货率进行统计评估，以利于不断提高资源采购的效率和质量，保障稳定有效的信息资源建设。

（4）关键要素：资源建设领导小组

在“三一原则”的框架下，资源建设领导小组是图书馆资源建设的指导和决策组织，肩负战略定位、整体布局、宏观调控和关键决策的重任，属于掌控大学图书馆资源建设总体发展方向的关键要素，其主要职责是：

1）制定馆藏战略和政策

资源建设领导小组负责指导、组织图书馆资源建设的总体工作，根据学校的专业设置、学科分布及长期发展规划，制定图书馆资源建设的近期和远景目标，确定大学图书馆的资源建设发展战略，组织制定相应的馆藏发展政策、资源建设的中长期规划，为图书馆馆藏的维护和发展提供政策框架，整体上确保馆藏结构的协调性和系统性，最终，使馆藏发展为学校的教学、科研发展的整体目标服务。

2）确定经费预算与分配

资源建设领导小组负责资源建设经费的事前控制、过程控制和事后控制。其中，事前控制是根据图书馆馆藏发展政策的指导原则和目标，确定资源建设经费的预算与分配方案；而过程控制则是根据预算和分配方案，监控和管理日常的资源采购活动的实施，定期进行检查，并根据进展情况对偏离计划和目标的情况进行调整；事后控制主要是对上一阶段的资源建设经费的执行情况进行综合评估，提出意见和建议，并对下一年度经费预算和计划进行审核。

3）协调机制和制度

资源建设领导小组需要不断完善图书馆的内部管理制度，优化交流、沟通机制，在学科馆员、采访馆员以及图书馆其他部门之间建立交互渠道，在图书馆与院系、职能部门之间建立有序的协调联络机制，确保资源建设经费发挥最大效益。

4）关键决策

资源建设领导小组不仅要负责审核文献信息资源采购前的评价和各类资源使用之后的评估等内容，还要对关键的、昂贵的资源采购进行评定和决策，从整体上确保馆藏结构的协调性和系统性。

（5）支撑要素：技术平台、制度保障、职能机构等

技术平台、制度保障、职能机构等共同构成了“三一原则”的支撑要素。它们与用户（院系师生）之间存在着必然的双向联系。例如，用户可以借助资源推荐和采选等技术平台自主提交需求；一旦需求得到满足，用户从中受益，其主动性和参与性便会得到提升。各个支撑要素之间也是互相联系的，职能机构为技术平台和制度的推行提供政策、场地、设施甚至人员方面的支持，技术平台为制度的实施提供支撑。

3.2　实施框架

制定科学合理的实施框架，可以保证在具体实施推行“三一原则”时，

有效实现规范、协调和有序地按照预期目标落实资源建设。

3.2.1 基本思想

为充分体现“三一原则”的核心思想，在规划和设计实施框架时，重点包含三个方面的内容：① 顺畅的沟通渠道；② 灵活多样的操作方法；③ 制度保障。

(1) 顺畅的沟通渠道

建立顺畅的联系机制和渠道，有效地将图书馆馆员与用户（院系师生）连接起来，是大学图书馆完成高品质服务的最重要的基础之一，对于提高图书馆的服务感受度和服务质量具有举足轻重的作用。在“三一原则”的实施过程中，图书馆与用户之间的交流沟通主要包括：甄选资源的三方沟通、落实资源的馆员间沟通、以及针对个性化需求的特殊沟通。

1) 甄选资源的三方沟通

在传统的资源建设体系中，图书馆较多地以资源建设专家身份自居，不太花精力同用户的直接沟通，反过来，用户缺少向图书馆反馈资源需求的渠道，同时也缺少整体了解图书馆文献资源状况的有效途径，资源需求或是不能得到有效满足，或是即使有资源也不知道。为了克服这样的弊端，“三一原则”强调用户（院系师生）、学科馆员和采访馆员三方协同联动，围绕用户需求，充分发挥各自的优势，以三方反复沟通的外在表现形式，完成资源甄选。具体的三方沟通包括，用户通过各种渠道提出对文献资源的需求，学科馆员通过馆内服务、深入院系拜访用户或网络联络等方式收集汇总相关需求，然后将需求提交给采访馆员，并负责进行解释、沟通；也可以是，组织学科、采访甚至技术馆员与院系师生共同参加的专题资源建设座谈会，一方面图书馆通过宣介，让用户有机会了解所关心资源的宏观态势和整体状况，便于筛选，同时也能够激发用户充分表达对学科资源建设的建议和需求；而在用户需求无法满足的时候，三方还可以通过沟通，共同寻找可替代资源。实践证明，专题资源建设座谈会是用户充分发表意见和建议，贡献并分享智慧，形成良好的三方沟通的重要方式[6]。

2）落实资源的馆员间沟通

图书馆作为一个整体，各部门分工合作，完成从资源购置，到提供阅览、参考咨询服务，再到开展学科服务和情报分析服务，等等一系列的工作。在这些工作中，尽管有合作交流，但相对而言，更多的是馆员各司其职，按部就班完成任务，而缺乏必要的过程沟通。造成不同部门的馆员对整体业务工作流程的互动关系掌握不够准，导致交叉环节衔接偏差、对接不畅等问题。

实施“三一原则”进行资源建设的过程中，至少学科馆员同采访馆员之间就必须保持顺畅的、经常性的沟通，此外，随着荐书系统、第三方平台等不断发展，同技术馆员、以及其他馆员之间的沟通也越来越多。例如，关于确定图书采购清单，采访馆员首先组织好书目信息，然后分类推送给学科馆员，接下来学科馆员负责与用户（院系师生）联系，最后再由学科馆员将用户挑选的、或者在荐书系统中选定的书单信息，经汇总、整合后提交给采访馆员。这一过程中，馆员之间有效的、经常的、顺畅的沟通，将会有效提高购置效率，确保图书资源的质量。

3）针对个性化需求的特殊沟通

用户的个性化需求是长期以来一直存在的现象，而能够有效地满足各种不同的个性化需求，则是当今时代大学图书馆的一大特点。个性化需求十分复杂，图书馆员往往需要通过适当的沟通，才能够真正准确地了解用户的个性化需求。有人认为，研究用户的个性化需求能够促使馆员站在用户的立场去思考问题，并且能在服务的过程中尽量满足用户个性化需求，促进图书馆人性化服务的开展[7]。

在“三一原则”的实施过程中，特殊沟通主要包括：面对面拜访教授，学科主题书展。

学科馆员或学科馆员联合采访馆员走进院系、拜访教授，了解其对学科发展的思路和设想，亦或了解其对特别感兴趣的资源的需求，就是一种有针对性的特殊沟通。通常，院系教授、尤其是重要创新团队的负责人或者重大项目的首席科学家，其主要精力都放在思考学术和学科发展，很少有时间亲自到图书馆来。而这一类人群都具有很高的学术造诣，既十分有代表性，又对资源需求有着精确见解，他们的意见和建议对于指导其他学者选择和利用资源也很有帮助。为此，图书馆员采取主动走出去的形式，进入院系，进入实验室，面对面地同教授们沟通，了解个性化需求，可以事半功倍和双赢的效果。

走进院系，举办针对性的主题书展、尤其是外文原版图书及港台图书展览，是特殊沟通的另一个典型案例。书展是让用户直接接触、了解图书内涵，并完成图书类资源购置的好方法。但是，大学图书馆以往一般都是在图书馆内举办书展，结果是用户的知晓度较低，导致这一模式的实际效果并不太理想。为了充分发挥用户的能动性，更加贴近需求，作为“三一原则”的一种服务和沟通方式，图书馆员与图书出版商或服务商通力合作，首先让外文原版图书及港台图书展览在院系落地，同时，配合以多渠道的大力宣传、以及学科馆员的登门拜访推荐，很好地提升了用户参与资源建设积极性，赢得用户欢迎。另一方面，书展过程当中，用户所选中的图书将被立即安排进入加工环节，确保所选图书最短时间与用户见面。此外，如果用户有急需，所选择的图书还可以在加工之前短期借出，满足用户的即时性需求。

（2）灵活多样的操作方法

在文献信息资源建设的过程中，图书馆作为资源建设的主体经常会面临各种新的问题和新的矛盾，这不仅要求图书馆的学科馆员与采访馆员必须有深刻的思想见解、良好的专业技能，更需要馆员能够运用或创造各种先进的方法去解决所面临的新问题[8]。在“三一原则”的实施过程中，为规范而且又有效地满足用户对文献信息资源的需求，可以采用分类预设法、经费配套法、荐购系统等不同方法和技术平台来合理保障资源建设目标在实施中得到落实。

1）分类预设法

通常，资源服务商或者出版商所提供的综合性和专题性采选书目，范围宽泛不能体现学科个性化的需求。为使采选书目更有学科针对性，学科馆员和用户（院系师生）共同讨论，确定该学科所涉及的多个专业分类，预先建立学科和中图分类的映射表，设计自动分学科软件，书目服务商提供的分类书目通过该软件运行后，生成符合学科的个性化书目。服务商此外，对于只有杜威分类号的外文图书，上海交通大学图书馆自主研发的“自动映射分类专家系统”，通过由杜威分类向中图分类映射的方式获得中图分类号，进而生成学科个性化书目。该方法能有效地提高院系专家选书的参与度，真正实现“资源建设，院系教师说了算”。

2）经费配套法

大学图书馆的文献资源馆藏体系一般由学校的主、分馆和隶属于院系的专业分馆或者资料室所组成，形成一个二级文献信息资源保障体系。由于图书馆所获得的总体资源建设经费有限，不太可能完全满足学校所有专业、学科的各种资源需求，尤其是一些专业覆盖面相对较窄、利用率不高的资源需求。因此，学校图书馆与院系分馆或资料室之间，自然形成了一种分工，其中，学校图书馆主要负责面向全校教、学、研以及人才培养、学科建设所需的，覆盖面都比较广泛、利用率较高的公共文献信息资源，包括基础性的和专业性的资源；而院系专业分馆或资料室的侧重点则是，根据院系师生的特殊专业需求，购置那些学校图书馆无法完全保障的、往往是本院系师生特殊需求的、覆盖面比较狭窄的专用资源。

但是，随着学科交叉的日益增多，随着复合型人才培养的需求越来越大，原来自然形成的分工形式逐渐显现出不适应。究其原因，通常是院系为其分馆或资料室的经费投入有限，另一方面，由于人员编制数和管理经验等因素，导致院系分馆或资料室，无论从资源数量上还是技术上，均难以面向全校支持交叉学科发展和复合型人才培养。为此，为了鼓励院系分馆或资料室在满足本院系师生需求的基础上，也能够适当辐射学校其他学科或专业、满足非本院系师生的特色资源需求，在“三一原则”的框架下，衍生出促进学校图书馆与院系分馆或资料室共建共享文献信息资源的资源建设“经费1∶1配套策略”，进而形成了“三一原则”的经费配套操作方法。

所谓“经费1∶1配套策略”是指，在院系分馆或资料室承诺面向全校开放服务的大前提下，学校图书馆为院系分馆或资料室进行资源购置经费1∶1配套。也就是说，在院系不降低原有资源建设经费规模的条件下，院系分馆或资料室每出资1份资源经费，学校图书馆就会为其配套相同的经费，这样院系分馆或资料室的资源购置规模就可以扩大一倍。一方面，增强了特殊专业学科资源建设的力度、有效扩充了特殊专业学科资源的规模，同时，又可以让院系分馆或资料室为学校其他院系的用户提供特殊资源使用的便利。站在学校图书馆的立场，补充了学校图书馆的服务能力、拓宽了服务范围。形成多赢局面。

3）荐购系统

正如在本章第一节中所提到的，用户直接驱动的PDA模式大受欢迎。于是，研发和装备便捷的荐购系统，无疑将有助于用户发现并推荐所需资源，尤其是在“文献经费紧缺、出版物剧增的情况下开展文献荐购服务，既是图书馆文献资源建设的需要，又是为了更好地满足用户个性化的文献需求”[9]。事实上，文献信息资源荐购也可以看成是一种借助用户智慧来提高馆藏质量及利用率的有效途径。

其实，来源于用户的资源荐购已经有很长的实施时间了。早期，大多数高校图书馆都是采用表单荐购的形式，在一定程度上满足了用户的基本需求。但该方式内涵较为单一，而且时效性较差，无法满足用户多样化的需求。因此，为了进一步方便用户自己快捷地选择文献信息资源，荐购系统就成为了“以用户为中心的文献资源建设又一新探索”[10]。荐购系统一般被设计成为一种可扩展的平台，能够集成、整合多家出版社或者服务商的书目数据，实现一站式浏览、选择、推荐以及跟踪状态等功能。借助荐购系统，用户可以像在网上超市购物一样浏览平台上的各种图书及相关参数，然后轻点鼠标完成选购，荐购结果会自动传送给图书馆资源建设部门或学科馆员。之后，荐购系统会依据用户信息主动向用户推送状态跟踪信息，直至购置完成。此外，用户还可以利用荐购系统，推荐平台上没有的图书资源信息。

（3）制度保障

图书馆制度是指，全体图书馆工作人员与用户，在运行和利用图书馆时，所必须共同遵守的办事规程与行动准则［11］，也是保障图书馆有序良性发展的重要基础。因此，“三一原则”十分重视各项相关制度和规范的建设，重点包括：资源建设制度，经费保障制度，文献采选规范与条例等。

1）资源建设制度

这是图书馆制度的重要组成部分之一。文献资源建设制度，是图书馆以书面形式确定本馆文献资源的长期发展策略以及具体实施规范的纲领性文件，系统地探讨了文献资源发展政策的定义、目标、价值功能、内容框架、制定程序和原则、制定具体模式、政策评价、网络环境下的影响因素及政策调整等，对规范图书馆文献资源建设起到指导作用。建立健全文献资源建设制度是图书馆文献资源建设稳定运行和有序发展的方向保障。

2）经费保障制度

经费是支撑图书馆运维的核心基础，而经费保障制度则是获得稳定、可持续发展的基本保障。因此，大学图书馆需要制定合理可行的资源建设和运行维护整体发展规划、以及阶段性或年度实施方案。在获得主管领导和机构的批准后，纳入预算体制，并形成经费保障制度。只有如此，才能保证学校及时落实给予图书馆的常规性和制度性的资源建设和运维经费。

3）文献采选规范与条例

文献采选规范与条例是就文献采选原则、文献采选方式、文献采选标准等制定的规则。文献采选原则是文献采选中遵循的有关馆藏、读者、图书馆职能等制定前提和规则，文献采选方式是就文献获得方式和操作程序进行规范，文献采选标准是就采选工作的基本操作制定准则。

4）其他

为了全方位达到满足用户对文献信息资源需求的目标，还形成了文献呈缴、经费配套、以及文献补贴等多项制度。

3.2.2　实施特点

在构思和设计“三一原则”的过程中，充分考虑了资源需求和资源建设各方面的力量，并注重发挥各方面的优势，力求达到满意的结果。因此，在具体实施时，呈现出泛化、合作和协同等特点。

(1) 泛化性

美国国家科学基金会在2003年发布的《知识在信息中迷失》的研究报告中，将数字图书馆的未来描述为构建“泛在知识环境”，称其为“是由网络设施、硬件、软件、信息资源、人等有机组成的新一代科技知识基础结构，是未来知识型社会的一种综合的全面的数字化信息基础设施，是通过计算、存储和通信方面的最大便利，使人、数据、信息、工具、设备等资源能够更为完全彻底地发挥作用而构建的一种普遍的、综合性的知识环境”[12]。在泛在知识环境当中，用户的文献信息需求行为、用户所处的学术交流系统、以及信息服务业等，由于信息技术的影响已经悄然发生改变，因此，大学图书馆的文献资源建设也必须紧跟这种变化，即朝着泛化性的方向发展。

文献信息资源建设的泛化主要包含两方面，即：文献资源建设主体的泛化与文献资源建设对象的泛化。文献资源建设主体泛化主要体现在不同主体的各担其责，集中管理，分散执行，其中，文献资源的选择以用户的实际需求为主、文献资源的组织以学科馆员和采访馆员协同为主、系统平台的构建以技术馆员为主。文献资源建设对象的泛化主要体现在，除了传统的资源建设之外，积极引入开放存取资源、加强数字资源整合、以及以学习为中心和以科研为中心的专题资源建设。

“三一原则”正是考虑到信息时代所带来的上述变化，以用户（院系师生）为中心进行资源的泛化建设。在资源建设领导小组的宏观领导下，资源建设任务依靠院系师生、学科馆员和采访馆员三方协同、分工合作完成。希望逐步实现，原则上买什么资源由“院系师生说了算”；在具体操作时则由“学科馆员定基调”；而采访馆员主要负责操作落实、并从图书馆馆藏体系整体发展的角度进行优化整合，从而确保最大限度地把有限的经费用到最合适的需求上；另一方面，技术馆员借助学科导航、OPAC、SFX 链接、Metalib 跨库检索以及“思源探索”一站式发现等系统，担当将庞大的文献信息资源进行科学合理整合的重任，让不同的用户有机会利用各有特长的资源揭示系统，便捷地获取到所需要的资源。

（2）合作性

合作也是这个时代的典型特征。早在 2005—2007 年，国际图联就倡导伙伴关系的合作，希望在全球层面唤起图书馆的合作意识，改变多年来封闭保守的状态。实践证明，图书馆只有与其他相关机构加强合作和共享，才能更加有效地完成自己的使命[13]。有专家认为，“文献资源建设不能仅靠采访馆员各自完成，采访馆员的能力、精力有限，必须走合作道路。文献资源建设应有基础雄厚的合作团队，包括采访馆员、学科馆员、用户等。

除此之外，在文献资源建设过程中还应积极寻求馆外力量合作，包括学校院系、机关社团及数据库出版商等，通过积极合作，探索文献资源建设深度发展的方法与规律”[14]。足见采用多方合作的方式开展文献信息资源建设，对于融合各方智慧和专长、满足用户需求、提升利用率和满意率，均具有极为重要的意义。

事实上，倡导和鼓励合作原本就是“三一原则”的要义。实施特点方面，在“三一原则”的实施过程中，有多种形式的合作。例如，上海交通大学图书馆与院系师生、出版社和服务商合作，通过院系书展、当面推介、荐购系统等途径，协同实现外文与港台图书采选，已经取得备受欢迎的实践性成果；图书馆与学院合作，按照经费 1∶1 配套策略，共同建设专项文献信息资源，并将符合条件的院系分馆或资料室升级为学校图书馆的专业分馆，以求更加有效地为全校师生提供服务。

在“三一原则”的框架下，多方合作将是未来高校图书馆文献信息资源建设的必由之路。

（3）协同性

协同性是指事物之间保持合作性、集体性的状态和趋势。依据德国科学家哈肯所提出的系统协同学思想，自然界和人类社会的各种事物普遍存在有序、无序的现象，其中，无序就是混沌，有序就是协同。一定的条件下，有序和无序之间会相互转化。

大学图书馆和用户（院系师生）作为情报信息交流系统的子系统，如果能够有效协同，就自然会朝向彼此受益、共同发展的方向发展。事实上，大学图书馆的发展离不开用户的协同支持，尤其是在当前面临服务向专业化、学科化、个性化等方向发展的压力下，图书馆与用户之间的协同显得格外重要。在“三一原则”的框架下，文献信息资源建设的模式本身就是一种协同机制，资源建设由院系师生、学科馆员和采访馆员共同参与、协同完成。其结果，不但更加准确地保证了文献信息资源的有效性和合理性，而且推动了资源整合性建设从图书馆闭门造车，向教、学、研一线的协同共建方向发展，进而可以实现面向院系的个性化资源保障体系建设。协同性始终贯穿于“三一原则”实施的全过程当中。

3.2.3 实施举措

为实际推动“三一原则”的有序、高效实施，需要依据资源建设的本质规律，将资源建设全过程划分为若干主要节点，并分别规划、不断更新相应的关键措施。

（1）需求征集

“三一原则”的资源建设模式，与DDA模式有些相似之处，即资源建设由“院系师生说了算”，但是，本质上又不同于DDA模式，因为DDA模式规定用户（院系师生）就是资源建设的直接决策者。按照DDA模式，只要符合一定的参数或条件，在完全不需要学科馆员和采访馆员参与的条件下，即可以完成资源购置。然而，DDA模式有时也会出现一些问题，如：“若DDA经费投入过大，将导致馆藏结构失去平衡”等[15]。

而“三一原则”基于协同、合作等理念，更强调在具体操作层面由“学科馆员定基调”，采访馆员管执行。可以说，“三一原则”是群体智慧的体现，用户（院系师生）作为核心要素是资源建设需求的诉求者，采访馆员作为基础要素则是具体落实的执行者，而学科馆员作为保障要素可以看成是两者之间的桥梁。因此，为了掌握用户的实际需求，学科馆员可以通过问卷调查、访谈调研、E-mail、社交网络、主题书展和荐购平台等形式，征集院系师生的资源需求，并整理汇集后提交给采访馆员。

1）问卷调查

问卷调查是将希望调查的内容以提问的形式，有条理、有逻辑地罗列在调查表中，让被访者填写回答。问卷调查一般可以分为书面和网络两种形式。其优点是清晰、直观、不容易遗漏。

2）访谈调研

访谈是一种以研究为背景的交谈，根据被询问者口头形式的回答，搜集记录下客观的、不带偏见的事实材料。访谈可以采取个别拜访或采访询问的方式，也可以采取小型座谈会的形式，进行团体拜访。当然，访谈不光可以采取当面的形式，也可采取网络的形式，如：各种网络聊天工具、视频会议等。

3）E-mail

E-mail 是用户（院系师生）最常用的沟通手段之一，也是最便捷的交流工具。

4）社交网络

伴随着互联网时代的进化，各种社交网络风起云涌，如：微信、微博、豆瓣等，通过“关注”即可以与用户（院系师生）实时互动，了解需求。

5）主题书展

走进院系举办主题书展，让用户（院系师生）在熟悉的教学科研环境中，以书店体验的方式选择资源。其优点是，读者可以亲手翻阅、浏览，以具体了解新书的内容，并进行现场选择和推荐。

6）荐购平台

利用信息技术，搭建网络化资源荐购平台，可以快捷地收集用户（院系师生）的需求。荐购平台通常集需求收集、书目推荐、过程反馈、信息沟通、多方互动等功能于一体。

（2）信息收集

在“三一原则”的框架下，采访馆员不再是传统意义上的资源建设主导者，而是书目信息的组织者。这是因为，采访馆员具有专业的资源建设素养，但在学科信息资源建设方面存在先天不足[16]。“三一原则”希望通过优化、协同，充分发挥采访馆员掌握各种信息资源的来源及渠道的独特优势，让采访馆员负责信息收集，并成为书目信息的最佳组织者。

收集书目信息的主要渠道包括：

1）图书服务商

图书服务商作为图书馆与出版社之间的中间商，发挥着重要的作用，特别是它们提供的书目信息，已成为图书馆资源建设中书目信息的最重要的组成部分。

2）出版社

出版社是书目信息产生的源头，具有绝对优势，所以它依然是图书馆书目信息的重要来源，特别是那些核心出版社的书目信息，非常有价值。

3）网络书目信息

网络书目信息与出版社和服务商的书目信息相比，内容往往更加丰富，例如，各种书评信息、好书排行榜以及图书介绍等。

4）其他方式

书目（资源）信息还可以来自其他方式，包括：征集、呈交、捐赠、交换、馆际互借、OA（Open Access）以及用户推荐等等。

（3）采购反馈

对于推荐资源的用户（院系师生）来说，一般对资源采购的进度都比较感兴趣，关心何时能获得自己所推荐的资源，因为这往往是他们急需的资源。在“三一原则”中，采访馆员不仅是书目信息的收集和组织者，同时也是资源采购的执行者，而且还需要跟踪订单的流转状况，并及时反馈给用户（院系师生）。

文献信息资源采购的途径一般包括：图书服务商、出版社、网上书店、二手市场等。通常图书服务商是最主要的资源供给途径，而其余途径可以作为补充，根据不同的特点，发挥不同的作用。

采访馆员向用户（院系师生）反馈采购状态的途径一般有两种，一是人工回复，较多是采用 E-mail 形式；二是利用事先搭建并设置好的平台系统，进行自动回复或主动反馈。

（4）资源评价

定期开展馆藏资源评价和评估，可以准确了解各种资源的使用情况和所发挥的作用，清晰掌握馆藏资源的数量和质量，间接获得用户（院系师生）对馆藏资源的满意程度，进而测算出馆藏资源建设的优势和不足，对于大学图书馆保障后续资源建设的品质具有极为重要的意义。因此，馆藏资源评价和评估自然被作为关键工作之一，列入了“三一原则”，并成为实施过程中的一个不可或缺的重要环节。一般而言，大学图书馆的馆藏资源包括纸质资源和电子资源两大类型。馆藏资源评价也相应地被划分成两大系列，分别为：纸质资源评价、电子资源评价和评估。

1）纸质资源评价

根据纸质资源的特点，一般可以从数量、质量和利用情况等三个方面进行评价。

（a）数量评价

i）馆藏保障率。指人均占有图书馆馆藏资源的数量，也就是大学图书馆馆藏总数与师生总人数的比率。馆藏保障率在一定程度上反映了馆藏资源建设的整体水平。

ii）用户满足率。指用户在实际使用资源的过程中，所能够获得的资源数量与实际需要的资源数量之比，借以衡量馆藏资源满足用户需求的程度。

iii）学科覆盖率。指馆藏资源占各学科领域资源的比率，这是一个衡量大学图书馆资源收藏完备程度的重要标志。

iv）馆藏增长率。指人均馆藏资源的年增长量，用以衡量馆藏资源发展速度的科学合理性。如果馆藏增长率过低，则表明资源建设缺乏活力，肯定会影响用户对新的文献信息资源需求的满意度。

v）馆藏复本率。指馆藏资源数量与种类数的比率，是考查馆藏资源在均衡照顾学科覆盖面和满足服务需求方面的一个折中指标。当今，随着电子资源的不断发展，大学图书馆基本上都采取了低馆藏复本率的政策。所以，对大部分大学图书馆而言，馆藏复本率已经不太重要。

（b）质量评价

i）资源内容。用户利用资源的目的，是为了获取其中的知识信息。因此，资源的内容，即知识信息含量是满足用户需求的关键，对文献资源内容的评价即是对知识信息含量的测定。目前，比较客观的资源内容评价标准，是考察核心馆藏的占有率。

ii）资源结构。是指构成资源体系的各因素的互相关系和构成方式。资源结构主要包括学科结构、等级结构、文种结构、时间结构和文献类型结构。资源结构评价，一般利用书目数据中的中图分类、语种、出版时间、文献类型等字段进行统计分析。

（c）利用评价

i）资源利用率。是指在一定的时间周期内，用户借阅的资源数量占馆藏资源总数量的比率。资源利用率又可分为：种利用率和册利用率。资源利用率还可以衍生出下列几种形式的馆藏资源利用状况分析：

■　借书总量分析

■ 学科借书量分析

■ 不同用户类型的借书量分析

■ 院系借书量分析

■ 人均借书量以及院系人均借书总量分析

■ 按学科分类的未流通图书总量分析

ii）资源拒借率。主要是统计在一定的时间周期内，从未被借阅过的资源数量占馆藏资源总数量的比率。可以用来判断馆藏资源购置的合理性。

2）电子资源评价

电子资源评价还可细分为购置（引进）前的评价和购置后的使用绩效评估，前者包括产品性能评价、产品服务评价、类比分析评价、学科覆盖和重要度评价等，后者则主要是基于使用量、发文和引文情况、学科覆盖面、关联学科在学校的重要程度等参数，依据 COUNTER 标准进行使用统计绩效评估。

（a）引进前评价

i）产品性能。一般包括对电子资源的内容、检索功能、价格等进行评价。电子资源的内容评价，又可分为：收录资源学科、资源适用对象、收录资源类型、收录资源年限、资源数据来源等。

ii）产品服务。一般包括是否提供试用，有没有依据 COUNTER 标准的试用报告，是否提供产品培训，以及存档方式、权限设置等问题。

iii）类比分析。主要是针对相同类型的电子资源进行横向对比。类比分析一般从电子资源收录的内容和价格等几个指标进行类比分析。

iv）学科覆盖和重要度。主要指该电子资源的学科覆盖情况，以及该电子资源在某学科领域的重要程度。一般可以利用核心期刊列表和核心书目等辅助判断。

（b）购置后评估（绩效评估）

绩效评估，指对电子资源的投入和产出效益进行评估，这个指标往往是决定是否继续订购或进行调整的关键性指标。具体包括：

i）经费投入。该产品每年投入的经费情况。

ii）使用情况。该产品依据 COUNTER 标准的使用报告。

iii）成本核算。通过经费投入和使用情况，得到该产品的单位成本。

iv）价格涨幅。下一年度该产品的价格涨幅。

v）文献保障率。该产品对用户（院系师生）的需求的满足程度。

vi）发文量分析。主要指本校所有发表的论文，在该产品的收录的情况。

vii）引文量分析。主要指本校所有发表论文的引文，在该产品的收录的情况。目前，比较常用的引文数据来源有 Scopus、SCIE&SSCI、CSSCI 等。

viii）学科覆盖和重要度。购置后的学科覆盖和重要度主要基于 COUNTER 使用报告，以本校的实际利用率来说明该产品在该学科内的重要程度。

3.3 操作方法

自从提出资源建设的“三一原则”以来，图书馆就一直在实践中不断地探索、凝练和总结中提升。一方面检验原始基础思想和设计思路是否真正符合各方面的综合需求，另一方面希望通过具体实践，找到成功的经验，提炼出合理有效的操作方法。目前，经过探索、尝试，并且注意吸收其他先进经验，已经逐步形成了包括：群体智慧法、制度保障法、分类预设法、平台拓展法和绩效评估法在内的若干有效的实施操作方法。

3.3.1 群体智慧法

群体智慧是由许多个体在合作与竞争的过程中涌现出来的一种共享智慧，一般以协商一致的决策模式表现出来。群体智慧是群体所具有的优于个体或个体总和的智慧与能力[18]。在当今网络化、大数据信息时代，群体智慧无疑具有更加强大的优势。

事实上，“三一原则”的基本定义就已经明确规定，在资源建设的过程中充分运用群体智慧，即注重发挥用户（院系师生）、学科馆员和采访馆员、乃至在学科和采访馆员背后支撑的技术馆员等不同方面的特长，最终以群体智慧的形式，呈现优质适用的文献信息资源。当然，作为“三一原则”框架下的资源建设群体智慧的重要组成部分，馆员的个体智慧对于推动图书馆资源建设的生态发展是至关重要的。甚至于有观点认为，馆员的智慧决定着服务的成效[19]。

采用群体智慧法构建资源，包括需求凝练、方案形成、资源落实等基本要点。

（1）需求凝练

充分体现“院系师生说了算，学科馆员定基调”的辩证关系，首先是学科馆员和用户（院系师生）之间协同贡献智慧，通过专题资源访谈或座谈会、院系主题书展、资源荐购平台等形式，开展灵活多样、不断深入的互动沟通，收集、整合并形成资源需求信息。在凝练需求的过程中，鼓励用户参与，并激发用户主动贡献智慧，对于获得准确的资源需求是极为关键的；另一方面，发挥技术馆员的智慧，有效运用智能化技术搭建资源荐购平台、或配合采访馆员组织优化分类清单，使收集用户信息变得简单、快捷，也是十分重要的。

（2）方案形成

需求信息由学科馆员传递至采访馆员，馆员之间进行智慧协同。采访馆员需要对来源于不同学科领域的资源需求进行归类、查重、类比推荐等专业化处理，再结合馆藏发展政策进行结构化完善，形成资源建设的实际操作方案。这当中，通常还需要介入技术馆员的智慧，获得软件、平台或系统等方面的支持。

（3）资源落实

在学科、采访和技术馆员协同所构成的群体智慧条件下，寻求资源服务商和出版社的配合和加入，完成资源采购并提供服务。服务商和出版社的（招标、邀标）筛选、谈判、过程跟踪、沟通协调以及催询等，也是考验采访馆员专业知识水平和智慧的重要方面。

3.3.2 制度保障法

广义上讲，制度就是调整人类行为的规范，包括法规、章程、规则、条例和规章、规程等[20]。所谓图书馆的制度，就是关于图书馆组织机构、馆员以及用户等与图书馆建设和服务相关的法规和标准的总和，是保障图书馆有序良性发展的基础。科学合理的图书馆资源建设制度，可以确保资源建设更加稳定和可持续发展，既能够更好地满足用户需求，又能够有效地形成独特的馆藏资源结构体系。因此，“三一原则”将依靠制度来保障资源建设视作为一种重要的举措，并积极与用户、职能部门以及相关机构进行研讨、沟通，逐步建立起多项制度。

目前所形成的、具有代表性的资源建设制度主要有：资源呈缴制度、资源配套制度及资源补贴制度等。

（1）资源呈缴制度

资源呈缴制度，在当前阶段，主要是针对国际会议论文集这一特殊资源类型，在学校职能部门和院系师生的支持下，所建立起来的一种特种资源建设制度。国际会议论文集是一种发表周期短、时效性强、信息量大的文献信息资源，对于科研人员和研究生开展研究具有较高的参考价值。然而，如果通过一般采购渠道购买，不但需要等待很长的时间周期，而且不容易全面获得。相反，得益于上海交通大学浓厚的学术交流氛围，每年学校各院系都有大批的师生赴世界各地，参加几乎所有学科专业领域的国际会议，并会及时带回相关的论文集。将这些论文集汇聚起来，可以说是一笔巨大的资源财富。于是，在“三一原则”的理念下，图书馆萌发了征集国际会议论文集并建立形成学校内部共享的数据库，进而让更多的师生使用和受益。

该制度的建立过程是，由图书馆发起，在主管校长的指导下，学校的人力资源处、国际合作与交流处、财务处和图书馆共同参与，经过充分酝酿协调，确定了国际会议录呈缴的原则性方案和基本流程，并最终由图书馆负责建立起资源呈缴制度。同时，以红头文件的形式，将资源呈缴制度发至学校所有院系、研究院等机构。

资源呈缴制度的基本实施流程分为呈缴和处理两大部分。

第一部分，论文集呈缴。院系师生参加国际会议归国后，必须先到图书馆呈缴、或者联系图书馆学科馆员上门收取会议论文集，然后才能够到学校财务处报销国际会议的注册费和差旅费（这也是一项行政制度）。实际上，图书馆也可以事先从学校人力资源处和国际合作与交流处得到院系师生参加国际会议的信息，便于整体工作安排和控制。

第二部分，图书馆处理（图 3-3）。图书馆收到论文集之后，进入如下处理流程：① 判断是否有全文，若仅有摘要或目录则返还；② 确定是电子还是纸质文档；③ 对于电子型论文集，提取内容，并按规则格式存入数据库；④ 对于纸质论文集，进行数字化加工，并按规则格式存入数据库；⑤ 编目，发布到国际会议论文服务平台，进入服务阶段。⑥ 将原始论文集返还呈缴者。之后，还需要根据使用效果和反馈意见，不断进行数据库维护和完善。

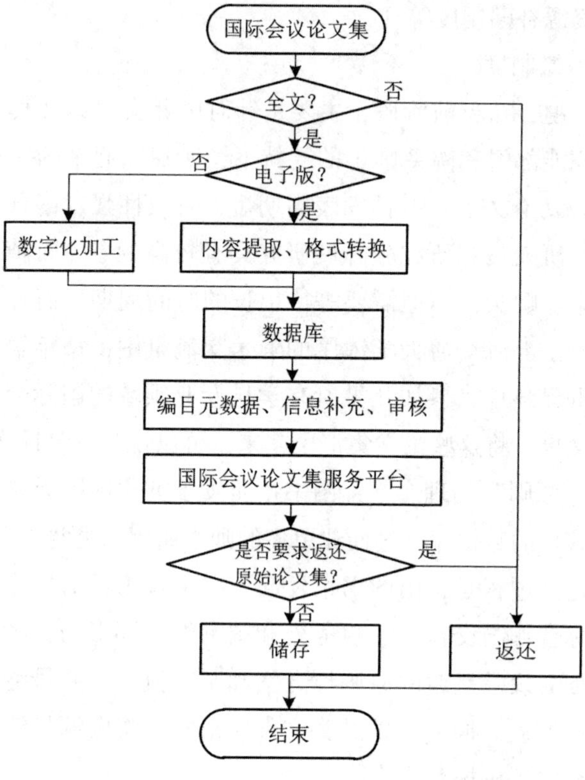

图 3-3 国际会议论文集处理流程示意图

（2）资源配套制度

大学图书馆的服务重心主要是解决面向全校师生的广泛性需求，然而在当前信息环境下，随着学科的快速发展和交叉渗透越来越普遍，支持部分学科的资源不断向深度发展。在有限资源建设经费的条件下，为了解决服务广度和服务深度的矛盾，图书馆基于“三一原则”的核心理念，建立了资源配套制度，这也是“三一原则”的资源建设经费 1∶1 配套策略。

资源配套制度对学校图书馆和院系分馆或资料室来说，双方都得到经费补充、共同弥补了经费的不足。同时，学校图书馆拓展了服务的广度，院系分馆或资料室又强化了服务的深度，多赢局面不言而喻。该制度的实施流程为：① 院系分馆或资料室承诺面向全校开放服务；② 院系分馆或资料室提出资源经费配套申请；③ 学校图书馆审核院系的年度资源经费预算及其他指标；④ 批准经费配套，并协同拟定资源共建共享细则和方案；⑤ 实施、落实，开展服务。

（3）资源补贴制度

任何一所大学图书馆都无法完全满足用户（院系师生）的文献信息资源需求，一般需要借助馆际和文献传递等途径来补充资源的不足。资源补贴制度正是为了保障这种补充方式能够落实、并能够持续稳定运行而设立的一项制度。该制度在文献信息资源建设的总经费中划出一定比例的经费（例如：1%~3%）用于在资源得不到直接满足的情况下，补贴由馆际互借与文献传递途径获得资源所需要的经费。

资源补贴制度主要是一项针对用户个体的补贴制度，包含常规性的补贴因馆藏缺失所带来的馆际互借与文献传递费用，和因为实施信息专员计划而给予信息专员的特殊补贴。该制度的常规性补贴流程为：①用户提出馆际互借或文献传递申请；②图书馆责任馆员负责审核、并确认是否满足条件；③确认符合互借或传递条件之后，图书馆向其他图书馆或相关机构发出请求；④若借入或传递成功，则按照资源补贴制度给予用户一定比例的经费补贴。而针对信息专员计划的补贴流程比较简单，主要是给予获得信息专员资格的信息专员所在学科团队以固定金额的补贴经费。

3.3.3　分类预设法

按照“三一原则”所提倡的资源建设由“院系师生说了算，学科馆员定基调”的辩证关系，用户（院系师生）将成为资源选择的主要贡献者，学科馆员则担当协调整合职能。为了帮助用户（院系师生）快捷选择资源，提供书目信息或称采选书目，就是一种重要而且有效的方式。在这种情况下，采选书目的优劣可能直接决定了资源选择的质量。因此，专业、优化地组织有针对性的采选书目，是一项十分重要而且具有很高价值的工作。原始书目信息或采选书目通常是由资源服务商或者出版社负责提供，然而，由于要面对不同类型图书馆的原因，它们所提供的综合性和专题性采选书目，一般都会覆盖较宽泛的专业范围，缺乏针对性，给用户（院系师生）选择带来麻烦，耗时费力，而且不易获得准确信息。

解决上述问题的好方法之一就是运用分类预设法（Profile）。即在事先确定学科所涉及的专业类目（可由学科馆员协同和用户完成）的条件下，借助采访馆员的专业知识和经验，在技术馆员的协助下，利用自动化技术将（服务商或者出版社所提供的）原始的总采选书目按照规则拆分加工，形成基于专业化类目的个性化采选书目，并以中图分类预设的形式与用户见面。

分类预设法的实际工作流程由两个阶段或两个部分组成，即：梳理专业类目，形成分类预设。

(1) 梳理专业类目

梳理并建立专业类目是实现分类预设的第一步。根据“三一原则”的基本理念，此项工作由用户（院系师生）、学科馆员和采访馆员三方协同完成，其中学科馆员应担当引导和协调的作用。具体流程为：

1）学科馆员在用户（院系师生）的协助或参与下，梳理所负责院系的学科专业范围。

2）学科馆员将学科专业与资源分类相关联，并归类、整理得到按照中图分类法所表示的（局部）专业类目。

3）采访馆员汇总专业类目，并整合、去重、补充形成完整的全局专业类目，即总专业类目。

需要说明的是，专业类目实际上是动态变化和不断发展的，因此，需要定期更新和维护，其中包括学科馆员与用户（院系师生）之间经常性的沟通和联络。只有这样，才会保持专业类目始终贴近需求，合理可行。例如：针对电子电气学科，过去传统的专业类目只包含自动化技术、计算机技术（TP）和无线电电子学、电信技术（TN）。在走访院系中了解到，随着学科的交叉发展，学科专业覆盖面有了拓宽，因此，在院系教师的建议下，添加了机械及仪表工业（TH）、电工技术（TM）、数学（O1）、物理学（O4）等4个专业类目。

(2) 形成分类预设

形成分类预设或建立学科采选书单是实现分类预设的第二步。此项工作主要由图书馆内部的学科、采访和技术馆员协同完成。其中，需要开发准备好分类预设工具，一般可以是 Excel 中的宏编程、专用软件，或者也可以是专门开发的系统或平台。如图 3-4 所示，具体步骤包括：

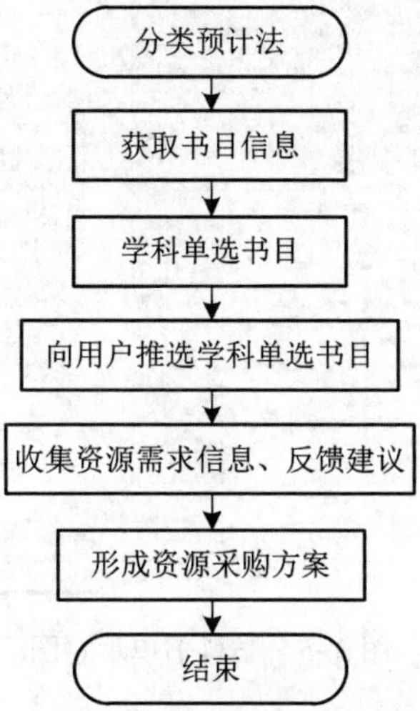

图 3-4　分类预设流程示意图

1）从资源服务商或者出版社处获得书目信息。

2）采访馆员利用分类预设工具，将书目信息按照总专业类目进行拆分，形成针对院系的个性化学科书单（图 3-5）。

3）向用户（院系师生）推送个性化学科书单。

4）学科馆员和采访馆员深入院系，跟踪了解情况，收集资源需求信息和反馈建议。

5）采访馆员汇总需求信息，形成最终资源采购方案。

值得一提的是，也可以将分类预设法直接植入诸如荐购买、选书等平台中，这样可以依据用户（院系师生）的学科属性，直接显示学科书单，自动实现个性化推送服务。

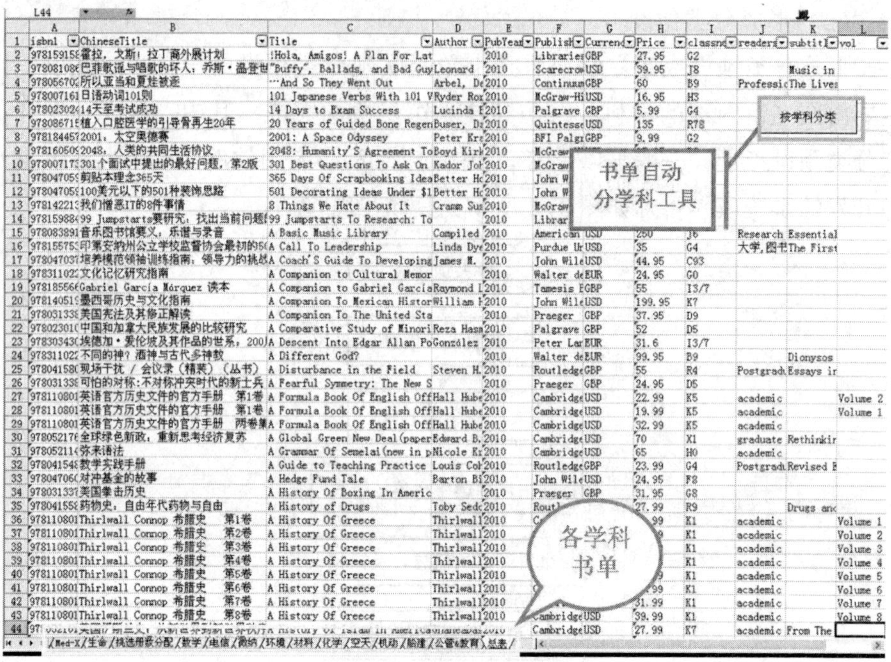

图 3-5 学科书单示意图

3.3.4 平台拓展法

平台拓展法的本质是将资源建设流程中的资源筛选工作融合在一个网络化的平台上，借助网络信息技术，在原有依靠 E-mail、电话和访谈等渠道的基础上，拓宽资源荐购的途径，全天候响应用户（院系师生）进行资源选择、推荐和建议，及时给出反馈，进而改善用户（院系师生）对资源建设服务的印象。在一定程度上也可以认为，平台拓展法是专门为用户（院系师生）贡献智慧而打造的一种服务平台。平台拓展的机制如图 3-6 所示。

平台拓展法实际上也是 Lib2.0 思想的一种延伸。因为，在网络信息时代，大量用户提供的微内容开始进入图书馆资源体系，成为原有元数据资源和全文数字资源的有效补充[21]，网络由原来自上而下的少数资源控制者集中控制主导的体系，转变为自下而上的由广大用户集体智慧和力量主导的体系[22]。

为资源建设而专门设置的平台主要包括：荐购平台、选书平台以及社会

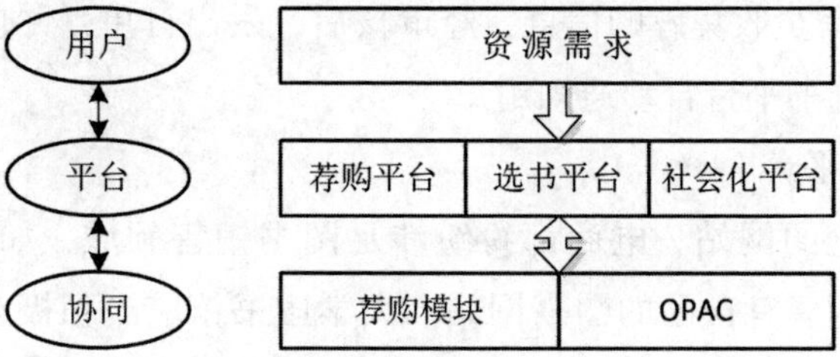

图 3-6　平台拓展的示意图

化平台等。

1）荐购平台

荐购平台通常是大学图书馆基于网络技术，专门搭建的一种集需求收集、书目推荐、过程反馈、信息沟通、多方互动等功能于一体的资源建设子系统，可以全天候快捷地收集并及时处理用户（院系师生）关于资源的各种需求。

荐购平台也可以嵌入到书目查询系统 OPAC 当中。当用户（院系师生）需求的资源在图书馆馆藏系统中不存在时，OPAC 可以直接将相关需求引入荐购平台。

荐购平台的工作流程大致为：① 用户在荐购平台上查询并提交需求的书目信息；② 荐购平台自动通过 OPAC 检查馆藏状态，并反馈结果；③ 荐购平台确认没有馆藏记录时，自动将用户提交的书目信息确定为有效荐购信息；④ 采访馆员定期从荐购平台得到批量化荐购信息，经审核之后，发出订单；⑤ 荐购系统自动进入跟踪状态，并不断向用户反馈状态信息；⑥ 图书到馆后，荐购平台会自动通知用户。

2）选书平台

选书平台既可以是图书馆专门开发的网络化系统，也可以是机构（如 OCLC、CALIS 等）或者资源服务商、书目服务商等提供的选书系统。网络化的选书平台，一般具有丰富的推荐信息，通常也带有荐购模块，以便用户直接订购。

选书平台一般具有如下工作流程：① 机构或书商在选书平台上批量导入书目信息；② 用户利用选书平台进行图书（批量）荐购；③ 选书平台自动与 OPAC 进行匹配，并反馈确认结果；④ 经确认有效的荐购信息实时进入荐购模块；⑤ 采访馆员收集荐购信息，经审核后，发出订单，并向用户反馈；⑥ 图书到馆后，选书平台自动通知用户。

3）社会化平台

许多社会化的网站、电商都纷纷涉足图书销售领域，如亚马逊、豆瓣、卓越、当当等均建有自己的图书网站。大学图书馆应当积极开展与社会化平台的合作，将社会化的图书网站嵌入大学图书馆的服务平台，或建立合作网站，将大学图书馆的信息在社会化图书网站或合作网站上展现出来，方便用户（院系师生）直接利用信息量更加丰富的社会化图书网站，向图书馆推送荐购信息，使用户泛在参与图书馆资源建设成为可能。

3.3.5 绩效评估法

绩效评估是图书馆依据服务的结果，对照预定目标，采用科学方法来分析判断服务成效有效的方法。所谓图书馆的绩效评估法，是指通过定性或定量的方法，对图书馆提供服务的效能以及提供服务的效率进行评估[23]。对于资源建设来说，绩效评估的目标是，运用特定的指标体系，对照统一的标准，制定统一合理的流程，通过定量定性对比分析，对文献资源在一定时期内的建设与利用状况作出综合评判，进而为下一阶段的资源建设提供参考依据。

一般而言，与大学图书馆资源建设密切相关的绩效评估法，主要包含：统计分析法、书目核对法、引文分析法、用户调查法等（图 3-7）。

（1）统计分析法

这是一种以图书馆各类馆藏文献信息资源利用数据为基础的分析与评估方法。其目的是，通过对馆藏文献资源利用数据的研究，分析数据背后的问题，从而为馆藏的建设提供依据和参考。

分析流程为：① 确定拟统计的馆藏文献信息资源类型；② 根据资源类型，确定统计指标；③ 根据统计指标，收集数据；④ 对数据进行分析与评估。

（2）书目核对法

这是一种将馆藏书目与选定的标准书目或者核心书目进行对照、分析与评估的方法。其目的是通过比对发现馆藏在品种、语种、文献类型、学科类

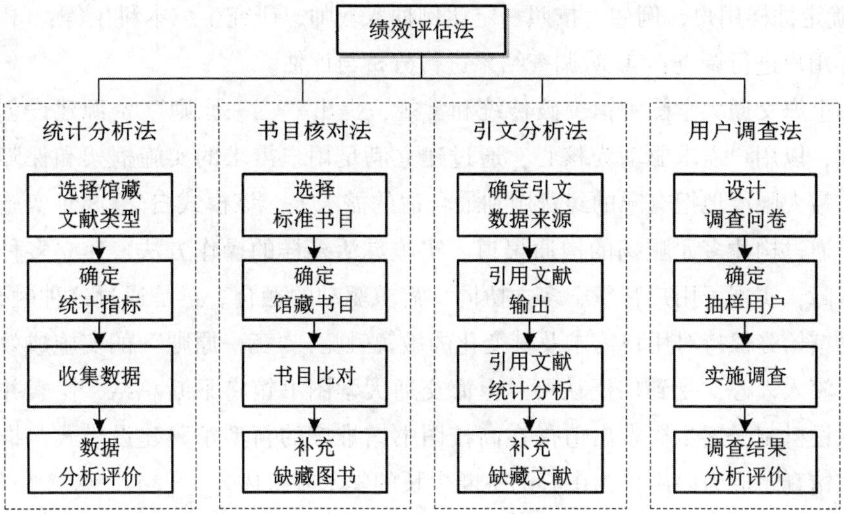

图 3-7　绩效评估法示意图

型等方面与标准书目或核心书目的差距，补充缺藏图书或调整馆藏。

基本流程为：① 确定标准书目或核心书目；② 汇总馆藏书目；③ 根据标准书目或核心书目对馆藏书目进行对照分析；④ 评估并分析缺藏书目的原因，进而提出补充适藏图书的建议。

（3）引文分析法

引文分析法是将用户发文时所引用的文献与馆藏资源进行对照、分析与评价的方法。其目的是通过用户的引文文献与馆藏书目进行对比分析，进而统计图书馆文献收藏的完整程度和满足率。

分析流程为：① 确定本馆用户公开发表的文献；② 确定本馆用户发表文献时所引用的文献；③ 对引用文献进行进行统计分析，并与馆藏资源进行比较；④ 对缺藏文献进行分析评估，进而提出补充适藏文献的建议。

（4）用户调查法

这是通过设计调查问卷等形式对本馆用户进行抽样调查的方法。其目的是，了解用户（院系师生）对馆藏文献信息资源建设及服务的满意程度，掌握用户的实际需求和建议。

基本流程为：① 确定调查问卷的内容，并制作纸质的或电子化的问卷；

② 确定抽样用户，例如：按照一定比例抽取教师、研究生、本科生等；③ 对抽样用户进行调查；④ 对调查结果进行分析与评估。

上海交通大学图书馆突破传统和常规，提出“三一原则”资源建设创新模式，以用户需求驱动为核心，通过建立满足用户需求的实施框架和保障制度，最大限度地把有限的经费用到最合适的需求上。该模式自 2008 年实施至今，通过构建多元顺畅的沟通渠道、实施灵活多样的操作方法、建立多种制度保障，实现了用户智慧、多方协同、需求驱动的融合。正是通过这种融合，图书馆始终保持对用户需求及其变化的敏锐触觉，“三一原则”的实施成效才得以深入人心，受到广泛认可。上海交通大学图书馆将不断总结、探索并完善建设机制，逐步探索出值得在高校图书馆推广的新型馆藏建设模式，推动图书馆真正成为以用户为中心的不断生长的学术有机体。

参考文献

[1] 金旭东. 21 世纪美国大学图书馆运作的理论与实践 [M]. 北京图书馆出版社, 2007: 325.

[2] Kay Downey, Yin Zhang, Cristobal Urbano & Tom Klinger (2014) A Comparative Study of Print Book and DDA Ebook Acquisition and Use, Technical Services Quarterly, 31: 2, 139-160, DOI: 10.1080/07317131.2014.875379.

[3] 胡小菁. PDA——读者决策采购 [J]. 中国图书馆学报, 2011 (2): 50.

[4] Deborah Lenares, Emilie Delquie. Give the people what they want: Patron Driven Acquisition. [2014-08-23]. http://www.stm-assoc.org/2010_04_27_Spring_Conference_Lenares_Patron_Driven_Acquisition.pdf.

[5] Library Journal, School Library Journal. 2012 Survey of Ebook Usage in U.S. Academic Libraries. [2014-09-08]. http://www.library.arkansas.gov/PublicLibraryServices/Documents/Ebook-Usage-Report-Academic.pdf.

[6] 李芳, 杨眉. 大学图书馆资源协同建设的创新实践与思考 [J]. 图书馆论坛, 2013 (1): 100-105.

[7] 周明. 高校图书馆员与读者的有效沟通探析 [J]. 图书馆论坛, 2008 (2): 111-112.

[8] 韦诚. 方法学: 科学发现的理论基础 [M]. 安徽大学出版社, 2008: 358.

[9]　刘丽静．高校图书馆读者网上荐书的调研与思考［J］．图书馆杂志，2012（6）：53-55.
[10]　李明鑫，田丹．图书荐购用户参与行为的调查与分析［J］．图书情报知识．2014（1）：97-101.
[11]　黄宗忠．论图书馆制度［J］．图书馆论坛，2008（6）：1-4，55.
[12]　孙波．泛在知识环境下图书馆信息资源建设策略探析［J］．图书馆学研究，2009（9）：51-53.
[13]　吴建中．开放 交流 合作：国际图书馆发展大趋势［J］．中国图书馆学报，2013（3）：4-8.
[14]　范爱红，邵敏．学科服务互动合作的理念探析与实践进展［J］．图书馆杂志，2010（4）：40-42.
[15]　赵炜霞，杜传利．美国大学图书馆 PDA 实施过程中的问题及解决策略［J］．图书馆学研究，2014（13）：98-101.
[16]　于静，赵敏．高校图书馆学科资源建设采访组织模式与保障机制探索［J］．图书馆杂志，2013（6）：58-61.
[17]　李芳，彭佳，杨眉．学科信息资源建设方法［M］．上海交通大学出版社，2012：161-162.
[18]　戴旸，周磊．国外“群体智慧”研究述评［J］．图书情报知识，2014（2）：120-127.
[19]　燕辉，魏小盈，杨华．学科服务背景下“智慧与服务”新解读［J］．图书与情报，2014（1）：122-127.
[20]　王雅南．论优化高校图书馆制度环境［J］．图书馆，2003（2）：51-54.
[21]　叶鹰．开源互动理念指引图书馆 2.0 研究［J］．图书馆杂志，2007，（8）：15-18.
[22]　李慧美，陈朝晖，杨广锋．从豆瓣网看图书馆学科信息服务的改进［J］．图书馆杂志，2009，（8）：35-38，15.
[23]　余胜．关于图书馆绩效评估的研究与实践［J］．中国图书馆学报，2006（4）：101-104.

第四章　泛学科化服务框架与实施

本章在第一章论述的“传统”学科服务主要内容及学科馆员主要职责基础上，在第二章 IC^2 创新服务模式思想指导下，根据现代大学的发展战略，提出图书馆泛学科化服务体系的核心精髓，即图书馆服务全面融入大学的教学、科研、创新型人才培养和文化传承与传播。分析上述四个方面可能需要的图书馆支持，论述学科化服务融入或嵌入上述四个方面可以发挥的作用，形成图书馆泛学科化服务在此四个层面的服务框架。同时，针对不同的用户群体(本科生、硕博士研究生、教师、职能管理部门等)，阐述提供服务的特点和重点。最后，选择典型的七类学科化服务内容，包括联络拓展、信息素养教育、嵌入教学、创新交流、融入科研、决策支持、提升文化等方面，详述其服务目标、流程和方法。

4.1　泛学科化服务内涵

正如本书第一章所述，泛学科化服务，是在数字化、网络化、移动化信息环境下，随着“泛在图书馆”的出现和发展，具有悠久传统的图书馆学科化服务被赋予新特征后的一种新形态。其内涵，一是表现为图书馆全方位服务的学科化，二是表现为图书馆学科化服务的泛在化。

“泛在图书馆”的出现，对于大学图书馆来说，其重要意义在于它强调突破传统，遵循用户新的需求，适应用户的行为变化，真正依据用户需求，将图书馆的服务融入用户教学、科研和学习的过程之中，创造图书馆服务与用户空间和过程有机融合的一种新的平衡状态，为用户提供一种到身边、到桌面、到环境、随时随地地服务[1]。

图书馆全方位的学科化服务，是针对学科化服务内容、功能、机制等而言，其强调泛学科化服务的内容和功能，不再局限于过去学科服务只是图书馆服务的某些方面，而是根据学科用户的需要，满足涵盖学科用户需要的所有服务内容和功能，而且随着学科用户需要的变化而不断拓展。为了支撑这样的服务，图书馆机构设置、学科服务团队组成、馆内协同服务机制等等，都需要以学科化为中心而重组架设。

图书馆学科化服务的泛在化，则是对服务手段、服务形式、服务触角而言。强调泛学科化服务需要根据学科用户的习惯和便利程度，采用先进的技术手段，采取用户最方便的形式，到用户最方便的场所（物理的和虚拟的）提供服务。

大学承担着教学育人、科学研究、社会服务、文化传承与创新的使命。根据这四大类总体战略，作为大学的辅助机构，大学图书馆的泛学科化服务的内容也可以从助力教学、支持科研、辅助创新人才培养、弘扬文化四大方面来架构。

4.2　泛学科化服务框架

4.2.1　助力教学

图书馆教学支持服务，是指大学图书馆有计划有组织开展的、旨在帮助教师和学生改善教学与学习过程，提高教学与学习质量，实现教学目标，同时发挥图书馆教育职能的一种服务模式。

教学和人才培养是大学的根本。大学图书馆的教学支持服务最早主要体现在为课程提供书目指导，提供有关课程资源的参考咨询，同时为教师指定参考书提供短期借阅等方面。随着互联网、特别是移动互联网的发展，无论是大学的人才培养目标，还是教师的教学方法、手段和行为，以及学生的学习环境都发生了极大的变化。大学对学生的培养从知识灌输而转变为“知识探究、能力建设和人格养成”，注重的是学生综合能力的培养和创新精神、思考能力、终身学习能力的提升；教师的教学需要融会贯通更多、更广、更深的知识单元，采用更多技术的手段和启发探究的模式；学生的学习更是在一个全球化信息交流环境中的协同行为。所有这些，使得大学图书馆要想为教学和学习提供更好的支持与保障，就要创新服务理念，以新的服务模式，采用现代化的技术手段改善并拓展对教学的服务功能。近年来中外大学图书馆界为此做了不少努力并取得了积极成果，如电子教学参考服务、多媒体课件开发支持、学科信息门户、信息素养教育等。而在“泛在图书馆”环境下，已有的以及拓展的教学支持服务，更强调的是融入教学环境，真正围绕课程、教师和学生，围绕教学目标而提供支持。因此，泛学科化服务体系中教学支持服务的主要框架如下：

(1) 电子教学参考服务

教学参考资源传统上称之为“教师指定参考资料”，是高校师生教学和学习必不可少的辅助文献。电子教学参考服务是图书馆传统教参服务的发展与延伸。其核心是根据课程教师的需要，将数字化的各类教学参考资源，包括图书、期刊论文、研究报告、图片、开放课件、动画、视频剪辑等多种类型资源，通过教师和学生日常使用的学校网络教学服务平台（含移动网络平台）提供服务。教师在管理课程或备课时，可以上传需要学生课前、课后阅读的资料书目信息，图书馆自动收割这些信息并提供电子教参全文服务，而选课的学生同样通过此服务，可以很方便地随时获取和阅读这些参考资料，有效参与学习。

泛学科化服务体系中的电子教参服务，改变了过去图书馆注重独立教参系统构建，却未融入师生教学环境的状况，实现了教参服务与课程间的无缝融合，真正体现了“泛在”服务的理念。

(2) 智慧泛在课堂

智慧泛在课堂，是以电子教参服务为基础，在提供多种来源、多种类型、多种格式的电子教参服务的同时，使教师和学生自发形成课程交流社区，可以在多种终端上开展针对课程的交流、互动、研讨和反馈，在此过程中，除了教师的引导，图书馆学科馆员也会随时提供在线知识信息服务。这样一种模式，既有丰富的教学信息资源作为课程学习的基础，又有多样的设备设施终端提供便利，更有由教师、学生、馆员形成的课程虚拟社区，三者之间不断有相互的交流和帮助，从而可以进一步促进新型教学模式变革，改善并提高教与学的效果。

(3) 信息素养教育

信息素养（Information Literacy）是指个人“能够充分认识到何时需要信息，并有能力去获取、评价和有效利用所需信息的能力”。具体说来，信息素养包括了信息意识、信息获取、信息评判、信息利用及信息伦理五大方面。信息化社会，信息素养能力已成为个人终身发展能力和潜力的重要衡量指标之一，各国高校都把信息素养教育作为学生综合能力培养的重要内容。

为了有效判定各类、各层次受教育者的信息素养应该达到什么要求，同时也为更好地衡量信息素养教育的效果，已有许多国家和地区制定了相应的信息素养能力标准，作为评价个人信息素养能力、指导信息素养教育实践的指南。从高等教育来看，美国大学和研究图书馆协会（Association of College and Research Libraries，ACRL）在2000年提出的《高等教育信息素养能力标准》很有代表性，澳大利亚、新西兰、英国等也制定了相关的标准，对指导和促进信息素养教育发挥了重要作用。

以标准为准绳，全方位、立体化、多层次的开展信息素养教育，是大学图书馆教学支持功能得以实现的重要组成部分。总的说来，从大学新生一踏入大学校门开始，以信息素养能力的标准要求为内容主体，开展新生入馆教育、开设公共选修课、面向全校师生的定期信息素养培训、面向院系个性化定制的信息素养培训、嵌入专业课的信息素养教育、制作网络在线课件/进行在线咨询答疑、印制并散发相关资料等等多形式、多样化、多层次的信息素养教育，构成了大学图书馆信息素养教育的完整体系。不同形式的信息素养教育，针对的对象不同、内容不同、受众范围不同、教育目标也不同，它们各有特点和作用，相互补充，共同满足大学师生信息素养能力培养的需要。表4-1呈现了不同形式信息素养教育的功用。

(4) 设施与服务支持

现代大学的教学，教与学都不只是局限于在教室进行，无论是教师对课程的准备及讲授，还是学生完成课程教学要求，都需要更多信息技术设备设施和合适的空间场所的辅助，同时也需要图书馆员提供专业的资源和课程辅助服务。因此，国内外许多大学图书馆相继建立教学支持中心、学习中心、写作中心等的特别空间，配备相应的多媒体课件制作软件、图像图形处理软件、录播设备、研讨交流设备和空间，并由图书馆学科馆员为课程组织集成资源、为教师引导研讨提供辅助、适时提供信息素养教育、辅助教师帮助学生有效完成作业、承担课件开发中版权申请和管理等等。当然，图书馆学科馆员对课程的支持，不仅局限于在图书馆学习空间（或小组学习室）完成的课堂延伸服务，只要是教师需要，此类服务随时随地可以提供。

随着国内高校对教学和人才培养力度的加强，泛学科化服务体系中的教学支持服务，正受到大学图书馆不断增加的高度重视。

4.2.2 支持科研

在当前的大数据环境下，科学研究已到了第四范式，成为数据密集型科学研究。大学科研人员的信息需求和科学研究模式发生了显著性的变化。泛学科化服务体系中的支持科研，关注的是以科研人员为中心的嵌入科研过程的信息服务。

(1) 科学研究的过程及其特点

总的说来，科学研究的过程一般可以划分为三个阶段。第一阶段为创意产生、准备申请项目阶段，此阶段科研人员需大量查询文献，进行述评，并需一定的主题态势分析，以把握主题总体情况并确定研究重点。在此阶段，科研人员也需经过一定的信息分析，确定合作研究伙伴。第二阶段为项目研究过程，此阶段科研人员需要定期对研究主题进行信息跟踪，必要时也需再对某方面的问题进行攻关性的文献调研。研究过程中会产生大量的中间成果及实验数据，均须进行有效的管理，以便利用。第三阶段为成果产出与项目总结阶段，此时也需要查阅大量文献，进行学术论文写作和投稿，撰写项目总结报告。此阶段会频繁使用文献管理与分析工具辅助成果产出。

作为一个科研项目，上述三阶段已基本概述了研究过程的特点。但实际上，大学图书馆所要服务的研究过程，不仅仅是科研团队开展研究的狭义的过程，而是广义的科研项目涉及的方方面面的过程。因此，还包括研究成果产出后的影响测度，包括对科研人员研究成果的保存、管理、评价和共享，包括学院层面对学科的战略布局和评价，也包括学校层面对科研成果和科研人员的布局和评价等等。

(2) 支持科研过程的服务

根据上述科研过程的划分和特点，大学图书馆可以提供的服务主要有：

■ 创意产生与项目立项阶段，为科研团队进行学科资源与查找、分析的培训，辅助科研人员进行文献调研，提供科技查新，帮助分析学科热点和前沿信息，帮助查找项目资助与、申请信息及合作伙伴等等。

■ 项目研究阶段，对科研团队进行文献管理与分析工具的个性化培训，辅助保存并管理中间成果和研究数据，为课题定期推送跟踪信息。

■ 成果产出和项目结项阶段，对科研团队开展投稿指南培训，进一步进行研究进展与态势的调研和分析，需要时提供有关专利申请和知识产权保护的帮助。

■ 成果保存、共享及评价阶段，建立机构知识库保存机构研究成果和研究数据，根据许可提供不同范围的共享，提高科研人员及其研究成果的可见度，及时跟踪并测度研究成果的影响力，提供需要的科研评价。

■ 面向院系层面，根据需要提供人员与成果的数据统计、对比分析以及影响力测度分析。

■ 面向学校层面，根据需要提供学科布局的战略决策分析，知识产权战略的决策支持，人才引进评估的决策支持等等。

4.2.3 辅助人才培养

人才培养是大学的根本。过去，国内大学图书馆对大学人才培养的支持，主要体现在书刊借阅、阅读与学习环境提供、信息素养类课程开设等方面。其总体特点表现为“单向”、“被动”、“静态”的知识流动。随着近年来国内大学对人才培养的不断探索，以“知识探究、能力建设、人格养成”“三位一体”为核心的创新型人才培养体系正在形成，培养的理念从知识传授向大学生综合能力培养转变。因此，除了教室这个“第一课堂”发挥着教学主战场的作用之外，大学校园的“第二”、“第三”课堂，也必须联动发挥大学生综合能力培养的特定作用。在这样的大环境下，国内外大学图书馆纷纷构建“信息共享空间”、“学习空间”、“媒介空间”等，提供以舒适、便利、信息集成、工具丰富、交流、协同、嵌入服务等为核心关键词的一系列服务，发挥大学图书馆场所（含其中的信息、设施和服务）对学生综合能力培养的价值，成为校园中人才培养的重要补充。纵观国内外此类服务，并无统一、固定的内容和模式。以上海交通大学图书馆为例，除信息素养教育直接进行学生信息能力的培养之外，以创新交流、创意实践、学业分享、社团支持等为主要内容的服务，则构建起了大学图书馆辅助对学生创新能力培养的主要框架。

（1）创新交流

通过提供形式各异的协同交流环境，如协同学习座位的摆放、协同学习设备的配置、群组学习室的设置、“一站式”信息获取的集成等等，满足学生以交流、研讨为特点的协同学习的需要。同时，图书馆主动搭建从实体到虚拟的创新交流社区，促进教师与学生、学生与学生的创新交流和分享，从而辅助学生创新能力的培养。在实体层面，以图书馆学科馆员为主导，协同学校各职能部门和院系教师，组织以创新交流为目标的各种活动，包括：创新俱乐部、创新沙龙、创新竞赛、个性化创新支持服务、创新经验交流与成果展示等等。其中，创新俱乐部鼓励学校所有对创新有兴趣的师生和团队加盟，自主管理和开展活动；创新沙龙不定期地邀请在科研创新方面有杰出贡献的专家，介绍创新理念和分享创新经验；创新竞赛则面向学生举办各类型创新竞赛活动，较量创新能力，展现创新成果。在虚拟层面，运用论坛、微博、微信等，构建网络学习社区、兴趣社区、实践社区等，共享知识，提供泛在化服务支持，激发创新的火花。

总之，创新交流服务的提供，一是辅助学生的协同学习，二是通过为学生提供参与、交流、交互、个性化支持，实现师生的知识共享，激发学生的创新思维，培养学生的协作能力。

（2）创意体验

通过提供先进的技术设备，如3D打印机、可穿戴设备、体感游戏设备、3D影视设备等最新技术产品，以及大型服务器、网络设备、音视频录播、编辑设备等，使学生从感知、认知的过程中，体验从创意产生到创意实践（DIY）的完整流程，从而激发好奇心和探索的兴趣，培养创新能力。

这里特别要强调的是，由于图书馆的公益性，由图书馆提供该项服务，公平地开放给所有在校学生使用，可以区别于校园中其他部门，大大降低了学生参与、体验的门槛，更好地体现了图书馆在校园中人才培养第三空间的作用。

(3) 学业分享

围绕大学生所需的学业指导，以历年积累的优秀学生笔记等资料为聚集，组织各门课程成绩优秀的高年级学生定时进行辅导、交流，再配以图书馆学科馆员嵌入相应的信息素养教育，建立学业促进中心，为所需学生提供学业辅导、经验分享和学术交流，同样可以发挥图书馆在人才培养中的突出作用。当然，学业促进中心的建设，需要图书馆有效协同学校相关职能部门，如学生管理部门、教务处等共同发挥作用。

(4) 社团支持

数量繁多、内容各异的学生社团，在大学校园中已成为学生们培养兴趣爱好、施展才华的非常重要的载体之一。针对学生社团更需要场地空间、影响平台等的支持，图书馆与其合作，开展阅读推广、经验分享、展示交流等活动，社团学生负责内容策划和组织，图书馆负责质量审核与把关，提供场地和部分宣传经费支持，有效地扩大了学生社团的影响力，吸引更多学生参与，培养、锻炼了学生的综合能力。

4.2.4　弘扬文化

大学的使命之一，是文化传承与创新。而大学图书馆作为大学重要的文化地标，在弘扬校园文化中有义不容辞的责任与使命。大学的泛学科化服务，在弘扬文化方面主要体现在阅读文化、展映文化、特藏文化及环境文化的传承与传播。此部分，本书第六章将详细阐述，在此做简要描述。

(1) 阅读文化

推广阅读，弘扬阅读文化，是图书馆在文化传承与传播中最重要的内容。过去，图书馆弘扬阅读文化，主要体现在书刊借、阅等静态、被动的服务方面。近年来，大学图书馆建立各种阅读推广品牌，主动通过策划主题书展、开展阅读讲座、组织阅读沙龙或俱乐部、推荐阅读、发布阅读报告，策划“living library”类的真人图书馆活动，以人为书，阅读真人“活”的知识和经验，等等，丰富了校园文化，也极大地发挥了图书馆在弘扬校园阅读文化中的主体作用。

(2) 展映文化

利用图书馆的场地和设施优势，提供多媒体资源，选择优秀的影视片、纪录片、宣传片等进行放映，或者由学生自己点播放映，历来是大学图书馆传播优秀文化成果的重要手段之一。近年来，展映文化发展的重要特点突出地体现在大学图书馆已成为校园中重要的公共展览平台。一些由学校各方联系的重要展览，都希望在图书馆展出。同时，各院系的一些老师、学生，将院系的重要展览、课程中学生的设计或组装成果、甚至学生当场制作的课程作品等等，也愿意在图书馆首先展出。一方面，近年来大学图书馆的空间和设施得到了较大的改善，展览设施比较健全，如上海交通大学新建的李政道图书馆就专门规划了近 1 000 平方米的展览空间，大学图书馆在校园中的空间和地理优势也非常明显；另一方面，大学图书馆的学生流量较大，受众面广，展览效果不言而喻。

(3) 特藏文化

大学图书馆的特藏对学生的文化熏陶和激励是非常独特而意义深远的重要方面。大学图书馆的特藏，一般情况下有以下几类：一类是古籍、善本等，体现的是历经悠久的历史而保存下来的文化成果；一类是大学在发展过程中积累保存下来的独特文化成果，如学位论文、大学学人著作、校园各类文化品等等，体现了大学自身发展的独特精神文化；一类是通过征集、捐赠等方式，保存下来的名人藏书、手稿、著作等，这些名人，可以是大学学人，也可能不是该大学学人，体现的是伴随这些名人学术经历的文化成果对其的重要影响；还有一类，是针对大学优势学科积累下来的完整和独特的馆藏，其特点是该学科馆藏的完整性，体现其对大学该优势学科发展的强有力支撑。

这些特藏，最大的特点是历史性和独特性，无可替代。是对于大学师生学术研究的支持，是大学独有文化的传承和创新，具有无可替代性。

(4) 环境文化

大学图书馆作为大学生学习、阅读、交流的重要场所，除了提供丰富的文献和先进的设施，环境文化的营造同样不可忽视。空间的布局、不同功能区域的划分、舒适的桌椅、文化布景、色彩的搭配、温馨的氛围等等，都是吸引师生、弘扬文化的重要方面。

4.3　分层服务

上述泛学科化服务框架所涵盖的服务内容，是从图书馆的视角进行归纳的结果。大学里存在着不同身份的群体，如本科生、硕博士研究生、教师和科研人员等，他们在学习、教学与科研中对图书馆信息资源和服务的需求是不同的，有其自身的特点和规律。既然泛学科化服务强调的是以用户为中心，因此，图书馆需要遵循不同用户群体的特点和规律，形成分层次的学科化服务重点，为不同层次的用户群体提供最适合、最贴切的各类服务。

4.3.1　本科生

（1）需求与特点

学生用户群体是高等院校图书馆服务的主体，尤以本科生、研究生为重点。本科生在大学阶段需要系统学习政治理论、专业理论，以及综合性科学文化知识，使自己具有较高的文化素质、合理的知识结构，并向知识型、创造型、复合型人才发展。因此，本科生用户群体对图书馆资源和服务的需求是广泛而多样的。不仅需要与专业学习同步的教学参考资源，而且还需要信息能力、学习能力、研究能力等各方面能力的建设，以及人文素养、优良人格的养成。

本科生用户群体的需求会随着年级、学习状况和心理因素的变化而改变。他们对教学参考资源和专业文献信息资源的需求较为明显。除了结合教学内容和专业学习的资源需求之外，本科生还需要涉猎大量的课外书籍，以提高自身的文化素养和工作能力，涉及文学、哲学、历史、经济、艺术、法律、文化生活等方面。此外，本科生还需提升个人信息检索与利用的技能，培养自主学习能力和创新能力等。

图书馆作为智力开发和人才培养的第二课堂，应从本科生的需求出发，重点开展信息素养普及、创新人才培养、人文素质拓展三大方面的系列学科化服务。由于学生在大学学习期间所选择的专业及学科不尽相同，所以，他们对图书馆资源与服务的需求也有所区别。图书馆在开展学科化服务时，需要从专业和学科的角度，将本科生用户群体区分为理工科学生和文科学生两种类型，以期更好地提供有针对性、个性化的资源与服务。

（2）信息素养普及

信息素养教育是高校图书馆基于传统而又吸收发展的重要职能之一，它的前身是为图书馆用户所熟知的“文献检索课”。然而，随着时代的发展和用户需求的变化，信息素养教育已远远超出以往“文献检索课”的范畴。美国大学与研究图书馆协会（ACRL）在2000年发布的《高等教育信息素养能力标准》指出，学生需要具备“决定所需信息、获取信息、评估信息、利用信息以及合理合法使用信息”的五大能力[2]。还有经典的信息素养教育模型“Big6技能”和研究周期模型，这些都为高校图书馆开展信息素养教育提供了指南和评价标准。

本科生用户群体虽经过九年义务教育和高中阶段学习，但在信息素质方面往往没有清晰的认识和系统的培养。因此，图书馆对本科生用户群体应重点进行信息素养的普及，通过传授信息素养知识和技能，提升本科生的信息获取、选择和利用的能力，为其更好地进行本科学习和科学研究奠定坚实的基础。

作为国内开展学科化服务较早的高校图书馆之一，上海交通大学图书馆在IC^2创新服务模式下，以读者需求为导向，提倡信息素养教育的多层次、多维度的拓展与创新。针对本科生用户群体，通过常规课程、滚动培训、新生入馆教育三大途径，在全校范围内普及信息素养教育的基础内容。

常规课程由图书馆面向全校开设，其特点在于，将课程对象集中在本科生群体，并开设不同学科、不同类型的信息素养培训课程，以满足各种需求。目前，常规课程分为通识核心课、公共选修课和专业限选课三种类型，其中既有针对理工科学生的，也有针对文科学生的，所有课程均有相应的学时和学分。以通识核心课《信息素养与实践》为例，课程的改良与创新主要表现在：扩展文献管理软件、写作规范与学术道德等贴合需求的教学内容；增加互动讨论、实践与调研等灵活多样的教学形式。同时，该课程提倡采用学生分组学习方式，并将最终成绩根据不同教学形式按比例考核评定。这些措施激发了学生的兴趣和参与热情，也培养了学生的自主学习能力和创新能力。

滚动培训是图书馆自2008年每学期定期推出的滚动式信息素养系列培训。该培训是常规课程的有力补充，其特点是面向全校师生，培训讲座实行网上报名预约制度，并设有专门的成效反馈平台。滚动培训每学期设有二十余场讲座，采用90分钟的授课与上机练习相结合的方式。讲座内容既有基础的馆藏资源利用和信息技能培训，也有按照不同学科开设学术前沿追踪、项目基金申请、科技论文写作等助力科研的培训，同时也增加多种热门软件的培训。这些讲座全由读者自主选择，只有网上报名预约满10人的讲座才会开讲，真实反映了读者的实际需求。

新生入馆教育是图书馆每年9至10月面向新生、新教工提供的入馆指导和培训。在学科化服务的推动下，入馆教育显现出尊重需求、形式多样的特色。入馆教育由"如何利用图书馆"为主题的培训讲座和实地参观活动两部分组成，前者针对本科生、研究生、教工等不同对象，实行分详简、分学科的多版本定制，学科馆员实地走访各个院系进行讲解；后者采用院系班级预约制度，由学科馆员和志愿者共同承担讲解任务。在网络新技术的支持下，新生入馆教育设有专门的网上专栏，提供内容丰富的入馆指南和网络课件，如"新读者图书馆手册电子书"，更进一步制作漫画版使用指南，不断改进与创新入馆教育方式。

（3）创新人才培养

创新人才的培养是我国现阶段高校重要的改革课题[3]。所谓创新人才，是指能够孕育出新观念，并能将其付诸实施，取得新成果的人。一个人的创新能力不仅表现为对已有知识的获取、改组和运用，对新思想、新技术、新产品的研究与发明，而且也表现为一种追求创新的意识，一种发现问题，并积极探求的心理取向，一种善于把握机会的敏锐性，一种积极改变自己并改变环境的应变能力[4]。

图书馆作为大学重要的信息知识中心，应在大学生创新能力的培养中发挥积极的导向作用，努力成为高校创新人才培养的基地。图书馆在培养创新人才上有一定的优势。首先，其丰富的文献信息资源，能为大学生积累知识、培养创新能力提供知识保障，能开拓学生视野，使研究者追踪到世界科研的最前沿，及时了解国外研究动态和新发展。其次，图书馆可以发挥自己在信息的搜集、组织、加工、提供服务等方面的优势，结合大学生的课堂学习、论文写作、科研活动等，为大学生提供有价值的信息。第三，图书馆所具有的自主支配时间、支配学习的自由特点，为大学生独立阅读、独立思考以及个性的培养提供了自由空间。此外，高校图书馆具有优美的学习环境、浓厚的文化氛围和读书气氛，大学生在这里可以尽情畅游知识和信息的海洋，尽情地沉浸于书刊及其他信息所展示的异彩纷呈的世界中，吮吸多方面营养，完善知识结构，陶冶性情与人格，挖掘创新能力[5]。

基于上述优势，高校图书馆学科馆员及其团队应积极开展有助于创新人才培养的各项服务及活动。以能力培养为重点，引导本科生和硕、博士研究生有效获取已有知识，并通过与教师或同学的合作，开发自身创新能力。以上海交通大学图书馆为例，其信息共享空间、创新交流社区、新技术体验区、大学生学业促进中心、李政道图书馆“交圕·学堂”、京东-创客空间、焦土创客空间，以及学校、院系级别的学生设计作品展览等服务及活动项目，均是创新人才培养方面的重要举措。

（4）人文素质拓展

校园文化是一个学校的精神气质、文化传统、优良作风和办学理念的综合体现。高等学校应该建设具有自身风格的，高品位的校园文化，使学生受到健康、高尚的文化气息的熏陶和感染，在潜移默化中把优良传统变成自身的内在素质和文化自觉。图书馆是高校重要的文化载体，拥有丰富的文化资源，理应担负起校园文化建设的重任。

高校图书馆独特的文化环境、丰富的科学文化知识资源优势，决定了它在校园文化建设中不可替代的重要地位和作用。图书馆对学生的教育作用不是课堂上的由上而下的讲授，而是通过资源、服务、环境来实现的，是极具亲和力的潜移默化的方式。它的人文环境使学生心理上产生认同，它的文化与学术资源使学生获取知识，在学术上达到更高的境界，同时也了解校园以外的世界，影响他们价值观和人生观[6]。

在校园文化建设中，鼓励大学生阅读，开启通往知识殿堂的旅程，获得更丰富的知识，探索和发现未知世界，是十分重要的方面。高校图书馆的阅读推广活动是促进大学生阅读的有效方式，为大学生营造良好的学习环境，培养大学生良好的学习风气。但在新的数字阅读环境下，如何采取更加有效的措施，引导学业压力大、思想活跃、求知欲强、兴趣广泛而又不稳定的大学生更加关注阅读，有效干预其阅读行为，提高其阅读效率，是当前高校图书馆阅读推广所需研究的重要课题[7]。

以上海交通大学图书馆为例，依托于图书馆在阅读、书目指导、文献学、信息管理等方面的专业优势及作为校园文化地标的平台效应，以“点亮阅读、启迪人文、弘扬文化”为宗旨，基于人文推广、启迪、提升、积淀、弘扬、创新的生命周期，以主题展览、文化讲座、竞赛、读书沙龙、真人图书馆（Living Library）等为主体活动形式，于2009年正式推出了“IC^2人文拓展计划”，通过举办丰富多彩的文化活动，达成凝聚交大文化精神、积淀校园文化、活跃校园文化氛围、提升学生的整体人文素养、实现校园与社会的联动的目标。

2009年3月，图书馆与学生社团秋水书社、学生联合会、媒体与设计学院等合作开始推出IC^2人文拓展计划“阅读，让校园更美丽”系列文化活动。活动以展览（书展、学生创意作品展）、竞赛（书评竞赛、书法大赛）、阅读沙龙、“思源讲坛”文化讲座、“艺术走进校园”多媒体展播、鲜悦（Living Library）、“影响交大人的书”为主体内容，涵括了展、读、评、说等形式。

2012年图书馆进一步从活动形式及内容上拓展文化服务活动的规模与范围，联合校党委宣传部、教务处、校团委等机构，以“经典悦读”为IC^2人文拓展计划年度主题，引入微博、移动阅读等新技术应用，策划及实施了包括“影响交大人的100本书”、“微言大义”——微博评书活动、阅读随行——移动阅读体验专区、“传承·悟道”——手工书签大赛、“以书会友，不亦乐乎”——二手图书跳蚤市场、“与智者对话”——专家讲座等活动，融汇了荐书、读书、修书、展书、评书、论书、创书、易书等多个环节。2013年推出“思源悦读”平台，2014年进一步推出经典悦读APP，2015年形成多元化活动模式，举办“书之道”精品读书会，采取立体化导读模式，鼓励行走式阅读实践，从而不断丰富和深化IC^2人文拓展计划。

4.3.2 硕、博士研究生

(1) 需求与特点

研究生用户群体是另一组重要的高等院校图书馆学生用户群体，通常分为硕士研究生和博士研究生两类。相较于本科生用户群体而言，研究生用户群体除了专业学习之外，还有从事科学研究的任务和工作。随着学习阶段的深入，研究生用户群体对图书馆资源需求有了更加明确的要求，而且阅读层次和水平不断提高。他们对有深度、有特色的专业文献，最新学术成果和学术前沿，反映新学科、边缘学科、交叉学科和科学方法论等信息资源的需求较大。同时，研究生用户群体显现出对专业领域的情报信息需求，以满足其论文写作、课题研究、项目申请等学术研究的需要[8]。

此外，研究生用户群体在提升个人信息素质、研究能力、创新能力，以及文化素养等方面有较高层次的需求。从专业和学科的角度，研究生用户群体也需要进行理工科学生和文科学生的区分。图书馆应针对研究生用户群体的需求和特点，重点开展信息素养拓展、科学研究支持、创新人才培养三大方面的学科化服务。

(2) 信息素养拓展

在本科生用户群体信息素养普及教育的基础上，研究生用户群体的信息素养需要进一步拓展和深化。由于研究生用户群体在本科教育阶段接受到的信息素养知识与技能的深浅不同，因此，面向硕士、博士研究生的信息素养培训应更注重分层次、分学科、分类型的原则，更有针对性地提供定制化的信息素养培训。以上海交通大学图书馆为例，院系专题培训和信息专员计划是面向研究生用户群体的两大主要培训方式。

① 院系专题培训

院系专题培训是图书馆学科服务团队根据对口院系、科研团队或创新社群组织的需求，为其定制的专题性、个性化的信息素养培训。图书馆根据不同学科专业设置学科服务团队。各学科服务团队通过与院系师生的沟通与交流，能够迅速响应读者需求，有效促成与院系师生的合作，灵活组织和实施各类培训。

学科馆员及其团队在摸索与实践中，逐渐形成了各自专题培训的个性与特色，具有代表性的有：①“走进实验室”系列，电子电气学科服务团队将培训空间扩展至科研团队实验室，近距离接触科研环境，为科研人员提供个性化培训与实时咨询；② 双语系列，机械动力学科服务团队将培训语言扩展至英文，为交大密西根学院师生提供全英文的培训教学与咨询解答；③ 专利系列，工学部将培训内容扩展至专利，面向理工科师生举办专家讲座、互动沙龙等，搭建专利知识学习与交流的平台；④“开启学术之路”系列，机械动力学科服务团队将培训内容扩展至国际期刊投稿，面向理工科研究生，邀请国际期刊主编传授写作、投稿及评审等经验，助力学术科研成果的发表。

② 信息专员培训计划

信息专员培训计划是图书馆在信息素养教育上的创新举措。它突破传统的普遍式培训模式，特别针对各院系科研团队，培养一批掌握较高层次信息素养能力的科研人员，作为图书馆与科研团队之间的纽带，延伸图书馆的学科服务能力，同时为科研团队提供更为专业的信息服务及科研辅助。

信息专员培训计划作为 IC^2 创新支持计划的内容之一，从 2009 年至 2016 年已成功举办六期。该计划以“融入学科团队，助推教学科研”为主题，由科研团队推荐硕士生、博士生或青年教师，参加图书馆组织的短期密集培训。培训内容涉及信息素养的各个方面，更注重课题调研、态势分析等助力科研的知识与技能。参加培训并通过测试的信息专员将享有图书馆授予的特殊权限，同时履行反馈科研需求、参与学科资源建设、服务科研团队等职责与义务。该计划自开展以来在全校的普及面不断扩大，其培养的信息专员们不仅在个人学习和科研成果上得益，也促进了所在科研团队整体信息素养能力的提升。

(3) 科学研究支持

在高等院校的研究生用户群体是科学研究的重要力量之一。根据科学研究的全流程，图书馆应为硕、博士们在科学研究的各个阶段提供一系列资源与服务的支持，包括信息咨询、情报分析、科研数据管理等服务内容。

学科馆员及其团队应深入院系、课题组、实验室，走到用户个人身边，而且充分利用博客、微博、微信、微课件、邮件、电话和 QQ 等手段，有效地融入到用户常在和熟悉的虚拟空间中，提供形式多样的在线咨询、需求反馈、发布信息等服务，为科研用户提供全方位、专业化的信息咨询服务[9]。

学科馆员及其团队充分发挥自身在信息处理工具、信息分析手段等方面的优势，为硕、博士研究生等科研群体或团队，提供一系列情报分析服务，如科技查新、定题服务、专题调研等。

针对包括硕、博士研究生在内的不同科研用户的需求，图书馆应为科研人员搭建信息服务门户、信息搜集分析平台以及学科组平台等科研知识环境，将用户的资源、服务、工具等灵活组合并嵌入了科研过程中，为科研人员的科研创新交流和成果展示提供技术支撑。此外，机构知识库（Institute Repository）的建设能够有助于科研数据的管理，能够对自主创造的知识内容进行捕获、转化、长期保存、传播和利用。图书馆应积极促进机构知识库的建设，以进一步支持硕士、博士研究生等科研人员的科研活动[10]。

（4）创新人才培养

针对研究生用户群体的创新人才培养举措可参考 4. 3. 1 本科生相关内容。以上海交通大学图书馆为例，在深入推进“IC^2 创新支持计划”的过程中，上海交通大学图书馆积极与学校相关部门合作，力求全方位支持学校创新人才的培养。

2012 年 12 月 27 日，上海交通大学图书馆与学校学指委、团委、科研院等单位合作，共同建立了上海交通大学“创新交流社区”。作为协同创新的第二课堂，“创新交流社区”将为学生、教师、科研团队及各类创新群体，提供一个良好的交流与展示平台，将举办一系列以“培育创新人才，助力协同创新”为核心的活动，旨在培养学生的创新意识和动手能力，促进创新团体之间的交流沟通与协同创新。

上海交通大学图书馆精心设计了“创新交流社区”八大板块的系列活动，包括：创新俱乐部、创新沙龙、创新竞赛、开放学习空间、个性化创新支持服务、创新经验交流与成果展示、虚拟创新交流社区建设、创新深层服务。其中，创新俱乐部鼓励所有对创新有兴趣的师生和团队加盟，自主管理和开展活动；创新沙龙不定期地邀请在科研创新方面有杰出贡献的专家，介绍创新理念和分享创新经验；创新竞赛举办各类型创新竞赛活动，较量创新能力，展现创新成果。此外，上海交通大学图书馆、学指委和教学发展中心还共同建立了“上海交通大学学业促进中心”，为本科生提供学业辅导、经验分享和学术交流，营造开放的学习空间。

上海交通大学“创新交流社区”，是师生交流创新灵感、分享创新经验的新舞台，是图书馆支持师生科研创新、助力教学科研的新基地，更是学校促进协同创新、培育尖端人才的新武器。上海交通大学图书馆以“创新交流社区”为基地，着力为全校师生和团队提供个性化的创新支持服务；搭建创新经验交流与成果展示的平台；在学校主页、BBS 和微博上，建立虚拟创新交流社区；为有需求的师生和团队提供各类深层的情报分析服务。从而，促进创新团队、学生科技创新工作室以及全校范围内的所有科研群体之间的交流协作，为学校营造校园科技创新文化氛围、培养创新人才贡献力量。

4.3.3 教师（科研人员）

(1) 需求与特点

教师是科学文化知识的系统传授者和学生自主学习的主要引导者。在高等院校中，教师按职称可分为助教、讲师、副教授、教授四个级别。大学教师的工作职责是在大学中针对自己所擅长的专业领域开设课程，或授予学生专业训练。同时，大学教师也是大学里重要的科研人员队伍，需要深耕自己专精的学科领域，撰写和发表学术成果，参与或主持研究项目，从事深入的学术研究和科学发现工作。

大学教师的工作职责可大致分为教学和科研两个方面。为了教学的需要和提高自身的任教素质，大学教师必须搜集与教学相关的参考资料，以及运用合适的教学模式和方法来开设课程。大学教师最主要的需求是有关学科和课程建设、教学内容、教材保障、教学方法和手段、教学设备应用等方面的情报信息，他们往往关注各类教材、教学参考资料、教学经验总结和本专业的新书、各种期刊及论文，尤其对教学经验和教学研究方面的情报信息心爱有加。大学教师对国内外同类教材的状况与发展，同类学科和课程的改革与建设等都比较重视，注重吸收那些准确性强的新知识，以便随时修订教材，优化教学内容、改进教学方法和手段。

在科学研究方面，大学教师需要撰写和发表研究论文、专业教材、参考书或专题著作，需要参与和主持国家级、省部级、校级等各类研究课题与项目，因此，他们对在自己学科专业领域的重要问题、学术前沿、理论热点及新思想、新观点、新的事实性材料等的需求较为迫切。其需求的特点是专业性强、理论层次高、少而精，即强调科研情报信息的新颖性。他们对新发表的论文、专著、各种专业性出版物、会议资料、学术动态和新兴交叉学科的有关资料有着特别浓厚的兴趣。

根据教师（科研人员）用户群体的需求和特点，图书馆应重点开展教学支持、科研辅助、专业情报分析三大方面的学科化服务。

（2）教学支持服务

随着社会的发展和对人才的高素质要求，推动传统大学课堂转型，促进教学模式的创新发展，已经成为高等教育工作不可回避的目标和使命。高校必须致力于培养大学生的创新能力、造就一支适应未来挑战的高素质人才。在实际实践中，通过课程模式改革，从单纯的“授课”，转变成通过学生适度自主学习、研究，老师在过程中有效引导，从学习过程中实现创新能力提升和知识研究视野的拓展；可以不断调动学生的主动性，启发学生独立思考，发展学生的逻辑思维能力。如今，国内不少高校已开始进行改革，实践这种教学模式的进一步拓展和创新，例如 OCW 开放课程、E－Learning、M－Learning 和 MOOCs 大规模网络开放课程等运动的兴起，扩展了自主学习范围，丰富了自主学习手段。对于图书馆而言，支持校园教学创新运动的关键在于，为学生在探究式学习过程中，提供多形态资源、可选择的移动学习终端，用户差异化、个性化支持和高度学习体验的课程学习资源服务，从而推动以学生为中心的高校教学模式变革。

以上海交通大学图书馆为例，随着学科化服务的深入开展，图书馆在支持学校专业课程学习、推动教学模式变革方面，在全国率先推出“智慧泛在课堂”之电子教参服务。2011 年 10 月，图书馆、教务处、网络信息中心强强联合，共同开发电子教学参考资源系统，将图书馆电子教参资源有效融入学校教务系统，实现了教学课程信息与教参资源的实时互通；同时，其革命性地将移动学习融入学校教学环境，推广移动阅读，推送个性化电子教参资源，有力地支撑了学校教学和创新人才培养，积极推动自主学习模式，推进“智慧校园”的发展建设，为“三位一体”育人理念的实现贡献力量。截止2016年，“智慧泛在课堂”已面向全校本科生课程，推送教师指定的课程教参7000余册，使用量逾10万余册次。同时，开发电子教参服务的安卓和iOS客户端，为全校师生提供“智慧泛在课堂”之电子教参移动学习终端免费外借服务。

（3）科研辅助服务

根据科学研究的全流程，图书馆应为教师（科研人员）用户群体在各个阶段提供科研辅助服务，如全方位的信息咨询、专业的情报分析服务、科研知识环境的构建，以及信息能力的培养。在信息能力的培养方面，学科馆员及其团队应注重满足科研团队在具体阶段的需求，在培训内容上与科研团队的研究方向相结合，在培训效果上容易引起团队的共鸣，以达到更好的效果。如在为团队进行的专场培训中，学科馆员会主动向团队征集研究案例，作为培训的展示素材。

在科研知识环境的构建上，图书馆可开展机构知识库的研究和建设。高校和科研机构在学术科研成果方面有着丰厚的历史积淀，而且每年都会产生大量有价值的研究成果，除了正式发表的论著外，还有丰富的科技报告、工作报告、科学数据、多媒体资料、科研项目申报材料、毕业论文等极具学术科研价值的资源，但是这些成果大都散落在每个研究者手中，没有得到广泛的利用和共享。另一方面，科学研究正在呈现出研究内容整体化、交流手段国际化、资源多样化等特点，迫切需要用知识管理方法具体规划和应用起来，给科研人员提供一个适时、适用的知识管理和应用平台[11]。基于此，高校图书馆应积极进行机构知识库的研究和建设，以更好地帮助教师（科研人员）管理和应用科研成果。

（4）专业情报分析服务

作为高校重要的科研人员力量，教师（科研人员）及其团队对科研情报信息的需求是多样化、个性化、专业化的。因此，图书馆应主动跟进、重点保障重要学科和用户的情报信息需求，并提供量身定制的、专业程度较高的专业情报分析服务。如嵌入与跟踪重点团队研究课题。学科馆员及其团队对各研究领域重要学术带头人进行梳理，确立以院士团队、千人团队为重点服务目标的思路，通过主动拜访、细处着力、逐步深入、持续跟进的递进式服务机制，围绕团队的研究课题开展持续深入的嵌入跟踪服务，在提供文献信息的定题服务基础上，开展对研究领域热点、相关研究者、研究机构、学术新动向等方面的深层次、多角度的服务[12]。

4.3.4 管理人员

（1）需求与特点

大学图书馆的管理人员用户群体主要是指高等院校中从事同教育相关的管理工作的人员及干部，其中，大学校长及各院系领导是更高层次的决策者群体。一般而言，管理人员用户群体大都围绕本职工作和兴趣而产生对图书馆资源与服务的需求，其目的在于提高自身的专业素质和业务能力。

当前，高等院校有诸多职能管理部门，包括教务处、人力资源处、研究生院、科学技术发展研究院等。根据各职能管理部门的不同，其管理人员对图书馆资源与服务的需求也不尽相同。在教学管理方面，管理人员用户群体表现出对高校教学模式变革的需求；在科研管理方面，管理人员用户群体表现出对某一学科或某一专业领域情报分析需求；在教师人员培养方面，管理人员用户群体表现出对教师人才的评估需求；在学校规划方面，管理人员用户群体表现出对大学未来发展的战略分析需求。

管理人员用户群体的需求特点是：重视教育情报信息的评价和选择，强调情报信息的时效性和适用性；对于情报信息的完整性、政策性、全局性、方向性、可行性和综合化程度要求较高。一般说来，决策人员群体对情报信息服务的要求比较急迫，注重情报信息的可靠性与实用性，对有关教育改革的方针、政策、大学整体发展趋势、国内外高校竞争力分析、学科态势分析等方面的综合性报告尤感兴趣。图书馆可针对管理人员用户群体的需求和特点，重点开展决策支持和学科分析两大方面的深层次学科化服务。

（2）决策支持服务

随着国家中长期教育改革和发展规划纲要的出台，高等院校管理与决策者们越来越需要从战略层面上准确把握学科与科研发展的态势，分析与监测与重点优势学科、交叉学科、前沿学科、新兴学科发展相关的各类数据，并在此基础上制定具有前瞻性和战略性的规划与决策。虽然国内的高校图书馆一直致力于为学校学科、科研发展提供基于学术论文的信息支持服务，如科技论文的统计分析、查收查引等，但这一类的服务已经不能满足管理与决策者们对各类数据关联性的需求，对基于数据挖掘的深度信息分析服务成为了新的需求点。

图书馆应抓住这一新的需求点，为管理人员用户群体提供支持其战略决策的知识化服务，包括学科现状及发展趋势的对比分析，科研绩效的分析预测与评价，学科领域人才评估等。通过对学术资源进行再组织，有效挖掘学科数据之间的关联性，开展数据挖掘与动态分析预测服务，建立满足科研与学科管理部门战略性知识需求的服务机制。

（3）学科分析服务

除了对学校整体战略与发展规划的决策支持，图书馆还可以为各院系或科研管理部门提供基于某一特定学科领域的科研或学科信息情报分析服务。例如：本学科研究机构学术竞争力和发展趋势分析，本学科资源评估与分析，本学科及相关学科的现状、发展趋势分析；对本学科、本专业及其科研人员的学术影响力分析等。从分学科的角度出发，为管理人员用户群体提供学科专业化的高端信息分析服务。

4.4　实施方法

4.4.1　联络拓展

（1）目标

图书馆与院系的联络拓展，从广义上来讲，所有面向读者的公共服务都可称为联络拓展。从狭义上来讲，联络拓展是指通过学科馆员建立与各学院、系、研究所的图书情报信息的交流沟通机制，全面、主动、及时地了解各学科师生的文献信息需求，同时将图书馆拥有的相关学科文献资源信息发布出去，最大限度地提高图书馆的文献服务能力和服务水平。联络拓展应具有两个鲜明特征：主动与读者接触，把资源和服务送出去，而不是被动等待读者上门求助；深入对方空间，包括物理空间和虚拟空间。

联络拓展的目标是建立图书馆与院系师生之间畅通的信息需求与供应渠道，在不断接触与合作的过程中，彼此之间建立起信任机制、融洽和谐的工作环境以及进一步长期稳定的依赖协作关系。通过联络拓展，宣传推广图书馆学科化服务，有利于培养用户逐步形成“有问题找学科馆员”的习惯，推动和优化图书馆以用户为中心的服务模式，提升图书馆的地位和形象。

（2）流程与方法

① 联络拓展流程

■ 根据联络对象，明确联络目标

学科联络包括与院系教师、研究生及本科生之间的交流联系。对于不同的联络对象，联络有不同的特点及不同的目标。动态的学生市场会随着就读年级、知识结构的变化而引起信息需求的改变，又随着学生的流动而导致的信息需求呈现重复性。因此，针对学生对象的联络拓展目标应向学生介绍嵌入学科、课程的信息资源、推送文献资源服务工具、解答和处理学科咨询以及与图书馆相关的问题。院系教师的信息需求往往围绕研究课题呈现个性化和深层次的特点，因此针对教师的联络拓展应落实到特定的某位教师，提供个性化的关于学科进展和学科前沿方面的文献收集、传递、整理、分析服务。

■ 选择联络方法和渠道

根据不同对象的联络目标，确定联络的方法和渠道。针对学生的联络途径有：在院系设咨询台定期值班、定期更新学科服务平台（如 LibGuides、学科博客）等。针对教师的联络途径有：拜访教授和院系沙龙、座谈、研讨会等。除了以上正式的联络拓展方式，学科馆员应依据不同环境不同对象时时调整联络策略，开拓和利用新的联络渠道及技巧，不拘泥于特定的模式，比如利用电子邮件和电话、参加院系会议、与院系老师进行一次非正式的午餐等。

■ 解决用户需求，发布资源和服务

联络拓展的首要任务是了解并解决院系师生的信息需求，同时向用户发布图书馆最新的文献资源和服务。比如：通过院系值班，深入院系物理空间，解答和处理学科咨询以及与图书馆相关的问题，同时向院系师生发送培训讲座目录和经过梳理的学科资源等；通过定期更新学科服务平台，发布嵌入学科、课程的信息资源；通过拜访教授，深入了解学科团队的研究进展，解决教授的科研需求，向教授发送学科服务菜单，宣传推广深层次的学科服务，为学科服务团队融入教学和科研打下基础。另外，在联络过程中尽量做到当场解答用户的疑问和需求，如未能做到当场解答，应在事后尽早给予答复。

■ 汇总并分析反馈意见

联络过程中，除了收集院系师生的疑问和需求，还应征求师生提出的反馈意见与建议。事后，针对院系师生的需求和反馈意见进行汇总和分析，主要可以概括为以下三个方面：资源利用（包括纸本图书的借阅问题及电子数据的检索问题）、资源建设（图书荐购方式及资源类型）、服务方面（深层服务和个性化服务）。针对以上的反馈意见，改进、拓展学科化服务。图 4-1 为学科化服务联络拓展的流程图。

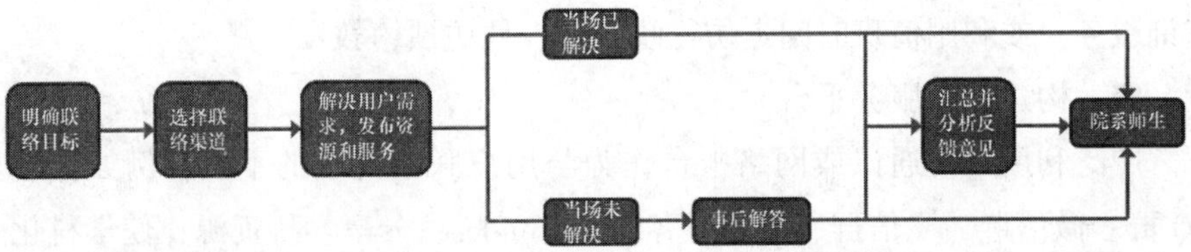

图 4-1 学科化服务联络拓展流程图

② 联络拓展方法

学科馆员与院系师生之前的联络拓展需要采用适当的、正确的方法与途径，方法得当，可以达到事半功倍的效果，方法不当，做得再多也如同隔靴搔痒，起不到关键作用。不论学科馆员采用何种方式、方法与院系进行联络沟通，如下三个关键点是需要掌握的：主动性、个性化与持续性。主动性、个性化是学科化服务不同于图书馆传统服务的基本特征，而持续性是学科化服务长效发展的重要法宝。可以将这三个关键点视作联络拓展的“9”字方针，学科馆员无论在实际的工作中，采用何种方式与用户之间建立联络，这“9”字方针都是根本点，贯彻于用户联络沟通的实践行动中。

面对联络拓展的任务与需求，解决问题的角度不用，采用的方法亦不同，由于用户需求的多样性与个性化，联络拓展方式方法也千差万别，概括而言，较为通用的方法有如下几种：

■ 了解学科专业特征与需求

从宏观来说，了解服务院系的学科专业设置与特征，以及学校围绕此专业的教学科研目标与长远规划；从微观来说，了解师生的专业背景与个性化需求，自信、从容地去应对师生提出的各种问题。

■ 掌握学科资源建设情况

了解校图书馆和院系资料室的学科资源馆藏情况，并通过学科建设规划与标杆对比等途径，了解学科资源建设需求与目标。

■ 用户调研与意见征集

通过问卷调查、访谈等方式，及时征求用户的反馈意见。

■ 院系值班

以学院资料室作为据点，学科馆员定期深入院系值班，为院系师生提供咨询服务，或利用值班时间走访行政教师、拜访预约教授。

■ 构建学科服务平台

广泛利用一切通讯或网络平台作为与用户联络沟通的手段，例如：建立QQ群、微信群、飞信群、学科博客或LibGuides，分享学科资源，使学科化服务的时间和空间拓展到无时不在，无处不在。

■ 为院系活动提供支持

充分利用图书馆的空间资源和信息资源优势，为院系活动提供支持，包括院系沙龙、座谈、研讨会、各类展览、视频展播等，在各种活动中与师生建立联系。

(3) 要点概括

学科馆员是联络高校图书馆与各院系之间的桥梁与纽带，院系联络拓展是图书馆深化学科服务的重要基石，学科联络沟通是学科馆员的重要职责，有效的联络沟通应该是有步骤、有方法地进行，注重主动性、个性化、持续性，加强学科团队相互协作，促进学科馆员与师生彼此之间的相互信任，这需要学科馆员全面发挥能动性，拓展沟通渠道，也需要图书馆的重视，还需要院系领导的大力支持和关注。

4.4.2 信息素养教育

(1) 目标

信息素养教育的目标就是培养受教育者具备和提升这些能力，从而以批判性思维解决问题，完成特定任务。泛学科化服务体系下，图书馆开展信息素养教育的目标是：依据高校发展战略和规划，在全面优化图书馆的文献信息、人力和基础设施资源的基础上，在能有效促进学术交流的信息环境中，充分考虑不同层次用户的需求，通过制定合理的实施策略分类开展多种形式和类型的信息素养教育，使信息素养教育成为学校教学及科研活动的有机组成部分，最终有效提升在校师生的信息素养水平和终身学习能力。

在上述目标的指导下，图书馆可以将高校信息素养教育分为面向本科生和研究生两个层面。由于本科生和研究生在知识背景、信息能力和学习生涯阶段的培养目标有着明显的差异，因此，对本科生和研究生应采用不同的信息素养评价标准，并以此制定不同的信息素养教育实施策略。然而，目前的标准主要针对本科生，要求也相对宽泛，对研究生没有提出明确的要求。在当前我国研究生培养模式中，教学与科研相结合是主要的培养方式之一，科研是研究生的重要任务，对信息的利用需求以及信息素养教育的要求也更高。

对本科生而言，ACRL（Association of College & Research Libraries，美国大学与研究图书馆协会）标准可作为本科生信息素养要求的基本标准；而研究生信息素养教育的标准的应该在以上标准的基础上，更侧重于以科研为导向的信息素养教育。在 ACRL 能力 5 大标准的基础上，本科生与研究生信息素养要求对照情况见表 4-1。

表 4-1 本科生与研究生信息素养要求对照表

项目	本科生信息素养的具体要求	研究生信息素养的具体要求
信息需求	1. 定义和描述信息需求。 2. 能找到多种类型和格式的信息来源。 3. 权衡获取信息的成本和收益。 4. 重新评估所需信息的性质和范围。	1. 了解本学科领域相关研究热点和前沿，能根据需求发现问题，合理选题，确认研究方向。 2. 正确认识各种不同类型和格式的相关学科国内外专业数据库、学术搜索引擎，了解相关网站、数据系统、声像及纸质资源等信息源。 3. 了解并合理评估获取信息的成本和利益。
信息获取	5. 选择最适合的研究方法或信息检索系统来查找需要的信息。 6. 构思和实现有效的搜索策略。 7. 运用各种各样的方法从网上或亲自获取信息。 8. 改进现有的搜索策略。 9. 摘录，记录和管理信息和它的出处。	4. 根据信息检索系统的范围、内容和组织结构，选择获取所需信息的最佳途径和方法。 5. 根据研究阶段选定合适学科、信息源、时间范围，确定关键词、同义词和相关术语，合理使用检索系统的命令语言，建构和完善检索策略。 6. 运用检索系统、专业机构、专家或个人在线等多途径获取所需信息。 7. 评估获取的信息，根据需要修改优化检索策略。 8. 有效记录和管理获取的信息。
信息评价	10. 从收集到的信息中总结要点。 11. 清晰表达并运用初步的标准来评估信息和它的出处。 12. 综合主要思想来构建新概念。 13. 通过对比新旧知识来判断信息是否增值，或是否前后矛盾，是否独具特色。 14. 决定新的知识对个人的价值体系是否有影响，并采取措施消除分歧。 15. 通过与其他人、学科专家/行家的讨论来验证对信息的诠释和理解。 16. 决定是否应该修改现有的查询。	9. 准确提炼、概括出信息的核心含义。 10. 采用合理方式筛选、鉴别研究所需的信息。 11. 对信息进行统计分析、加工整理、总结归纳，遴选支撑研究课题的重要信息。 12. 合理组织获取的有效信息，对新旧信息和知识进行整合，并融合到自身已有的专业知识系统中。 13. 通过咨询专家等方式验证获取信息的正确性和对信息的理解。 14. 评估获取的信息是否能够满足研究的需要。

续表

项目	本科生信息素养的具体要求	研究生信息素养的具体要求
信息利用	17. 新旧信息应用到策划和创造某种产品或功能中。 18. 修改产品或功能的开发步骤。 19. 有效地与别人就产品或功能进行交流。	15. 有效利用信息，促进和支持研究课题顺利开展。 16. 采用合适的方式总结展示研究成果并有效进行交流。 17. 综合分析所有信息，捕捉学科创新点，探索和提出新的研究方向。
信息道德	20. 了解与信息和信息技术有关的伦理、法律和社会经济问题。 21. 遵守与获取和使用信息资源相关的法律、规定、机构性政策和礼节。 22. 在宣传产品或性能时声明引用信息的出处。	18. 遵守学术道德和学术规范。 19. 尊重知识产权、版权并合法使用。 20. 严格按照引用标准标引。

在研究生与本科生信息素养要求的标准中，对信息意识、信息能力和信息道德的基本要求是一致的。与本科生相比，由于研究生直接参与科学研究，因此对其信息素养的要求更高，主要侧重于科研方法、专业信息获取、评价和利用以及学术道德规范等方面。本科生则着重于信息意识、信息知识和基本信息能力及信息道德的培养，使之具备基本信息素质能力，能够认识信息的作用和价值，对于有效信息具有感知性，能准确表达信息需求，并且能恰当使用检索方法获取所需信息并能正确评价和有效使用。

（2）实施方法与流程

合理的信息素养教育实施方法与流程能有效地支持标准的实施。信息素养教育的实现是在信息素养标准、流程及方法的指导基础上，在具体的操作层次上进行实践，提供提高个人信息素养、检验信息素养模式可行性的方案。另一方面，信息素养标准又是衡量实践活动成效的唯一指标，促进方法与流程的进一步完善。个人在自身信息素养培养过程中，所需达到的能批判性地评价信息及其来源，并能把所遴选出的信息与原有的知识背景和评价系统结合起来，以及能有效地利用信息达到某一特定的目的这样一种能力，是评价一个信息素养培养实施策略成功与否的指标性数据。

1）本科生信息素养教育的实施策略

学生的信息素养水平，决定着他们的终身学习能力和创新能力的高低。美国等发达国家在中小学普遍开设信息素养的相关课程，在高等教育阶段更是有着成功的实践，他们建立起了较完善的信息素养教育体系，全面培养学生的信息素养。相比之下，我国的中小学几乎没有相关内容的教育，这为我国高校的信息素养教育提出了极大挑战，高校因此成了信息素养教育的主要阵地，肩负起了培养广大学生信息意识、信息能力、信息道德以及终身学习能力的重任。

① 本科生信息素养教育的现状及特点

高校本科生的信息素养教育由文献检索课发展而来。上世纪 50 年代初期，美国就开始开设文献检索课，并随之形成大规模的用户教育活动，包括从中小学到研究生的各层次的教育。1960 至 1970 年，我国有极少数院校开设过专业文献利用课，但并未形成普及之势。文献检索课在我国大规模普及是从上世纪 80 年代才开始的，高等学校文献检索课的开设源于 1984 年教育部下达的《关于在高等学校开设文献检索与利用课的意见》，目前大部分高校都开设了文献检索课。80 年代初期，随着信息技术渗透到社会生活的方方面面，以计算机为核心的信息技术极大地丰富了“信息素养”这一概念的内涵，它将文献检索课的教学内容拓宽至“信息检索”或“信息利用”，将文献检索课程放在“信息科学”这一大背景中去，文献检索课与计算机教育紧密联系，得到空前发展，是信息素养教育最早的雏形。

随着欧美国家信息素养标准的成熟与正规化和成功的信息素养实践，近年来，在我国改革教学模式和培养创新人才的迫切需求下，在对信息素养教育不断的实践探索中，我国高校的信息素养教育得到了普及和创新发展。信息素养教育不仅已被提升至培养人的创新素质的层面，更显现出融入高校整个教育体系的必然趋势。与此同时，“学科化服务”理念和学科馆员制度的引入和推广，为高校图书馆提供了信息素养教育创新发展的平台。越来越多的高校图书馆开始设置以通识教育为主的信息素养教育配套课程及各类培训讲座，不仅如此，高校也开始认识到信息素养教育者与专业课程教师合作的可能性及必要性，意识到需要多方协作才能使学生的信息素养得到进一步深化和提高，高校开始进行整合式/嵌入式教学（Course Integrated Instruction）的探索与实践。以期更好地实现高校信息素养教育的目标。实践也证明，在信息素养教育中，学生信息素养能力的培养既可以通过通识教育获得，也可以在整合教育中得到进一步深化和提高。

② 本科生信息素养教育的实施方法

通识教育与整合教育是目前高校本科生信息素养教育的两种基本模式。信息素养通识教育汲取了国内外图书馆学和教育学的有关研究成果，针对大学生的特点，为大学生全方位分析、获取有关信息提供较全面的知识和技能培训。而在此基础上，整合教育将信息素养内容与专业问题结合起来，让学生在完成学科作业的过程中运用信息技能，一方面有益于专业学习，一方面也提高了自身的信息素养，可以较好地弥补通识教育不够深入的缺点。因此在高校信息素养教育中，通识教育是基础和先导，整合教育是补充和深化，两者各有优势，相互补充。

从开展本科生信息素养通识教育来看，高校信息素养通识教育的形式主要分为图书馆常规培训和公选课两种。图书馆的常规培训又可分为新生入馆教育和定期与不定期的讲座（滚动培训）。许多高校图书馆在每学年开始时，会进行新生入馆教育，并引导新生实地参观。除此之外，图书馆还会在平时开展专题系列讲座活动。同时，也可以设置信息素养教育方面的全校公选课（如学校核心通识课程），任课老师来自于图书馆或相关领域。课程的考核主要为期中和期末考试以及少部分课堂作业。

相对于传统的专业教育模式，通识教育课程更注重知识的广度、学习能力的培养、健全心智的养成。通识教育的目的在于为学生提供多学科的知识，提供丰富多彩的文化背景，提供深入思考问题、研究问题的取向和方法，提供必要的学术规范，全面培养学生分析问题和解决问题的能力。本科生信息素养通识教育应以 ACRL 信息素养能力标准为基础，注重案例教学，强调以学生为中心，以互动研讨为模式进行设计。在课程内容设计方面，要兼顾信息素养能力的各个方面，尤其应该重视之前较被忽略的知识产权和信息伦理的教育。在重视检索工具和检索系统的同时加强图书馆资源的推广，体现图书馆的教育职能。除了衡量学生基本信息素养，教学组还应拟定适用于不同学科的评估方法和策略，因为在这些领域中信息素养在知识创造、学术活动和出版过程有明显的作用。根据课程所授内容来设计学生使用哪些资源或工具，充分考虑如何在专业问题的解决中嵌入信息素养知识，根据学生需求来设计场景和布置作业，达到信息素养教育的目的。在授课形式上，信息素养通识课程应在传统面授型教学的基础上，利用网络开拓教育内容和形式。发达的信息技术为教育形式的多元化发展提供了新的契机，网络的飞速发展使得信息素养教育可以突破时间和空间的限制，将视频、图像、文本、网页、文档和幻灯片等多种资源整合起来，形成一个便利而丰富的 E-learning 环境，提供个性化服务，提高学习效率，增强学生的自主学习能力。同时，Web2.0 技术的应用能增加信息素养教学活动的多样性、互动性并能充分调动学生的学习积极性。因此，在信息素养通识教育中，也应该从内容到形式上做到不断与时俱进，进行改革创新。

在信息素养通识教育的基础上，在某些专业尝试整合教育，深化学生对信息素养的了解与认识，进一步提升他们的信息素养。

整合式信息素养教学要求把信息素养教学整合到专业课程教授中，成为其有机组成部分，而单纯地在专业教学中介绍某种资源或用法，或者是在信息素养教学中举一些专业性的例子，则不能称之为整合式信息素养教学。信息素养教育的根本内涵在于使学生在生活和学习中更高效地解决面临的信息收集任务，通过“工具的优化”使自己的学习更加有效快捷是其最终目标。整合式信息素养教育恰好可以将手段和目标结合起来，一方面可以让学生在耳濡目染中提高自身信息素养，另一方面也将提高学生专业学习的效果，推动学生专业素养的提升，培养其解决实际问题的能力和创新能力，因此整合教育是在通识教育基础上的改进。

整合教育要求专业老师与信息素养教学者相互合作，共同来完成教学任务。其具体方式是，在制定教学计划、任务目标和课程作业考核时，信息素养教学者参与进来，成为教学团队的一员。在一学期中根据需要安排信息素养教学者对学生授课，可以全程介入，也可以选择间隔性介入，视学校和课程具体情况而定。在教学内容上，整合教育要求既要达到专业课程教学目标，也要完成信息素养教育的相应内容，同时对这两方面都要检测与评估。信息素养方面的内容与通识教育并没有实质上的差别，仍然是以信息素养的几个要素，即信息意识、信息能力以及信息安全道德等为主。只不过这种教育并不是直接将信息素养的内容讲授给学生，而是穿插在他们的专业课程学习中，通过问题导向型学习（Problem-based learning）过程导向型学习（Process-oriented guided inquiry learning）以及研究导向型学习（Research - based learning）来引导学生，教师为学生创造一定情景，提出问题或者由学生自己来发现问题，然后设计方案，采用多种工具来解决问题，在这个过程中，教师只是一个指导者和支持者，而学生则要通过多种探索、多方合作来完成学科任务，在这种潜移默化的过程中逐渐提升学生的信息素养。

③ 本科生信息素养教育的实施流程

本科生信息素养教育作为学科化服务的重要内容之一，其具体实施应以读者需求为导向，提倡信息素养教育的多层次、多维度的拓展与创新。从培养基本信息技能出发，立足启迪学生的创新思维，在实践中进行信息素养教育内容与模式的转变和探索，开展“普及——拓展——深入”三大层面的信息素养教育。

常规课程与培训是在全校范围内普及信息素养教育的基础内容，包括常规课程、滚动培训、新生入馆教育三大方面。

常规课程：由图书馆面向全校本科生群体开设，并根据不同学科、不同类型规划培训课程。目前，常规课程分为通识核心课、公共选修课和专业限选课，可以分别针对理工科生与文科生，具备相应的学时和学分。以上海交通大学通识核心课《信息素养与实践》为例，课程的改良与创新主要表现在：扩展文献管理软件、写作规范与学术道德等贴合需求的教学内容；增加互动讨论、实践与调研等灵活多样的教学形式。同时，该课程提倡采用学生分组学习方式，并将最终成绩根据不同教学形式按比例考核评定。这些措施激发了学生的兴趣和参与热情，也培养了学生的自主学习能力和创新能力。在每年全校的课程评价中，图书馆常规课程的教学效果高于全校平均水平。

滚动培训：是常规课程的有力补充，其特点是面向全校师生，讲座内容既有馆藏资源利用和信息技能培训，也有按照不同学科开设学术前沿追踪、项目基金申请、科技论文写作等培训，更有对多种热门软件培训。滚动培训一般每学期开设十余场讲座，采用90分钟的授课与上机练习相结合的方式。

新生入馆教育是图书馆每年面向新生、新教工提供的入馆指导和培训。在学科化服务的推动下，入馆教育由“如何利用图书馆”为主题的培训讲座和实地参观活动两部分组成，前者可以针对本科生、研究生、教工等不同对象，实行分详简、分学科的多版本定制，学科馆员实地走访各个院系进行讲解；后者可以采用院系班级预约制度，由学科馆员和志愿者共同承担讲解任务。在网络新技术的支持下，许多高校都设有“新生专栏”，新生入馆教育可以开有网上专栏，提供内容丰富的入馆指南和网络课件。

开展院系专题培训等特色讲座是信息素养教育的拓展实现的主要方式。院系专题培训是图书馆学科服务团队根据对口院系、科研团队或创新社群组织的需求，为其定制的专题性、个性化的信息素养培训。院系专题培训由各学科服务团队与院系师生进行沟通交流，迅速响应读者需求，有效促成与院系师生的合作，灵活组织和实施各类培训。在摸索与实践过程中，具有代表性的有专题培训有双语系列培训：将培训语言扩展至英文，为国际化院系师生提供全英文的培训教学与咨询解答；专利系列，将培训内容扩展至专利，面向理工科师生举办专利类培训与活动，搭建专利知识学习与交流平台等等。

除了普及和拓展信息素养教育之外，在学科化服务的基础上，进一步探索信息素养教育的深度，开展与专业课程关联的多种嵌入式教学的特色实践。

根据美国大学与研究图书馆协会（ACRL）的界定，嵌入式教学是指把图书馆及其资源的利用教学作为学科课程目标的有机组成部分，也称为“与学科的整合式教学”或“信息素养与专业课的渗透式教学”。嵌入式教学一般分为相关、完全两种方式，前者是馆员对专业课的部分或局部介入；后者是馆员对专业课的全面参与。嵌入式教学包括以下几种形式：

- 局部嵌入式教学：学科馆员针对某一专业课程的师生需求，量身定制信息素养教学内容，一次性、集中式讲授课程所需的知识与技能。

- 跟踪进阶式教学：学科服务团队跟踪某一学科本科生四年的学习课程，策划与定制进阶式的培训内容，按大一至大四的不同学习阶段，由浅入深地渐进式地开展培训与咨询服务。

● 全面融入式教学：学科服务团队针对某一专业课程，与授课教师紧密合作，参与教学目标制定、课程规划、作业设计、成绩评定等自始至终的全过程。

2）研究生信息素养教育的实施策略

从以上本科生与研究生信息素养能力要求分析可以看出，面向研究生的信息素养教育应结合研究生需求以科研为主的特点，侧重在科研方法、专业信息获取和评价、学术道德规范等方面开展。针对研究生的信息素养教育应使研究生获得较强的信息素养能力，即具备以下特征：对信息的需求和了解的兴趣与愿望更强烈，有坚定的信息信念，学习愿望强；更善于感受、洞察与把握稍纵即逝的信息；有高度的信息责任感、法律意识和道德观念；有一定的关于信息运用的知识基础；掌握运用信息的方法、技术与技巧；能运用现代信息技术吸收、组织、创新、交流与消费信息；自觉形成良好的信息认识与利用的习惯；具备信息传播、利用与交流的设施、设备等客观条件；处于良性的社会与个人信息环境中；能创造性地适应与控制社会与个人信息环境，具备创新信息与环境的能力，这也是其最突出的特点。

① 研究生信息素养教育的现状及特点

研究生是高校图书馆中比较特殊的读者群体，具有学生和研究人员的双重属性，有些甚至还具有教师的第三重属性，具有学习、研究、教学相结合的信息需求。他们通常比本科生更熟悉图书馆的资源与服务，但还未具备教师和科研人员的研究与信息获取等能力。在专业课程学习阶段，研究生需要查阅大量的专业文献；在参与科研项目和撰写毕业论文时期，需要查阅专业领域最新的权威文献，并且必须能够准确鉴别和正确使用各种文献资源和科学数据。根据我国多项研究生信息素质调查项目的结果，发现研究生中存在如下一些问题：资源使用方面，研究生中多使用搜索引擎，只有不足 50% 的研究生知道并使用图书馆电子资源；检索技能方面，很多研究生不能明确表达其信息需求和确定所需信息范围以进行检索；合理引用方面，仅有部分研究生能够严格按照引用标准进行标引。可见，研究生存在信息检索与利用方面的诸多障碍，信息素质需进一步提高。同时，有将近半数的被调查研究生从未系统学习过信息检索与利用课程。而且，文献检索课在知识传授上虽然系统性较强，但是课后由于缺少实践，学生到撰写毕业论文阶段仍然困难重重，感觉无从下手。上述调查虽然只是部分院校的状况，但不难看出研究生信息素质的不足以及教育的欠缺。

研究生具有学习、研究、教学的三重需求特点，面对日益复杂的科研信息环境，研究生基本科研素质和技能明显不足。因此，高校必须充分重视研究生的信息素养教育，带动研究生学习、科研和创新能力的提高，从而提高研究生人才培养质量。

② 研究生信息素养教育的实施方法

首先，应该开设适应研究生培养需求的文献检索课程。按照培养目标，结合研究生在课题不同研究阶段的需求，确定教学大纲和内容。开发适合研究生使用的教材和电子课件，突出知识的利用与创新。坚持信息检索理论与实践相结合，改革教学手段和方法。结合专业和不同学习阶段嵌入相关科研实例，增强针对性，提高实用性。加强与导师合作，开展多形式、多层次教学，为学生提供实践空间。采用定题检索、论文习作等形式进行课程考核，通过点评和交流等不断提高研究生信息素养，达到教学目的。

同时，面向研究生的信息素养教育应更加关注科学研究方法和工具的培训和指导。美国研究图书馆协会（American Research Library Association，ARL）自2007年开始关注为研究生提供专业化服务，讨论研究生教育和图书馆的角色。2012年12月，ARL发布了《新时代的新角色：研究图书馆为研究生服务》报告（New Roles for New Times：Research Library Services for Graduate Students，简称“ARL报告”）[13]。不同于国内图书馆聚焦于研究生的信息素养教育，ARL报告综合研究生和教师的期望以及馆员的反馈，指出不同于本科生的基本信息素养培训，面向研究生应该更加关注科学研究方法和工具的培训和指导，包括：

- 研究过程的指导，例如各学科的研究方法、论文写作辅助。
- 各种工具的使用，例如思维导图、社交网络、机构库工具、知识发现和传播工具。
- 数据的分析处理，例如利用数据挖掘和分析工具评估和处理大量数据。

● 可视化技巧，例如海报、幻灯片的制作。

● 各种软技能，例如时间管理、写作和保持个人激励等。

● 基本的信息素养，例如 WorldCat、Google Scholar、引文索引工具、数字资源和服务、政府出版物和灰色文献的使用等。

其次，面向研究生的信息素养教育应在本科生信息素养教育的基础之上，充分发挥学科馆员与学科化服务的作用。

图书馆以其拥有的丰富的信息资源、先进的信息技术、专业的人力资源等优势，已成为高校开展信息素质教育的主要基地。图书馆承担的文献检索课是实施信息素养教育的重要课程，但信息素质教育不是文献检索课教师等少数人的工作，而是与图书馆的其他服务工作，如学科化知识服务工作密切相关、相辅相成。一方面，研究生信息素质教育是图书馆学科化知识服务的重要内容；另一方面，研究生信息素质的提高反过来能促进图书馆学科化知识服务的深层次开展。充分发挥学科馆员与学科化服务的作用，包括：

● 建设高素质的学科馆员队伍，在开展信息素养教育实践的同时积极探索面向研究生的信息素养教育模式：开展整合式/嵌入式信息素养教育、建立针对不同层次、不同专业及不同方式的个性化信息素养教育模式、尝试基于创新能力培养的信息素养教育模式。

● 改变服务角色，培养研究生信息专员。研究生具有较高的文化修养和专业水平，在经过信息素质强化教育后，能胜任辅助学科馆员的角色，同时弥补学科馆员人力不足的问题；而且信息专业培训促使研究生积极主动提高自身的信息素质，以适应岗位的需求。对院系科研团队来说，他们喜欢向同辈人而不是高于他们的人寻求帮助，信息专员更加容易接近，更容易开展信息素质教育。

最后，根据 ARL 报告，有些培训内容远远超越学科馆员和培训馆员的能力，因此，图书馆在充分发挥馆员力量的同时，应该与研究生导师以及数据专家、多媒体制作专家等领域的专家展开合作。导师是研究生培养的主要责任人，充分发挥好导师言传身教的作用，在学习和研究中培养研究生的信息素养能力和技巧。通过研学结合，利用问题导向、过程导向、研究导向型学习，将信息素养教育融入到研究生培养的每一个环节，使学生在学科专业学习、研究的过程中逐步了解、熟悉和高效运用信息技能，在实践中提高信息素养能力。同时，导师可以发挥为人师表的作用，培养学生遵守学术规范、树立良好的学术道德。

③ 研究生信息素养教育的实施流程

研究生从入学到最终毕业，都需要具备强烈的信息意识和获取信息的能力，因此，研究生信息素养教育应该是一个过程教育，循序渐进，具有层次性，以多元化的讲授模式、阶段性地开展系统化的教学，从而形成一个完备的知识教育体系。基于研究生从入学到毕业的不同需求，可以将研究生信息素养教育分为基础、提高、创新三个阶段。

基础阶段是信息素养教育的初始阶段，主要目的是增强信息意识，让新入学的研究生了解各类信息资源的获取途径。基础阶段可采取的教育形式包括：

● 新生入馆教育。以学院或专业为培训单元，侧重于介绍图书馆电子资源使用及研究生可利用的各项信息服务，目的是让研究生新生全面了解图书馆，有效利用图书馆各种资源及服务。

● 互动式讲座。以座谈会形式解答研究生在信息检索与利用方面遇到的问题，选择有代表性的主题进行互动式讲授，摒弃以往单纯的听讲方式，即授课教师与学生一起查找资料，分享彼此的检索方法，交流各自的检索心得，取长补短，让新入学的研究生意识到信息检索知识是有用的。

提高阶段的信息素养教育是信息素养的全面提升阶段，该阶段的任务是让研究生熟悉各类信息资源及检索方法，快速准确地获取相关文献，以应对专业学习与研究。提高阶段可采取的教育形式包括：

● 专题讲座。基于本馆所购买的中外文电子资源数据库，向学生介绍各种电子资源及数据库的使用方法和检索途径，帮助其熟悉各种网络检索工具。

● 文献检索课。采取理论讲授与上机实践相结合的教学方法，将检索知识、检索技术及各类资源特点和使用方式系统地传授给学生，通过课堂讲解、提出作业题目、让学生上机实践、现场答疑等环节，切实提高学生文献检索的实践能力。

● 嵌入式教学。按照专业教师的个性要求，针对该课程对学生进行文献资源检索方法与技能的讲座培训，以使学生能够了解本学科专业文献资源的分布、熟练掌握检索工具及检索技巧，即时获取学习所需专业文献，从而大大提升学生对该学科专业课程的学习效果。

创新阶段是信息素养教育的巩固和加强阶段，这一阶段的重点是提高研究生有效利用信息的能力，助力科研创新，使之更好地完成毕业论文，因此教育内容需要更加深入，指导应该更加细致入微。创新阶段的信息素养教育形式同样可以包括专题讲座、文献检索课和嵌入式教学，还应该针对毕业阶段的特殊需求开展更加贴心的教育和服务，比如：

● 举办研究生专场讲座。研究生专场讲座内容不能仅仅局限于数据库的检索与利用，在内容上要更加丰富和专深，帮助研究生更好地完成科研创新和论文写作，具体内容包括：如何进行论文开题与科研立项前的文献调研，如何写好开题报告和立项申请的文献综述，如何确定论文题目，学术论文写作的标准格式，参考文献的国家标准，核心期刊的界定，投稿的技巧等。

● 培养和提高研究生的创新素质。首先要使研究生掌握创新基本原则，熟悉创造过程，了解常用的创新方法，形成创新思维，并确定创新目标；第二，应该把科技查新内容安排在研究生信息素质教育课的教学中，通过实证和案例分析，使研究生掌握科技查新这一信息服务工具，尤其要学会发现并提炼技术内容中的关键技术和创新点；第三，可以提供全程科研项目参与服务。一般来说，研究生的研究内容都是围绕导师的科研项目展开的，学科馆员的科研项目参与式服务可贯穿于整个项目的始终；第四，结合研究生学位论文课题研究的需要，通过辅导研究生完成课题的立项检索，全面训练和检验研究生的专业信息检索能力，并通过对众多信息的归纳、综合、抽象、分析、评价等思维活动，找出倾向性、相关性、因果性等规律，得出创新结论，提高研究生的综合分析水平，强化研究生的信息创新能力，为开展高水平课题研究提供重要的基础。

（3）要点概括

如前所述，泛学科化服务体系下的信息素养教育，在全面整合图书馆资源的基础上，充分发挥学科馆员和学科化服务的作用，根据不同层次用户的需求，通过制定合理的实施策略分类、逐步开展多种形式和类型的信息素养教育，使信息素养教育成为学校教学及科研活动的有机组成部分，以最终有效提升在校师生的信息素养水平和终身学习能力为目标。因此，将信息素养教育分为面向本科生和研究生两个层面。

本科生信息素养教育以 ARCL 信息素养能力标准为基础，着重于信息意识、信息知识和基本信息能力及信息道德的培养，使之具备基本信息素质能力，能够认识信息的作用和价值，对于有效信息具有感知性，能准确表达信息需求，并且能恰当使用检索方法获取所需信息并能正确评价和有效使用。本科生信息素养教育的实施采取通识教育和整合教育相结合的方法，通过开展以图书馆常规培训和学校公选课为主要形式的通识教育，为学生提供多学科的知识，提供丰富多彩的文化背景，提供深入思考问题、研究问题的取向和方法，提供必要的学术规范，全面培养学生分析问题和解决问题的能力。并在此基础上，在某些专业尝试整合教育，深化学生对信息素养的了解与认识，进一步提升他们的信息素养。本科生信息素养教育的实施流程以读者需求为导向，提倡信息素养教育的多层次、多维度的拓展与创新。从培养基本信息技能出发，立足启迪学生的创新思维，在实践中进行信息素养教育内容与模式的转变和探索，开展“普及——拓展——深入”三大层面的信息素养教育。

研究生信息素养教育则结合研究生需求以科研为主的特点，侧重在科研方法、专业信息获取和评价、学术道德规范等方面开展。通过开设适应研究生培养需求的文献检索课程、更加关注科学研究方法和工具的培训和指导、充分发挥学科馆员与学科化服务的作用、与研究生导师以及数据专家、多媒体制作专家等领域的专家展开合作等多种方式带动研究生学习、科研和创新能力的提高，从而提高研究生人才培养质量。其具体实施流程则采取多层次性，多元化的讲授模式、阶段性地开展系统化的教学，基于研究生从入学到毕业的不同需求，将研究生信息素养教育分为基础、提高、创新三个阶段分层、逐步、全面提升研究生信息素养水平和解决问题的能力。

4.4.3 嵌入教学

在开展信息素养教育的道路上，随着时代的发展，高校图书馆的用户需求呈现出数字化、个性化、多样化的特点。高校教学模式变革和创新人才培养的需求，使得以问题为导向，交互式、研讨式为主的小班教学成为重要的发展趋势。传统的由高校图书馆单独组织的、普适性的用户信息素养教育，已无法适应当今高校师生的学习和科研需求。为此，高校图书馆需要进行信息素养教育的创新，寻求与院系教师的合作，将信息素养教育嵌入到专业课程中，进行嵌入式教学这一新型信息素养教育模式的探索与实践。

(1) 目标和意义

嵌入式教学是国外高校图书馆采用的信息素养教育方式之一。根据美国大学与研究图书馆协会（ACRL）的界定，嵌入式教学是指把图书馆及其资源的利用教学作为学科课程目标的有机组成部分[14]，也称为“与学科的整合式教学”或“信息素养与专业课的渗透式教学”。近年来，国内高校图书馆亦逐渐采纳此种教学方式，注重开展嵌入用户群体及其教学与科研过程的信息素养培训。如今，嵌入式教学已成为国内外高校的重要教学方式，甚至是评判高校图书馆信息素养教育是否成功的原则。

高校图书馆开展嵌入式教学，最直接的目标是更好地培养学生信息素养、提高学生对专业课程的学习能力和理解能力。此外，嵌入式教学因其可以深度嵌入专业课程甚至是科研活动的特点，能够实现有效提高学生学习积极性和主动性、培养学生的创新思维和综合能力的目标。

嵌入式教学不仅有利于学生将信息素养知识与专业课程学习相结合，提高分析和利用信息资源的能力，而且对于院系教师和图书馆均具有重要意义。对于院系教师而言，学科馆员能够帮助教师营造以学生为中心的学习环境，包括提供课程建设等项目在内的资源支撑、承担课程教授期间学生的咨询和辅导等，可以大大节省教师的工作时间，提高教师的工作效率。对于图书馆而言，学科馆员通过嵌入式教学直接参与专业课程的教学，在拓展图书馆服务空间的同时，可以提升图书馆和学科馆员在高校的地位和形象[15]。

(2) 流程与方法

根据嵌入专业课程的手段不同，嵌入式教学主要有三种模式，一是物理嵌入；二是虚拟嵌入；三是物理嵌入与虚拟嵌入的融合[16]。物理嵌入是指学科馆员及其团队亲自参与到课程的设计与教学当中，担任合作教师的角色，参与课堂教学工作。虚拟嵌入是指学科馆员及其团队不亲自到课堂上，而是通过教学平台（如 Black Board）、博客和学科导引类工具（如 LibGuides）将信息支持服务嵌入到教学环境中。物理嵌入与虚拟嵌入的融合，则是将两种模式结合起来运用，除了课堂教学之外，还提供教学平台等的各类资源和支持。

根据嵌入专业课程的程度不同，嵌入式教学还可以分为两种方式，一是相关方式，指学科馆员对专业课或是专业课教师对信息素养教学的部分或局部介入；另一种是完全方式，即学科馆员对专业课和学科的全面参与，包括教学目标计划的确定、研究性任务的设计、相关成绩的评定等自始至终的过程。

嵌入式教学的完全方式需任课教师和学科馆员的共同合作，尤其在课程安排之初，专业课教师和学科馆员需要共同规划和设计课程内容，在我国目前的教学体制下，这种方式比较难以实践和推广。相对而言，部分或局部介入的相关方式容易操作，效果也较明显[17]。

一般而言，局部嵌入教学的流程可归纳为以下五个步骤：

① 深入了解教师需求

学科馆员及其团队开展局部嵌入教学的第一步是通过走访相关院系和教师，了解和分析教师对信息素养教育嵌入专业课程的需求，从而发掘有合作意向的教师及适合嵌入的专业课程。

② 认真做好教学设计

学科馆员及其团队在嵌入课程前要做好充足的准备工作，索取任课教师的教学大纲，通过多种途径与任课教师多沟通，详细了解教学方式、课程进度、作业内容和要求，从而做好教学设计。

③ 全面了解学生需求

学生是教学的主体，局部嵌入教学要“以学生为本”，根据学生所处的阶段，认真分析学生的信息素养能力和需求特征，讲课紧扣学生最关心的问题，最好以学生的作业作为信息素养课程案例。

④ 合理安排嵌入时机

对于一次介入式的嵌入教学，其切入时机非常重要，选择在学生完成第一次作业后介入比较合适。此时，学生对信息资源利用的重要性有了一定体会，学科馆员再以学生的作业作为案例，同时对后面课程涉及的信息资源和技能加以揭示和指导，这样的教学容易吸引学生，使其将所学的信息素养技能立即运用到后续的作业中，教学效果十分明显。

⑤ 做好课程宣传推广

除了已实现嵌入式教学的课程，学科馆员及其团队应做好课程的宣传和推广工作，让更多的院系教师了解和熟悉嵌入式教学方式，以进一步促进图书馆学科服务对高校课程教学的支持。

此外，根据部分或局部介入专业课程的数量和程度不同，局部嵌入式教学可采用以下两种嵌入方法：

① 一次介入式

学科馆员及其团队针对某一专业课程的师生需求，量身定制信息素养教学内容，一次性、集中式讲授课程所涉及的信息资源、信息技能等，并集中解决学生遇到的问题和需求。

② 跟踪进阶式

学科馆员及其团队与院系教学团队开展长期合作，跟踪某一学科或某一年级的阶段性系列课程，量身定制逐年进阶式的信息素养教学内容，多次性、集中式地讲授课程所涉及的信息资源、信息技能等，并为学生提供渐进式的信息咨询服务。

在嵌入式教学中，部分或局部介入专业课程是学科馆员及其团队较易开展且常用的方式，但全面参与专业课程和学科的实践却属于少数，在选择合适的教师及课程上也存在一定的难度。

由于全面嵌入教学需要图书馆人力、物力等各方面的支持，且需要学科馆员及其团队长期跟踪和不断调整嵌入教学的内容和方式，全面嵌入教学应以交互式、研讨式为主的小班专业课程为首要对象，学科馆员及其团队应注重教学目标与课程设计、成绩评定等整个教学过程的参与度，以培养学生的信息能力、创新能力及综合素质。上海交通大学图书馆在全面嵌入教学方面进行了有益的尝试，其代表性课程为《可再生能源的高效转换与利用》嵌入式新生研讨课。

根据该课程近六年的实践，全面嵌入教学的流程可总结如下：

① 寻求课程合作

关注学校教学改革或创新政策，从学校重点学科的核心课程或精品课程入手，寻求有合作意向的教师，是开展全面嵌入教学的重要一环。学科馆员与教师的良好沟通和密切合作是确定全面嵌入教学是否成功的关键。在与教师开展合作的过程中，学科馆员及其团队还需要争取全馆各方面的支持，包括馆领导的顶层指导、学科服务的机制保障，以及文献资源、技术系统、人员队伍、宣传推广等各方面的保障，以确保全面嵌入教学的顺利开展。

② 课程规划与设计

如何使信息素养教学内容符合专业课程的需求，如何使用技术和设施，如何合理分配教学时间，如何设计学习效果评价指标，如何根据反馈修正课程规划等，都是开展全面嵌入教学必须思考的问题[18]。在课程设计之前，学科馆员及其团队需要和专业课程教学团队进行充分地讨论和交流，一起指定教学目标、教学大纲、设计课程内容、选择教学案例等。

在课程设计上，需要重点把握课程知识点、明确课程教学目标，以及合理分配课程学时。以《可再生能源的高效转换与利用》嵌入式新生研讨课为例，课程以可再生能源的类型、技术、应用等为知识点，不偏离专业课程本身的教学内容；以让学生学会科研、学会总结、学会表达、学会团队合作为教学目标，注重文献资料收集与利用、科研论文写作、演讲表达等信息素养与综合能力的培养。在整个课程学时的分配中，图书馆专题课有4-5次，馆员辅导学生分组研讨2次，馆员点评学生作业3~4次，创新课程公开观摩2次，基本覆盖课程、作业、活动、考核等各个教学环节。课程设计三大方面如表4-2所示。

表 4-2 嵌入式新生研讨课课程规划与设计

把握课程知识点	明确课程目标	合理分配课程学时
a) 可再生能源 太阳能、风能、生物质能、海洋能、地热能…… b) 清洁能源（化石能源的清洁利用） 煤的清洁利用（煤气化、CCS)、天然气、天然气水合物…… c) 核能（新能源技术） 中国 CO_2 减排的近中期必然选择	a) 总结能力 (文献资料收集、整理与分析) b) 表达能力 (提出问题与解决问题、PPT 汇报与演讲、科技论文写作) c) 团队合作能力 (分组研究分析、如何分解工作、如何整合工作) d) 科学研究能力	a) 图书馆专题课 4~5 次 (文献检索、科技论文写作、PPT 制作、文献管理软件应用……) b) 学生分组学习研讨 2 次 (馆员辅导和点评) c) 小组专题汇报课堂 3~4 次 (教师与馆员点评) d) 创新课程公开观摩 2 次 (教师与馆员点评及考核)

③ 嵌入课程教学

在全面嵌入教学的实施过程中，可分为“嵌入课程教学”与“嵌入课程考核”两大重要步骤。嵌入课程教学即嵌入课程内容，涉及课前、课中、课后各个时间段。学科馆员及其团队需要根据教学大纲与主讲教师联合上课，嵌入具有较强针对性的信息素养专题课程，引导和参与学生分组学习与互动讨论，解答学生咨询及辅导与点评学生作业等。

此外，学科馆员及其团队还需要为课程搭建实体与虚拟服务平台，进行覆盖课内、课中、课后的全方位咨询与辅导，这也是嵌入教学的具体表现。充分利用图书馆的技术工具与虚拟空间，如学科博客、LibGuides 课程交流平台等，锻炼学生信息资源收集、整理、利用与分享能力。同时，在学生分组团队学习的过程中，学科馆员及其团队应扮演教师助教与信息咨询专家的双重身份，引导学生发现问题、分析问题与解决问题。

④ 嵌入课程考核

全面嵌入教学的另一个重要步骤是嵌入课程考核，具体体现在将图书馆、信息素养、综合能力等方面考核指标纳入学生成绩，包括平时成绩、各项作业成绩以及期末成绩等各组成部分。具体考核指标包括图书馆的利用，虚拟交流平台的使用，参考文献的著录格式等。将这些考核指标融入学生成绩，有利于引起学生的重视以及教学效果的评估。

⑤ 注重成效反馈

全面嵌入教学的最后一环是注重课程的成效及师生反馈，这有利于学科馆员及其团队及时、科学地调整嵌入教学的内容与方式，以更好地推进全面嵌入教学的开展。其教学成效与反馈从多个方面进行收集与总结，比如：课程培养的学生在信息素养、科研能力、总结能力、表达能力、团队合作能力等各方面的提升情况；学生良好科研习惯和学术精神的养成情况，如能够合理下载、正确引证、尊重版权等；跟踪课程培养的学生在未来大学几年中的学习与科研表现；以及授课教师及其教学团队在学校教学模式改革方面的成绩与贡献等。

(3) 要点概括

嵌入式教学是一种新型的信息素养教育模式，其突出特点是信息素养教育与专业课程的有机结合。因此，在开展嵌入式教学时，首先需要了解院系教师的需求，获得院系教师的认同和支持，进而在专业课程上取得合作。学科馆员及其团队应当积极主动地走访和联络院系教师，了解和融入院系教学环境，如参加院系教学会议、熟悉教师及其所担任的专业课程等，学科馆员及其团队还应加强信息素养教育的宣传和推广，使教师更进一步认识到信息素养教育的重要性。其次，嵌入式教学应以用户为中心，围绕专业课程教学内容，将信息素养的内容贯穿课程学习与研讨的全过程，包括信息检索技巧、信息辨别与利用、文献分析与管理、学术道德与意识等。第三，在嵌入式教学中，学科馆员及其团队应根据教师需求和课程特点，选择最适合的嵌入方式，注重课程规划与设计，定制个性化培训内容。第四，学科馆员及其团队应不断优化教学策略和方法，引入新技术与工具，丰富教学形式，使得嵌入式教学达到更好的效果。最后，由于嵌入式教学需要投入较多的时间与精力，且无法涵盖学校全部课程，所以，学科馆员及其团队应积极尝试和探索多层次、多类型的嵌入式教学，以“授之以渔”的思想，让更多的专业课程教师认识和接受新型的教学模式，并主动将信息素养教育融入到专业课程的教学中去，以期从根本上有效地提高学生的信息素质、信息意识和科研能力。

4.4.4 创新交流

(1) 目标

培养创新型人才，是当今社会广泛认可的大学人才培养目标。我国从20世纪80年代中期开始倡导培养创新型人才或创造型人才以来，很多高校都在整合校内外优质科技资源，向着充分发挥“科教结合”对人才培养强有力支撑作用的方向发展，正在逐步形成以卓越的科学研究带动拔尖创新人才培养、以优秀的人才推动创造高水平科研的氛围。近年来，高校纷纷建立了各种支持创新的机构，以期充分发挥科技创新活动在提升人才培养质量、促进教学和科研工作中的作用。这些机构包括科研协同创新中心、国家基金委创新研究群体、教育部创新团队及各种支持学生科技创新的工作室等。这些创新团队和学生创新工作室的建设推动了学校的科研及创新人才培养，但由于缺乏交流沟通，团队间的协同创新及师生间的创新培育有待进一步提升。

创新人才不仅要有扎实的专业技能，更要具备较强的综合素质，包括：乐于求索、敢于质疑权威的创新思维，扎实的人文素养，较强的信息获取和评价能力，积极参与的热情品质，善于合作的团队精神等。而这些综合素质的培养，往往不是单一的课堂教育能够完成的，需要广泛涉猎知识、多方力量支援。图书馆作为学校的“第二课堂”，责无旁贷地应为创新人才的培养提供各类支撑平台，成为大学优秀校园文化和学术氛围的积极营造者。同时，为了改善目前高校创新人才培养中存在的问题，迫切需要在各种创新团体之间搭建一个社区化的平台，将创新团体紧密结合起来。对创新团队来说，该平台要能成为一个聚集志同道合者进行交流与协作、分享资源和创意、激发创新思维、促进个人和发展发展的舞台。对图书馆而言，该社区是汇集学科资源、开展学科服务、支持协同创新的空间。

泛学科化服务体系下创新交流的建设目标是，基于图书馆的物理和虚拟空间，积极营造便于开展学术交流、互动研讨、创新协作的环境和氛围，使图书馆能成为师生学习与教学模式创新、创新能力培养、思维碰撞与脑力激荡等交流、学习、研究的理想场所和交流社区。

（2）实施方法

创新交流的实施即在上述目标的指导下，在图书馆建立“创新交流社区”。“创新交流社区”秉持培养学生的创新意识和动手能力、促进创新团体间的交流指导与沟通协作的建设宗旨，联合学校学生管理处、科研管理处、教学发展中心等职能部门，以图书馆为基地，其建设围绕“培育创新人才，助力协同创新”为核心开展系列活动。

① 拓展视野，启迪创新——创新交流沙龙

开设“创新交流沙龙”，以定期或不定期的形式邀请在科研创新方面有杰出贡献的专家作为沙龙特邀嘉宾，作报告引导发言，介绍创新理念，分享创新经验，拓展科研人员视野，启迪科研创新思维。可以邀请高校创新团队、创新工作室带头人，也可以邀请在学术界、企业界具有创新经验的专家、学者作沙龙主题报告，以沙龙的形式吸引教师、学生的参加。

② 头脑风暴，思维创新——创新俱乐部

创立“创新俱乐部”，吸引高校创新团队、工作室或任何对创新有兴趣的师生加盟。形成由学生自主管理的团队，作为创新交流沙龙及创新竞赛活动的支撑。形式上可以在图书馆设立“创新俱乐部”工作室，设俱乐部顾问。每周定期开展活动，设置讨论主题。每次邀请一位嘉宾做半小时引导发言，再由成员自由发言，头脑风暴。图书馆可以为俱乐部提供场所和服务方面的支持，使成员能在轻松的氛围下开展讨论，激发思维创新。

③ 自我突破，实践创新——创新竞赛

一方面，在创新俱乐部成员中定期开展创新竞赛，激发创造力，自我突破，实践创新。另一方面，对学校较大型的创新竞赛如“钱学森杯”、“挑战杯”等提供场地支持，并对优秀创新成果予以展示。

④ 鼓励交叉、促进合作——创新经验交流与成果展示

图书馆不拘于对创新工作室各自创新活动的支持，积极启发创新工作团队之间的交流，不定期地组织团队创新经验交流及阶段成果展示活动，鼓励在创新活动、信息使用方面有心得的相互交流，脑力激荡，以进一步提高创新团队成员的研究能力和研究兴趣。包括举办大型创新经验交流沙龙和创新团体的阶段性创新成果展示。

⑤ 营造环境，促进学习——学习分享中心

区别于传统的自习教室和图书馆，学业分享中心可以布置得相对更舒适、更贴近学生，一些有助于学习的资源也被很好地整合其中。通常除了供学生个人使用之外，还专门设有一些供小组讨论学习的小隔间等。在考试期间，由课业辅导中心组织学业辅导、答疑，图书馆、教学发展中心配合提供资源和支撑服务；非考试期间，由三方根据各自的工作安排组织相关促学活动，包括以个人经验分享为主的鲜悦（Living Library）活动、师生间、工作人员间的交流与分享活动、辅导教师及工作人员的专业培训、学生信息素养培训及各种关于资源分享与使用、新技术方面的实践与体验活动等。

⑥ 创新支持，助力科研——个性化创新支持服务

与学科服务相结合，图书馆作为创新社区基地可以为学校各种创新团队、组织和工作室提供创新支持服务。例如为创新团队、组织和工作室开通图书馆小组研讨室较长的使用权限、为创新工作组成员提供有针对性的个性化培训计划等。

⑦ 深层分析，引领创新——创新深层服务

与学校科研管理处合作，结合学校创新发展的需求，充分利用图书馆竞争情报分析的资源和优势，形成具有影响力的深层分析报告，为学校创新发展决策提供有力支持。

⑧ 搭建桥梁，驱动创新——虚拟创新交流社区

搭建图书馆“创新交流社区”学科服务平台，搜集全球最具创新性思想的科创信息，形成具有特色的“创新信息”资料库。平台可以用于发布“创新交流社区”各种活动通知，并使之成为图书馆与创新团队之间交流、以及各创新社团之间交流创新经验、展示创新成果的虚拟平台。形式上，可以将平台嵌入学校各合作单位的网站，还可以在学校 BBS、博客、微信等交流平台上开设“创新交流社区”专栏等。

（3）要点概括

创新交流是高校创新人才培养的迫切需求，也是泛学科化服务体系中 IC^2 创新支持计划内涵的有效拓展，在实践过程中发挥了如下重要作用：

① 促进了学校各创新团体之间的交流与协作。通过创新交流沙龙、创新

俱乐部、创新竞赛和创新成果展示等各种的活动，拉近了创新团体之间的距离，使分散在各个院系的教师创新团队、学生科技创新工作室不再是一座座科研的孤岛，为他们的之间的交流与协作提供了一个平台。

② 加强了图书馆与学校其他职能部门的联系与合作。“创新交流社区”的建设离不开与学校其他职能部门的联系与合作。创新交流沙龙活动和校团委组织的青年教工沙龙有机结合，在一次次轻松愉快的氛围里，与“大师”面对面，通过互相学习和借鉴，推动了青年教师教学科研能力的快速提升。在与校学指委的合作中，以图书馆为基地建成了“学习分享中心”，为学生学业辅导和能力培养起到积极作用。在与科研院、规划处的合作中，发挥了图书馆竞争情报分析的优势，为学校资源和人力的分配提供了决策支持。

③ 推动了学科服务的发展。“创新交流社区”系列活动中的“个性化创新支持服务”将学科服务进一步深入到院系各创新团队、创新工作室，提供有针对性的个性化服务。这些举措有利于宣传和推广图书馆的资源和服务，从而推动学科化服务的发展。

作为人才培养的第二、第三课堂，图书馆应充分发挥“知识加工”、“学术交流”、“文化传承”的作用，坚持创新交流的建设目标，加强和学校其他职能部门的合作，开展可持续的、有效的活动以推动“创新交流社区”的建设，为学校培育创新人才，走科研协同创新之路，促进创新组织从个体封闭方式向流动开放的方式转变，提升人才、学科、科研三位一体的创新能力，全面提高教育质量，建设世界一流大学贡献力量。

4.4.5 融入科研

（1）目标

高校图书馆承担着“为学校教学科研服务”的使命，因此必须根据学校的建设目标和自身特点，深入了解并明确分析服务对象的实际需求，高校学图书馆学科服务应贯穿于科研的全过程中，并在科研各阶段都能提供与用户需求相适应的配套服务和技术支持。科研团队是高校科研创新活动最活跃的参与者，也是高校维持核心竞争力的主要组成部分，科研团队创新绩效倍受相关部门管理者重视。在当前的泛在知识环境和虚拟研究环境下，学术研究呈现个性化、精细化、集成化、便捷性、及时性等特征，科研人员需要在研究过程中对学科研究的热点和前沿做出快速响应。据美国科学基金会统计，一个科研人员花费在查找和消化科技资料上的时间需占全部科研时间的51%，计划思考占8%，实验研究占32%，书面总结占9%。作为高校三大支柱之一的图书馆，应是科研团队获取科研信息资源的主要来源地之一，学科馆员作为图书馆的灵魂和主体，掌握了最核心的学科资源信息与专业信息处理技能，学科馆员融入科研，可以为科研团队节省大量的时间与精力。

学科化服务融入科研的目标即为学科服务团队主动、积极地深入到科研团队之中，嵌入科研团队的研究领域和流程，准确、快速地响应科研团队需求，为科研团队提供学科化、个性化、人性化的知识服务。在长期合作下，学科服务团队与科研团队达到充分了解与信任，实现两个团队的融合。图书馆融入科研的学科服务逐渐形成服务品牌，扩大服务效应，在更多的科研团队中推广。

（2）流程与方法

1）融入科研流程

融入科研的学科化服务围绕课题研究过程进行，分为项目申请、项目实施、项目结题三个阶段，在不同的阶段，科研团队的信息需求特征不同。

在项目申请前，要查找大量的情报，包括期刊、书籍、专利、网页信息、公司简报、行业年鉴、报纸、成果等等，目的是要了解本课题相关科学技术的国内外发展水平、发展动向、研究开发的深度及广度等方面的信息。通过这些信息，判断所选研究课题是否具有新颖性，以避免重复立项，造成盲目研究和资源浪费。

在课题研究中，可能会出现一些新技术或新突破，所以科研人员在项目的研究过程中，需要一直关注国内外相关技术的发展，通过各种渠道跟踪相关技术动态。因此，在此阶段科研人员的信息需求主要是技术跟踪。

在项目结题阶段，需要对科研成果产出进行分析，对科研绩效进行评估。可见，科研过程中的三个阶段，都需要大量的专业信息和高效的情报分析方法作为支撑。

在科学研究的生命周期中，在课题的不同阶段，研究人员的信息需求不同，学科馆员所要提供的信息服务也有所不同，融入科研的学科服务除了需要实现学科服务团队与科研团队的融合之外，还需要使学科化服务嵌入科学研究的不同阶段，使学科馆员的专业优势在科研的不同阶段发挥作用。图 4-2 为融入科研流程图。

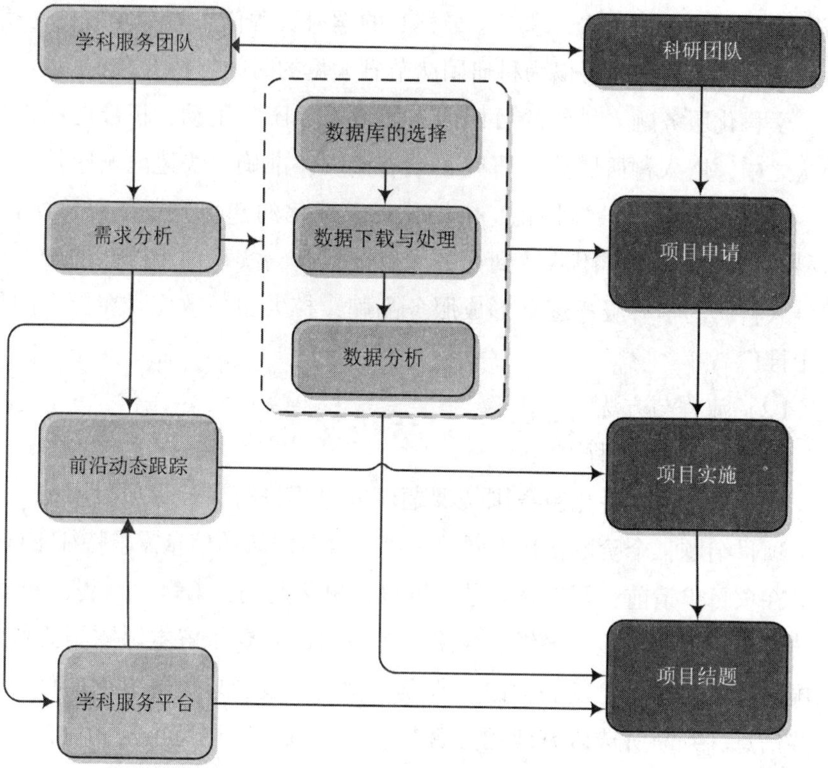

图 4-2 融入科研流程图

2）融入科研方法

如何围绕科研过程，将学科服务完整而有效地嵌入到科研过程中，国内外都进行了不同的探索。融入科研的学科化服务主要有针对科研过程的融入式服务、嵌入课题/科研团队的信息素养培训、提供经过梳理的学术资源或经过科学计量的分析报告。

① 信息推送与个性化定制

信息推送是学科馆员利用自身掌握信息分析方法和专业敏感性，主动将某机构或领域的科研发展态势推送给用户，以辅助用户科学研究，进行科研决策等。此种服务方式适合于科研信息服务的整个周期，特别是初期用户对学科服务了解不深的情况下，这种方式可以让用户了解学科馆员所能为其做的科研服务到底有哪些，起到推介服务的作用。这种方式通过引导用户合理表达其潜在的科研信息服务需求，利于科研用户进一步的个性化定制，也利于学科馆员发现用户潜在需求从而使此项服务更具针对性。

用户个性化定制是学科馆员根据用户的个性化科研信息需求，利用数据库平台的 RSS 功能向用户推送针对性的科研信息。此种方式比主动推送更具专指性、针对性，更符合用户的利益，体现了“以用户为中心”的服务理念。

② 情报分析方法

在科研中，常用的情报分析方法有文献计量方法、定标比超（Benchmarking）、知识图谱方法和社会网络分析法。

根据邱均平教授对文献计量学的定义：“以文献体系和文献计量特征为研究对象，采用数学、统计学等的计量方法，研究文献情报的分布结构、数量关系、变化规律和定量管理，并进而探讨科学技术的某些结构、特征和规律的一门学科”，文献计量分析方法专注于学术成果的定量分析，对于机构内的学科、人才等评价具有很好的可行性，是面向机构和学科的科研信息服务所采用的重要方法。

定标比超是竞争情报分析常用的方法之一，在科研信息分析中能很好地为机构了解其自身科研状况在同行中的位置，从而树立自己的前进目标与方向，为机构的科研决策提供参考。

知识图谱以引文分析、共现分析、社会网络分析等方法为基础，将文献计量单元以及各计量单元之间的内在联系通过知识图谱的形式展现出来，可以分别从宏观和微观层面对机构或学科的科研状况进行把握，特别是微观层面的学科态势这种方法更具优势。如基于多种特征项的共现来分析某实验室或科研院所的研究主题、核心作者、所发表论文的期刊分布、合作机构等内容，也可以解释某学科或学科的某一分支领域的研究热点、前沿以及知识基础等内容。

在由文献单元组成的复杂关系中，社会网络分析法把文献中所包含的各字段之间的关系看作一个知识网络，利用社会网络分析法中的权力指数、点出度与特征向量中心性、共词网络分析、合著网络分析、E-I 指数等可以对科技文献、科技期刊、学科研究热点、作者与机构合作情况、学科交叉程度、科研团队的发现与评价等进行科学合理、客观有效地评价。

③ 嵌入科研团队信息素养培训

针对科研团队、嵌入课题的信息素养培训是融入科研的有效方式。培训内容包括常规学术信息检索与利用、文献调研与学科热点分析、投稿指南、文献管理软件的使用等内容。学科服务团队嵌入专业课程、新生研讨课等特定课程，安排有针对性的信息素养培训，着力提升学生的信息搜集、使用和评价能力，促进学生养成良好的科研习惯。上海交通大学图书馆的“科研信息专员培训计划”是促进科研团队信息素养提升的强有力方式。由科研团队推选一名或两名团队成员，作为图书馆和科研团队的信息专员。对推荐的团队成员进行密集短期培训，使之具备一定的文献检索、获取、利用、评价、管理技能，包括论文投稿、论文写作、前沿追踪、文献调研、个性化服务、查新查引技能等。此种嵌入式学科服务模式使信息专员成为科研团队和图书馆的桥梁和枢纽，既充分发挥信息专员的学科专业背景优势，又运用了图书馆的各项资源、服务、技能，得到科研团队的充分肯定。

④ 学科服务平台

为科研团队提供整合的学术资源是另一种融入式服务。学科馆员在学科服务平台上提供学科信息跟踪和数据服务、开展课题服务和信息分析、进行学科咨询研究和学术交流、保存与管理学术成果等，目前常见的学科服务平台有 LibGuides。此外，博客也成为融入式服务的提供平台，学科博客以学科馆员为核心，体现学科特色，做学科深入研究，并使用文献计量学分析方法做一些有益的学科统计、分析工作。除此之外博客中也将包含一些学科常用资源的介绍和链接，多角度、深层次揭示图书馆资源，构建学科馆员和相关学科科研人员的沟通交流平台。

针对科研过程的融入式学科服务的内容主要有如下几种：

⑤ 课题查新

对申报课题的新颖性进行判别，并出具查新报告。

⑥ 论文查收查引

对学术论文在索引数据库中的收录和被引情况进行检索，并出具引证报告。

⑦ 科研课题定题服务

国家级、省部级重点课题相关文献分析、专利分析或其他相应支持。根据用户的科研需要，针对用户事先选定的主题（专题），以描述性主题词、关键词作为检索入口，定期或不定期地进行文献跟踪检索，以书目、文摘、全文等方式提供给用户，为用户的研究开发提供便捷、可靠、丰富的信息。

⑧ 课题申报分析

课题申报阶段，在课题文献调研基础上利用数据库和分析评价工具对课题研究前沿进行跟踪与对比分析，对课题申报提出建设性建议。

⑨ 课题前沿追踪

课题申报前或者研究中，在课题文献调研基础上利用数据库和分析评价工具对课题研究前沿进行跟踪与对比分析，针对课题的研究方向给出前沿跟踪的方法建议。

⑩ 专利分析

针对某一技术或产品，跟踪、研究、分析该领域技术发展趋势、专利布局情况以及主要竞争对手的技术研发优势领域。

⑪ 学科发展态势分析

利用文献计量理论与方法，结合文献分析工具，提供学科态势分析、人力资源评估等情报分析报告。科研领域发展趋势分析、专利分析、研究领域分布、地域分布、研究机构、人员分布等。

⑫ 学术信息定制

利用 RSS 定制相关学术信息。

⑬ 同行对比与跟踪

有效地利用数据库进行科研评价与对比，利用强大的学科信息分析工具进行学科态势追踪。

⑭ 学术期刊分析与评价

对中外文学术期刊质量、学术影响力等进行分析与评价，有利于发现高水平的期刊、核心作者及专家队伍。

以上融入式服务的内容从课题申请阶段的文献调研、前沿追踪，到课题研究过程中的同行对比与追踪、学术信息定制，再到成果产出阶段的期刊分析、科研绩效评估，图书馆依托丰富的学科资源为研究人员提供嵌入科研全过程的支撑服务。

（3）要点概括

信息资源环境的变化给广大科研信息用户带来巨大挑战，也给高校图书馆学科化服务带来的发展机遇，传统的图书馆服务已不能满足广大科研用户的信息需求，以用户为中心的专业化、个性化、智能化的融入科研服务必将成为学科服务的深化之举，成为高校图书馆信息服务发展的方向。深入科研全过程，紧跟用户信息需求的变化，不断提升学科服务的深度和水平，使学科馆员为高校的科研工作做出更大的贡献。

4.4.6 支持决策

总的说来，大学决策对信息服务的需求，主要可划分为人才评价、学科领域技术热点与布局、知识产权战略及学科评估四大方面。

（1）人才评价

① 目标与原则

服务目标：通过全面客观的检索和多指标的标杆数据比对，直观地展现引进人才在所属学科的学术地位，为学校引进人才和人才考核提供数据依据，从而实现对学校人才引进与考评工作的支撑。

基本原则：参考若干文献的观点[19-20]并结合工作实践，笔者总结出人才评价应该遵循4项基本原则，即科学性、实用性、学科适用性和规范性。

科学性是指评价指标的建立要从综合客观事实出发。在评价时，应从多指标、多方位、多层次的评价方向进行分析和判断，力求真实准确地反映引进人员的综合实力。各个指标都独立地代表着某一方面信息，指标之间不能有重叠。

实用性是指评价体系应具备可操作性，主要体现在两个方面：一是指标体系和评价方法应尽量简化，避免繁杂的指标体系，避开对结果影响不大的狭隘因素的选择。二是评价数据应易于获取，不能存在界定不清无法获得的情况。

学科适用性是指指标体系应注重学科之间的通用性，使不同学科的研究人员之间具有可比性。对于指标差异太大无法统一评价的学科，比如人文学科，其数据源和评价内容都与理工科差异较大，应另行制定评价指标。

规范性是指在服务进入普及阶段后，必须建立能够指导实际工作的标准和规范文档，使馆员在服务当中有据可循。规范性是服务成功普及的有力保障，规范文档必须全面细致，涵盖人才评价的所有工作细节，并根据工作实践及时补充完善。

② 流程与方法

在人才评价工作当中，不同角色在不同阶段的工作方法不尽相同。作为工作管理者，在破冰期（见图 4-3）最为重要的是以用户需求为根本出发点，建立起符合需求并且可以操作的指标体系；而在普及期，工作重心转为对人员和进度的把控（见图 4-4），通过工作规范和模板文件普及工作方法，并且在每一次进行指标和报告调整之前以及之后和用户充分沟通。作为参加这一服务的馆员，其工作流程（见图 4-4），可以通过两次审核和本人校对的方法减少错漏，确保质量。

③ 要点概括

本服务是图书馆提升服务效能与服务品质的有效举措，其目标群体是学校管理层和人力资源部门，准确把握需求并实时调整评价体系是本项服务成功实施的必要条件。藉由人才评价工作，图书馆可以和人力资源部门建立良好的合作关系，成为图书馆与职能部门合作的一个切入点；在赢得良好的口碑之后可以拓展合作范围，进而提升图书馆在学校的地位。

（2）学科领域技术热点与布局研究

① 服务目标

该服务的目标是通过计量学方法，为管理层或者研究团队展示特定学科的发展全貌。

图 4-3　人才评价服务管理流程

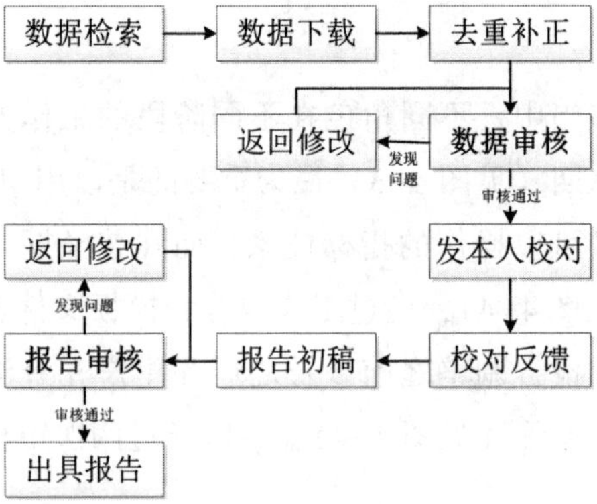

图 4-4　人才评价服务工作流程

② 流程与方法

该服务的工作流程（见图 4-5），主要可以分为定基调、巧分析和写报告 3 个阶段。

第一阶段是定基调。准确理解需求是服务的第一要义，馆员据此给出研究报告框架。研究报告包括概述、学科总体发展趋势分析、机构分析、人员分析和结论等部分（见表 4-3），每部分的分析范围和内容侧重可以应需调整。报告框架明确之后，根据学科特点选择合适的研究方法、数据来源和分析工具。一般而言，分析的数据可以分为论文和专利两方面。侧重于基础理

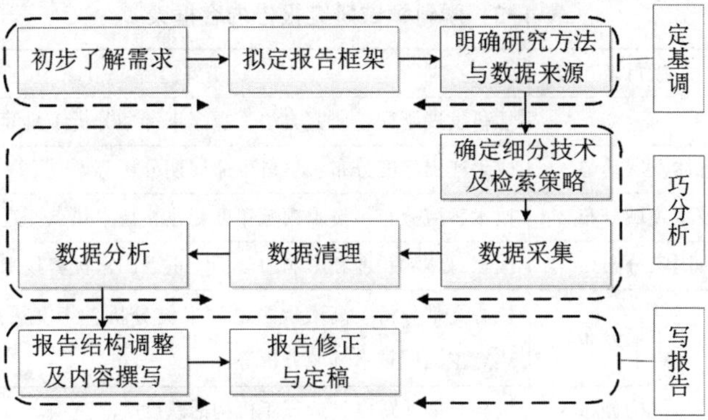

图 4-5　学科领域技术热点与布局研究工作流程

论研究的学科比较关注期刊和会议论文，选择学科适用的论文数据库即可满足需求；侧重于应用的学科则更青睐专利信息，可以根据报告目标选择适当范围的国际或者国内专利数据库。数据源确定后，要通过初步检索预估数据量，选择合适的分析工具。

第二阶段是巧分析。这一阶段耗时最多的工作有 2 项：确定细分技术及检索策略（以下简称策略制定）和数据清理。其中，策略制定是报告成败的关键，难度也最大。这一步成功的关键是使馆员的情报检索优势和研究团队的专业优势充分结合，馆员在短时间内浏览相关领域的文献综述以形成对学科领域的宏观印象，同时将这种对领域的了解转换为检索语言，并通过反复预检验证策略的准确性。研究团队负责对馆员的学科印象和最终形成的检索语言进行纠偏。策略制定一旦成功，报告就成功了一半。为保证分析结果的准确性，必须重视对原始数据的清理，将客观准确的分析结果展示给用户。

第三阶段是写报告，也是服务工作的点睛之笔。数据准确、内容翔实是优秀报告的前提，在撰写阶段更要注重检索结果与用户理解力之间的对接，从技术人员的角度对报告中展示的可视化图表做出恰当解读，并在报告末尾给出中肯的结论和建议。同时，文字方面要注意目的明确、语言简洁，体现出报告的价值所在。

表 4-3 学科领域研究报告内容框架

一级目录	二级目录	主要内容
概述		学科发展历程、研究方法、数据来源和分析工具简介等
学科发展趋势分析	总体发展趋势	成果产出年度分布、学科生命周期分析等
	技术领域分布	技术领域分布、技术领域年度变化、技术热点变迁等
	国家分布	国家总体活跃度和影响力分析、重点国家优势技术领域分析等
	研究主题分布	核心文献分析、高频次主题词聚类分析、年度热点主题词变迁、热点主题词技术领域分析等
机构分析	总体机构分布	机构总体活跃度、近三年机构活跃度等
	重点研究机构分析	机构技术领域分布、机构活跃度年度变化、机构论文产出期刊分布等
	机构社交网络分析	合作与引用关系分析等
人员分析	领军人才分析	高产作者和高关注度作者活跃度分析、合作和引用关系分析等
	新生代人才分析	高产和高关注度第一作者和通讯作者活跃度分析、合作和引用关系分析等
结论		根据分析结果给出报告结论和建议

③ 要点概括

该服务的目标群体比较宽泛，学校管理层、院系管理层和研究团队领导者都是潜在用户，但不同类别的用户侧重点不同。对于校管理层来说，侧重于了解学校在某些重点领域的发展概况以及学校内部的优势研究力量所在；院系管理者，希望看到本学院（系）的发展优势、主要竞争对手和人员情况；而研究团队更希望了解学科领域的发展前景和优势技术领域。因此，准确把握用户需求，并在各个阶段及时进行用户沟通是成功的关键。

（3）知识产权服务

① 目标与原则

服务目标：提升校内师生知识产权意识，为学校知识产权布局和专利成果转化提供支撑服务。

② 服务内容与方法

知识产权服务主要包括专利分析（专题）、专利分析（本机构）和人才培养3部分内容。

专利分析（专题）是针对某一特定领域进行的专利布局分析、竞争对手分析和专利预警，针对重点关注领域可以建立长期跟踪服务，比如构建专利专题数据库和定期发布研究简报。该服务目标群体包括管理层和研究团队，服务流程与“学科领域技术热点与布局研究”大致相同（见图4-5）。

专利分析（本机构）的目标群体是学校负责专利成果管理和转化的职能部门，应需提供本机构专利申请及授权宏观分析、专利技术热点领域分析、高产发明人及专利转让分析和专利价值评估等分析内容，为学校进行专利布局与重点方向规划、为有潜在价值的专利和专利成果转化提供客观依据。服务流程（见图4-6）。

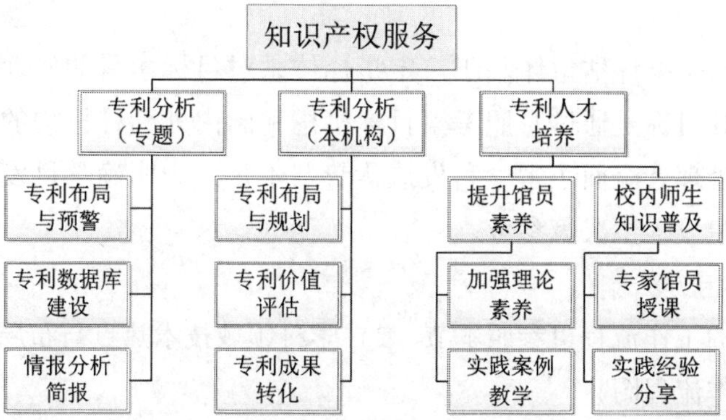

图4-6 知识产权服务内容

专利人才培训是知识产权服务的基础，包括馆员素养提升和校内专利意识两部分。

近年来，由于深化学科服务的需要，越来越多的高校图书馆开始重视情报分析服务，也有不少图书馆开始尝试开展专利分析。然而，专利文献与期刊论文相比有很多独特之处，大多数图书馆员在长期的工作实践当中积累了丰富的期刊论文检索经验，但熟悉专利文献特点的馆员为数不多。因此，有必要通过各种培训研讨迅速提升馆员理论素养，并通过参加各种专业水平考试（比如专利管理工程师）和各类人才申报（比如专利领军人才和师资人才）提升对外服务的话语权；提供契合需求的实践工作，使馆员学到的理论知识能够在实践当中得到巩固和深化。

与此同时，提升校内师生的专利意识和基本素养也是图书馆义不容辞的职责。除了聘请专家和馆员进行系列培训，还可以邀请拥有专利申请、专利分析和专利转化经验的师生开展沙龙活动，并针对某些重大专项课题组进行专利专员的培育，努力提升研究团队对知识产权的重视程度，推动知识产权服务更快更好的发展。

③ 要点概括

大多数高校图书馆在专利服务方面基础较为薄弱，因此培育并最终拥有一支持久稳定、素质过硬的队伍，是本服务能否顺利开展的关键因素。

（4）学科评估

① 目标

学科评估是指评估主体基于一定指标体系对目标学科的发展现状开展的评价活动，其目标是通过对照考察目标机构和国内外标杆机构的建设成效和质量，帮助管理者全面了解学科发展优势与不足，为明确学科发展定位和促进学科内涵建设提供决策参考。

② 流程与方法

本服务的工作流程可参照本节“2）学科领域技术热点与布局研究”中的图 4-5（工作流程图）。

学科评估首先要确立评估的指标体系。在我国，比较常用的学科评估指标体系主要有：教育部学位与研究生发展中心的一级学科评估（以下简称教育部学科评估）指标体系、基本科学指标数据库（ESI）学科排名等。

教育部学位与研究生发展中心的一级学科评估，迄今已经开展了四轮：2002—2004 年、2006—2008 年、2011—2012 年和 2016—2017 年，其指标体系也不断改进。第三轮的指标体系采用“定量与定性、质量与数量、国内与国外”相结合的“多维度学术论文评价”方法。在第四轮学科评估中，更加强化关注质量、突出成效、突显学科特色和分类引导的指导思想，进一步按学科门类细化分类设置，将人文与社科分列，将理工科与农学、医学分列，指标体系由之前的 7 类拓展到 9 类[21]。表 4-4 以某一学科为例，列出代表性指标体系。

表 4-4　教育部第四轮学科评估指标体系（三）（理学、工学门类，不含统计学学科）

一级指标	二级指标	三级指标	三级指标说明	数据来源
A. 师资队伍与资源	A_1. 师资质量	S_1. 师资队伍质量▲	提供师资队伍的年龄结构、学历结构、学缘结构、职称结构、海外经历等基本情况；提供25名骨干教师（其中青年教师不少于10名）情况（年龄、学科方向、学术头衔、学术兼职等情况）和团队情况，由专家对师资队伍的水平、结构、国际化情况等进行综合评价。	学校填报
	A_2. 师资数量	S_2. 专任教师数（设置上限）	本学科专任教师总数。此指标设置“上限”，超过“上限”均为满分。	学校填报
	A_3. 支撑平台	S_3. 重点实验室、基地、中心	①国家实验室、国家重大科技基础设施、国家重点实验室、国家工程技术研究中心、国家工程研究中心、国家工程实验室、国家实验教学示范中心、国防科技重点实验室、省部共建国家重点实验室、国家野外科学观测研究站、国家国际科技合作基地； ②教育部重点实验室、教育部工程研究中心、教育部国际合作联合实验室； ③其他省部级与国防重点实验室、基地、中心。	学校填报

续表

一级指标	二级指标	三级指标	三级指标说明	数据来源
B. 人才培养质量	B_1. 培养过程质量	S_4. 课程教学质量	①国家级教学成果奖、研究生教育成果奖、省级（按省做标准化处理）及军队教学成果奖； ②国家级精品视频公开课、国家级精品资源共享课、教育部来华留学英语授课品牌课。	公共数据
		S_5. 导师指导质量▲（试点）	对在校生进行问卷调查，考察导师对学生的指导情况。	问卷调查
		S_6. 学生国际交流	①赴境外学习交流连续超过 90 天的学生； ②来华学习交流连续超过 90 天的境外学生（含授予学位学生）； ③境外合作办学机构/项目质量。	学校填报
	B_2. 在校生质量	S_7. 学位论文质量	全国博士学位论文抽检情况。	公共数据
		S_8. 优秀在校生▲	列举 15 名优秀在校学生并简要介绍其主要在学成果（如参加竞赛获奖、参加重要科研项目、取得重要科研成果、创新创业成功、获得科研奖励或其他荣誉称号等），由专家进行评价。	学校填报
		S_9. 授予学位数（设置上限）	授予博士和硕士学位人数。此指标设置“上限”，超过“上限”均为满分。	公共数据
	B_3. 毕业生质量	S_{10}. 优秀毕业生▲	提供近四年毕业生的总体就业情况（就业率、就业去向、就业质量等），并列举 20 名近十五年优秀博士、硕士毕业生，由专家进行评价。	学校填报
		S_{11}. 用人单位评价▲（试点）	提供一定比例的毕业生及其工作单位联系方式，学位中心直接联系其所在部门联系人进行网上问卷调查，对毕业生的职业胜任力、职业道德、满意度等进行评价。	问卷调查

续表

一级指标	二级指标	三级指标	三级指标说明	数据来源
C. 科学研究水平（含教师和学生）	C_1. 科研成果	S_{12}. 学术论文质量	①扩展版 ESI 高被引论文（统计至前 3%）； ②其他 30 篇代表性论文（国内论文不少于 10 篇，同一人员最多填写 5 篇）【“计算机科学与技术、软件工程学科”还包括“30 篇代表性会议论文”（同一人员最多填写 5 篇）】，由专家参考论文引用、期刊档次等情况对论文的实际水平进行评价。	公共数据/学校填报
		S_{13}. 专利专著	近四年获得授权并已转化或应用的发明专利与国防专利（需提供转让合同或应用证明等）【“科学技术史学科”还包括近四年出版的学术专著（包括著、译著、编著，教材、教学用书不计入内），入选国家哲学社会科学成果文库或出版译本的专著加分。】	学校填报
		S_{14}. 出版教材	近四年获批的“十二五”国家级规划教材。	公共数据
	C_2. 科研获奖	S_{15}. 科研获奖	①国家最高科学技术奖、自然科学奖、技术发明奖、科学技术进步奖； ②教育部高校科研成果奖（科学技术），国防科学技术奖； ③省级科研获奖（见附件 2-1）、军队科技进步奖、环境保护科学技术奖、国土资源科学技术奖、安全生产科技成果奖、中国专利奖及其他部级科研获奖（获奖证书上需盖有关部委“国徽章”）、何梁何利科技奖。	公共数据
	C_3. 科研项目	S_{16}. 科研项目（含人均情况）	①国家科技重大专项、国家 973（含军口 973）计划、国家 863（含国防 863）计划、国家科技支撑计划、国家软科学研究计划、国际科技合作专项、科技基础性工作专项、国家磁约束核聚变能发展研究专项、国家重大科学仪器设备开发专项、国家自然科学基金、国家社会科学基金、全国教育科学规划课题、武器装备重点型号项目； ②国防基础科研计划、武器装备探索研究项目、武器装备预研项目、武器装备预研基金项目、省部级及重要横向科研项目（限填 50 项）。	学校填报

续表

一级指标	二级指标	三级指标	三级指标说明	数据来源
D. 社会服务与学科声誉	D_1. 社会服务贡献	S_{17}. 社会服务特色与贡献▲	提供学科在社会服务方面的主要贡献及典型案例，包括但不限于：推动科技成果转化，服务地方经济建设或国防事业；举办重要学术会议，创办学术期刊，引领学术发展；推进科学普及，承担社会公共服务；发挥智库作用，为制订政策法规、发展规划、行业标准提供咨询建议并获得采纳等。由同行专家进行评价。	学校填报
	D_2. 学科声誉	S_{18}. 学科声誉▲	①同行和行业专家参考《学科简介》（包括本学科的定位与目标、优势与特色、人才培养目标、学科方向设置、国内外影响等），对学术声誉和学术道德等进行评价； ②部分学科试点委托第三方机构组织全体专家对学科的国际声誉进行问卷调查。	专家调查

基本科学指标数据库（Essential Science Indicators，简称 ESI），是基于汤森路透 Web of Science（SCIE/SSCI）所收录的全球 11000 多种学术期刊的 1000 多万条文献记录而建立的计量分析数据库。ESI 对全球所有高校及科研机构的 SCIE、SSCI 库中近 11 年的论文数据进行统计，对各年度论文按被引频次的高低确定出衡量研究绩效的阈值，分别排出居世界前 1%的研究机构、科学家、研究论文，居世界前 50%的国家/地区和居前 0. 1%的热点论文与前沿论文。针对 22 个专业领域，通过论文数、论文被引频次、论文篇均被引频次、高被引论文、热点论文和前沿论文等 6 大指标，从各个角度对各个国家/地区的科研水平、机构学术声誉、科学家学术影响力以及期刊学术水平进行全面衡量。

③ 要点概括

面向学科评估所提供的决策支持服务符合国家教育规划纲要提出的“鼓励专门机构和社会中介机构对高等学校学科、专业、课程等水平和质量进行评估”的精神，目标群体为学校和院系管理者。学科发展评估的主要用途有三：一是为教育部学科评估蓄势，通过预评估了解该学科在教育部学科评估体系中的整体实力，并为提升实力建言；二是了解某些学科在 ESI 学科排名中的位置，分析是否存在上升空间和提升实力的可行性；三是充分了解标杆机构的发展趋势，勇于超越目标。

4.4.7　弘扬文化

（1）目标和原则

文化是一个内涵丰富的概念，是人类在社会发展历史过程中所创造的物质财富和精神财富的总和，表明人类由人与自然、人与社会的关系所决定的历史发展水平。我国早在先秦时期的文献中就对“文化”有所论及，《易经·贲卦》云：“观乎天文以察时变，观乎人文以化成天下。”西汉以后，“文化”二字连用，具“以文教化”之意，表示对人的性情的陶冶，品德的教养[22]。英国文化学家泰勒 1871 年在《原始文化》一书中说“文化，或文明，就其广泛的民族学意义来说，是包括全部的知识、信仰、艺术、道德、法律、风俗以及作为社会成员的人所掌握和接受的任何其他才能和习惯的复合体”[23]。

被誉为“大学的心脏”的高校图书馆，作为保存、传承、传播和创造先进文化的重要场所，肩负着传承文化的使命和文化教育的基础职能。以往高校图书馆的服务重心主要是对教学科研活动的支持，而在文化服务方面相对较为隐性。当前，由于图书馆所面临的社会环境、高校教育环境已发生了巨大的变化，世界大发展、大变革、大调整，社会各种思想文化交流、交融、交锋更加频繁，高校文化传承和创新的教育职能日益凸显，图书馆因而也越来越关注能够增强学生学习体验、活跃校园文化氛围、提升学生综合人文素养的文化服务活动。

2008 年，上海交通大学图书馆藉新馆开馆之际正式推出了以纵向深入、横向拓展为特征的创新型 IC^2 服务体系。规划过程中，在全面考虑学术图书馆的优势与功能、学校战略发展目标及图书馆服务的国际发展趋势的基础上，将文化服务与教研支持并重，对图书馆的文化服务进行了全新的部署，在图书馆文化环境布局、多元文化服务活动实施、校园智力资产保存及管理、文化服务活动中创新型元素的引入等方面作了重点规划与设计，依托于图书馆在阅读、书目指导、文献学、信息管理等方面的专业优势及作为校园文化地标的平台效应，以“点亮阅读、启迪人文、弘扬文化”为宗旨，依据人文推广、启迪、提升、积淀、弘扬、创新的生命周期，以文化环境设计、主题展览、文化讲座、竞赛、沙龙、名师库建设、真人图书馆为主体形式，联合校园相关机构与学生社团，实施类型多样、形式丰富的文化服务活动。

实施文化服务活动的主要目标为：

■ 活跃校园文化氛围、推进校园文化建设，打造校园文化社区中心、沙龙中心。

■ 对学生读者进行文化熏陶，使其思想得到启迪，身心得到愉悦，智慧得到增加，帮助他们树立正确的世界观、人生观和价值观，全面提升学生的人文素养，积极推动学生成长与成才。

■ 推动文化的积累、交流、弘扬与传承，实现校园与社会的联动。

■ 通过实施丰富多彩的文化服务活动，增强师生的心理归属感，牢固师生与学校、图书馆的情感纽带。

（2）流程与方法

图书馆的文化服务工作分为阶段性项目和长期性项目两类，阶段性项目是指有相对明确起止时间的文化服务活动，如上海交大图书馆每年定期推出的“阅读，让校园更美丽”的阅读推广活动；长期性项目指没有明确结束时间的项目，如特色馆藏资源建设和服务等。文化服务项目实施采取三级管理模式：馆务会决策——相关部室主任分项管理——各工作小组策划及实施。听取各部所提出的文化服务项目建议后，馆务会决定作为重点实施的文化服务项目；其后，相关部室主任作为项目管理者召集工作人员组建项目小组，策划具体的行动方案；根据工作方案，各小组开始按计划实施。上海交大图书馆作为重点推行的“阅读，让校园更美丽”、“思源阁”交大文库、“鲜悦”(Living library)、图书馆文化环境建设，分别由文学部、采编部、行政办公室负责；需要其他部门支持时，各部室可采取横向合作的方式，以保证项目顺利推进。执行文化服务项目所产生的费用，如宣传推广费用，通过专项基金、图书馆活动经费、企业赞助等三种途径解决。

各文化项目的基本实施流程概括说来可以分为策划与准备、实施与宣传、总结评估与维护三个阶段。

① 前期策划与准备。首先提出思路、创意或方案草案；其次寻求各方合作力量，并组建工作组；接下来项目工作组针对方案草案召开头脑风暴会议，献言献策；最后形成完善的实施方案。

② 中期实施与宣传。根据策划方案分工协作实施。通过多种渠道进行宣传，吸引学生参加。

③ 后期总结、评估与维护。从文化项目的设计与管理、合作机构、用户反馈、校外反响等四个维度，根据参与人数、师生反馈、校方评价、媒体报道、业界评述等评估指标对活动成效进行评估，总结经验教训，为新一轮文化服务活动的举办提供参考与借鉴。对于没有明确结束时间的长期性项目(如交大文库等特色馆藏资源的建设和服务等）而言，后期还需要进一步持续开展维护和推广工作。

（3）要点概括

以“点亮阅读、启迪人文、弘扬文化”为宗旨的系列文化服务活动均遵循前期策划与准备、中期实施与宣传、后期总结与评估的实施流程，但具体到每个项目的实施都有着各自特有的方法和要点。以下选择有特色、有代表性的四类文化服务活动进行阐述。

1）阅读推广文化服务活动[24]

阅读是人类互相交流、分享经验、合作创新的重要方式，是学习知识、传承文明、提高素质的基本途径。针对目前高校学生阅读方式不合理、阅读内容选择不理想等状况，阅读推广文化服务活动成为高校图书馆的一项重要的文化服务工作。该类活动一般按照活动内容设定一个主题，活动形式丰富多元，包括专家讲座、沙龙、读书会、书库寻宝、图书漂流、资源利用讲座、征文大赛、优秀读者评选、摄影大赛、经典影片播放、书展、知识竞赛、专家书目推荐、文化长廊、作品展览等等，以阅读推广及文化弘扬为终极目标。如上海交通大学图书馆 2009 年、2014 年、2016 年的“阅读，让校园更美丽”，2010 年的“璀璨世博，辉煌交大”，2011 年的“百年辛亥”，2012 年的“经典悦读”，2015 年的“品味经典”等。

该项目一般实行六步走流程，包括：提出创意主题、寻找合作伙伴、完善创意方案、启动宣传、执行计划、效果评估与总结。以上海交通大学图书馆为例，在确定创意主题阶段，工作组会先举行一次头脑风暴会议，小组成员提出各自的想法，由统筹人员汇总凝练，制订活动框架草案。进而，工作组会联络校园相关组织，如校团委、学生社团、学生会等，展开合作，根据这些机构的意见进一步充实完善创意策划方案。方案确定后即着手活动筹备、开幕式与多方位宣传。开幕式往往于每年上海交通大学校庆及 4·23 世界读书日来临之际举行，邀请学校相关主管领导及名师就读书问题作推广性、启发性的讲话，为整体文化活动的推出拉开序幕，鼓励师生广泛参与。随后，系列主题活动有序展开，并不断增加进新的创意元素。最后，工作小组会根据活动举办频次、参与人数、师生反馈、校方评价、媒体报道等对整体活动进行效果评估，总结经验和教训，为新一轮文化服务活动的举办提供参考与借鉴。

2）Living library——以人为书，分享智慧[25]

Living library——活人图书馆，最早源于 2000 年的丹麦，它主要是将“人”作为可借阅的“图书”，读“书”的方式就是“交谈”，主题为反暴力，以此来使人们在日常生活中克服偏见，鼓励对话，消除误解。因其可以帮助人们更好地认识自我，解决日常生活中的各类问题，消除人们之间对不同问题的偏见等因素而得到了社会参与者巨大的认可，参与程度越来越高，参与面也越来越广。Living library 项目不仅在美国、日本、罗马尼亚、冰岛、芬兰、挪威、意大利和澳大利亚等世界各地兴起，而且自 2008 年 12 月上海交通大学图书馆首次尝试在国内图书馆界探索 Living library 之后，该项活动在我国图书馆也开始如火如荼地展开。2009 年 3 月，上海交通大学图书馆开始将 Living library 作为整合活人智慧资源为图书馆资源一部分的有力途径，开展“以人为书、分享智慧”的系列 Living library 活动。活动流程为：

① 确定主题——选择大学生关心的或感兴趣的主题，包括出国留学、外语学习、思想道德与人生导航、校园生活、社交技巧、考研指导、考试与论文、艺术人文、面试就业、馆藏利用等。

② 挑选书目——由校学生会挖掘推荐，挑选在学习、研究方面较为突出的学习“牛人”或具备独特才能的“达人”为人书；并编目人书，包括主题、书名、内容简介、所在学院和年级、索书号、上架日期、借阅时间等。

③ 宣传——通过海报、“鲜悦” Living library 网站、图书馆主页、校园 BBS 等渠道向同学多方宣传当期人书的特点，吸引对该主题感兴趣的同学参加。

④ 交流式阅读——读者到图书馆学生管理委员会办理人书的借阅手续，即可到人书所在的小组研讨室中“阅读图书”；一次阅读时间不超过 45 分钟；若人书及借阅者都同意，一书可有多位读者，这样一对一的交流就成为群体交互的形式，更有利于思想及智慧的广泛传播。

⑤ 记录管理——阅读过程中，为每本书都配备一名记录秘书，对阅读交流过程进行文字记录；结束后对交流内容进行整理、汇总，提炼出交流中所产生的值得推广借鉴的经验与智慧；并在征得借阅双方同意的情况下将这些材料向全校读者开放，成为人人可阅读的手册。

为了更好地展示真人图书馆，上海交通大学图书馆创建了专门的“鲜悦” Living library 官方网站：http：//living. lib. sjtu. edu. cn/，并应用了大量的 2.0 元素，如分享到人人网、展示标签云等。迄今为止，共举办了 28 期活动，起到了非常好的创新启迪的效果，被视为国内图书馆首家成功应用 Living library

的典范。

3）特色馆藏资源建设和服务

现代意义上的特色馆藏既包括传统的古籍善本，也包括名师库、高校文库等机构知识库，既包括特定主题的书籍资料，也包括手稿、地图、缩微品甚至专题数据库等。特色馆藏建设和服务一般结合各高校自身的文化和特色开展，是图书馆文化服务工作的重要组成部分，是图书馆功能拓展的有力方式，彰显了特定图书馆的独特的历史文化积淀，体现了图书馆对自身文化价值的追求，充分展示校园文化的精髓，是图书馆承担文化传承职能的重要方式之一。

上海交通大学图书馆于 2011 年启动了“名师库 & 交大文库”的建设工作，征集交大名师的基本信息、学术成果、学术影响及评价、年谱、个人生活等资料。名师资料的收集方式主要有实物征集、网络收集、捐赠等形式；经图书馆整理好的名师资料在入库前会请名师审阅。

特色馆藏建设和服务工作的基本流程为：

① 遴选并确定收藏文献的主题、内容、类型、范围等。可根据学校特色、学科专业优势、地方特色、历史特色、民族特色、环境特色等进行选择。

② 确定文献收集方案、流程，展示方案（含数字化展示）和管理政策。如北京师范大学的特藏“京师文库”利用学校刊行的杂志、校园网、教职工信箱、电话、优质服务和管理的影响、学科资料室、图书馆各对外服务部门等进行征集，同时也从各类赠书中符合文库要求的赠书优先保证文库的需要[26]。

③ 长期地、持续地开展文献收集工作。

④ 定期举行展览等宣传推广活动。真正做好定期的、日常性的宣传，使之具有及时性、广泛性、多样性和持久性。宣传工作要因校而异，不能盲目效仿他人；重点宣传与普遍宣传相结合；重大宣传与日常宣传相结合。

⑤ 日常的维护、收集、管理与研究工作。如及时采用新技术、新手段进行管理和展示等。

4）毕业季文化活动

毕业季文化活动是高校图书馆以毕业生为服务对象，有目的、有规律、有特色地组织举办的一系列人文关怀文化活动，通过活动可表达图书馆对毕业生的关怀与祝福，丰富图书馆文化活动的内容，推动校园文化建设，发挥图书馆的文化建设职能，同时也能舒缓毕业生的离校情节，牢固毕业生与学校、图书馆的情感纽带，是图书馆文化的有机组成部分。目前，越来越多的高校选择在毕业生离校前的一段时间内开展毕业季文化活动。活动规模不尽统一，有的只开展一项具体活动，有的开展系列活动；活动的类型与形式也十分多样，如图书捐赠与漂流、毕业寄语与毕业墙、借阅历史证明与评选、作品征集、影视与视频展播、校友服务等。

活动基本流程与阅读推广文化服务活动相类似。在实施过程中需要重点注意的要点有[27]：

① 设计主题需贴近大学生，贴近时代。毕业季活动面向的是20岁出头的毕业生群体，只有抓住了青春的气息和时代的旋律才能赢得毕业生的共鸣。

② 组织与运作策略是关键。由图书馆主导，充分发挥学生的创造力，让尽可能多的学生参与到活动的策划、宣传与组织中来；充分利用海报、主页、微博、微信、博客、社交网站、BBS等多种渠道进行全方位、立体化的宣传，扩大活动的影响，拉近与学生的距离；毕业季活动是一项定期的、长期的工作，需注重其品牌策略，发挥品牌效应。

③ 充分运用先进的技术和精心的设计来助力毕业季活动的创新。

参考文献

[1] 初景利．论图书馆服务的泛在化——以用户为中心重构图书馆服务模式［J］．图书馆建设，2008（4）：62-65.

[2] Information literacy competency standards for higher education［EB/OL］.［2014-08-20］. http：//www. ala. org/acrl/sites/ala. org. acrl/files/content/standards/standards. pdf.

[3] 谢梅，苗青．美国高校创新人才培养模式及借鉴——以美国三所高校为例［J］．西南民族大学学报（人文社会科学版），2011（3）：217-221.

[4] 田德新，张喜荣．美国创新人才培养机制［J］．西安外国语学院学报，2003，11（3）：85-87.

[5] 杨兰芝，孙志红．加强高校图书馆建设促进大学生创新能力的培养［J］．现代情

报，2006（3）：104-106.

[6] 刘彩娥，邵长城．高校图书馆在校园文化建设中的作用探悉［J］．现代情报，2007（8）：129-130.

[7] 吴高，韦楠华．我国高校图书馆圆度推广所存在的问题与对策研究［J］．图书情报工作，2013，57（3）：47-51.

[8] 张枫霞．图书馆读者服务［M］．海洋出版社，2009.

[9] 张晓林．研究图书馆2020：嵌入式协作化知识实验室［J］．中国图书馆学报，2012，11-18.

[10] 吴鸣，杨志萍，张冬荣．中国科学院国家科学图书馆学科服务的创新实践［J］．图书情报工作，2013，57（2）：28-31.

[11] 刘姝．泛在图书馆环境下学科馆员泛在化服务的实践［J］．大学图书馆学报，2012（2）：74-76.

[12] 张宇娥，李泰峰，嵇灵．协同创新"大科研"模式下学科服务嵌入路径研究——电子科技大学图书馆学科服务实践与创新［J］．图书情报工作，2013，57（22）：77-80.

[13] New Roles for New Times：Research Library Services for Graduate Students［EB/OL］．［2014-08-20］．http：//www.arl.org/storage/documents/publications/nrnt-grad-roles-20dec12.pdf.

[14] 龚芙蓉．国外高校信息素质教育之"嵌入式教学模式"的思考与启示［J］．图书馆论坛，2010，30（3）：147-149.

[15] 胡芳，彭艳．美国高校图书馆开展嵌入式信息素质教育的实践及启示［J］．图书馆建设，2011（12）：79-82.

[16] 刘素清，艾春艳，肖珑．学科服务的多维拓展与深化——北京大学图书馆学科服务聚焦与思考［J］．大学图书馆学报，2012（5）：18-22.

[17] 汤莉华，潘卫．IC^2 创新服务模式下的嵌入课程式信息素养教育［J］．图书馆杂志，2010，29（4）：43-44.

[18] 高协，宋海艳，郭晶，李丽．面向创新的信息素养教育规划与实践——以上海交通大学图书馆为例［J］．图书情报工作，2013，57（2）：10-14.

[19] 刘博．高校引进人才评价体系研究．2013，哈尔滨工程大学.

[20] 胡丰华；周小燕．基于潜在价值的高校人才评价指标的遴选．中国成人教育，2012（23）：44-46.

[21] 王硕，魏巍，孟凡英等．教育部第四轮学科评估指标体系变化分析．创新科技，

2016，198（8）：54-56.

[22] 丁恒杰．文化与人［M］．北京：时事出版社，1994.

[23] （英）爱德华·泰勒，连树生．原始文化［M］．上海：上海文艺出版社，1992：1.

[24] 陈幼华，陈进，郝雁．高校图书馆文化服务活动实施模式研究——以上海交通大学图书馆为例［J］．大学图书馆学报，2013，31（2）：35-41.

[25] 徐璟．Living library：高校图书馆学科化知识服务的创新点——以上海交通大学图书馆为例［J］．图书情报工作，2010（01）：58-61.

[26] 李晓娟．高等学校文库建设回顾与展望——“京师文库”建设回顾及发展设想［J］．图书馆建设，2003（5）：34-37.

[27] 于静，孙媛媛，赵敏．高校图书馆毕业季主题活动的调研、实践与思考［J］．大学图书馆学报，2013（06）：88-91.

第五章　服务保障系统

泛在知识环境要求大学图书馆通过泛在的服务方式为用户提供学科化、知识化服务，促使服务与用户的学习和研究过程密切结合，以不同形态的服务模式，形成开放式的泛学科化服务体系。为了确保泛学科化服务目标和任务的落实，就需要规划和构建与之相适应的、有效的服务保障和支撑系统，既能够支撑泛学科化服务的日常运行，又能对外部变化做出迅速的适应性响应，最终推动泛学科化服务的可持续发展。

本章将分析服务保障系统的背景条件，论述规划设计思路，将服务保障系统进行动态的分层规划与设计，重点阐释核心保障，包括组织管理、业务流程、资源保障、系统工具、团队建设层等 5 个方面。构建理想的服务支撑系统架构，探讨实现策略。同时，宣传推广工作也将起到关联的支撑作用，在本章中也有所论述。

5.1　基本理论阐述

5.1.1　基本内涵

在信息裂变的时代，大学图书馆要体现存在的价值与使命，面临着更为严苛的挑战，需要在三个维度上实现超常规突破：对于用户，需要持续提高资源和服务的可见度；对于教学科研，需要有效提升学科服务工作的贡献度；对于多样化的信息选择渠道，需要不断加强与用户环境的融合度。显然，面对这一使命要求，仅仅设立学科馆员是不够的，还需要变革组织机构，调整资源布局，加强团队建设，建立起以学科化服务为核心的“全方位、全过程、全覆盖”的管理模式与运行机制，建立起全面完整的新型服务保障系统。

泛学科化服务保障系统通过提供与学科化服务发展相适应的学术信息资

源、技术和组织管理条件，促进各类资源的战略重组和系统优化，推动知识信息资源高效配置和综合利用，对于提升服务创新能力具有重要意义。泛学科化服务保障系统建设关注的不仅仅是个别的技术进步和局部的资源共享，更加强调保障系统整体的应用效果，以及与学校学术文化环境相关的服务发展问题。构建、部署和应用服务支撑系统，能够为科研、工程以及相关的教育领域变革提供学科化、知识化服务，提高协作研究中的知识激活、创新、传播、融合与管理。

5.1.2　动力机制

任何一个系统中，机制都起着基础性、根本性的作用。良好的机制使系统趋于达到自适应状态，从而能够对外部变化迅速做出反应。可以说，泛在知识环境要求图书馆通过泛在的服务方式为读者提供学科化的知识服务，促使学科服务与读者的学习和研究过程密切结合，呈现不同形态的服务模式，形成一种开放式的泛在服务保障系统。在这其中，动力机制发挥了举足轻重的作用。

图书馆学科化服务的动力因素既有来自外部环境和用户的需求压力所产生的动力，也有与图书馆自身发展目标、软硬件设施建设、激励制度等相关的些因素共同作用形成服务发展的动力层。图书馆作为信息的存储与加工利用中心，通过对信息的筛选、加工、重组、分析等一系列环节，形成知识。而知识必须在各种动因驱使下，才能升华为创新。图书馆新的职能，不仅应该继续发挥信息加工整理方面的功能，在信息和知识的转化之间架设顺畅的通道，更应该充分挖掘和创造各种条件，通过构建丰富而有效的图书资料保障，设置开放互动的信息交流研讨环境和网络平台，运行学科化服务机制，开展有针对性的信息素养教育，设计形式多样的学术文化主题支持活动等，成为用户创新活动中的重要动力因素。

（一）用户需求动力

用户需求是图书馆服务的动力源泉。当前用户的信息需求及所处环境在不断变化，因此，用户获取信息的成本也随之增加。有学者提出了“黏着信息（sticky information）”的概念，信息黏性是指将单位信息从一个地方转移到另一个地方，以供某一信息需求者使用所发生的增量成本，这种成本越高，信息的黏性就越强，反之亦然[1]。在当前的海量信息环境下，用户所需要的信息充满黏性，加之用户本身也不能清楚、完整地表达信息需求，因此就需要图书馆服务人员能够根据自己的专业知识，对海量信息环境进行优化。

对于泛学科化服务来说，主要的用户群体集中在教育科研群体。随着教育科研工作对学科专业领域创新的日益重视，个性化、专业化、知识化、深层次的知识信息需求迅猛增长，用户总是希望以最方便和最习惯的方式、最科学的方法和最高的效率，获得对于目前从事工作的最有用、最新颖的知识内容[2]。这正符合著名的穆斯（Mooers）定律，穆斯在研究用户利用检索系统时发现："一个检索系统对于用户来说，如果取得信息比不取得信息更麻烦的话，这个系统就不会得到利用"。穆斯的这个定律不仅适用于用户检索信息的行为，而且从广义上表述了用户对信息需求的一个基本原则，即如果用户获取某条信息比不获取更麻烦和更伤脑筋的话，他将放弃对这条信息的获取。因此图书馆建立学科信息门户，将特定学科领域的信息资源、工具与服务集成到一个存取环境，为用户提供方便的学科信息检索与集成服务。另外，用户也特别需要图书馆对知识内容进行分析、挖掘，根据其内在特征和价值进行鉴别、关联、重组、识别和创造新的知识。

所有这些新的需求，都要求图书馆服务做出相应的调整，比如将服务推送到微信，Facebook，微博等社交网络上去。为了适应用户需求的难以表述性以及个性化服务趋势，依据从数据到信息再到知识的生产加工利用流程，向用户提供界面友好的“学科化服务工具箱”，使其根据所提供的工具和方法，获取自己所需要的信息和知识。因此，对于学科化服务来说，不仅要求服务能够嵌入读者学习、科研一线，而且，能够为用户营造全面支持优质信息检索、交流、传递和处理的优良环境，为读者建立资源便捷通道，全面支持知识创造，满足创新需求。

（二）业务发展动力

建立长效服务，保持服务的持续性，不断提升服务水平，是图书馆业务发展的主要目标。要建立长效服务机制，首先要融入用户。图书馆学科化服务要融入用户，便需面向学科，以用户的知识需求为导向，开发知识资源，提供增值的知识服务，最终形成融洽的“服务者→学科专家、学者→各类型学科用户群→合作对象”互动关系[3]。其次，还要能够真正地服务用户，给用户带来价值。服务用户是通过系统集成、服务集成等多种方式，采用多样化的动态资源系统进行服务的过程。从学科用户的研究课题和重点知识需求入手，全面分析用户需求的核心内容，有针对性地进行信息与知识的过滤与挖掘，将满足用户需求的学科专业知识形成一个整体化的“知识网络”或信息产品，按照用户所需要的形式提供给用户[6]。长效服务机制的形成，需要建立起对具体用户的全程服务责任制，提供从知识捕获、汲取、重组、创新、集成到应用的一体化服务。

同时，以学科馆员为主导的泛学科化服务，更贴近用户的需求，是图书馆适应新的信息环境，以用户为中心，融入用户需求过程的新模式。该服务模式下，图书馆全面规划馆舍空间，并突破物理限制，提供随时随地、无所不在的服务。其创新之处在于渗入了泛在图书馆理念，赋予了图书馆新的生机和活力。从某种意义上，泛学科化服务就是在创建泛在图书馆，是泛在图书馆功能的体现，学科馆员成为图书馆创新服务模式的引领者和泛在学科化服务的直接实践者。

图书馆要加强业务发展动力，还必须加强跨界合作。近年来在国际图书馆学论坛上频繁出现深层合作（deep collaboration）的词汇。维勒（Wheeler）和希尔顿（Hilton）认为成功的合作意味着“携手推进共同的目标”，指出“被动合作会失败，参与者各自怀有不同的期望和相对承诺的不平衡合作也会失败。而合作需要在目标和投入上有强烈而持续的关注”[4]。图书馆作为资源有限方，要积极和业务上下游，包括出版商、社区机构、不同类型用户等进行紧密合作，发挥各自优势，使服务效益最大化。

（三）技术助推动力

图书馆正步入全新的用户服务时代，技术发展一直起着重要的支撑作用。随着对知识组织、知识挖掘、知识发现、知识揭示、智能技术等各方面研究的不断深入，使知识化服务成为可能。在当前移动服务的背景下，引入移动设备，实现图书馆资源和服务在 PDA、Kindle 等信息设备上获取，是近年来图书馆服务的新兴趋势。目前，移动服务主要包括短信提醒、短信参考咨询、移动 OPAC、移动内容传递、移动上网、手机图书馆应用软件、图书馆数字导览等形式。通过与电信运营商的合作，借助于各种移动信息设备，图书馆正在力图把资源和服务推送到用户的身边，用户可以随时随地随身地进行图书馆馆藏资源检索、书目查询、知识管理等活动，实现图书馆服务的无处不在、无时不在。泛学科化服务是一种动态的、无缝的、交互式的信息传递与传播方式，用户感受到的是最方便、快捷、无障碍的服务。借助特定的学习和研究空间，图书馆在有效地整合资源和服务的基础上，可以高效地支持各种协同式学习和研究。

（四）人才激励动力

泛学科化服务主要是通过馆员组成的学科服务团队来完成。根据心理学家约翰·霍兰德的“个性、工作适应”理论，馆员对工作的满意度和离职的倾向性，取决于个体的个性与职业环境的匹配程度。当个性与职业相匹配时，则会有很高的满意度和最低的离职率。所以，个性与工作匹配是理想学科馆员素质的基础。理想学科馆员的个性应兼有擅长分析、创造、好奇、积极、热情等特征。

柯平认为，学科馆员应当具备三方面的基础核心能力，一是专业能力，二是信息能力，三是咨询能力。此外，在必要的时候，还有四方面需要发展的核心能力，即教学能力、研究能力、推广能力和团队合作能力[5]。

美国知识管理专家玛汉·坦姆仆认为激励知识型员工的前四个因素分别是：个人成长、工作自主、业务成就和金钱财富，如图 5-1 所示；安盛咨询公司与澳大利亚管理研究院分析了澳大利亚、美国和日本多个行业的 160 名知识型员工，列出前五位的激励要素是报酬、工作性质、提升、与同事的关系及对决策的影响力；国内学者张望军和彭剑峰研究认为对中国知识型员工的激励因素中排在前五位是工资报酬与奖励、个人成长与发展、有挑战性的工作、所在机构的前途和有保障和稳定的工作[6]。

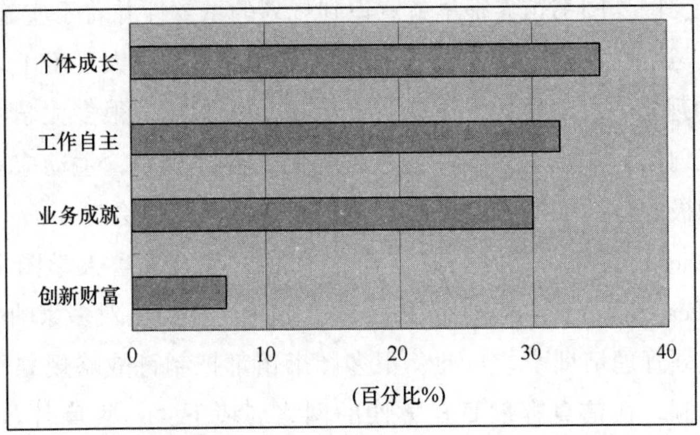

图 5-1 知识型员工的主要激励因素（玛汉·坦姆仆模型）

虽然不同主体的内在需求不同，但总体上遵循马斯洛夫层次论，而且学科馆员的心理需求一般都处于马斯洛夫层次论的高层上，即集中于被尊重和自我实现的需要。因此，图书馆对学科馆员出了在物质上要形成激励外，还不能忽视来自被尊重的需要和自我实现需要的动力。学科馆员的心理愿望往往倾向于成就感、被认可感、信任感、归属感等体现精神价值的内容。

为了使激励的效果更显著，图书馆对不同贡献的馆员采取分层激励的策略，包括：① 精神激励。对某人表现出的尊重、赏识、佩服、赞扬等态度都属于精神激励因素范畴。② 情感激励。主要指利用体谅、关心、信任、理解与支持等情感因素激励馆员自主、主动投入到学科化知识服务过程。③ 期望值激励。期望值指的是一个人期待着所付出的努力能带来一定的奖酬[7]，这里的奖酬主要指通过泛学科化服务所能为用户带来的物质与精神利益的一种期望。④ 物质激励。要对学科馆员的工作给予必要的物质层面的激励，包括贡献奖励、岗位津贴、职称评定、进修学习机会等，都可以适当倾斜。

5.1.3 规划设计

规划是一种适应形势发展需要，设计和制订有效的战略行动计划的一整套方案。它涉及对当前形势进行预测，对未来决策提供参考，通常包括使命、核心价值观、目标以及行动纲领等。学科化服务规划是图书馆发展规划的重要组成部分，国外图书馆界很早就意识到规划的重要性并着手实施。在20世纪80年代，管理大师Russell L. Ackoff提出“未来在很大程度上取决于创造和规划”的理念[8]，对美国图书馆界产生了重大影响。很多大学图书馆即开始把制定规划作为常规工作，并通过预先制定各类规划，主动应对环境的变化，采取积极的行动措施。1986年，美国研究图书馆协会（Association of Research Libraries）管理研究办公室（简称OMS）联合耶鲁大学图书馆进行了LDP（The Leadership Development Program，LDP）项目，对多家图书馆专门进行了战略规划管理培训[9]。自此，很多图书馆都把制订战略规划作为一项常态的工作机制。在信息存取日益方便的网络环境下，一些著名大学图书馆，如牛津、麻省理工、斯坦福等，更是纷纷把所制订的发展规划公布于众，既可以使用户和业界更清晰地了解该图书馆的目标和行动计划，同时也是寻求监督，激励发展的有效途径。

有关规划的定义很多，其中OMS主任Susan Jurow的概括最为简明扼要，她指出：“规划主要包含三个关键要素：① 愿景或目标；② 发展阶段；③ 实施策略”。泛学科化服务规划即是图书馆依据服务的发展要求，通过翔实的调研分析和部署，以正式文本的形式，确立服务的远景目标和预期效果，科学划分发展阶段，并制订具体的行动举措。

泛学科化服务规划的意义主要体现在：

（1）泛学科化服务是为了满足特定用户群体的个性化信息需求而开展的深层次信息服务，它不同于一般意义的参考咨询服务，而是依据需求变化不断进行动态调整，因此，制订规划的意义在于摒弃依靠以往经验进行运作的被动模式，采取积极的应对策略，主动探索新的发展方向。

（2）泛学科化服务是一种处于不断发展和探索中的服务模式，更是一项长期复杂的系统工程，既需要环境、资源、人力、组织管理、资金等各方面的准备与支持，也需要对具体环境、用户群体、服务方式、服务内容、行动措施和目标等预先进行全面考虑，这些都是服务规划应涵盖的内容。

（3）泛学科化服务规划又是图书馆服务管理中非常重要的环节，它具有指明一段时期内服务发展方向、拟订近期和远景目标、提出任务、制定策略、申报经费预算的作用，也包含对当前形势的分析和达到目标的时限等内容。

因此，为了保障泛学科化服务的顺利和有序开展，有必要预先制定服务规划，并依此逐步落实和实施。

5.1.4　规划制订方法

(一) 动态规划法

动态规划法是运筹学的一个分支，通常用于处理经济管理和生产管理中多变量、多阶段决策过程最优化的一种方法。动态规划的优点在于，它把一个多维决策问题转化为若干个一维最优化问题。动态规划法强调在不同阶段根据具体问题具体分析，随机应变。由于泛学科化服务是一个动态持续的过程，一般要经过探索破冰阶段、服务能力建设与普及阶段、深化拓展阶段、全面提升阶段等，在不同阶段，泛学科化服务保障系统自然具有不同的构成内容和特征，其构建也是一个动态的过程。因此，可遵循动态规划方法来实现。

(二) 时期分析法

时期分析法是以时间为维度，按照事物活动的不同阶段或时期进行分析的方法。制订泛学科服务规划是对服务活动进行基于整个流程的背景与现状分析、拟订指导方案，对操作实施、前瞻预测、总结评价的通盘分析、计划与采取行动的系统工程，与图书馆整体发展规划的制订思路保持一致。Brice G. Hobrock 曾提出制订图书馆规划的八个主要步骤，有人将其归结为四个，分别是：制订目标；考虑环境因素；制订实施策略；具体执行[10]。借鉴这一时期分析法的思路，基于系统观视角，可以把服务规划的过程分为四个主要阶段，分别是：前期调研与分析阶段；制订指导战略阶段；具体规划的制订与实施阶段；总结与评估阶段（如图 5-2 所示）。

(1) 第一阶段：前期调研与分析

第一阶段是制订规划的前期准备阶段，也是极为重要的一步，调研分析的结果将直接影响到战略指导方案的合理性与先进性。这个阶段主要包含四方面的工作内容：

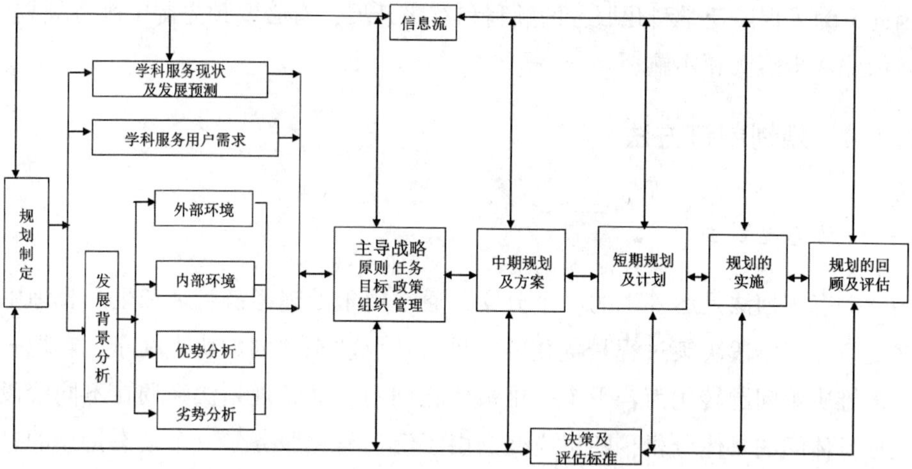

图 5-2　基于系统观视角的学科化服务规划制定流程

① 现状与发展预测

通过国内外文献调研与服务案例分析，对服务的理论研究和现状有全面的了解和把握，并对相同、相似及有代表性的服务案例进行重点分析，在此基础上构建适合本单位的服务运行模式，并对发展趋势与前景进行预测。

② 用户需求调研

对本地学科用户的信息使用行为、使用偏好、科研学习需求、个性化服务需求等进行充分调研和分析，建立用户概况档案和重点用户档案，并以此确定服务的重点和切入点，配备相应的人力、服务设施和信息资源。必要时还要考虑协同服务模式，调整业务布局和组织结构。

③ 发展背景分析

运用 SWOT 等分析方法，进行泛学科化服务发展的背景分析。SWOT 是一种在制定规划时常用的背景分析方法，主要通过对分析对象，即学科化服务自身及所面临的内外环境的优势（strength），劣势（weakness），机会（opportunity）和威胁（threat）的归纳，按照矩阵形式进行组合，建立分析模型，析取出服务的优势和缺陷，把握所面临的机会，认清存在的挑战，从而采取最优的决策。

④ 形成调研分析报告

将前期所做的调研及分析结果进行汇总，形成完整的调研分析报告，为后续规划工作提供依据。报告除了要包含前期对发展背景、同行经验及用户需求进行调研的客观记录和分析外，还应该提出发展模式建议，供制订正式方案参考。

（2）第二阶段：制定指导战略方案

泛学科化服务没有统一的模式可以借鉴，在正式开展服务之前，有必要首先出台具有方向性、全局性和指导性的战略方案，使全体服务人员能够统一思想和行动，对服务的原则、目标、任务、意义、组织、管理等取得理解和共识，以便快速进入工作状态，促进工作顺利开展，较快取得预期成果。因此，在前期准备阶段结束后，依据调研分析报告，需要首先制定具有指导意义的战略方案，这是至关重要的一步。

泛学科化服务的指导战略方案具体内容可以包括如下几方面：

■　服务的背景、内涵与意义。

■　服务的目标、任务与近景、远景规划。

■　服务框架、服务模式与政策规范。

■　服务的队伍建设，具体包括：岗位职责、资质能力要求、认证与考核、培训计划与培训制度等。

■　服务的组织与管理，具体包括：组织结构、工作流程、管理制度与管理办法等。

（3）第三阶段：具体规划的制定与实施

在战略方案的指导下，根据泛学科化服务所需要的不同时间长度，可以分别制订中长期（3 到 5 年）与短期（1 到 2 年）的具体规划及相应的实施对策。一般情况下，短期、中期和长期规划是彼此衔接和紧密相关的，短期规划的目标实际就是中长期规划目标的子目标，其执行效果和实现情况也将影响到后续规划是否需要进一步调整和修订。

具体规划主要包含三方面的内容：目标、发展阶段及实施策略。其中目标可以进一步细分为总体目标和阶段目标；在各个发展阶段中要确定关键时间节点；实施策略是非常重要的内容，包含具体的行动措施和方法，可以直接指导或应用到实际工作中。

对于泛学科化服务来说，规划时间不宜过长，以便随时可以进行调整和改进，所以可以首先制订短期规划，通过一段时间的试运行后，再制订中期或长期规划。

（4）第四阶段：总结与评估

当前，图书馆所处的环境、用户需求以及图书馆自身都是不断变化的，因此规划也不是一成不变的，应该根据实际情况、执行效果等随时进行评估和调整，从中总结经验，找出差距，以便不断改进和提高，并且根据需要对后续规划进行修订。

在整个服务规划制订和评估的过程中，需要获取多方面的信息，保证信息的顺畅流动是科学制订规划的根本前提。同时，对规划所采取的态度以及评估标准也将直接影响到规划方案的合理性、准确性与可行性，甚至影响到具体的执行效果。因此，在制订规划的过程中，要充分考虑到规划的客观性和执行力，保证规划对科学决策的支持作用。

5.2　核心保障

核心保障是保障泛学科化服务的关键，直接影响到服务的效率和可持续开展，本节主要从组织管理、业务规范、资源保障、系统工具、团队建设五个方面分别阐述。

5.2.1　组织管理

（一）刚柔相济型管理机制

泛学科化服务具有典型的知识管理和知识服务特征。按照管理学理论，组织的设立是为了达到某些共同的和明确的使命与目标，它是一个有机系统，其结构要能配合环境的变迁而调整和更新。2002 年 7 月，赖瑞·普赛克（Larry Prusak）博士提出了“第二代知识管理”的概念，即重视组织内非正式的沟通，建立信赖的环境，同时提供学习的空间，以分享并创造隐性知识[11]。

在国内，张晓林教授也在较早时候，就提出图书情报知识服务的管理机制并对其进行研究。他认为，为适应知识服务的有效开展，必须对图书情报机构的组织结构进行创新，从单一形态到双重模式，从结构化部门到梦幻团队，从金字塔到倒金字塔，从线性关联到蜘蛛之网，并且现代图书情报机构组织管理机制也要相应地创新。因此研究者将这一管理变迁总结为：从正式组织管理到权变结构管理，从部门化管理到知识服务团队管理，从人员管理到人力资源管理[12]。

曾有人提到五种管理思想：共享权利；指点迷津；训练代替考核；弹性管理；关怀健康[13]。这里面很重要的一点就体现了人性化。泛学科化服务作为一种新型的服务模式，需要以人性化、开放式的管理理念，创造条件最大限度地发挥馆员的积极性和创造性；同时，由于泛学科化服务是一种尚处于不断探索中的服务，在实践过程中有很多不确定性因素，因此，加强规划、引导与协调又是非常的。对于管理保障来说，既要有统一的规划监督与制度规范，也要允许馆员能够弹性、灵活地开展工作，给予馆员充分的信任和自主权，适宜采取刚柔相济型管理机制。

所谓刚柔相济型管理机制，是指在“以人为本”的柔性管理方式基础上，同时加强规划、引导、考核、规范等刚性管理方式的结合运用，两者灵活结合，既充分调动和发挥馆员的积极性和创造性，又能使泛学科化服务保持持续稳定提升的较高水平。

刚柔相济型的管理方式在泛学科化服务中的具体表现是：

（1）加强规划，并在规划的同时吸纳全员参与，鼓励馆员的自主创新。

有效的规划能起到指明方向，引领工作，明确不同时期、不同阶段工作任务的作用。通过从全局到部门、从远景到近期，从团队到个人制定服务工作发展规划，分阶段、有重点、定目标、讲实效地保障服务工作有序开展。规划的制订不是管理者的主观臆测，而是开辟多种渠道，通过广泛征集的形式鼓励全员参与，充分吸收和借鉴群体的智慧。尤其鼓励馆员的创新思考，只要是对工作有益且可行的设想，均可以列入正式规划执行。

（2）重视绩效。服务绩效的测评以用户满意为主，同时也注重服务开展的整个过程，服务过程与服务结果同等重要。

对于学科化服务绩效的测评，一直没有完善的测评指标体系。由于服务效果与多种因素有关，很多因素难以量化，比如投入精力、主观能动性、用户响应态度等。即使有量化的指标，也不能仅仅凭借数量指标去判定，因此，不能盲目地设定学科馆员服务质量评价的指标。但是，由于能力、个性及努力程度的差异，又需要形成服务考核标准，这也是泛学科化服务日趋成熟的标志。学科化服务绩效的测评主要遵循以用户满意为主，同时，关注服务开展的过程，即在服务过程中是不是投入了必要的努力和专业技能，并与服务结果同等重要。比如有的图书馆要求学科馆员填写工作日志、工作月报等，就是对服务过程进行跟进。

（3）持续培训。形成学习培训机制，支持馆员的业务学习与分享交流。

在学科化服务模式中，学科馆员担任特色信息资源的建设者，专业学科资源联络者，个性化学科化服务提供者，特色馆藏建设的推动者等不同的角色，多元的角色对学科馆员的知识技能、业务素质、专业水平等提出了新的要求。

学科馆员在为院系提供信息服务时，利用自己所掌握的专业知识，能与对口院系师生进行很好的沟通和学术交流，并利用所具备的图书情报知识，为用户提供专业性的快速、精确、高效的服务。要保持学科化知识服务能始终与用户需求保持一致，就需要有一批高素质的馆员。因此，图书馆需要建立常规化、体系化的馆员技能更新与终身学习支持机制，营造“工作学习化、学习工作化”的良好氛围。

（4）服务规范。形成可以复制的服务模板与流程。

对于一项新兴的服务来说，建立必要的服务规范可以快速提升服务给用户的感官印象，对于服务主体来说，也有了具体行动的指南。虽然用户的需求千差万别，每一次开展的服务形式、内容也不尽相同，但是，经过积累和总结，总是提炼出一些模板和流程，可以移植于相似的服务中。最佳实践库的建设就是典型的实例。另外，有的图书馆制订的《学科化服务指导手册》、总结的“学科馆员工具箱”等，也是很好的服务模板。

泛学科化服务是一项牵涉面很广的工作，需要挖掘馆员的智慧和潜力，发挥其主观能动性开展服务。因此，在管理中既不能平铺直叙，也不能面面俱到，要划分阶段、突出重点，要抓住关键环节来规划和推进。对于管理来说，既要有柔性化的激励、培训与分配机制，也要有刚性化的规划、培训、评价考核等制约机制，才能保证服务的稳定和可持续开展。

(二) 双轨运行的组织机制

根据组织管理理论，组织结构可以分为“简单/静态”、“复杂/动态”等多个模式。泛学科化服务面对着日益复杂的环境和用户需求，由于读者需求及服务内容是动态发展的，因此，不能仅仅依靠固定化的组织机构来开展工作，而应该在整体规划和统筹组织的前提下，采取更为灵活而泛在的组织形式。即以结构化部门加上动态灵活的服务团队为单元的组织模式，团队根据任务、功能不同而动态变化，这种组织模式称为“双轨制”（如图 5-3 所示）。简单概括就是“一条轨迹是按照机构部门，另一轨迹则按照具体任务”。通过双轨制的模式，能对用户的需求做出积极而快速的响应。

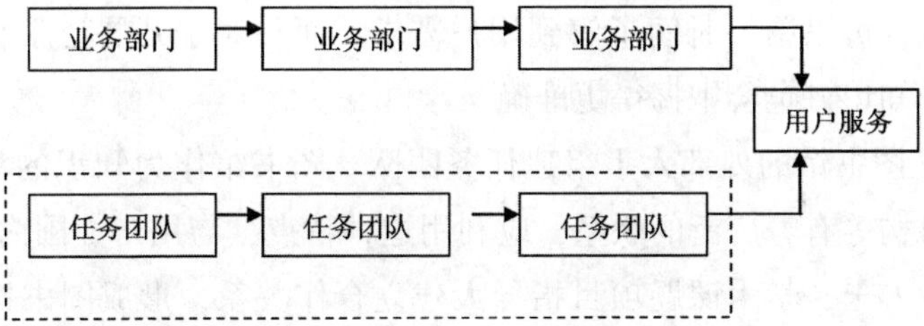

图 5-3　双轨运行的泛学科化服务组织机制

双轨运行模式的关键是任务团队的组建及发挥的作用。对于团队，有许多不同的定义与解释。斯蒂芬·罗宾斯认为“团队是指一种为了实现某一目标而由相互协作的个体所组成的正式群体”[14]。泛学科化服务所需要组建的团队，从某种意义上来说，就是一支由专业互补、愿意为共同目标而相互协作的人员所组成的群体，是图书馆开展泛学科化服务的重要力量，具有知识型、专业型、互补型、相融型的特点，也具有团队的一般性特征，如共享性、学习型、自我管理、授权等，团队成员协同工作，形成服务的合力。

泛学科化服务所涉及的很多工作，比如一些难度较大的交叉学科咨询课题，都是跨部门、跨学科的任务，依靠单一的业务部门或学科馆员是无法完成的，因此，要行之有效地开展服务，就需要组建多种“任务团队”。“任务团队”由于不依赖于整个图书馆业务流程，具有极大的灵活性，可以随时调配。其组建形式可以有以下几种：

（1）组建跨部门复合团队，建立起服务联系网络。

面对日益精细化的用户需求，图书馆都面临着人力不足的问题。而要在与用户的联系层面建立起服务网络，仅仅依靠为数不多的学科馆员，由于精力、能力等的限制，既不现实，也不科学合理。因此，可以使学科馆员作为核心成员，整合图书馆其他部门相关人员，包括采编人员、流通阅览人员、技术人员等，他们在原来的岗位上各司其职，只是作为助手、按照分工兼职开展工作，但有适度经济补助或在绩效评定方面予以倾斜。组建这样动态的跨部门复合团队，以特定任务为导向，充分调动集体智慧和全员积极性，也是图书馆知识工作者的价值组合形式[15]。

（2）在特定服务任务或服务活动中，可以吸收用户参与进来，与用户建立任务团队，可以第一时间了解到用户需求，而且对于开展泛学科化服务所需要的专业知识，也会把握得更准确。

（3）从图书馆的外部入手组建任务团队。图书馆作为知识的集散地，与社会科研机构等有着广泛的联系，应利用这种特点，与用户、国内专家学者、各学科专业人士、学术课题项目指导人建立合作关系，形成图书馆的“外脑库”或“智囊团”。

（三）互动创新型组织文化

组织文化理论的研究产生于上世纪中后期的西方企业，目前并没有广泛认可的定义，其中企业文化与组织心理学领域的开创者和奠基人 Schein 教授将组织文化定义为：“一种基本假设的模型——由特定群体在处理外部适应与内部聚合问题的过程中发明、发现或发展出来的——由于运作效果好而被认可，并传授给组织新成员以作为理解、思考和感受相关问题的正确方式”[16]。简单来说，组织文化是根植于组织之内的特定的价值观和基本信念体系，它构成了组织的行为准则，影响组织内所有人的行为与心智模式。创新型组织文化是组织文化的一个分支，Forhman 认为创新组织文化是组织内一种培育创新的文化，这种文化能够激起员工创新无法估量的能量、热情、主动性与责任感，以此帮助组织实现一种非凡成就[17]。

“互动（Interactive）”一词最早是由德国社会学家 G. 齐美尔在《社会学》（1908 年）一书中提出来的，指人与人或群体与群体之间，发生的交互动作或交互反映的过程[18]。马克思说过：社会——不管其形式如何——究竟是什么呢？是人们交互作用的产物。对于互动创新型组织文化而言，是通过一系列制度，强调的是组织与个人的相互沟通、相互塑造与提升，旨在激发组织内部每个成员的活力，提倡凝聚集体智慧与荣誉感，进而使整个组织得以发展。

泛学科化服务是一种全新的双向互动服务模式，以创新为内在驱动力，这其中创新主体——学科馆员的创新能力至关重要。社会心理学家 Kurt Lewin 提出了一个著名的行为公式：B=f（P・E），其中 B 为行为，P 为个人，E 为环境[19]。该公式表明，人的行为是个人与环境相互作用的函数。创新行为的形成与发展，除了个人自身的努力因素外，适宜的创新型组织文化环境也起到至关重要的作用。

对于泛学科化服务而言，互动创新型组织文化可以在以下方面发生作用：

（1）在服务的组织管理中，强调跨部门、跨级别、跨团队的互动沟通，鼓励所有成员积极参与到创新服务和管理过程中，为图书馆发展贡献智慧。根据日本国际设计公司总裁吉瑞．辛博格提出的“创造性摩擦”方法，是把不同知识背景、不同组织部门、不同知识偏好的人常常集中在一起，使他们互相激发，各自的知识碰撞就会产生新的知识。通过创造性摩擦冲突（争论）产生的能量，可以被疏导成创造性的活动，由此形成一种催促创新的环境氛围。

（2）对于具体服务过程而言，学科馆员（服务主体）与用户（服务客体）之间，也是一个强调互动、沟通和彼此完善的过程。Alan Simon 等人在研究中发现，用户认为咨询服务中能够促使咨询成功的五个顶级咨询战略能力，排在前三位的分别是听、理解用户、用户——咨询顾问间的交流[20]。可见互动交流对于服务效果的重要。与读者互动可以采取多种方式，如吸纳读者参加图书馆学科化服务顾问委员会，资源建设委员会等，定期开展与读者的交流、互动，如用户大会、“联动沙龙”等。

有研究者将图书馆的服务互动过程划分了四个阶段（如图5-4所示），分别是：

第一阶段：互动双方初步接触。服务客体（用户）提出自己的信息需求，由此形成一个信息“场”。“场”是日本学者Nonaka提出的概念，又称为“ba”，指分享、创造及运用知识的动态的共有情境。

第二阶段：互动双方交换信息。任何符号系统，只有外用于交流，内化为思维，才能真正被掌握。通过服务主体（图书馆员）和服务客体（用户）对信息需求、用户需要解决的问题进行沟通和反馈，不断交换信息，进一步把握信息需求和解决方案。在这个阶段，信息交换不仅仅停留在“听”与“说”的层面，也包含对新知识、新经验的探寻和理解。

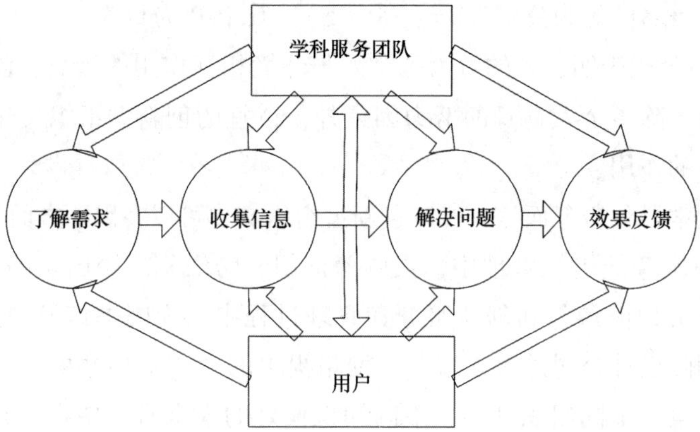

图5-4 泛学科化服务过程中与用户互动示意图

第三阶段，互动双方互相影响。双方不断调整交流方式、交流内容以适应对方，从而推动互动过程的进展，也由此达到了解决问题目的。

第四阶段，服务主体对服务客体的后续跟踪、回访和存档，同时也包含了服务客体在接受服务后的质量评价反馈等环节，这些环节都将对服务效果和改进起到积极影响，进而促进信息交换达到一个新的层次。

上述四个阶段，反映出互动管理理论在图书情报机构学科化知识服务中的具体应用及指导意义。

总之，图书馆的互动创新型组织文化，核心是以开放式理念吸纳多方力量，图书馆与馆员间、图书馆与读者进行互动沟通、相互塑造与提升，目标是激发每个成员的活力和主观能动性，通过营造氛围、完善制度、鼓励创新，支持学习，倡导团队合作，形成可持续发展驱动机制，进而使泛学科化服务始终保持整体创新能力。同时，互动创新型组织文化也是一个长期形成的过程，需要整个图书馆有计划、有步骤地培育和推进。

（四）组织机构的理想模式

组织机构是保证学科化服务持续健康发展的根本保障。随着信息技术和高等教育的不断发展和变革，教育和科研工作者对于教学模式，数据分析、成果管理等的需求越来越迫切，对于信息管理与服务的要求也呈现出很多新的趋势。学科馆员传统的工作内容被重新定义，馆藏资源建设的目标在于促进新知识的创造和传播；参考咨询服务不仅仅用图书馆资源解答问题，更需要对版权问题、学术交流、数据处理、知识管理和信息素养方面提供建议和合作；在读者教育方面，目前学科馆员还普遍缺乏作为教育设计者和教育技术专家的能力，这方面的需求日益迫切。学科馆员的工作与教育和学术的过程联系日益密切，不断演化的新的角色要求，以及不断拓展的工作内容，也决定了组织机构需要动态灵活地与之相适应。

首先，为保证新型学科化服务体系的有效运行，图书馆需要从读者服务的视角，考虑对业务流程进行重组，形成垂直、扁平化、多分馆协同的管理结构，提高运行效率，简化工作流程，促使各项目标任务得到优质完成。具体包括：顶层设计，重塑理念文化；机构重组，优化业务流程；管理开拓，锐意改革创新。不断加强内涵建设，从被动发展模式转变为适应变化、用户驱动的主动创新个体，这种管理模式对泛学科化服务体系的推行将起到重要的支撑作用。

其次，要围绕学校发展战略目标与用户实际需求，针对院系各学科发展格局，以学科为主线全面优化图书馆的文献信息、人力和基础设施等资源，从资源、服务、技术、馆员、设施、文化等角度多管齐下，联动支撑高品质服务，支撑教学、科研及创新型人才培养。同时，建立以学科化服务为核心的组织机构、管理策略与运行机制，学科服务不仅是服务团队的主要工作，也是全馆各类组织机构业务工作的核心，确保图书馆的各种服务能够满足学校不同层面服务对象的需求，合理支持学校教、学、研的整个过程，与师生形成良性互通、协同发展机制。

理想的组织机构模式最关键的特征是要建立一种灵活动态，能够适应变化的机制，可以通过调整和增设一些新型岗位，对岗位的工作内容重新定义，对具备条件的业务进行外包，或者对新增加的长期延续性工作以专项工作组的形式开展，将工作内容明确列入工作职责和考核要求，并且随实际情况的变化进行调整。例如香港理工大学图书馆就新增加了 7 种新的岗位，包括专门关注网络社区用户反馈、调研和体验的馆员等。2013 年 8 月，ARL（Association for Research Libraries，北美研究图书馆协会）发布研究报告，提出学科馆员角色在六方面的转换趋势，数据来源于对 5 个 ARL 图书馆包括杜克大学、圭尔夫大学，麻省理工学院，北卡罗来纳州立大学，普渡大学的采访和观测。在这份名为“New roles，new Times：Transforming Liaison Roles in Research Libraries”的报告中，公布了 2011-2012 年，由 Tito Sierra 对研究型图书馆名为“未来的人员配备：2011 年 ARL 大学图书馆招聘”的研究成果。该研究分析了 15 个 ARL 图书馆一年中专业职位的空缺职位，提出了两个问题：“研究型图书馆未来的人员配备是怎样的?”“研究型图书馆界新兴的就业机会是什么?”研究发现，这些图书馆所发布的职位超过一半是新创建的或显著重新定义的工作，研究型图书馆不断在“传统”图书馆领域创建一系列新的职位，如特色馆藏、行政管理和公共服务，新创建的学科馆员工作内容有 30%是显著重新定义的[21]。这说明，图书馆必须要不断调整和设立新的岗位及组织机制，才能保障泛学科化服务的有效开展。

（五）考核激励机制

高校图书馆由于身处高校这一高素质人才密集的大环境中，高学历馆员队伍不断扩大，馆员素质不断提高。在科技发展信息量剧增的时代，泛学科化服务作为一个动态发展的系统工程，要能跟得上教学科研的步伐，并提供前瞻性的分析跟踪服务，这对学科馆员的学习能力、应变能力和适应能力要求更高。要刺激学科馆员队伍自我潜力的挖掘，就必须培养良性的竞争环境，实行资格认定、竞聘上岗、优胜劣汰的公平、公开、透明的动态竞争机制。有竞争才有压力，才能促进学科馆员素质和服务质量的不断提高，有利于学科馆员制度的完善。此外，图书馆也必须采取全方位的激励措施激发员工的积极性，包括物质上和精神上的激励，帮助学科服务团队进行职业生涯规划，提供例如沟通技巧训练、报告技巧、人际关系技巧、拓展训练等各种培训、充实学科知识、并鼓励创新、允许失败。

要建立科学、规范、可操作性强的评估机制和绩效考核体系，制定相应的评价指标、评估范围等，其中建立用户考评、学科馆员自评互评、学科馆员团队测评等相对完善的绩效考核体系。同时也不能忽视对服务过程的动态跟踪和考核，在服务过程中嵌入有效的绩效评价模型，只有融入对服务过程和内容的记录和评价，从用户体验、操作细节等多个角度进行综合测评，才能客观反映出服务团队和用户之间的交互作用，调动和发挥人的主观能动性，保证学科化服务的可持续发展。

总之，科学的绩效考核体系不是单一的硬性定量指标，其最终目的是为提高泛学科化服务水平提供保障，从而达到馆员提高服务认知，树立在用户心中良好形象的目的。

5.2.2　业务流程

20世纪90年代，企业界最早提出“流程”的概念，指出它是一系列完全闭合的、适时执行的、有逻辑性的活动。流程管理（process management，PM），又称业务流程管理（business process，BPM），是一种新的管理思想和管理方法。流程管理的核心是流程，流程管理的本质是构造卓越的业务流程[22]。图书馆业务流程包括资源建设、图书加工、文化活动、信息素养教育、情报信息服务等。理想的图书业务流程应是闭合的、良性循环的：大的流程里面又包含若干小的业务流程，有的是单个部门完成，有的需要多个部门协同配合。一个流程如果能随着时间的推移，面对种种变化仍能实现预期的效果和效率，则该流程具有适应性[23]。

泛学科化学科服务流程的基本要素是指包含于一切泛学科化服务流程中

的最基本的、不可或缺的成分。在泛学科化的任一变化都会导致不同流程的产生。泛学科化的服务流程的基本要素是认识流程、设计流程、改造流程的基础。

(一)泛学科化服务业务流程的基本要素

泛学科化服务流程伴随学科服务的发展而发展。1981 年美国卡内基梅隆大学图书馆率先推出学科馆员服务，当时称之为“跟踪服务”。带动美国大学图书馆在学科馆员服务领域开展了大量实践，并取得相当成效。美国 UCL 学科馆员采取严格的流程，每年 3~4 月由项目工作组任命学科馆员，首先对学科背景、沟通技能、兴趣程度进行考察，各部门积极合作，为学科服务实施提供有力的保障：馆藏建设部为学科馆员推荐新资源及时提供信息通告，参考咨询部们为学科馆员提供培训资料、研究指南，信息技术馆员为学科馆员提供通力合作，为院系师生远程获取图书资源提供了可能[24]，流程管理为学科服务顺利开展提供了有力的保障。

国内真正从事学科服务是 2000 年以来的事，其中以泛在延伸无缝对接服务模式而备受关注[25]。2008 年上海交通大学图书馆率先实行泛学科化服务以来，从理论实践层面将泛学科化服务总结为上海交大图书馆“泛学科化服务”理论体系框架包括：一套服务理念；两种服务模式：普遍推广与重点服务；三层支持框架：机制层、资源层、技术层；四大战略举措；五项行动计划：融入用户了解需求、环境设施与技术平台建设、学术资源组织与揭示、馆员素养培训、嵌入教学与支持科研；六类服务内容：院系联络、信息素养教育、资源建设、参考咨询、虚拟社区建设、个性化服务[26]。由此可见，泛学科化服务在服务方式上强调无处不在、无缝连接，在服务时间上注重随时随地、无限延伸，在服务流程上更加注重用户信息需求，更加注重服务的时效性，在服务的推广中进一步强调主动服务、智慧服务。

因此泛学科化服务业务流程的制订是推动服务发展的必需条件。泛学科化服务流程是指图书馆开展泛学科化服务的相关程序，涉及泛学科化服务的需求分析、目标设计、服务管理、评估体系、协作流程管理、反思完善六个基本要素，在制定业务服务流程中应抓住这些基本要素，有效控制信息流动的及时性，提高管理效率和服务水平。

泛学科化服务基本流程中主客观环境与读者需求分析流程，主要是对泛学科化工作的环境以及服务对象进行详细的调研和分析，寻找泛学科化服务的切入点，总结共性和规律的特征，发现新的服务契合点，对不同读者用户不同阶段的服务提供切实可行的高效服务。目标与战略设计流程主要是根据具体的服务目的，通过翔实周密的规划和设计，确定具体的服务模式、服务实施方式、决策规划、服务流程、执行环节，期间包含如何设计服务的各个环节，各环节流程的组合与管理，学科馆员在服务流程中的角色，学科馆员在各环节中的职责，详细缜密的计划是完成服务的有力保障，并保障服务的顺利实施。泛学科化服务过程的流程评估体系主要是为了提升服务质量和总结服务成效，是构建泛学科化服务可持续发展的路径。跨部门协作的流程管理是为了确保部门之间合作畅通，沟通高效的必备环节，监督改进反思活动环节则是一项提升工作质量的必备环节。

（二）泛学科化服务的业务流程制订

（1）基本理论阐述

业务流程是实施学科化服务的必备支撑条件，流程制定是否周密细致直接影响服务的效果，在这方面国内外都有先例，如耶鲁大学图书馆学科服务从组织规划、到内容、培训都有缜密的流程，首先做好战略规划，明确工作目标，管理机制上是分散管理、统筹协调，服务内容上以资源为重心、以学科服务为中心，加强学科馆员的人才管理与培训[27]，每一项工作都有严密的流程规划。

国内北京大学2010年以来实施的学科化服务采取四个方面规划流程：（1）在用户信息素质教育方面，以深度嵌入模式作为发展方向；（2）在科研支撑服务方面采取保障基础、支撑重点的思路，对重点项目予以重点服务；（3）在学术评价服务方面，重视为学科未来发展规划提供分析；（4）将用户参与的知识分享服务贯穿于学科服务的整个过程[28]。

杭州师范大学图书馆采取了以服务教学科研单元目标为特征的学科服务实践模式，围绕学院及重点学科、重大项目、重要人才、博硕士点、课题、课程等单元服务目标，全方位规划服务方式，制定服务规范，单元目标服务平台的信息发布、信息集成规范与方法，以及服务集成规范与方法，形成一套小而全的适合自身学校的业务流程，包括引进国际先进的 LibGuides 系统，构建单元服务平台，强化学科馆员专业服务能力，建立与用户反馈沟通机制等，有效开展学科服务[29]，整个服务过程充分体现了严密的流程。

泛学科服务流程的设计是运用知识、技能、工具、技术和系统来定义、评估、改进和管理服务流程，从而满足读者需求的过程。根据服务内容的不同，制订不同的执行流程，包括：战略流程、服务营销流程、资源建设流程、院系拓展流程、深层次服务流程、信息素养服务流程和基础服务流程。

借鉴国内外图书馆战略规划的经验，泛学科化服务规划的设计内容分为五个部分：前期调研与背景分析、制定战略目标、制订指导方案、制订具体规划并实施、总结与评估。

（2）业务流程的基本步骤

为了更好地实施泛学科化服务，图书馆的各项工作都应有清晰的流程，形成一条半闭合半开放螺旋良性循环的上升式的服务流程，在工作中不断总结改进。泛学科化服务的基本流程是设定服务的基本目标、调研用户的需求、确定具体服务的流程、制定流程工作计划、实施流程方案、评估反馈工作、继续改进行动。

首先，流程的设计应该符合泛学科化服务的需要，不仅要适应社会环境的大变化，更要适应读者需求的变化。在具体设计流程时应基于读者需要、环境变化、服务情境，考虑读者、服务内容、服务活动相互作用、活动方案、宣传推广渠道、活动效果等方面。

接着，开始设计流程步骤。为了确保泛学科化服务的规范开展，保障服务效果，根据全年工作规划制定“服务实施方案与计划”，提出针对性的建议和实施策略，可具体分成项目管理小组，开展学科服务各项工作，各项目组按照需求分析、实施策略、反馈评估等工作流程，具体实施各项服务内容。如图 5-5 所示。

其次，流程设计步骤的完成，还须通过流程管理来落实。流程管理的落实是为了对泛学科化服务流程执行中对服务过程进行内部改革优化，优化服

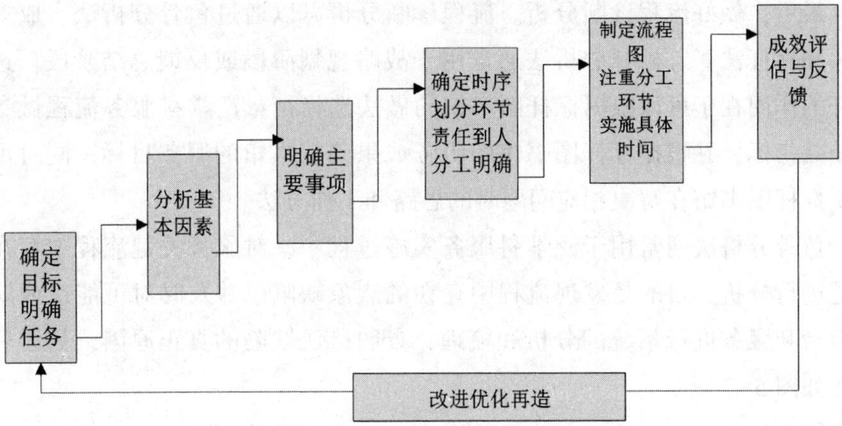

图 5-5　泛学科化服务业务流程设计

务过程的职能管理冗余、中间层次过多、服务沟通等问题，使服务流程始终保持顺畅，自从至终有一个职能机构管理，落实到位、业务清晰、服务流程合理、成本运作高效。流程规划管理图 5-6 如下。

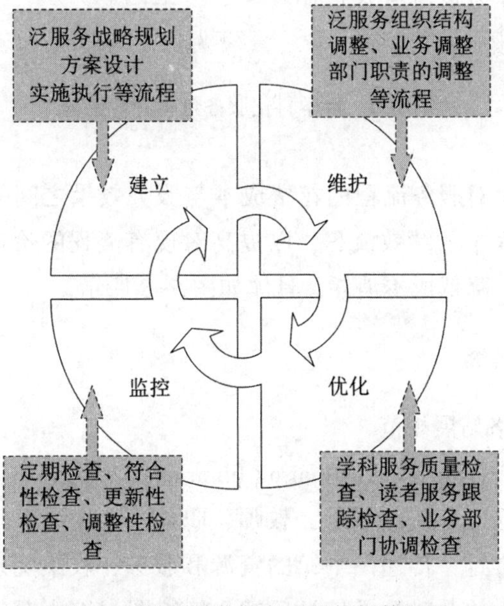

图 5-6　泛学科化服务流程规划管理图

最后，做好流程诊断分析。流程诊断分析可以通过鱼骨分析法、成本分析法和标杆法等。标杆分析法通常用于战略规划阶段或反馈总结阶段。选择标杆的作用在于可以根据标杆图书馆的做法选择衡量泛学科服务流程做参照或绩效指标，并根据标杆图书馆的服务成果确定本馆的服务目标，同时可以借鉴标杆图书馆在解决相应问题时的思路和工作方法。

鱼骨分析法通常用于泛学科服务实施过程中，对服务关键流程中存在的问题进行分析，目的是发现流程中存在的表象缺陷，并及时对可能造成缺陷的因素和服务进行系统的分析和梳理，查明造成缺陷的真正原因，具体分析方法如图 5-7 所示。

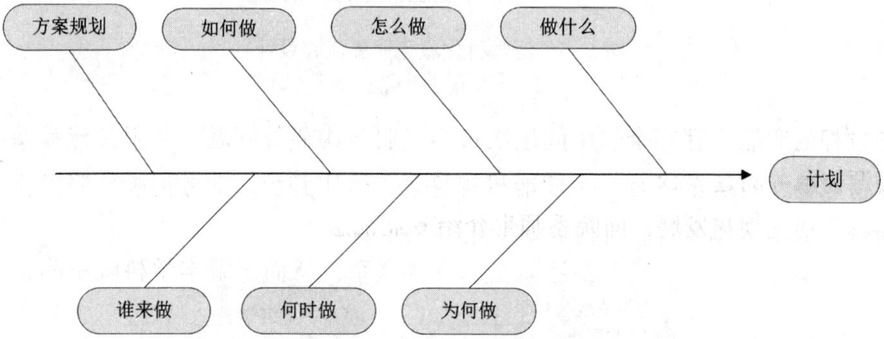

图 5-7 泛学科化服务鱼骨分析流程

成本分析法是对服务流程的花费成本与服务效果之间的关系进行分析评估，发现服务过程中的绩效流程，以提高对现有流程的价值管控能力，提升流程的增值空间，降低成本消耗，具体如图 5-8 所示。

(三) 业务规范内容

(1) 院系联络拓展规范

院系联络是一种联络馆员（liaison librarians）通过邮件、电话、网络、拜访等方式，定期与对口院系领导、教师、职员、学生组织、科研团队信息专员等保持联系，推送、传递图书馆的资源和服务，收集院系用户的需求、评价、意见与建议，并及时给予信息反馈，使得图书馆资源建设与信息服务更直接、更及时、更有效的一种服务手段和服务过程。

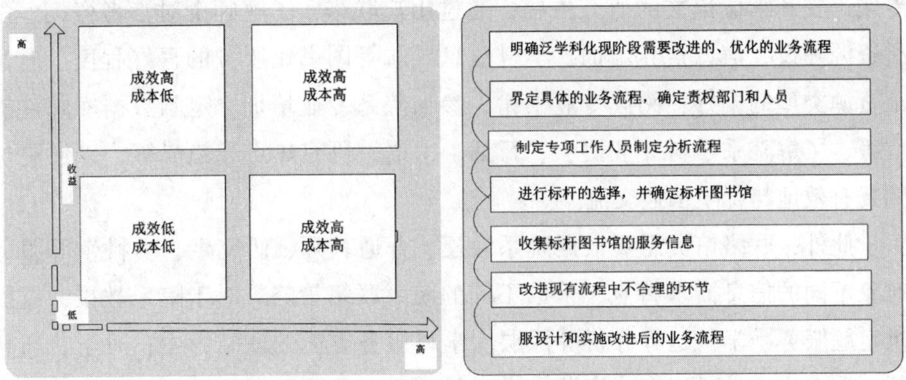

图 5-8 泛学科化服务成本分析与标杆分析流程

院系联络过程中，联络馆员发挥着桥梁纽带、组织协调等重要作用，其工作职责涉及学科服务的诸多方面，主要包括：① 了解各院系用户对图书馆资源与服务的建议和要求，以便更好地开展馆藏资源建设工作；② 了解教学和科研的计划与发展，向院系师生介绍专业信息资源与图书馆服务；③ 保持与科研秘书、教务老师等院系职员的常规联系，从而了解本学科院系的教学及科研人员情况，尤其要注意新教师开设全新课程的情况，以便了解其资源需求，及时进行馆藏补充；④ 参加院系相关活动，了解该院系发展、建设情况和政策；⑤及时回复院系师生各种途径的信息咨询，提供实时的问题解答和咨询辅导；⑥ 通过主动联系教师，将文献信息检索、软件工具运用、科研论文写作等信息素养教育嵌入院系教学活动中；⑦ 建立院系学科服务基地，通过基地值班、拜访教授、主题书展等工作对基地进行定期维护。

院系联络具体操作规范和方法主要有：

1）了解学科专业，区分联络对象

院系联络中，了解所负责院系的学科专业基本情况，是联络馆员开展相关工作的重要基础和首要前提。联络馆员越早越多地了解学科专业的基本情况，就越能从容自信地面对和处理院系联络中遇到的各种问题。具体而言，联络馆员可以从以下方面来熟悉相应的学科专业领域：通过院系网站和网络信息，了解院系专业设置、重点学科、学科专业核心课程、师生的学习和研究任务、研究兴趣等基本情况；通过院系资料和图书馆馆藏，了解院系师生专题论文和学位论文的研究主题；通过用户联络，了解师生对参考咨询、学科资源建设、信息素养培训、学科信息导航等图书馆服务的喜好程度、对文献资源类型的偏好；阅读专业书籍、参加院系专业培训、定制数据库邮件提醒等，了解院系学科专业协会、行话、术语、研究热点和趋势等，以便更加顺畅有效地与师生沟通交流。

此外，联络馆员需要根据院系教授、普通教师、研究生、本科生等服务对象不同的信息需求特点，采取不同的院系联络策略。对于院系教授，以提供定题服务、学科趋势分析等深层次学科服务方面的联络为主；对于普通教师，重点提供学科咨询、资源需求意见征集、课题信息推送等联络服务；对于研究生，侧重开展信息素养教育、信息检索和资源查找咨询解答等联络活动；对于本科生，主要提供信息素养教育方面的联络。

2）积极征集意见，及时给予反馈

通过文献调研、问卷调查、访谈拜访等方法，及时征求、收集院系师生对图书馆资源和服务的意见与建议，是院系联络中十分关键的一步。只有不断征集师生的反馈意见，才能充分了解师生的切实需求和真实感受，发现服务中的不足之处和存在的问题，为后续工作的开展提供前进目标和方向。例如，在拜访教授过程中，可以请教授们填写以勾选为主的调研问卷。问卷应以图书馆的资源为依托，围绕教授的需求和关注点进行设计，要涵盖教学、科研、用户阅读、文献检索等行为习惯的调查，并设置开放题让对方提出意见和建议。

在意见征集完成之后，还需及时给予反馈，以提高用户建言献策的积极性和主动性。例如，拜访教授结束后，需要根据实际情况建立用户档案，针对每个教授的不同关注点及需求点进行归纳总结和信息反馈，具体包括：①疑问解答：一般性的疑问在拜访当场即可解决，无法现场解答的问题，需要联络馆员在拜访后通过各种渠道获取答案，若问题无法解决，也应该及时回复或者提供其他可以帮助解决的途径。② 图书荐购：除定期推送书单供教授们勾选外，还可以收集其荐购的重要或经典用书信息，若荐购的书目暂不能购买，需要说明原因并反馈购买此书的网址链接。③ 服务推送：可以根据图书馆新近推出的活动，结合教授的关注方向，有选择地进行现场推荐，并详细介绍服务的内容和意义。

3）开拓新型联络渠道，采用多种联络策略

对图书馆而言，网络技术和信息技术的发展既是挑战也是机遇。在新的信息环境下，联络馆员需要面向不同服务对象，运用 Email、QQ、MSN、微博、微信、BBS、虚拟参考咨询系统等网络交流方式和豆瓣等社会网络环境，实现与用户实时动态地交流，借助 LibGuides、学科博客等学科服务网络平台的即时通讯模块，提供主动化、个性化、针对性的服务。同时，注重采用多种联络沟通策略。联络馆员需要全面考虑交流的背景、沟通内容的特点、联络对象的基本情况、可使用的沟通方式等各种因素，寻求最佳的沟通策略，以达到良好的联络效果和沟通目标。

4）建立良好联系网络，维护学科联络关系

运用图书馆网站、虚拟平台、社会网站等多种网络途径，与院系用户建立良好的联系网络。完善图书馆网站建设，让馆藏资源揭示更加全面和个性化，使读者获取和利用信息更加便捷；搭建实体和虚拟参考咨询平台，为读者提供立体实时、无处不在的学科咨询服务；从海量的网络信息中搜集、整理相关学科的网络信息资源，将专业数据库、Open Access（OA）等有用资源整合至相关的学科导航库中，建立资源丰富的学科导航系统和专题数据库。

另外，联络馆员要注重维护与院系师生的学科联络关系。加强图书馆特定资源及服务的介绍，提高馆藏资源和学科服务的知晓度和利用度；通过阅读学术刊物、参加院系学术活动、参与学术会议和学术论坛等多种方式，跟踪相关学科领域的研究进展，并整理、筛选和分析相关学科资料，定期推送学科专题信息，供院系教师和研究团队参考；针对相关学科学术带头人及重点用户，为其提供定人、定题、定向的学术前沿跟踪服务和全程文献信息服务。

5）建立院系学科服务基地，实现学科服务长效机制

在各院系建立图书馆学科服务基地，以邮件、电话、定期值班、直接会晤、社会网络等方式，与院系师生保持紧密联系，实现学科服务长效机制。深入院系基地和服务一线，积极开展学科资源协同建设、专题信息素养教育、嵌入课程专题培训、基地咨询台建设与维护、院系教授定期拜访、科研信息

专员培养、学生创新社团支撑、院系学科协助建设、基地年度服务报告制作等过程中的联络活动，精心推出不同层次、形式多样、富有个性、量身定制的学科服务活动。

(2) 学科资源建设规范

学科资源是师生开展教学、科研、学习所依赖的主要信息来源，学科资源质量的优劣，关系到图书馆服务的持续长效推进、教学科研工作的深入开展和学校人才培养的质量成效。为此，图书馆需要在学科化服务中，始终重视学科资源建设工作，保障院系学科发展过程中的文献资源需求。

学科资源建设要从中、外文图书荐购、资源推荐方面进行服务、学科资源梳理、学科资源比对、外文资源建设、学术资源评价等角度开展全面的资源建设和评价，形成具有操作性、验证性的资源建设方法与流程，着眼于发挥学科馆员在资源建设中的参与度，使其在综合考虑学科用户需求的基础上，真正成为学科资源建设的主要实施规划者和决策参与人，从根本上体现“院系师生说了算，学科馆员定主调”的思想[37]。

中、外文图书荐购服务主要包括确定类目、书目分类、需求反馈、下订单、订购反馈、经典书目推荐、书目削减等形式的任务，资源推荐服务主要包含替代资源推荐、院系用户自发推荐资源、外文期刊需求等任务（见表5-1），由特定服务岗位的馆员在一定频次内面向院系提供普遍服务，根据服务内容的不同可采取主动服务与应约服务等方式。

学科资源梳理立足于了解现有学科资源的数量，从学科资源梳理的角度开展资源建设，以体系完整性、学科代表性、用户适用性、工作实用性为理念，从不同类型、不同来源、不同语种、不同范围、不同功能等多个角度开展学科资源梳理，明确内容、数量的梳理程度，如梳理的颗粒度、展示的数量等，按学科类别从图书、期刊、专业数据库、Open Access（OA）资源等维度，对纸质和电子版馆藏文献资源、OA资源进行梳理[31]。通过全面而有特色的学科资源梳理整合，提高图书馆对学科资源的把握能力，便于读者了解馆藏的学科文献，享有更为便捷的文献信息资源服务。

表 5-1 学科资源建设中外文图书荐购、资源推荐服务列表[30]

服务类别	任务名称	任务内容	提供方式	提供频次	责任承担
外文图书荐购	确定类目	由各学科团队资源建设负责人提供本学科所需的图书分类号（中图和杜威），分类号提供到 3 级。	主动服务	6-8 次/年	学科资源建设负责人
	书目分类	采编人员在接到新书目时按学科点提供的分类号推送书目		6-8 次/年	采编室
	需求反馈	学科团队负责联系读者勾选书目，并按照采编给出的额度汇总筛选，确定采购书目		6-8 次/年	学科资源建设负责人
	下订单	汇总查重后下订单		6-8 次/年	采编室
	订购反馈	订购成功之后反馈信息给推荐读者，并引导读者使用个人信息空间，以便及时查看图书到馆情况		6-8 次/年	学科资源建设负责人
中文图书选购	经典书目推荐	不定期推荐本学科经典书目，以补充馆藏		1-2 次/年	学科馆员
	书目削减	如果某一类目的中文图书量很多，但利用率很低，可以向采编室提出削减的要求，节省下来的经费可以用于本学科经典书目的补充		1-2 次/年	学科馆员
资源推荐	替代资源推荐	如果学科馆员在日常工作当中发现新的数据库，能够更好的替代现有资源，可以向采编室提出，由采编室联系订购		1-2 次/年	学科馆员
	院系用户自发推荐资源	建议用户采用“海外选书系统”推荐，系统无法满足的需求反馈到采编	应约服务	1-2 次/年	学科馆员
	外文期刊需求	有些学科希望重点保障某些外文期刊，可以向采编室提出需求		1-2 次/年	学科馆员

学科资源比对立足于知晓现有学科资源的质量，从学科资源比对的角度开展资源建设，重点关注经典图书、核心期刊、专业数据库的比对，形成一系列具备可操作性的资源比对标杆选取和确立方法，并提供一套具有代表性的资源比对流程与方法。通过将本馆的学科文献资源和国内外标杆院校图书馆进行馆藏比对，评估本馆学科资源的建设水平，了解欠缺的馆藏资源，以便查漏补缺，确立资源建设的方向和举措，促进资源建设的学科化和专业化。

外文资源建设立足于加强各学科外文资源建设，从外文资源的角度开展学科资源建设。它以标杆、学科发展为依据，优化荐购模式和流程，满足教学、研究之用，提升资源建设质量与成效。在外文资源建设中，重点加强外文图书建设，着重突出经典图书等优质图书，设计出基本的流程或步骤，如出版源等资源建设线索的梳理、与院系沟通反馈的策略、通过数据分析开展资源选购的方法等，同时注重学科覆盖度、建设质量、用户满意度、流通借阅等统计数据、Book Cite Index（BKCI）图书保障率等，并兼顾热门图书、新兴领域图书的建设，加强对研究型或教学型资源的分类建设。

学术资源评价立足于强化对各类学术资源的评估，从学术资源评价的角度开展学科资源建设。它以需求驱动资源建设，在建设过程中根据学科发展变化、资源建设布局，动态开展资源建设评价，对包括学科纸本资源、专业数据库、学科专业软件、服务软件等在内的学术资源开展综合评价，明确使用建设和使用情况、业界同行建设现状、学科标杆对比情况等，既是对资源建设成效的评估，也是资源规划和决策的参考依据。

（3）信息素养教育规范

作为泛学科化服务的重要内容之一，信息素养教育以读者需求为导向，立足于培养师生的信息技能，强调内容和模式上多层次、多维度的规划与创新，形成普及型、拓展型、深入型等多层面的信息素养教育（见图5-9）。

普及型信息素养教育是在全校范围内普及信息素养教育的基础内容[32]，主要包括常规课程与各类培训，如面向全校本科生开设的通识核心课、公共选修课、专业限选课等常规课程、每学期定期推出的滚动培训、每年开学初面向新生与新教工提供的新生入馆教育等[33]。该类信息素养教育要求每学期开设1~2次，主讲人主要为图书馆馆员，一般采用本馆统一的课件模版制作。

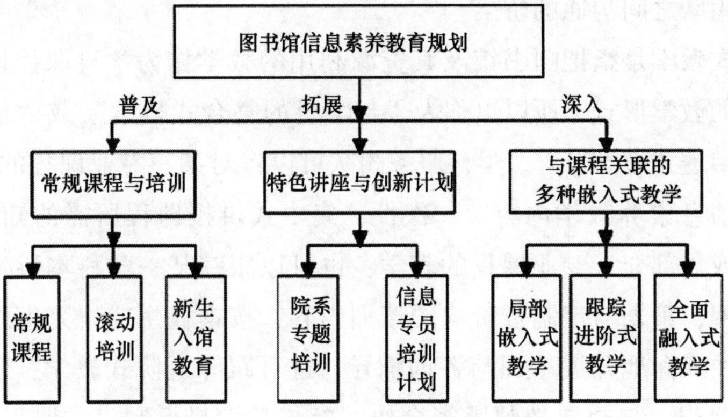

图 5-9　图书馆信息素养教育规划

教学方法上，常规课程与滚动培训应采用理论讲解、上机练习、现场辅导、互动讨论、分组学习等多种教学方式，以激发读者的兴趣和参与热情，培养其自主学习能力和创新能力；新生入馆教育由培训讲座和实地参观两部分组成，前者实行分详简、分学科的多版本定制，学科服务团队实地走访各个院系进行讲解；后者采用院系班级预约制度，由学科服务团队和志愿者共同承担讲解任务。在现代网络环境下，新生入馆教育可设置网上专栏，提供入馆指南、网络课件、视频、漫画、虚拟导航等多种形式的内容。

拓展型信息素养教育主要包括丰富多样的特色讲座与创新计划，集中表现在为对口院系、科研团队或创新社群量身定制的院系专题培训、面向院系各科研团队精心推出的信息专员培训计划等，由学科服务团队或各领域的权威和专家主讲。院系专题培训要求深入用户和服务一线，在与院系师生充分沟通和交流的基础上，积极响应其信息素养培训需求，灵活组织和实施各类培训。可以将此类培训的场地扩展至科研团队实验室，为科研人员提供个性化辅导与面对面咨询解答；将培训语言拓展至英文，为国际化院系师生提供全英文的信息素养培训；将培训内容扩展至专利、期刊投稿等主题，面向师生举办专利知识、论文写作、投稿及评审经验培训活动，搭建专利知识学习与交流平台，助力科学研究成果的发表。信息专员培训计划特别针对院系科研团队，由其推荐团队成员参加图书馆组织的短期密集培训，由此培养具备较强信息素养能力的科研人员，打造研究团队身边的“信息专家”，架起图书馆与科研团队之间沟通的桥梁。

嵌入式教学是指把图书馆及其资源利用的教学作为学科课程目标的有机组成部分的教学形式，所以也称为“与学科的整合式教学”或“信息素养与专业课的渗透式教学”[34]。学科服务团队可以针对某一专业课程的师生需求，量身定制信息素养教学内容，一次性、集中式讲授课程所需的知识与技能，开展部分或局部介入专业课程的教学；也可以跟踪某一学科本科生或研究生的学习课程，策划与定制进阶式的培训内容，按本科生或研究生的不同学习阶段，由浅入深地开展培训与咨询辅导，进行跟踪进阶式教学；还可以针对某一专业课程，与授课教师紧密合作，参与教学目标制定、课程规划实施、作业设计、成绩评定等自始至终的全过程，开展全面融入式教学。

无论何种信息素养培训，授课教师需提前到达上课地点，做好设备开启、课件播放等课前准备工作；提倡采用案例讲解贯穿整个授课过程，并适时进行案例更新；宜通过网络将培训信息录入系统，课程结束后要求学生登录“信息素养教育反馈系统”填写培训反馈，或者课堂上分发培训反馈单进行填写，反馈率应不低于一定的比例，以便于培训工作的不断改进；培训结束后将课件转换为PDF格式上传至培训系统，供读者下载学习，同时留下邮箱等联系方式，便于读者咨询。

(4) 情报分析服务规范

随着学科服务的持续推进与深入开展，开展情报分析等深层次学科服务已成为学科化知识服务深化拓展的必由之路。按照服务内容的不同，情报分析服务可以分为两大类型：① 包含定题服务、科技查新、学科评估、态势分析等在内的学科（领域）分析；② 包括查证查引、人才评估等在内的人员分析。鉴于学科发展态势分析与人才评估的难度和复杂程度相对较大，以下将重点围绕这两类服务进行阐释。

学科发展趋势分析基于共引分析、共现分析、社会网络分析等科学计量学方法，将《美国科学引文索引（SCIE）》、《工程索引（EI）》等权威数据库作为论文产出数据，综合应用Thomson Data Analyzer（TDA）、CiteSpace、Refviz、HistCited等可视化分析工具，对学科发展趋势、主要竞争对手、学科领军人才、本机构竞争力等进行深入分析和全景展示（指标体系见表5-2），为研究人员整体把握学科发展态势、全面了解竞争对手、挖掘研究领域新面孔、实现科研创新等提供重要参考。

表 5-2 学科发展趋势分析指标体系[35]

一级指标	二级指标	三级指标
学科发展趋势分析	总体发展趋势	年度分布趋势、生命周期
	技术领域分布	论文产出技术领域分布、技术热点变迁、学科领域分布
	国家分布	国家总体趋势、国家影响力分析、优势技术领域分布、近三年活跃度
	研究主题分布	核心文献分析、研究主题聚类分析、年度热点变迁、研究主题技术领域分布
机构分析	机构分布	机构总体分布情况、机构年度分布情况
	机构基金产出分布、重点研究机构技术领域分布、机构论文产出期刊分布、机构合作关系分析、近三年机构活跃度	
重要研究人员分析	高产作者排名、高被引论文分析、高产作者合作关系分析、高产作者引用关系分析、研究人员活跃度分析、研究主题分布	
机构内部分析	学院论文产出分析、二级机构论文产出分布、二级机构相关度分析、二级机构基金分析、作者论文产出分析、高被引论文分析	

其中，学科领域细分技术可以根据文献调研、学科专家反馈等综合确定。此外，从分析的可操作性和侧重点考虑，机构分析、重要研究人员分析部分可以在相关数据清理的基础上，选取全球论文产出排名靠前的高产机构和作者进行分析。同时，由于国内外基金差别较大，机构基金产出分布部分可选取中国大陆地区高发文高校进行分析。数据清理、统计工作完成之后，可至Excel 作图并保持，以生成后续可以参考的图表模板，最后，由审核员对态势分析报告进行审核（下述人才评估工作与此同）。

人才评估采用科学计量学研究方法，选取 SCIE、SSCI、A&HCI、CPCI-S、CPCI-SSH、EI、Scopus、CSSCI、中国知网等数据库作为学术论文数据源（指标体系见表 5-3），以图表等可视化方式，分析相关人才引进前、引进后、聘期内或整个工作期间发表的学术论文，从期刊论文活跃度、会议论文活跃度等角度分析该人才的学术研究活跃度，从论文被引影响力、学术期刊影响力等角度分析学术研究影响力，从而为学校管理者提供人才评估和数据管理支持。

表 5-3 人才评估指标体系与相关统计[36]

一级指标	二级指标	参数	署名本机构论文（篇）			署名非本机构论文（篇）		
			第一作者	通讯作者	合作者	第一作者	通讯作者	合作者
学术研究活跃度	期刊论文活跃度	SCIE 期刊论文						
		EI 期刊论文						
		Scopus 期刊论文						
	会议论文活跃度	SCIE 会议论文						
		CPCI - S 会议论文						
		EI 会议论文						
		Scopus 会议论文						
学术研究影响力	论文被引影响力	Web of Science 他引数						
		Scopus 他引数						
	学术期刊影响力	学科排名区位（Q1+Q2）						

在检索策略方面，可以根据引进人才的个人简历制定检索策略，之后在各数据库中通过作者检索，再按照所在机构进行精炼，最后对所得列表进行人工校对。作者类别有第一作者、通讯作者、合作者 3 种，为避免论文重复计数，同时为第一作者和通讯作者的情况，可只记录第一作者。数据采集方面，采集文献类型为期刊论文和会议论文，会议论文分为 SCIE、CPCI-S、EI、Scopus 等类型，其中 SCIE 会议论文一般以会议论文集的形式收录，导出至参考文献管理软件显示的文献类型为 book 或者 book section。数据采集整理后，生成期刊论文数据列表（表 5-4）和会议论文数据列表（表 5-5），粗体字部分为发给用户核对的必备字段。

表 5-4 理工类期刊论文数据列表[37]

作者	题名	期刊名称	发表年份	卷期页码信息	数据库	作者类别	本机构发文	被引总数（WoS）	他引次数（WoS）	被引总数（Scopus）	他引次数（Scopus）	WoS 学科领域	学科排名区位	学科平均百分位
				未正式发表的写“已录用”	单选，SCIE、SCIE 源刊、EI、Scopus	第一作者、通讯作者、合作者	是/否						取排名最高的一个，Q1-Q4	

注：1. 文科类期刊论文数据列表，可增加转载刊物（单选，新华文摘、中国社会科学文摘、人大复印资料、高等学校文科学术文摘）等信息。
2. WoS 即 Web of Science 数据库的缩写。

表 5-5 理工类会议论文数据列表[38]

作者	题名	会议名称	会议时间	会议地点	卷期页码信息	数据库	作者类别	本机构发文	被引总数（WoS）	他引次数（WoS）	被引总数（Scopus）	他引次数（Scopus）
					未正式发表的写“已录用”	单选，SCIE、CPCI - S、EI、Scopus	第一作者、通讯作者、合作者	是/否				

注：文科类会议论文数据列表，可增加中国知网数据库被引总数和他引次数等信息。

5.2.3 资源保障

（一）资源体系布局

资源是图书馆开展泛学科化服务最重要的物质基础。大学图书馆馆藏资源过去以实体的、纸质的、印刷型的资源为主要组成部分，现在以数字资源、电子资源、纸质资源混合形成复合型馆藏。大学图书馆传统的馆藏通常按照资源的载体类型、语言文种、服务对象等来组织馆藏布局，大多采用闭架式、半开架式，这种传统的馆藏布局模式重藏轻用，在复合型馆藏布局的统筹考虑上有所欠缺，若干个阅览室、外借室，功能分隔，布局零散，难以融入学科。在大学图书馆的泛学科化服务体系中，资源体系如何合理布局，如何与学科需求紧密融合，将成为资源保障服务的基础工作。本节从空间布局理念与原则、馆内资源布局、馆外资源布局、辅助技术等角度对此进行论述。

（1）空间布局理念

从1990年开始，我国图书馆的空间布局由“藏阅分离”模式逐渐向“建立大开间的藏阅空间”和“不设专门书库”的理念转变，倡导实行“全开架”、“借、阅、藏一体化”以及“一门式服务”的布局[39]，此后，书库、阅览室甚至参考咨询合一的一体化模式被越来越多的图书馆所采纳；大空间是一种少间隔的建筑布局，按照本校专业学科设置、发展方向、重点学科设计资源空间、按层、区域和分馆调配、安排学科资源，体现了不受位置限制、自由获取资源与服务的体验及无处不在的学科服务方式，近十几年来为大多数国内外新建的图书馆所使用[40]；而全开放模式则是一种大阅览和大流通的服务模式，一个图书馆只设一个读者需凭证件进入图书馆的进出口，便可以在馆内自由浏览、取书和阅览。国内图书馆提出的布局理念无不是“一体化、大空间、全开放”理念的诠释或延伸。

上海交通大学图书馆在2008年即借助新馆开放的契机，对于分布于三个校区的四所图书馆，采纳了多分馆联合模式，按照学科特色相互补充、最大程度节约读者时间、全面支撑创新发展体系的指导原则，确定了各个馆的定位和职能，使四所图书馆成为职能结构合理、环境典雅舒适、基础设施先进、信息资源丰富、学术气氛浓厚的新型图书馆，真正起到知识加工中心、学术交流中心和文化传承中心的作用。充分考虑了读者的多样化需求，空间布局灵活多样、开放融合；整体和局部协调互补，各司其职；使环境空间具有模块化、灵活性、可伸缩、可组合和可兼容的特点，充分发挥其最大效用。

（2）馆内资源布局

1）学科分馆布局保障高层次服务

学科分馆是根据图书馆的藏书特色及学校学科、专业、课程体系，按照学科分类和相关学科的需要，开展与之相关的文献信息的收集、整理、研究和开发，以“专”、“新”、“精”、“全”的特点，全面、系统、深入地为读者服务[41]。学科分馆将图书馆的馆藏以学科大类来布局，合理安排空间，集中专业资源，体现图书馆资源建设的学科专业性，贯穿泛学科化服务的内涵与理念，符合大学图书馆高层次、专业化的发展方向。

华南师大大学城校区图书馆根据学科分馆思路设计与布局，突出师范类院校的学科特点，组建8个学科分馆，分别是哲学与法学馆（收藏A类、B类、C类、D类、E类图书、现刊和过刊），文学馆（收藏I类图书、现刊和过刊），艺术馆（收藏J类图书、现刊和过刊），教育学与体育学馆（收藏G类、H类图书、现刊和过刊），经济学馆（收藏F类图书、现刊和过刊），工学馆（收藏T类、U类、V类、X类图书、现刊和过刊），理学、医学与农学馆（收藏O类、P类、Q类、R类图书、现刊和过刊），历史学与综合馆（收藏K类、Z类图书、现刊和过刊及报纸）。这8个学科分馆既囊括了图书分类法中的24个大类，使不同类型的文献资源相对集中，又突出了华南师大的重点学科，如教育学与体育学馆、经济学馆，进一步加强了学科建设力度。

2）资源统筹规划保障多校区服务

除了在同一校区中的学科分馆，大学在发展过程中逐步形成多校区的基础结构，造成大学图书馆往往在主校区图书馆之外，还分布着一个或多个分馆。图书馆需要配合校区设置目的、学科布局、师生层次等现实情况，开展资源的统筹配置以支撑各校区泛学科化服务的开展。围绕馆藏资源在多校区环境下如何合理分布，汤罡辉等学者以中山大学4个校区部分院系师生为调查对象，进行了“多校区环境下馆藏布局满意度”进行了实证分析[42]，通过调研分析发现——要重视学科馆藏在不同校区的合理配置，馆藏的合理布局满意度、馆藏调整的需求存在学科差别，馆藏的调整要以学科为导向。上海交通大学是以工科类见长的综合性大学，以闵行校区新馆作为主馆，定位“理工生医农科综合馆”、包玉刚图书馆定位为“人文社科综合分馆”，徐汇校区包兆龙图书馆定位为“管理与社科分馆”，重庆南路校区医学院图书馆定位“医学分馆”[43]。在资源布局中，考虑各校区专业特点，将学科分馆分布与校区特点、用户特点、用户需求紧密结合在一起，使资源能有力支撑泛学科化服务地开展。人文社科、外语学习、计算机类是学生在校期间阅读量较大的资源，各分校区应适当配置此类资源。对多校区、多分馆、物理距离较远的情况，要加强校内的馆际互借与文献传递，馆藏建设中也需要持续关注复本的利用情况。

3）学科阅览室建设保障深度服务

阅览室的建设方面，学科阅览室改变传统的文献资源布局模式，其与传统阅览室的不同之处在于以学科领域为设置阅览室的主要依据，按照学科属性来组织馆藏文献，高度集中学科专业图书、学科专业期刊、网络学科专业信息资源，建立以资源与咨询为一体的学科阅览室，相当于在图书馆内构建类似学科分馆的学科综合知识库，保障学科专业资源深层次服务的需要，为泛学科化服务提供全方位、深入地学科专业文献信息服务。按照学科对相关资源进行整合，书刊合一，中外文合一，最大程度节约读者利用资源的时间成本，这是上海交通大学图书馆在建设学科型阅览室过程中的实践经验。同时，大学教学的变革和要求决定着图书馆泛学科化服务的目标与策略，学科阅览室布局和资源发展规划应依据泛学科化服务体系的不断发展而及时调整，如阅览室收藏资源的重点学科、侧重方针和策略、学科文献的入藏等级和比例等，为泛学科化服务工作的规范化、标准化提供保障。

（3）馆外资源布局

1）馆际互借与文献传递保障个性化服务

馆际互借是图书馆之间或图书馆与其他文献情报部门之间相互利用对方的文献资源来满足读者需求的一种服务形式，实现了不同范围内的资源共享。文献传递是随着网络的发展而在馆际互借基础上的拓展，充分利用了网络资源，提高了馆际互借文献传递的速度和效率[44]。与面向用户的资源相比，馆际互借与文献传递提供的资源虽然从数量上来看只是较小部分，但却是大学图书馆资源保障中不可或缺的“补漏”，对本校资源形成有效的弥补。2004年，CALIS子项目馆际互借与文献传递网启动，借助网络环境使大学图书馆用户能更为快速地获取资源，实现图书馆馆藏资源的共建共享，成为成员馆资源的必要补充。参加馆际互借文献传递联盟，已成为扩大与补充馆藏资源，满足读者资源个性需求，保障学科化服务水平的有效方式。

2）卫星图书馆保障自助服务

图书馆界引入的自助图书馆，是采用成熟的无线射频（RFID）技术，可实现24小时自助借书、自助还书、书目查询、个人借阅信息查询等各项功能。自助图书馆打破了传统图书馆在时间空间上的限制，为大学图书馆用户提供便利，是馆内空间的有益补充[45]。自助图书馆的引进及投入使用，使用户对纸质资源的使用突破时空范围的限制，也将图书馆泛学科化服务的触角延伸至师生身边，为用户送去便利。

（二）资源建设协同模式

馆藏资源是师生开展教学科研的重要信息来源，其建设水平直接关系到教学科研工作的深入开展和图书馆服务的持续推进。在泛学科化服务广泛开展与逐步深化的背景下，加强馆藏资源建设、开展服务合作至关重要。资源建设是一项系统工作，涉及图书馆内外诸多人员与部门，“在一个系统内部，各个子系统间存在着相互影响而又相互合作的关系，如不同协同单位间的相互配合与协作，子系统内部部门间的协调，以及系统中的相互干扰和制约等”[46]，因此，在资源建设过程中需要汇集馆内、校内、校外各方力量，通过跨团队、跨部门的人员协作和优势互补，集思广益实现学科资源协同建设，从而产生“1+1>2”的协同效应。按照协同所覆盖的地理范围，可将资源建设协同模式划分为馆内、校内、校外三种类型。

（1）馆内协同模式

馆内协同模式与校内协同模式合称为内部协同模式。从参与合作的馆员类型来看，资源建设馆内协同模式涉及资源建设主管领导、学科馆员、采访馆员、编目馆员、系统馆员等；从参与协同的部门来看，该模式涉及文、理、工各学部、系统发展部（简称系统部）、采访与编目部（简称采编部）等。

资源建设馆内协同模式首先体现在各学科服务团队及各学部之间的协作，主要的表现形式有：① 吸纳各学部资源建设型学科馆员，成立学科资源建设工作小组，为学科资源建设提供组织保障；在学科资源建设分管领导的总体把关下，资源建设工作小组分工合作，拟定学科资源建设指导方案、操作指南等工作方案。② 在学科资源建设工作方案的指导下，各学部学科服务团队协作开展学科资源梳理、学科资源比对、学术资源评价等工作。

其次，馆内协同模式还体现在学科馆员和采访馆员或者学科服务团队与采编部之间的合作，具体表现形式主要有：① 在读者书目勾选工作中密切合作。由各学科服务团队提供所负责学科需要的中图分类号，采访馆员在接到图书供应商提供的新书目后，按学科服务团队提供的分类号定期向学科馆员推送书目。之后，学科馆员整理书目形成书单推送给院系读者并征集其荐书反馈，在收到读者反馈信息后再按照采编部给出的额度汇总筛选，并最终确定采购书目发送给采访馆员。采访馆员对书目进行汇总查重后下订单，同时将结果反馈给学科馆员。② 在院系意见征询的基础上，双方联合举办各类书展，如春、秋季外文原版图书展、特色书展等，为院系师生现场选书、购书、向图书馆推荐图书提供便利[47]。③ 在电子数据库订购、续订等工作中，文献资源建设领导小组、学科服务团队、采编部共同决策，对相关数据库进行综合评分，并投票表决是否同意引进。

此外，馆内协同也体现在学科馆员、采访馆员、系统馆员等人员之间，或者学科服务团队、采编部、系统部等部门之间的协作。例如，在学科资源梳理、比对、评估工作中，学科馆员与采访部、系统部馆员协同合作，制作核心期刊来源刊与学科分类映射表、一级学科馆藏 Journal Citation Reports（JCR）期刊数量统计表、Book Cite Index（BKCI）图书与馆藏匹配表等文档，使得学科资源建设相关工作的效率得到较大地提高。再如，在图书荐购系统运行过程中，学科馆员、采访馆员、系统馆员充分协作（见图 5-10），支持师生网上选书与零星荐购，提高用户荐书的积极性。首先，采访馆员按批次将书单上传至荐书系统，之后系统自动发送邮件给已注册的院系师生和学科馆员，通知其可在某段时间内登录系统推荐图书；荐书日期截止后，系统发送邮件提醒学科馆员对读者推荐的图书进行审核，若荐购图书数量和比例不足，则由学科馆员进行补充；学科馆员审核时间截止后，采访馆员进一步审核荐购书单并发订；当荐购图书发订、到馆、上架时，系统自动发送反馈信息至荐书读者邮箱，该功能由系统馆员来协调实现和维护。

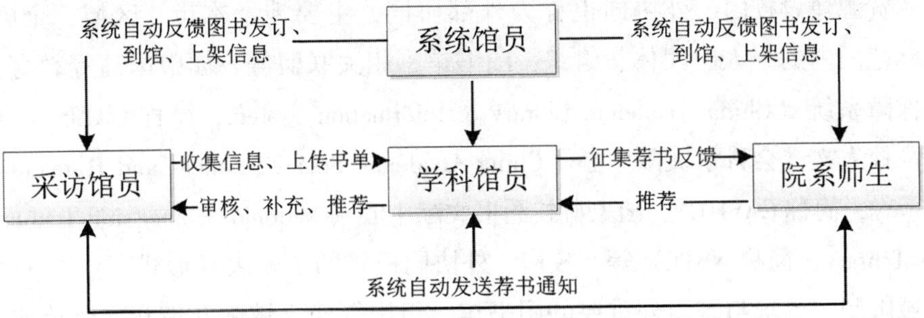

图 5-10　图书荐购系统馆员协同模式

（2）校内协同模式

资源建设校内协同模式主要是指图书馆与校内利益相关者之间的协同，涉及学科馆员、采访馆员、读者、院系、职能机构等人员和单位，主要表现形式有：① 实施馆藏资源建设“三一”原则。“三”是指院系师生、学科馆员、采访馆员三方，“一”是指由主管资源建设的馆长、资源建设部门主任和学科馆员构成的文献资源建设领导小组，即在领导小组的指导下，三方联动共同开展资源建设，最终实现按照用户需求来建设图书馆优质资源体系[48]；② 进行资源共享建设密切协作。通过与院系签订馆藏资源共建共享协议，开展学科资源经费配套及业务合作，实现馆、院、系资源协同建设、共建共享[49]；③ 开展资源零星荐购协同合作。院系联络过程中，院系教授、师生向学科馆员推荐经典图书、重要期刊、专业数据库等资源，学科馆员及时收集相关信息并向采编部提出采购需求，采访馆员积极予以跟进，最大限度地满足读者资源需求[50]。

(3) 校内、外协同模式

现代网络技术和信息技术环境下，信息资源数量以指数级的速度迅猛增长，与此同时，学术资源尤其是外文文献资源及数据库的价格节节攀升，任何一所图书馆不可能买齐用户所需要的所有资源，寻求区域内各图书馆间信息资源的共建共享、协同发展，以有限的经费为用户提供丰富全面的文献资源已成为资源建设的必然趋势[51]，在资源建设中开展与校外机构的协同、实现最大范围的资源共建共享势在必行。

资源建设校内、外协同也称为外部协同，主要涉及本市、区域、全国、国际范围内的个人、团体、组织、图书馆、相关联盟等，如中国高等教育文献保障系统（China Academic Library & Information System，简称 CALIS）、中国高校人文社会科学文献中心（China Academic Social Sciences and Humanities Library，简称 CASHL）、国家科技图书文献中心（National Science and Technology Library，简称 NSTL）等。校内、外协同模式的主要表现形式有：① 打破地域限制，寻求与国内外重要的图书馆、组织等建立馆际互借和文献传递关系，如上海交通大学图书馆与国家图书馆、上海图书馆、中国科学院图书馆系统、NSTL、CASHL、CALIS 主要高校图书馆、美国匹兹堡大学图书馆、英国大英图书馆以及香港一些大学图书馆建立了图书互借或借阅关系[52]。② 积极加入图书馆联盟，运用元数据索引技术，将联盟中各成员馆的印刷型资源、数字资源及网络 OA 资源进行数据整合，实现联盟内图书馆各类资源的协同，为用户提供更广泛的信息内容、一站式的资源检索与获取服务[53]。③ 开展境内外协作，如接收院系师生、校友、知名人士、外国政府等捐赠的文献，通过校外协同实现对馆藏资源的进一步补充。

(三) 学科资源保障体系

学科信息资源保障体系是指一个集学科信息的收集、贮存、组织、传递、利用等诸多功能为一体的社会系统，它在保障学科专业建设、提供科学研究信息资源、丰富学科队伍知识结构、支撑创新人才培养、促进图书馆工作发展等方面发挥着举足轻重的作用[54]。大学图书馆应该对学科资源保障体系构建进行规划和策略制订，以夯实学科资源保障体系，促进学科专业持续发展。

（1）学科资源保障体系建设规划

对文献资源保障体系进行规划，建立完善的学科文献保障制度，是构建学科资源保障体系的前提和保证。高校图书馆需要积极思考并做好相关规划工作：① 由资源建设主管馆长、资源建设部门领导、学科馆员等组建文献资源采购工作小组，成立指导性、协同性、协调性组织机构，通过多方协作共同开展资源建设，为学科资源保障体系建设提供组织保证。② 根据本校学科情况、专业设置、读者需求、馆藏情况等制定学科资源保障目标；③ 根据学科资源建设原则、服务教学科研原则、学科性质、学科建设、专业设置等，确立学科文献的保障级别，确定学科文献采购重点和方向，并逐步形成有学校专业特色的藏书体系。④ 制订合理可行的学科资源采购经费使用计划，为学科文献资源建设提供资金保障和物质基础。⑤ 将各系统、各高校、各分馆、院系资料作为一个整体，进行合理的整合、布局与共建，加强相互交流与彼此合作，形成各具专业特色的文献资源体系，建立高校文献资料信息网[55]。⑥ 建立网络环境下面向教学的文献资源布局体系、快捷准确的文献资源检索体系、以人为本的文献资源数字化服务体系、先进的技术设备与安全的网络环境保障体系[56]。

（2）学科资源保障体系构建策略

高校图书馆学科资源保障体系构建要以学科用户需求为牵引，形成面向学科的资源建设观；平衡各类型馆藏资源建设，架构合理藏书体系；以学科专业设置及其发展规划为依据，制定文献资源总体建设及经费分配方案；根据本校重点学科专业特色和馆藏特色，建立面向重点学科的特色数据库与学科导航库；开展文献资源共享建设，增强学科信息资源保障能力；加强馆藏资源宣传推广，提高学科资源利用率[57]。

首先，应当以学科资源需求为导向，树立面向学科的资源建设观。通过学科文献资源需求的全面调研和深度挖掘，把握学科的需求规律和需求动向，同时将学科现实需要与已有馆藏进行比对，分析学科资源保障和建设情况，促进科学合理的学科资源保障体系构建，提升学科资源建设的针对性和有效性。此外，准确及时地响应学科资源需求，优化学科资源采购业务流程，建立个性化的学科资源建设机制，加强学科馆员在资源建设中的主导作用，降低资源建设的盲目性和资源保障格局的不平衡性[58]。

其次，平衡纸质与电子资源馆藏建设，实现两种资源协调发展，从而架构合理藏书体系，优化资源保障格局。在现代网络环境下，电子资源更新速度快、覆盖面广、使用方便等优势越来越显现，虚拟馆藏作为传统馆藏的重要补充，应是今后图书馆馆藏建设的发展方向[59]。丰富的电子资源能够增强图书馆馆藏保障力，在保证印刷型文献收藏的情况下，适当加大电子文献馆藏的比例，不失为保障学科资源建设的有效方式之一。在电子文献采购中，可以征询学科专家、学术带头人和院系师生的购买意见。对于一些能够代表学科前沿研究水平、反映国内外科技动态的重要数据库应及时购买，以满足本校教师和科研人员的文献需求[60]。但应避免电子资源的过度建设，从而造成纸质资源建设和实体馆藏保障滞后，因此，需要合理配置电子资源与纸质资源，平衡学科覆盖面和专业契合度，实现学科资源馆藏保障体系的不断优化[61]。

再次，高校图书馆文献收藏体系构建要以学科专业设置及其发展规划为参考，按照重点学科、支撑学科、相关学科划分学科重要程度，确定文献资源总体建设及经费分配方案[62]，对重点学科文献进行系统、着重收藏，相关学科和交叉学科选择收藏，形成与重点学科相配套、高质量、完整的文献收藏体系[63]。同时，还应广泛收集反映重点学科领域新动态的预印本、会议录、科技报告、内部刊物等灰色文献、本校出版的重点学科期刊、科研论文、学科专家编写的教材等教学科研成果，以及系统地收藏反映重点学科发展历史、现状及趋势的国内外相关文献资料等[64]。

此外，建立学科特色数据库与网络导航库。挖掘本校学科的专业特色和馆藏特色，追踪相关学科研究动向和发展趋势，在遵循科学性、先进性、实用性、非重复建设原则的基础上，构建面向学科的特色数据库，以充分发挥本馆馆藏特色和优势，为特定学科提供实时的文献信息保障[65]。除此之外，还应加强文献资源的深度开发和利用，根据本校学科的信息需求，搜集相关网站、网页、数据库、开放获取资源等网络资源，进行有序化整理及链接设置，建立学科网络导航系统，以全面揭示相关学科资源，弥补馆藏文献资源之不足。

另外，开展馆际互借、文献传递服务等资源共享建设，以补充本馆馆藏资源，增强学科信息资源保障能力。加强同国内外图书馆、文献信息机构之间的馆际互借分工合作，加大联合采购力度，并积极利用网络技术，开展文献传递服务，从而为学科建设提供全方位的信息支持，缓解馆藏经费紧张与学科资源需求日益增长之间的矛盾。

最后，加强馆藏资源宣传推广，提升学科资源利用率。加大馆藏资源宣传培训的力度和广度，如深入院系一线举办特色书展、制作专题推荐书目、编辑学科信息导报、宣传学科特色数据库、印发相关学科参考资料、学科化服务宣传资料等[66]；同时，开展文献检索与利用相关信息素养教育，或将信息素养培训课件、视频短片上传至图书馆网站，方便读者随时查看和学习，使得学科用户更好地认识、更充分地利用图书馆的各类学科资源[67]。

5.2.4 系统保障

在信息高速发展的时代，大学图书馆泛学科化服务已离不开图书馆各信息资源系统的支撑。无论学科化服务如何发展，模式如何改变，随着人们对图书馆网络资源服务需求的日益增强，作为基础保障之一的信息系统会变得越来越重要。本节以泛在学科化服务为背景，从系统保障服务的技术角度，阐述图书馆系统建设所需要的基本要素与原则、建设体系架构与思想，以及如何通过技术方法和策略实现具有泛学科化服务特色的系统保障体系。

（一）基本要素与原则

近些年，新一代图书馆管理系统、知识发现系统、学科服务平台层出不穷，图书馆系统的升级与转型带来了一轮又一轮的技术创新。无论图书馆服务系统如何升级转型，向用户方便快捷地提供信息资源是图书馆系统始终如一的建设目标。因此，在系统建设中图书馆需要把握基本的建设思路与原则，保障图书馆在泛学科化服务过程中的各项需求。对于大学图书馆而言，泛学科化服务系统首先需要关注以下基本要素：

（1）无处不在的网络

泛学科化服务系统平台应该无处不在，因此首先需要有无处不在的网络。

无处不在的网络环境将是用户获取图书馆系统服务的网络环境基础，根据资源获取需求提供无处不在的网络连接方式，现有的网络连接方式主要有 WIFI、3G 以及 4G 网络。创建智慧城市、智慧校园已成为不少地方政府、院校的工作目标和奋斗方向，不少仁人志士围绕其技术和可行性进行了大量的推演和论证。更有一些先进、发达的城市和学校还推出了具体的规划和方案，其中规划和方案更多地侧重于“无线城市”、“数字城市”、“光纤城市”、“物联城市”等，这为图书馆发展带来了良好的网络环境。

(2) 个性化服务资源

资源是系统平台的服务基础，是用户对图书馆系统的主要需求之一，针对不同的服务对象提供不同的资源是泛学科化服务系统的主要特征。在个性化服务资源中，专题化资源是学科化服务的重要手段，资源专题化建设是要提供开放式的、深层次的知识服务。资源的专题化建设可以从专题资源建设、行业（专业）资源建设、群体差异化资源建设等方面入手，专题化资源服务系统如学科博客、LibGuides 等。

(3) 先进的实现技术

系统所实现的技术永远是被后来者超越，但技术能改善用户在使用系统平台中的应用体验，例如提高资源的获取速度和准确度，提供关联性资源等。随着移动互联网和移动技术的发展，技术实现层会逐步扩展。技术实现层是图书馆泛学科化服务的关键层次，技术的实现方式不同，为用户提供的服务内容、资源展示以及业务支撑有所不同。在泛学科化服务体系中，根据应用技术的特点，采取不同的技术手段，为用户提供相互补充、相互联系的数字图书馆服务，从而使服务体系更加具有灵活性、便捷性，覆盖不同层次、不同背景的人群。

(4) 多样化服务平台

美国皮尤研究中心所发布的报告显示，60%的平板电脑新闻读者和 61%的智能手机新闻读者在使用这些设备时，主要通过网络浏览器获取新闻[68]。移动服务已成为未来的系统服务发展趋势，因此泛学科化服务系统需充分考虑服务平台的多样化，为用户提供不同的资源获取途径。当然，图书馆也无须过多的研究新技术、新服务平台，市场中已有较为成熟的各类移动服务平台（如微信、微博），且具有较大的用户群体，图书馆可以采用联合建设等方式，发挥自己的资源优势，利用商业技术平台为大多数用户提供高质量移动服务和海量数字资源，从而减少技术开发成本和时间成本。

（5）多类型资源集成

在当前数字资源不断丰富的时代，图书馆资源若需要提供不同终端的移动阅读服务，则要将多系统来源的资源进行集中调配，越来越多的图书馆将数字资源的管理纳入自动化管理的范畴，但是数字资源与生俱来的特点，如异构性、分布性、资源描述的多样性等，使它的管理、揭示和使用要复杂得多。同时，原本用于管理、存储和使用数字资源的系统多样且分散，主要包括各种电子资源管理系统（如 Verde、ERM 和 Serials Solutions 360 Resource Manager）、数字资产管理系统（如 DigiTool、ContentPro、CONTENTdm、VITAL）、数字资源保存系统（如 Rosetta）、原文链接系统（如 SFX、WebBrige LR、SerialsSolutions 360 Link）、联邦检索产品及资源发现系统，以及存在于各机构内用于资源建设和管理的系统（如 Eprints、Ditital Commons、Dspace、Fedora、LibraryFind）等等。美国图书馆系统专家 Marshall Breeding 指出"当前，对来自不同系统、不同格式的多类型资源的揭示、集成和整合成为图书馆核心任务之一，这也是未来图书馆自动化系统要重点考虑的问题"[69]。图书馆系统将实现这一目标，整合图书馆用于管理纸本、电子和数字资源的各种系统，实现资源的统一管理，并将功能扩展至保存、传播和服务，形成一套资源整体解决方案。

（6）可拓展系统架构

系统架构的拓展不是特指系统中的某一个特定的模块，所谓拓展是指在泛学科服务平台的各模块中应具有扩展性，能够以开放的态度融入更多新的功能和元素。随着 Web2.0 技术的发展，Web2.0 的一些应用也可以加入到学科服务的系统平台中，如博客、维基、RSS、标签、SNS 等等。在系统平台中加入扩展性的资源和服务内容，可以使平台界面更加友好，服务功能更加多样化，也更能够满足用户的多方面需求。同时，学科服务平台也要考虑到嵌入式服务的应用，如学科咨询服务可以嵌入到平台的各个页面，方便用户随时在平台中与学科馆员进行交流学科服务平台不是一个孤立的平台，它应该与图书馆网站的其他功能模块兼容，用户随时可以实现相关功能的跳转，这种无缝透明的服务方式可以为用户带来更好的体验，也使得图书馆的服务功能融合成一个整体。

(二) 建设思想与架构

(1) 建设思想

根据系统保障的基本要素与原则，可以了解到，面向泛学科化服务体系不是某个学科化服务系统的支持，而是由图书馆服务系统群协同工作才能起到最优化的系统保障作用。图书馆的服务系统平台具有几个特征，分别是多样化资源类型、多来源数据资源、众多的服务功能、异构的系统平台。而泛学科化服务系统的建设目标是从多来源的异构系统中抽取用户需要的多样化学科信息资源，尽可能提供图书馆的相关服务，这给图书馆的系统平台建设带来了极大的挑战。

为了实现图书馆学科化服务系统的创新，实现泛在的学科化信息资源服务，则需要改变现有的信息资源存储模式，打破信息孤岛，让不同系统之间的数据可以共享与同步，将所有的信息系统整合起来，把图书馆的信息资源和服务推送到用户的科研工作中，实现以用户为中心的服务模式。传统的图书馆系统在设计的时候都是为了满足某个或某几个特定的业务需求，系统与系统之间并没有过多地考虑相互通信的问题，也就没有数据交换或集成的模块，无法直接将不同来源的数据进行整合。若图书馆放弃现有的多系统运行模式，重新规划与设计一套包含所有信息资源和服务功能的系统，仅凭图书馆的一己之力无法完成，并且现有的服务系统是经过多年积累形成的，已有的业务功能比较复杂，重新开发不太现实，因此，为了满足泛学科化服务在信息资源与业务服务的“灵活可定制”的需求，采用面向服务的系统架构(SOA) 提供系统保障是最合适的方式[70]。SOA (Service - Oriented Architecture，面向服务体系架构）的概念早在1996年就由Gartner公司提出来，当初Web Service还没出现，因此SOA只能当做一种架构理念而存在。2002年10月，在全球IBM中“电子商务需要随需应变”的理念被首次提出，更进一步的丰富和完善SOA的思想[71]。SOA是一种分布式的软件模型，动态发现、消息和服务是它的主要组件。它是一种粗粒度、松耦合的服务结构，其关键特性在于它利用正确性高且比较简洁的语言去总结接口实现通讯的功能，底层编程接口并不被影响，也与其通讯模型无关。SOA 的服务理念的本质是一种业务和技术的完全分离，同时业务又能和技术自由组合的思想。

基于 SOA 架构的泛学科服务平台不仅可以打破现有系统的边界，更方便定制以学科为单位的服务平台。在系统建设中具有如下特点：

(1) 系统间松散耦合

“松散耦合”组件服务是 SOA 的典型特性，这是与大部分的其他系统架构的一大区别。服务的提供者和使用者之间松散耦合隐藏的重点在于服务的接口与进行分离的实体存在的。在不阻碍使用者使用服务实现修改的情况下，有以下三个方面：① 服务间的松散耦合。不同的服务功能之间不存在依赖关系，它们是相互独立的，任何服均可通过各自所提供的接口配备功能来实现各自的服务，独立于其他的服务。② 实现与接口间的松散耦合。Web Service 是常用的应用方式，利用 WSDL 的定义服务接口 Web Service，除此之外，通过 J2EE 和 .NET 也均可达到实现的效果。此外，通过统一的 IDL 接口定义和遵循一定的服务合约，也可以实现接口和服务之间的松耦合。③ 传输协议与业务组件间的松散耦合。在常用的体系架构中，Web Service 和 EJB 都需拥有匹配的传输协议，故此耦合目前不能被完全实现，若采用 Soap 和 RMI 的传输协议方式来实现传输，则需绑定匹配的应用服务器。传输协议与业务组件间的松散耦合就是通过 SOA 而得到保证。

(2) 数据接口粗粒度

在定义上，面向对象中的接口要小的多，所以 SOA 的服务接口要更加实际的贴近用户操作。因此，粒度应用于服务的形式有两种：其一是在服务实现域的整个范围内应用；其二是在每个方法域的接口实现范围内应用。粒度有级别之分，粗粒度的，一般应用于企业全部系统功能的服务，而细粒度，一般应用于企业只支持的某一种服务。

减少使用者与服务层间多次的往复，一次往复就足够证明粗粒度接口的优点。在 Internet 中由于建立连接的成本高，TCP/IP 会话虽有保障但不再起主导作用，故在开发应用的时候，粗粒度接口是其最为明显的特点。导致一个单独事务处理时间过长，后台超时服务甚至中止，是由服务中包含的多段细粒度引起的。在与事务相反的思维中反映，要得到反馈的有效方式是向后台事务请求大块数据。由于需通过网络来访问分布式的对象，细粒度被频繁调用，引起服务间性能的急速下降，故此在应用分布式里，SOA 把服务的接口设计为粗粒度，是为了提高应用的效率。

(3) 位置和传输协议透明

不论服务组件实际位置如何变化，客户端调用该组件都不需要改变，这是位置透明的定义。服务组件传输协议不论如何变换，客户端的传输协议都可以不改变则是传输协议透明的定义。SOA 的组件架构服务是运用一般的调用方式，它的传输协议和位置都是透明的，客户端的程序不受传输协议与实际位置任何变更的影响。服务总线所支持的传输协议就是此处提到的任何传输协议。

(三) 体系架构

在传统数字图书馆平台架构基础上，根据系统建设思想，应用 SOA 基础架构，融合智能技术，构建基于 SOA 的数字图书馆平台的四层体系架构。这种四层架构如图 5-11 所示。

在整个体系架构中，各层的主要构成模块如下所述[72]：

(1) 资源层

资源层是泛学科化服务的基础，主要由面向学科的学术资源库以及图书馆服务资源组成。在资源类型方面，图书馆拥有大量的学术信息资源，例如纸本书刊、电子图书、电子期刊、学位论文、多媒体资源以及自建资源等，这些传统的信息资源大多以元数据的方式保存在图书馆购买的数据库或自建数据库中，除此之外，泛学科化服务体系架构中必须包含图书馆的服务资源，此处的服务资源指的是图书馆在学科化服务过程中所提供的图书馆场所资源、人力资源、第三方系统资源（如 CALIS 馆际互借系统）等。理论上，泛学科化服务体系所提供的是通过图书馆能获取和提供的一切资源，无论这些资源是以结构化或非结构化数据的形式存在，图书馆都有必要通过各种方式获取并向用户提供，此时，资源池的数据可被视为图书馆资源中心。

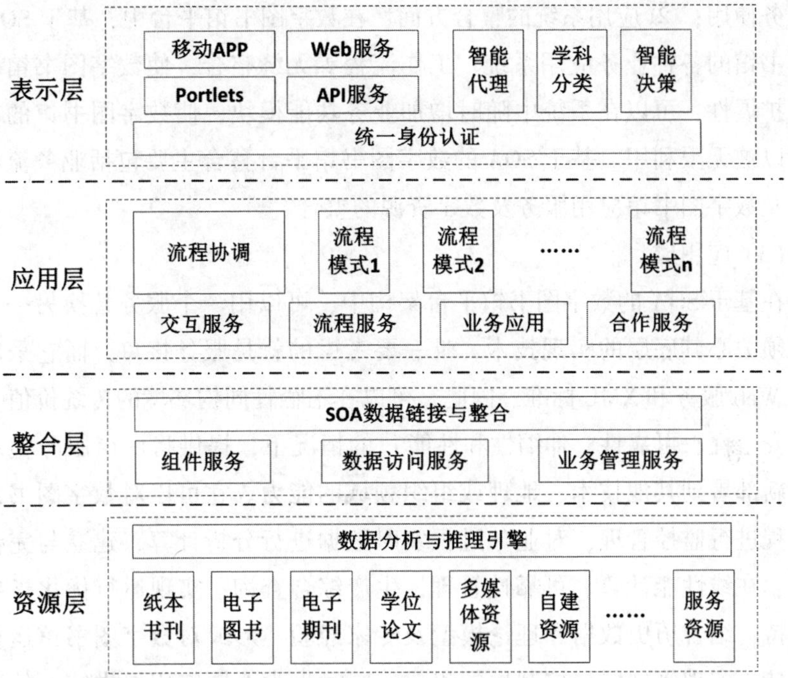

图 5-11 泛学科化服务保障系统架构

在这些数据资源的基础上，利用知识挖掘管理工具（如发现系统等），对数字图书馆的所有数据资源进行多维分析，汲取对用户有价值的学术资源，并采用如关联规则及神经网络等挖掘算法，不仅挖掘各种结构化和非结构化知识文档和数据，而且包括相关的管理组织、流程、管理制度，以及知识管理的方式与方法等，分类、分级进行组织管理，构建泛学科化服务知识库，并通过相应的管理手段保证其运行。

（2）整合层

在资源层中，图书馆拥有大量的各种类型的数据资源，这些资源存在数据类型多样化、数据非结构化、数据内容来源不一等问题。数据整合成为系统体系架构的主要问题，包括数字图书馆应用系统的整合、数据资源的融合。①数据资源的融合方面：可以借助商业的发现系统工具（如 Exlibris 公司的 Primo），将不同来源的数据进行有机整合，再通过系统 API 的方式提供给应用服务使用；② 应用系统的整合方面：在数字图书馆平台中，基于 SOA 将数字图书馆的各种业务应用系统、工作流程等无缝整合，使数字图书馆平台具备可扩展性，可以在系统中随时增加业务功能模块，使数字图书馆的前期投资可以被无限利用。基于 SOA 的数字图书馆平台整合主要包括业务流程的整合以及数字图书馆应用服务及数字资源的整合。

（3）应用层

在基于 SOA 的数字图书馆平台架构中，可以用一个服务替换另一个服务而无须关心其底层的实现技术，唯一要考虑的就是服务接口，而它采用了通用的 Web 服务和 XML 标准。因此，可以在不牺牲同构环境的传统价值（即管理、安全性、可靠性、伸缩性和性能）的情况下，提供将底层服务实现无缝地重新部署到其他技术、地理或组织领域的能力。它可以对数字图书馆的业务流程进行监控管理，对业务过程实时数据进行分析计算，建立与完善过程监视、在线性能计算、可靠性管理、生产综合查询；实现运行优化指导和优化支持；结合历史数据和理论模型及专家经验，形成对数字图书馆运行的决策支持，实现管理层与控制层的集成，同时也为上层应用提供统一的数据平台。采用 SOA 架构开发、配置和管理的应用程序使泛学科化服务系统拥有更大的自主性和灵活度。

根据学科化服务的需求，基于 SOA 的系统应用与流程整合，学科化服务的所有内容都被集成到一起。新的网络服务、应用程序更加简约、高效，对学科化服务的变化能及时做出反应，最终成为图书馆系统在学科化服务中应用的核心竞争力的一部分。

（4）表示层

系统体系架构的最上层即为表示层，这层主要面对图书馆的用户。表示层主要负责与学科化服务的用户以及系统之间需求和资源的相互交互。在系统平台里所有的数据都转换成 XML 格式进行数据交换，这些数据由表示层负责翻译成浏览器、WAP 等可以理解的格式。用户应用的表示层包括门户 Portlet、Web 应用、移动 APP、API 服务、智能代理、学科分类、智能决策等。在通过统一身份认证后，可获取用户的相关信息，例如院系、学科、Email 等。通过智能决策和智能代理把从不同业务系统中发掘出的学科知识以最恰当的方式表示出来，例如在门户 Portlet、移动 APP 等终端为用户提供个性化体验，提供定制内容和页面外观及版式的表现形式，还可利用相应的工具，使主题专家可以编制个性化的内容，满足学科化服务系统各个访问者的需求和兴趣。在这个层面通过对知识的分类和权限规划，将基于浏览器的应用按照规则统一界面入口，并实现学科化服务平台、部门门户和个人门户的多级需求，建立统一访问的界面规则和风格。

（四）关键技术与方法

泛学科化服务系统框架中，各层的建设将涉及不同的技术实现方法与策略，主要有以下几个方面：

（1）Web Service

在异构系统间的数据交换，应用 Web Service 是很好的选择。Web Service 特指用 Web 服务描述语言（Web Services Description Language，WSDL）描述的、通过 HTTP 发送的、处理 XML 编码的 SOAP 消息的分布式服务架构[73]。Web Service 技术主要包括 XML、SOAP、WSDL、UDDI 等技术，他们之间相互关系如图 5-12 所示。

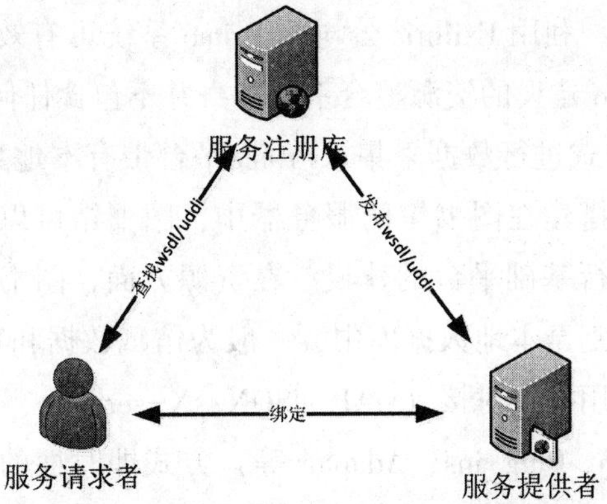

图 5-12　Web Service 数据请求服务模型

Web Service 的通用性强，采用 SOAP 协议作为基础，运用 XML 语言实现数据传送，其本身并没有定义任何应用语义，如编程模型或特定语义实现，只是通过一个模块化的包装模型和对模块中特定格式编码的数据的重编码机制来表示应用语义，它的结果信息处理能力强。关系数据库的信息处理仅限于语法信息的处理，而异构数据库的数据处理则需要在语义层次上进行，异构数据库的信息融合问题解决需要人工智能、语义识别等技术，目前这些技术很多都是以 XML 作为数据处理的基本格式。Web Service 的输入输出均是标准 XML 格式的数据，这就为异构数据库检索结果的处理提供了支持。它具有强大的二次开发能力，现在微软、IBM、SUN 都提供了完善的 Web Service 开发技术[74]，利用这些 Web Service 开发框架，可以很方便地实现自己需要的接口，这一点是现有的其他技术都无可比拟的。

(2) 资源整合

随着 1998 年 Google 的推广与使用以来，图书馆界一直在探索学术资源一体化服务解决方案。近年来，图书馆发现系统得到了迅速发展，也为图书馆资源整合提供了较多的选择，并提供一体化服务。因此，在泛学科化服务体系中，利用发现系统实现资源整合可为体系架构奠定数据资源基础。

以上海交通大学图书馆为例，截止 2013 年 12 月，上海交通大学图书馆拥有 384 个数据库，利用 Exlibris 公司的 Primo 系统可有效管理和整合所有的数据库。基于 Primo 建设的资源整合系统本身并不包含任何数据资源，它采用“本地+远程”的方式进行数据采集。Primo 平台带有本地数据库，它与 Primo 的系统程序一样都搭建在图书馆的服务器中，图书馆可以根据负载均衡的方式用集群的方式进行基础平台的建设。在资源方面，图书馆可以根据需求将方便获取的数据收割至本地数据库中，一般为馆藏数据和自建数据库数据等；而远程资源则可采用接口对接（OAI、JSON、X-services、Web Services、Deep linking、OpenSearch，Plug-ins、Adaptor 等）方式即时性的将数据采集至系统平台中进行统一组织和揭示，待检索结束后释放该数据。在远程资源中，数据资源主要来自 Primo Central[75] 和超星中文资源：① Primo Central 主要为外文资源，是一个对收割自出版商的数据集中的、托管的 Primo 索引，是基于 SaaS 模式的电子期刊、电子图书以及其他学术资源的数据仓库，拥有 5 亿多条索引记录；② 超星中文资源包括期刊、图书、报纸、视频等各类学术资源数据，通过超星资源的资源数据接口即时地获取数据至整合系统中。Primo Central 和超星均为远程数据资源的一部分，图书馆可以与数据提供商合作，利用远程的方式获取更多的数据资源。

(3) 关联数据

关联数据（Linked Data）是互联网发展到语义网时代、对网上资源进行编目和规范控制的基础技术，下一代图书馆自动化系统的另一趋势将是对关联数据的支持。关联数据的概念最早由 Tim Berners-Lee 提出，其本质是通过网络把以前没有关联的相关数据连接起来。当前关联数据技术已经为系统供应商提供了统一的数据模型（RDF）、可扩展的数据整合和混搭平台、统一的存取 API（RDF/SPARQL），为图书馆自动化系统支持关联数据应用提供了基础准备。支持关联数据的学科服务系统将帮助图书馆进一步实现资源智能发现服务，实现数据融合与语义检索服务，实现跨机构的关联数据开放与复用，以及分布异构系统的关联访问。

(4) 统一身份认证

统一身份认证是泛学科化服务中个性化服务基础，对于高校图书馆而言，大部分学校都推广统一身份认证系统，即应用学校指定的认证系统可实现多系统间的单点登录（SSO）。

例如用户在请求某个学科资源的 Web 应用系统时，系统会通过内部用户检验模块，检查用户登录状态。假如用户状态显示没有登录，那么后台程序会经过 SSO 系统调用用户登录状态。如果 SSO 系统显示用户登录状态为未登录，那么浏览器跳入 SSO 系统的登录界面，提示用户完成登录操作，当用户输入用户名和密码完成登录后，SSO 系统就会自动创建 Cookie，把用户已登录状态信息及用户基本信息返回给系统。如果 SSO 系统显示用户登录状态为已登录，那么马上把用户已登录状态及用户基本信息返回给 Web 应用系统，当然，前台页面没有表现出这个过程。Web 应用系统接受 SSO 系统的返回信息并进行处理，然后在内部由 Cookie 或者 Session 记录用户的登录状态或用户基本信息，其他 Web 应用系统可以调用此类信息。

5.2.5 团队建设

(一) 团队组建模式

完善的组织机构保障是开展泛学科化服务的前提条件，学科化服务团队的组建形式也直接决定了学科化服务开展的质量和成效。学科化服务团队的建设模式也可以总的归纳为个体模式和团队模式两种，其中个体模式又可以细分为个体单一型、院系协助型和友好相助型三种；团队模式则可以细分为固定性团队、互补型团队、可塑型团队和拓展型团队四种。

(1) 个体模式（兼职、专职）

① 个体单一型

个体单一型通常是由一个学科馆员服务一个或多个院系，由专职或兼职学科馆员担任。以此模式开展学科化服务的特点是：以宣传学科化服务和院系联络沟通为主要职责，也力求融入科研教学过程，协助院系科研团队工作，但其学科化服务开展的深度和影响力则与学科馆员的努力直接相关，学科化服务工作开展之初可能会破冰艰难，但破冰成功后服务会较容易开展。个体单一型的典型成功案例是国家科学院图书馆学科化服务。国家科学院图书馆学科化服务起步于 2004 年，设 10 名兼职学科馆员，其主要职责是院系联络和读者培训。2006 年 6 月，在总馆设立了专门的学科咨询服务部，设立专职学科馆员岗位，目前在岗学科馆员 48 人，面向全院 30 个城市 122 个研究单元提供学科化服务。

② 院系协助型

院系协助型与个体单一型模式的不同之处在于，除图书馆设学科馆员外，在院系再设图情专家或教师顾问，以“1+1”的方式协助学科馆员开展学科化服务工作。以此模式开展学科化服务的特点在于：学科化服务以宣传沟通、资源建设为主，通过院系专家的协助，使学科馆员的工作较易打开局面。院系协助型的典型成功案例是清华大学图书馆。清华大学图书馆由学科馆员/专业馆学科服务负责人联系某个院系，并在各院系聘请为期两年的图书馆教师顾问，同时设院系学生顾问。图书馆教师顾问的工作职责在于为学科资源建设提参考建议、及时反馈院系教师对图书馆的意见和建议、与学科馆员密切联系为开展学科服务提供指导意见、担任科技查新服务的学科专家顾问。图书馆学生顾问则由校团委、校学生会、研究生会推荐部分学生代表，与图书馆共同商定组成，其主要职责在于广泛吸收学生群体对图书馆的意见和建议，促进学生参与图书馆的建设与管理。

③ 友好相助型

友好相助型模式在个体单一型模式的基础上，更注重学科馆员之间进行友好相助、协同工作。其特点在于虽然每个学科馆员是一对一地服务于各院系，但一个学科馆员并不是万能的，此学科可能需要涉及彼学科的知识背景，某些学科馆员之间会形成一种友好相助、协同工作的模式，但这种协同属于一种“民间”的协同，类似却又不同于真正的团队模式，但从某种意义上说，正是这种友好相助推进了个体模式向团体模式的转变。

(2) 团体模式

随着学科化服务推进的范围不断扩大、服务内容更加深入，学科化服务的工作重心会逐渐从宣传沟通逐步向学科资源建设、学科信息咨询、信息素养教育及更深层次的服务转移，在这种情况下，个体模式的学科化服务队伍可能越来越不能满足用户系统的、专业的、快捷的需求。这种短缺不仅体现在学科服务人员数量上，也体现在学科馆员的能力和精力上，因此，越来越多的图书馆开始组建学科服务团队。

① 固定型团队模式

由几个学科服务人员组成固定的服务团队，每个学科团队服务于一个或多个学科院系，学科团队由学科馆员、咨询馆员、辅助馆员组成。固定型团队模式的特点在于：采取学科馆员负责制，赋予学科馆员更多的职权，在工作中提高学科馆员的管理能力。同时，不要求学科馆员具备所有的能力，团队成员之间可以进行互补，如学科馆员更强调组织领导能力、咨询馆员可以更加强调专业知识能力、辅助馆员可能更善于沟通与宣传。固定性团队模式典型的成功案例有上海交通大学图书馆。上交大图书馆读者服务总部按大学科划分为理学部、工学部、文学部三大学部，每个学部下再按一级学科细分为若干个固定学科团队，每个团队以一名学科馆员、两名咨询馆员和若干辅助馆员组成。

② 互补型团队模式

然而固定型团队也可能出现人手不够或学科交叉的情况，互补型团队模式在固定学科服务团队的基础上，在2-3个固定型学科团队之间小范围协调，将学科化服务人员按特长进行分工、确定职责，以各人之长开展服务，如团队中可以培养学科馆藏资源建设专家、信息素养培训专家等等。这种模式的特点是分工较科学、合理，不追求全能型馆员，力求最大程度达到馆员能力的共享。上海交通大学图书馆正在尝试这种团队协作模式。

③ 可塑型团队模式

可塑性团队模式设首席学科馆员，以全局工作为重点，对以学科馆员为首的固定型团队灵活重组，以适应任务的需要，可以说是以任务为中心的协作模式。可塑型团队也是在固定型团队的基础上进行协调，但不同于互补型团队的是，可塑型团队是对所有学科服务人员进行灵活组配，不讲求谁属于哪个固定学科团队。其特点在于：此种模式可全方位涉及学科服务的各种内容，从宣传沟通、素养教育，到资源保障、深层情报研究服务，采用这种模式组建的团队其学科化服务能否成功实施，关键在于图书馆机构机制的保障。采取类似此模式的如武汉大学图书馆，将学科团队划分为社会科学、人文科学、理学、工学、信息科学、医学六个学科工作组，设小组长，每组5~6人，小组成员由来自不同部门包括各分馆学科馆员、信息服务中心人员及院系资料室人员组成。

④ 拓展型团队模式

拓展型团队模式与个体模式中的院系协助型相似，团队模式组建也可获得院系的支持，特别是科研团队的支持，因此，此种模式也可称为“嵌入型团队模式”。如上海交通大学图书馆实行的信息专员制度，由各院系不同科研团队委派1人参加图书馆的高级培训，考核通过后聘任其为学科服务团队的信息专员。信息专员的职责是做好所在科研团队的学科服务工作，并接受学科团队的考核和指导。这种模式的特点是学科服务团队和院系科研团队联系紧密，非常有利于将学科服务嵌入科研，但对信息专员的培训、管理与考核制度还需完善。中国人民大学图书馆也采取类似的模式，每个学科团队设学科联系人，院系设院系联系人，院系联系人通常由教学秘书或科研秘书担任。

（3）个体模式和团队模式比较

① 个体模式适用于按业务流程划分的图书馆，学科馆员的服务内容也因其工作性质而有侧重，如资源建设学科馆员、咨询服务学科馆员，大多数个体模式的学科馆员都是兼职学科馆员。

② 团队模式适用于分馆制、学科系划分的图书馆，因有学科资源等的支撑，较易组建服务团队。分馆制划分的图书馆因分馆与总馆在管理上、协调上存在的历史原因，比较适合组建固定型学科团队、或内部互补型学科团队；学科系划分的图书馆适合组建可塑性学科团队和拓展型团队。

③ 在实际工作中，各种模式并不是固定不变或单独存在的，可以是各种模式的变化或融合，采用何种团队协作模式取决于各馆的实际情况和学科化服务开展的程度[76]。

（二）协同工作机制

图书馆对学科服务项目进行整合与包装，采取分期实施的方式。只要有利于读者创新成长，且图书馆可以提供支持的服务方案，皆可纳入其中。

在具体实施前，首先建立由各个部门、包括读者参加的协同工作组，整体规划、部署及协调。然后在统一框架下分头实施，资源互用，联合推进。通过“整体规划、分头实施、联合保障、逐步渗透”的实施策略进行推广。这种模式既节约资源，易于发挥连锁轰动效应，又能充分调动和发挥馆员和读者的积极性与创造性。整个实施过程中，全馆上下，图书馆内外形成“主动—互动—联动”的行动效果，即先由图书馆主动向读者宣传新型服务理念及支持模式，读者与馆员充分互动，深度沟通，鼓励读者积极参与甚至直接提供创意，在服务策划、设计，到实施、评价等各个环节，都充分吸收了读者的智慧和力量。同时与校园内其他相关机构开展积极合作，如教务处、科研管理部门、学指委、宣传部、学联等，发挥组合优势，形成联动效应。

（三）能力建设要点

美国乔治·梅森大学（George Mason University）图书馆曾提出，称职的学科馆员应具备的基本素包括：致力于图书馆事业和高等教育，积极开发、提供并保持高质量服务；勤于知识更新和终身学习；合作与团队精神；尊重用户和观念的多样性；促进内外沟通和交流；灵活、适应、创造、主动、持之以恒；良好的沟通和教育能力；学科知识和专业技能；时间管理和组织管理能力，目前图书馆对学科馆员的发展定位是学科文献信息专家，所以在学科馆员的选拔上往往只注重单一的业务能力或学科背景，其实不然，良好的沟通能力、推广能力和团队协作能力也是学科馆员必备的能力。学科馆员除了具备对学科信息资源的评估能力外，还必须对图书馆所有部门工作有所了解。此外，我们认为学科馆员最好接受过图书馆学教育，因为这样可以培养其对图书馆职业的认同与热情，不仅仅将学科馆员作为一个职业，更是作为一项事业来奉献。

由此看来，对学科馆员的综合素质确实要求很高，但作为学科服务团队中的领军人物，这些能力的具备是不容或缺的。所以，在学科馆员的岗位聘任时提倡宁缺毋滥，任人唯贤。这样才能推动馆员自身不断努力和学习，吸引更多优秀人才充实到图书馆的人才队伍中来。

目前国内高校图书馆的学科馆员人才储备还略显不足，还不能完全满足学科化服务的需求，但相信随着图书馆人员素质的不断提高，学科馆员这一职业得到用户的认可，这一问题会逐渐好转。

（四）馆员培训计划

图书馆的服务质量和生存能力，归根结底是由“人”的素质和能力决定的，这里的“人”指所有图书馆的员工，包括各级领导以及普通图书馆员。在知识更新速度急剧加快的时代，加强再学习和岗位职业教育对每个现代人都是必要的。图书馆人坐拥书城，更应该保持对知识的不舍追求之心，自觉增强专业技能。图书馆应该为馆员的学习与成长创造条件，制订有目标有组织的培训和教育计划，并将其作为一项与读者服务同等重要的常态工作，由专人负责。为了保证培训效果，应该在培训内容、方式及考核评价等方面精心组织，并针对不同类型馆员的实际情况，制订不同层次、不同阶段、不同目标的培训内容[77]。

学科馆员的综合素质是决定学科化服务成效的核心因素，体现着图书馆资源建设水平及服务创新能力，也是图书馆转变服务模式的关键因素。但由于中国图书馆没有馆员从业资格认证制度，加之针对性、系统性的馆员培训普遍缺失，导致缺乏具备深厚的专业背景、精通图书馆业务、同时能快速适应新环境的学科馆员人才队伍。根据对来自我国不同地区 34 所“985”高校的 62 位馆员的数据统计，虽然大约 69%的馆员是学科馆员或具有学科服务经验，但其中 65%的学科馆员仅有不足两年的学科服务工作经验。这些数据表明，即便是在“985”高校图书馆，学科化服务依然比较薄弱，处于探索阶段，亟须通过观念创新、方法新颖、技术先进，系统完整的培训来普及学科服务理念，提高学科馆员的实务技能和业务水平，建立并完善学科化服务体系。近年来，有针对性、普及性的各类图书馆馆员培训正逐步展开，受到广大馆员的欢迎。

培训体系主要包含培训目标、培训方式、课程内容、考核办法与组织管理机制五个方面。在设计培训体现时，除了考虑到这些能力要求，更需要结合实际工作内容，使培训更系统化，并贴近学科馆员的实务技能需求。在培训体现设计初期应进行比较充分的预研工作，例如：开展文献调研和专家调研，了解图书馆馆员培训体系（含课程、形式、内容）等的全面设计；吸纳国外同行的有益经验和成功做法；精心部署、周密安排，制订相应的“实施方案”与“管理方案”，经过反复推敲和论证，最终才能形成比较完备的学科馆员培训体系。

培训目标应以“能力建设”为核心，使学员系统掌握用户研究和需求分析的方法，学科服务规范与评价的策略，设计有针对性的服务；科学、合理、有效进行学科资源建设；掌握信息素养教育实务技能，能够开展支持教学、科研的各种学科服务工作；通过系统培训和思想启蒙，使学员能将所学习到的思想、方法和工具切实应用到工作实践，推动所在图书馆学科服务的创生和飞跃，进而促进高校图书馆新的价值和作用；提升学科服务人员的团队协作意识和能力，强化积极向上的工作态度，增强职业责任感和使命感。

采取开放性、启发式的生动、灵活、立体的培训方式，全面而专业地传授学科化服务的理论及实践知识，但无论何种培训方式，都要注重互动交流、授练搭配、理论与实践相结合。同时，借助远程教育平台，提供分散授课的虚拟课堂和师生进行交流的网络空间，能方便地集成各种 web2.0 工具和网络社区，支持师生之间的交流和互动，存储课件和上传作业，支持馆员自主学习，打造学科馆员网络学习交流社区，提升受训馆员对学科化服务的感性认识，激发其工作热情与创造力。

在培训内容方面，尽管学科化服务所需专业及应用知识涉及面很广泛，但考虑到学科馆员也应当划分专长和特点，并非要求每个学科馆员具备全部的、完全相同的知识结构，因此，模块化、系列化的培训内容可以根据需要灵活组合，并分期、分阶段实施落实。表 5-6 是 CALIS 三期建设学科馆员培训的课程体系设计样例，共划分为六大培训模块，推出了 10 门具有代表性的典型课程，覆盖了学科化服务所涉及的理论体系与基础实务，用户研究与服务推广，组织管理与规范评价，信息素养教育，科研支持服务，以及技术工具与方法等[78]。

表 5-6 学科馆员培训课程体系样例

模块	主题与内容	目标
模块 1：概论及实务基础	(1) 基础理论 学科化服务的意义与战略思考；学科化服务的历史与现状；学科化服务的主要模式；新形势下学科化服务内涵与外延及未来发展 (2) 学科服务顶层设计与管理规划 学科服务管理规划、组织考核、队伍建设等 (3) 基本实务方法 面向学科院系及用户开展工作的基本流程与方法；与院系及师生的沟通策略、规范与技巧；学科服务宣传模式与推广案例	使受训馆员了解学科化服务的历史演绎，把握新型学科化服务模式产生的背景，及新型学科服务的模式内涵。 使受训馆员掌握学科服务的组织管理、团队建设及规划设计 使受训馆员掌握推广学科化服务的相关方法与技巧，用户研究与分析的方法、相关沟通机制与技巧。

续表

模块	主题与内容	目标
模块 2：学科服务支持科研	学科服务的知识环境构建（含机构仓储、学科信息门户等）； 学科战略情报跟踪与分析方法；学科发展态势分析方法、工具与实例； 融入科研、嵌入过程实例演绎	使受训馆员掌握学科发展态势分析的工具与方法，把握专题文献调研报告的形成流程、撰写规范及方法，了解新学术研究环境下学科服务融入科研的新路径。
模块 3：学科服务融入教学	信息素养开展模式、实例演绎与效果评估；信息素养课程体系规划与资源共享；信息素养教育及信息素养标准；信息素养教育的开展模式及实例演示；信息素养教育模型及 Bloom 的教育理论	使受训馆员掌握开展信息素养教育的方法与模式、信息素养课程体系规划方法及案例、信息素养教育标准、信息素养教育的评估方法，及信息素养教育的相关资源。
模块 4：学科信息资源建设	学科资源建设的基本理论方法；学科资源建设流程、经费预算配置；学科资源发展规划方法；学科资源现状分析与评估；学科用户资源需求测评；学科资源指南编写方法；学科特藏建设原则与方法	使受训馆员了解学科资源的基本建设理论、发展规划方法、分析评估方法、指南编写方法，及学科特藏建设原则与技巧
模块 5：学科服务相关技能	(1) 学科服务相关技术 学科服务平台内容建设；学科服务互动社区管理与维护；个性化学科服务技术应用 (2) 学科服务综合技能 学科服务外语（英文、日语、德语等）；学科服务实战能力；学科服务常用办公自动化软件应用与文档规范	使受训馆员了解或把握学科服务相关技术，锻炼实战能力，学习掌握深化服务的技巧。
模块 6：学科服务案例展示	高校图书馆学科服务案例展示与研讨 学科服务特色、个案实景观摩	使受训馆员通过案例现场观摩、分析和研讨，对学科馆员工作有直观认识，培训实战能力

5.3 关联支撑

学科化服务的发展除了自身服务的不断完善外，还需要相关关联团体的辅助与支撑，共同保障大学图书馆泛学科化服务的发展。其中很重要的一项任务就是做好相关服务的宣传推广，提高认知度，争取学校对图书馆泛学科化服务的最大化了解和支持。

5.3.1 宣传推广的意义与目标

图书馆五定律告诉我们，图书馆是一个生长着的有机体，它从早期的藏书楼演变成现代的图书馆，其资源和服务也在不断经历着蜕变。然而对于很多用户来说，图书馆依然是一个借还书的地方，面对图书馆转型速度飞快和用户观念转变滞后的这一现状，图书馆只有通过更广范围的宣传推广才能让更多的用户了解图书馆及其服务，用户的了解与支持同样能为图书馆带来发展的动力，从而使图书馆走上一条良性循环的道路。

国外对图书馆宣传推广的研究起源于20世纪70年代，图书馆宣传推广被认为是图书馆运营中最重要的模块之一。图书馆的宣传推广不仅仅是资源和服务的推广，更重要的是与读者建立一种公共关系，充分了解读者需求，从而保障他们的需求，实现他们的价值[79]。而且可以在社会上树立图书馆的形象，让用户从更多角度了解图书馆，从而改变以往图书馆闭门造车，忽略与用户间互动的现象。随着信息技术的发展，越来越多的信息工具为图书馆的宣传与推广提供了便利，如微博、微信、微视频、社交网站等，而且能在第一时间与用户进行沟通与互动，除了提高图书馆的知晓度外，还可以根据用户的意见实时改进图书馆的服务。

图书馆宣传推广的目标是通过一系列的活动和服务宣传，提高图书馆在用户群中的知晓度和影响力，使得图书馆的自身价值和社会价值得以实现，让更多的用户利用图书馆与并从中受益。

5.3.2　宣传推广的策略

(1) 宣传推广的方式

图书馆宣传推广的方式有很多种，图书馆在具体的宣传过程中可根据具体情况采用某一种宣传方式或者是几种宣传方式的结合。

媒体宣传，包括利用传统媒体校刊、广播、新闻、海报；以及新媒体如各类电子公告栏等传播媒体来发布图书馆的各类信息服务。

活动宣传，主要通过各类活动的举办来吸引用户，如与院系合作举办各类展览、名人演讲，各类大型学术会议的承办等各种活动带动读者参与其中。

实物宣传，如编制各类宣传手册，图书馆宣传单页及印有图书馆 logo 的小礼品等。

文化熏陶，这一宣传方式主要体现在图书馆的馆藏布局、空间布局等文化氛围的建立，带给读者潜移默化的影响，另一方面是服务人员的影响，馆员在服务用户中能够以专业的技能和亲切的服务赢得用户的认同和信赖。

(2) 宣传推广媒介

首先，图书馆自身的媒介，如馆刊、馆讯，年度报告等，通过对图书馆日常服务和活动的总结，让用户了解图书馆的日常运行和管理；图书馆使用说明小册子，通过简单的单页绘制，使用户了解图书馆的服务内容操作指南，方便用户实现自助服务；图书馆网站，是所有用户了解图书馆资源和服务的网上窗口，也是馆员与用户互动交流的平台，图书馆网站具有重要的宣传推广作用；图书馆的相关出版物，可以是纸质版的馆史，也可以是电子版的图书馆使用介绍等。

其次，大众传播媒介，主要包括报纸、电视、广播、网络等。图书馆在举办大型活动时可与当地的相关媒体联系做报道，让更大层面的用户了解图书馆的活动内容，扩大影响力。

第三，活动媒介，通过举办各类活动，使用户参与并了解图书馆。

(3) 宣传推广的工具

随着信息技术的发展，新兴媒体、社交软件工具的不断涌现，为图书馆的宣传推广带了来了新的发展契机。

微博。微博是一个基于用户关系信息分享、传播以及获取的平台，用户可以通过web、wap等各种客户端组建个人社区，以140字的文字信息更新信息，并实现即时分享，微博作为一种分享、交流平台，具有较高的时效性。微博宣传是以微博为平台，以每个粉丝为潜在用户，通过更新微博向粉丝传播信息，促进双向交流和提升形象的新兴宣传推广方式，是对博客宣传的继承和发展。图书馆利用微博转发、@点名、评论、私信等功能，开拓直接获取用户需求的新渠道，建立良好的用户关系，树立行业影响力和号召力。

微信。微信作为时下最热门的社交信息平台，也是移动端的一大入口，微信提供公众平台、朋友圈、消息推送等功能。具有实时通信与互动的优势，成为广大用户青睐的移动APP。对于图书馆而言，微信的使用不仅契合了现代用户的使用习惯，吸引用户的关注，同时也为用户使用图书馆的各类服务提供了便利，微信的扫描二维码功能使用户无论在查找图书、登录图书馆主页、使用新的图书馆应用等方面更加便捷。微信的建立不仅能在第一时间让读者了解图书馆的服务动态，而且用户如果有疑问还可以与馆员进行实时的互动，不需要到图书馆去解决问题，大大方便了用户。

SNS社区。SNS网站利用社交网络多对多的信息传递模式更具互动性和参与性，迎合了现代网络用户的真实需求，吸引了越来越多的用户注册，图书馆利用SNS社区做宣传推广不仅具有庞大的受众，也符合网络推广的新趋势。社交网站的优势在于其能够聚集相同需求或研究领域的人群，为他们搭建这样一个交流讨论的平台，在这样一个基于用户需求的服务平台上，通过信息分享机制和聚类机制，能够实现信息分享和导读服务，提升图书馆的形象和知名度。大众较为熟知的SNS社区有人人网、开心网等，故图书馆可在人人网上注册账号，充分利用公告栏、群组讨论等功能实现图书馆的宣传推广。

新媒体如微视频等。随着电子化趋势的加强，新媒体也成为新时代图书馆宣传和推广的工具，如利用各类液晶电子屏在校园内发布图书馆的动态信息。相较于传统的纸媒电子屏发布的信息具有很强的视觉冲击力，而且受众面也更广，所有进出校园的人只要看到电子屏就能了解到图书馆的相关信息。网络上微视频的不断流行也为图书馆的宣传带来了新的机遇，很多大学利用微视频短片的方式在互联网上宣传推广本校的图书馆，如北京大学图书馆在纪念建馆110周年庆典仪式上发布的微电影《天堂图书馆》就是利用微视频制作的方式在业界获得良好口碑。

图书馆可以用来宣传推广的工具远不止以上几种，还有很多传统的宣传工具诸如报纸、宣传手册等，在此不再一一赘述。

5.3.3 宣传推广典型案例

上海交通大学图书馆将品牌营销视为提升图书馆学科服务水平的有力举措。自2008年9月起，积极实施品牌经营战略，努力探索IC^2创新型服务品牌的经营之道，在图书馆服务品牌的规划、实践及推广等方面取得了一定的成效[80]。IC^2以走进院系基地、融入科研团队、嵌入研究过程的形式，通过不同主题、适应不同读者社群的系列创新支持计划，引发读者更多的自发需求和主动参与，为科研团队学习、项目研讨、学术交流、创新成长提供定点、持续深入的精细化服务。从2008年起，交大图书馆组织了一系列的创新支持计划活动，活动采取了网页宣传、新闻报道、海报等多种方式的宣传与推广，结合院系活动使得最大范围内的师生了解活动并且参与活动。IC^2创新服务模式是在大学的特殊创新学术环境下，在信息共享空间的基础上，巧妙融入创新社区的理念及功能。

清华大学图书馆之微营销，巧妙应用了符合现代年青一代习惯的微博和微信，进行了一系列的图书馆的宣传与推广，微博实时发布新闻动态，与读者展开互动。微视频则从读者的角度出发，鼓励读者发挥制作视频与游戏的特长推出主题系列的视频和游戏，该系列短剧采取图书馆主导，学生自编、自导、自演的方式，充分调动了广大学生的积极性，通过学生的参与互动及推广从而达到推广图书馆服务的目的[81]。清华大学图书馆还有效利用了媒体宣传渠道，推介图书馆资源与服务的，通过将最新资源动态与新闻资讯及时反馈给网络媒体如网易、新浪娱乐等、纸质媒体中国日报、北京日报等、电视媒体北京卫视、辽宁卫视等，还邀请对营销主题感兴趣的媒体光临现场聚焦活动，并将相关的图片和内容传真给一些感兴趣但没时间到场的媒体，寻求契合对方感兴趣的报道点，从而构建了一个完整的推广计划。

(四) 宣传推广注意事项

虽然宣传推广对于现代图书馆的发展至关重要，但每个图书馆在做本馆的宣传推广工作时仍需要把握好度，在投入力度、宣传的形式以及宣传的度方面做好综合的考量和权衡。

投入方面，图书馆需要根据本馆的经费、人员、服务对象情况量力而行，而不是盲目的投入到宣传推广工作中。如果图书馆规模较小或者是处于起步阶段，人力、物力财力都有限，可能更多的经费和人员都放在服务方面，在宣传推广这块相应投入就较少，对于这样的图书馆可以采用较为单一的、投入成本较少的形式做宣传推广，如利用网站做服务宣传与动态报道。达到一定规模的图书馆，如果经费相对充裕，可以采用几种形式相结合的推广方式，除了采用传统的常规宣传方式如新闻稿、年度报告、服务手册、网站等还可以投入部分经费到媒体宣传中，做好与公众关系的处理。

形式方面，在确立好经费和人员投入后，具体采用何种宣传形式图书馆需要做相关调研与分析。一是要对已有的宣传形式效果做评估，对于一些耗费人力、财力较大但宣传效果不佳的推广方式可以直接剔除或者减少；二是对即将投入的宣传方式做好预算，涉及的有新技术开发，如微信客户端的软件开发费用，人员配备如咨询馆员的落实，投入成本的核算如媒体预算经费等。图书馆的宣传推广投入应遵循不影响图书馆的正常运营和服务发展。

另外，图书馆在宣传方面还应注意度的掌握，而不是面面俱到，高校图书馆的主要用户群集中在师生，因此，重点在于学生学习方面的服务和教师在教学和科研方面提供服务的宣传，而不必像公共图书馆一样将社会大众作为自己的服务对象，故在宣传过程中要注意宣传受众的选择，做到有的放矢。

参考文献

[1] Von Hippel E. “Sticky Information” and the locus of problem solving: Implication for Innovation. Management Science, 1994, 40 (4): 429.

[2] 杨勇. 高校图书馆自助式学科知识服务平台构建研究. 情报科学, 2008, 26 (12): 1844-1847.

[3] 何丹青．学科化知识服务的动因分析与机制研究．情报理论与实践，2009，32（4）：26-28.
[4] 吴建中．新常态下图书馆联盟发展的新课题［J］．新世纪图书馆，2015（1）：5-9.
[5] 柯平．学科馆员服务与学科馆员艺术——大学图书馆学科馆员实践研究之二．高校图书馆工作，2008，28（5）：19-24，93.
[6] 张望军，彭剑锋．中国企业知识型员工激励机制实证分析．科研管理，2001，22（6）：91.
[7] 彭四平，童恒庆．激励心理学．武汉：湖北人民出版社，2006：105.
[8] Russell L. Ackoff. Creating the corporate future. New York：John Wiley & Sons，1981：3.
[9] Kent Hendrickson. Creative planning for library administration：leadership for the future. The Haworth Press（Binghamton，NY），1991：8.
[10] Brice G. Hobrock. Creating Your library's future through effective strategic planning. Creative planning for library administration：leadership for the future. The Haworth Press（Binghamton，NY），1991：48.
[11] 靖继鹏，马费成，张向先．情报科学理论．北京：科学出版社，2009：304.
[12] 党跃武等．开发支持知识服务的现代图书情报机构组织管理机制［J］．中国图书馆学报，2001（1）：21-23.
[13] 林伟仁．五大秘诀留住人才．天下杂志．，2000（12）：32.
[14] 吴玉凤．学科知识服务团队及其管理模式研究．图书情报工作，2005，49（10）：84-86，100.
[15] 盛剑峰．基于学科馆员制度的学科知识服务研究．大学图书情报学刊，2009，27（5）：10-14.
[16] Edgar H Schein. Organizational Culture & Leadership（3 Ed.）. Jossey-Bass，2004（9）：373-374.
[17] Alan L. Frohman. Igniting organizational change from be low：The power of personal initiative. Organizational Dynamics，1997，25（3）：39-53.
[18] 陈雅．知识图书馆：理论与模式．南京：南京大学出版社，2008：20.
[19] 拓扑心理学的创始人——勒温．［2009-07-17］http：//28gl. com/html/87/t-22187. html.
[20] Alan Simon et al.. Clients' views on strategic capabilities which lead to management con-

sulting success. Management Decision, 2001, 39 (5): 362.

[21] ARL. New roles, new Times: Transforming Liaison Roles in Research Libraries. [2014-08-30] http: //www. arl. org/storage/documents/publications/NRNT-Liaison-Roles-final. pdf.

[22] 贝克尔（Becke G J）等著；刘样艳，薄玉秋译．业务流程管理［M］．北京：清华大学出版社，2004：4-5.

[23] 柳瑞禹等．现代工程与施工企业管理［M］．北京：科学出版社，2010：289-295.

[24] 张美萍．美国图书馆的现状及发展趋势［J］．大学图书馆学报，2010（2）：11-14.

[25] 范广兵，初景利．泛在图书馆与学科化服务［J］．图书情报工作，2008（1）：105-108.

[26] 兰小媛，潘卫，陈进．大学图书馆泛学科化服务体系设计与实践［J］．图书馆杂志，2013（11）：65-68.

[27] 汪莉莉，钟永恒．耶鲁大学图书馆学科馆员服务研究［J］．图书馆杂志，2011（3）：76-79.

[28] 刘素清，艾春艳，肖珑．学科服务的多维拓展与深化——北京大学图书馆学科服务聚焦与思考．［J］大学图书馆学报，2012（5）：18-21.

[29] 陈勤．单元目标学科服务实践模式研究．图书馆建设［J］，2013（4）：29-32.

[30] 宋海艳，高协等．学科资源建设指导方案［z］．内部资料，2014.

[31] 杨眉等．学科资源建设服务列表［z］．内部资料，2010.

[32] 郭晶，潘卫．高校图书馆学科馆员基准服务指南的制订［J］．高校图书馆工作，2014，03：59-62.

[33] 高协，宋海艳，郭晶，李丽．面向创新的信息素养教育规划与实践——以上海交通大学图书馆为例［J］．图书情报工作，2013（2）：10-14.

[34] 龚芙蓉．国外高校信息素质教育之“嵌入式教学模式”的思考与启示［J］．图书馆论坛，2010，30（3）：147-149.

[35] 杨眉等．故障诊断学科发展态势分析报告［z］．内部资料，2014.

[36] 杨眉等．人才评估报告模板［z］．内部资料，2014.

[37] 杨眉等．人才评估报告模板［z］．内部资料，2014.

[38] 杨眉等．人才评估报告模板［z］．内部资料，2014.

[39] 吴志荣．“藏阅分离”模式或将回归？——关于数字时代图书馆布局的思考［J］．大学图书馆学报，2009，06：2-5+27.

[40] 姜耀锋．现代图书馆建筑中的大空间理念［J］．上海高校图书情报工作研究，2004，01：3-4.

[41] 景晶．高校图书馆学科分馆建设之探索——以华南师大图书馆为例［J］．现代情报，2007，04：181-183.

[42] 汤罡辉，张红．多校区环境下馆藏布局满意度的实证分析——以中山大学图书馆为例［J］．图书馆杂志，2010，04：47-50.

[43] 姜静华．学科服务推进之路——从上海交通大学图书馆多分馆联合服务说起［J］. 图书馆，2010，05：28-29.

[44] 贾宇群，李桂祥，刘东燕．多校区模式下高校图书馆文献资源的布局与管理［J］. 情报科学，2009，03：365-368.

[45] 陈进等．图书馆 RFID 技术及应用［M］．上海交通大学出版社，2013.

[46] 杨建斌，张慧．论企业在项目实施中的协同机制研究［J］．价值工程，2010，10：55-56.

[47] 杨眉，李芳．学科馆员制度下采访馆员的角色定位与案例解析［J］．图书馆工作与研究，2012，05：60-62.

[48] 李芳，杨眉，彭佳，陈进．大学图书馆资源建设模式中的“三一”原则［J］．图书情报工作，2012，13：84-88+122.

[49] 李芳，杨眉．大学图书馆资源协同建设的创新实践与思考［J］．图书馆论坛，2013，01：100-104+147.

[50] 张惠恩，于健萍，区旭坤．学科馆员-学科教师协同学科文献资源建设的工作模式［J］．科技信息，2012，23：212-213+276.

[51] 张国慧，龙净林．区域内高校图书馆数字资源建设探析—基于海南省的调查与分析［J］．图书与情报，2013（1）：130 -133.

[52] 上海交通大学图书馆馆际互借．［EB/OL］．［2014 - 08 - 21］．http：//www. lib. sjtu. edu. cn/index. php？ m = content&c = index&a = show&catid = 82&id = 24.

[53] 陈旭华，陈秀莹．大学城图书馆联盟协同服务模式的构建研究［J］．情报探索，2013（6）：16 -19.

[54] 陈寅德．论高校图书馆学科信息资源保障体系构建［J］．图书馆研究，2014，01：43-45.

[55] 高峰，郭华，罗广玲，罗兵．加快建立和完善高校文献信息保障体系［J］．西安教育学院学报，2002，03：82-84.

[56] 张太洪．网络环境下高校图书馆文献资源保障体系建设的思考与实践［J］．图书

情报工作，2005，11：115-118.

[57] 刘丽．面向重点学科的文献资源保障体系构建研究［J］．农业图书情报学刊，2014，06：18-20.

[58] 刘丽．面向重点学科的文献资源保障体系构建研究［J］．农业图书情报学刊，2014，06：18-20.

[59] 唐吉深．学科文献资源需求挖掘与保障分析——以河池学院应用化学学科为例［J］．河池学院学报，2013，06：116-121.

[60] 唐吉深．学科文献资源需求挖掘与保障分析——以河池学院应用化学学科为例［J］．河池学院学报，2013，06：116-121.

[61] 唐吉深．学科文献资源需求挖掘与保障分析——以河池学院应用化学学科为例［J］．河池学院学报，2013，06：116-121.

[62] 付建英，梁国杰．重点学科文献资源保障体系构建研究［J］．现代情报，2010，05：12-14.

[63] 王园春．论高校图书馆重点学科文献保障体系建设［J］．重庆科技学院学报（社会科学版），2010，15：150-152.

[64] 王园春．论高校图书馆重点学科文献保障体系建设［J］．重庆科技学院学报（社会科学版），2010，15：150-152.

[65] 王园春．论高校图书馆重点学科文献保障体系建设［J］．重庆科技学院学报（社会科学版），2010，15：150-152.

[66] 于维娟．基于重点学科的文献信息资源体系构建研究［J］．山东工商学院学报，2010，01：113-116.

[67] 张瑛，代恩梅．中科院研究所核心期刊保障率及相关分析［J］．科技资讯，2013，03：252-253+255.

[68] 皮尤：美移动新闻读者超60%使用浏览器阅读，［EB/OL］［2014-08-10］．http：//tech. sina. com. cn/i/2012-10-08/11497680651. shtml.

[69] Marshall Breeding. The Future of Integrated Library Systems.［EB/OL］．［2013-01-20］．http：//www. orbiscascade. org/council/c0601/breedig. ppt.

[70] 殷红，刘炜．新一代图书馆服务系统：功能评价与愿景展望［J］．中国图书馆学报，2013（5）：26-33.

[71] Thomas Erl. Service-Oriented Architecture Concepts, Technology, and Design［M］．北京：机械工业出版社．2007，16-28.

[72] 侯福丽．基于 SOA 的数字图书馆平台体系架构［J］．情报科学，2007（6）：

903-908.
[73] 严安．基于 Web Service 的数字图书馆定题服务集成［J］．图书馆建设，2009（3）：53-55.
[74] 王亮，郭一平．基于 Webservice 的异构数据库检索系统［J］．大学图书馆学报，2004（1）：29-67.
[75] Ex Libris. Promo Central.［2014-08-17］. http：//www. exlibrisgroup. com/cn/category/primocentral.
[76] 付佳佳，黄敏．高校图书馆学科服务团队建设模式研究［J］．图书馆杂志，2011（12）：45-47.
[77] 郭晶，黄敏．图书馆员的信息素养教育——上海交通大学图书馆“学科及咨询馆员素质教育培训计划”的实践与思考［J］．大学图书馆学报，2008（4）：77-80.
[78] 郭晶，陈进，郑巧英．高校图书馆学科馆员培训的设计与实施——CALIS 三期学科馆员培训的实践与特色［J］．大学图书馆学报，2012，04：5-10.
[79] 姜晓曦．国外数字图书馆宣传推广模式研究［J］．情报资料工作，2012（6）：101-105.
[80] 杨莉，兰小媛，陈进．大学图书馆品牌经营与推广渠道——以上海交通大学图书馆 IC2 创新型服务品牌实践为例［J］．图书馆建设，2011，03：99-102.
[81] 张若雅．高校图书馆微博营销策略研究——以清华大学图书馆为例［J］．图书馆学研究，2013，24：28-33.

第六章　文化与服务

圣贤老子曾在《道德经》中提到：以天下之至柔，驰骋天下之至坚。任何事物的发展都需要内生驱动，寻找潜在推动力，并从外部激发内在潜力，这种无形的、以柔克刚的力量就来源于文化。本章分别对文化、图书馆文化的概念进行阐述和分析，指出图书馆文化是促进生态、可持续发展的重要保障和催化剂。通过分析当前战略转型期的图书馆文化现状，提出文化与服务的关系，尤其在“泛学科化服务体系”中，图书馆文化对服务起到重要的支撑甚至引领作用。从组织文化、管理文化和环境文化三个核心方面重点介绍图书馆文化的内涵，在此基础上，就文化如何提升服务进行详细阐述。

6.1　图书馆文化浅释

从不同的视角，可以概括和解析图书馆的文化内涵与定义。但无论从哪个角度，均需要首先对文化的定义有基本的理解。

6.1.1　定义

（一）文化的定义

“文化”一词在近代人类学上的专门意义始于英国人类学家泰勒（Tylor）一八七一年的用法[1]。泰勒在《原始文化》一书中，把文化定义为：“文化是一个复杂的总体，包括知识、信仰、艺术、道德、法律、风俗，以及人类在社会里所得一切的能力与习惯[2]。”从世界各民族、各国文化学者对文化的理解和研究历史上看，关于文化的定义就有几百种，然而，迄今为止仍没有获得一个公认的、令人满意的定义。文化的定义可以分为记述的定义、历史的定义、规范性的定义、心理的定义、结构的定义以及发生的定义。尽管如此，还没有任何一个定义足以将文化的全部内容囊括其中，因为，文化的内容实在太复杂了。

文化指社会的意识形态，以及与之相适应的制度和组织机构（《辞海》1989年新版）。笼统地说，文化是一种社会现象，它的产生和发展是与人类的存在和发展紧密相连的，它是人类长期的社会实践活动中所创造的物质财富和精神财富的总和[3]。文化是人们长期创造形成的产物，同时又是一种历史现象，是社会历史的积淀物。确切地说，文化是凝结在物质之中又游离于物质之外，能够被传承的国家或民族的历史、地理、风土人情、传统习俗、生活方式、文学艺术、行为规范、思维方式、价值观念等，是人类之间进行交流的普遍认可的一种能够传承的意识形态[4]。

但是，随着历史的发展，文化是在变化的，不同的文化有不同的表现形式，同一文化可以划分成不同的发展阶段、不同的制度或不同的要素。文化在所涵盖的范围内和不同的层面发挥着主要的功能和作用：

（1）导向功能。文化是人们以往共同生活经验的积累，某种文化的形成和确立，就意味着某种价值观和行为规范的被认可和遵从，文化可以为人们的实践提供方向和选择。通过文化的共享，人们可以在行动和实践上找到共同认可的方式，从而推进事物的发展，这就是文化对行为的导向作用。

（2）整合功能。文化的整合功能是指通过文化的共享，使得社会群体中不同的独立和个性的行为个体之间能够有效地沟通，消除隔阂、促成合作。也就是协调群体成员的行动所发挥的作用。

（3）传承功能。如果文化能不断向新的一代传承，即下一代也认同、共享上一代的文化，此时文化就有了思想延续的功能，使得事物的发展有更好的延续。

（二）什么是图书馆文化

图书馆文化是文化的一个分支。图书馆文化伴随着图书馆的历史而存在，是图书馆在长期社会实践中逐渐形成和建立的有着自身特点的文化观念。图书馆作为一个整体，处于社会的更大系统之中，它是社会的一个组成要素[5]。不同时期的图书馆文化对图书馆的发展和建设起到了极大的促进作用。图书馆文化犹如图书馆的灵魂。我们只有清楚地认知图书馆文化的过去和现在，才能预知图书馆发展的未来。

论及图书馆文化就不得不追溯图书馆的历史，图书馆文化是在图书馆发展历史中不断积累而来的。中国图书馆事业已有几千年的历史，其中藏书楼是世界图书馆事业发展中一颗璀璨的明珠，它促进了中国文明在世界范围的传播。藏书楼在世界图书馆发展史上占有独特的地位。中国丰富的藏书文化的发展，催生了造纸术和印刷术的发明，推动了中国文化的发展，促进了中国文化向西方的传播。同时藏书文化的发展也从中大大得益。中国的藏书文化史在中国文化史和世界文化史中具有很高的地位。1840 年以后，随着半封建半殖民地社会的建立，西方图书馆文化理念输入中国，近代图书馆文化日渐形成。20 世纪初期的新文化运动，进一步促进了近代图书馆观念的变迁，尤其是大学图书馆的繁荣发展。李大钊先生在北京高等师范学校图书馆两周年的演说中指出："图书馆已经不是藏书的地方，而为教育的机构"，并主张"废去文库式，采用开架式服务。"蔡元培先生也积极建议高等院校、中小学校应设立图书馆，普通图书馆应设立儿童阅览室，认为图书馆是辅助学生学习的第二课堂，具有辅助教育科研的作用[6]。图书馆成为普及国民教育的文化教育机构。近代图书馆的观念深化，引入了具有现代图书馆意义的教育职能。新文化运动和新图书馆运动，促使我国近代图书馆事业取得了显著的成绩。图书馆数量剧增，业务水平得到提升；图书馆藏书量大幅上升，尤其是当时的大学图书馆。当时，一部分图书馆建立了较健全的管理、借阅等规章制度，扩大了读者范围，加大了图书馆的服务力度。可以说近代图书馆文化是在中西方文化碰撞和交融的大环境中产生的，它赋予了图书馆文化的极大包容性。随着信息产业的发展，信息化社会的变革，图书馆又迎来了标志性的飞跃，图书馆自动化、数字化和网络化成为图书馆发展的主导方向，图书馆从封闭走向开放。现代图书馆文化以其开放性和科技性为主要特征。现代图书馆文化具备了适应性和时代性的特点。随着中国社会的不断繁荣与发展，图书馆事业的蒸蒸日上，图书馆文化在其中发挥了愈益重要的作用。所以，图书馆源于文化，惠及文化，在发展过程中又形成了自己的文化。

关于图书馆文化的定义，柯平教授在其《国内外图书馆文化研究述》[7]一文中有着详细的分析，国内普遍认为图书馆文化这一概念是由王胜祥在 1989 年最早提出的。王胜祥认为“图书馆文化是指一个图书馆在自己长期发展过程中逐步形成和确立的，为全体人员所共同拥有的非物质特征的总和，即增强全体人员内聚力和向心力的意识形态的总和。”1991 年张伟在王胜祥的图书馆文化概念的基础上，认为“图书馆文化是同时受政治、经济和社会文化等环境的综合作用而逐渐形成的、是能够长期维系或推动图书馆生存和发展的群体意识、行为、规范及其他管理特征的集合。图书馆文化是观念和物质手段的历史性沉淀、积累和凝聚。”1992 年李正祥提出了不同的观点，他认为图书馆文化除了是意识形态的集合体外，还应该包括图书馆心理的层面，即“图书馆文化是指在图书馆文献快速活动中，形成的为全体图书馆工作人员特有的价值观点、管理思想和服务思想、思维方式、行为准则、社会心理等文化现象的总和。”也有学者认为图书馆文化应该有广义和狭义之分，广义的图书馆文化包含物质文化、行为文化、制度文化和精神文化，而狭义的图书馆文化则应该是以图书馆价值观为核心的图书馆意识形态。至今国内学者对图书馆文化相关概念的理解主要基于三种视角：一种从图书馆哲学的视角解释图书馆文化，认为图书馆文化隶属于哲学范畴，是图书馆在长期实践中所形成的，且共同遵循的群体竞争意识和共有价值观。第二种视角是从社会文化现象的角度去理解图书馆文化，将图书馆文化看成社会文化系统下的一个子系统、一种亚文化。第三种视角是从图书馆管理的视角理解图书馆文化，认为图书馆文化来源于组织文化（organizational culture）理论在图书馆管理中的应用，这种视角受企业文化研究影响较深。

总体而言，本书中提及的图书馆文化的概念内涵可以概括为：图书馆文化是建立在图书馆长期实践的基础上，是在长期的历史发展过程中逐渐形成的，对于提高图书馆的管理水平，发挥图书馆人的主观能动性，推动图书馆事业的发展起到积极的作用。概括地说，图书馆文化是图书馆精神的象征，很大程度上决定了图书馆的软实力，某种程度上它会成为图书馆内生动力的催化剂，整体促进图书馆的生态发展，是图书馆可持续发展的必要保障。

大学图书馆是大学的一个组成要素，它推动了大学的发展。大学图书馆文化不同于其他领域的文化，形成于大学图书馆的产生与发展之中，是图书馆行业及其文化对人类文明进步的特别贡献。大学图书馆文化伴随大学和图书馆建设与发展的历史，凝结成具有图书馆独特内涵与气质的文化景观。

具体来看，大学图书馆文化会引导图书馆根据大学发展目标确定发展战略、服务方针和发展方向。良好的大学图书馆文化离不开良好的管理文化，管理文化中涉及的规章制度、业务流程等制度文化，将充分发挥其约束功能。同时又会产生一种独特的信念，形成共同的价值观，使得图书馆全体馆员有一种共同的向心力，积极向上的图书馆文化可以引导馆员树立良好正确的世界观、人生观和价值观，有助于馆员间的工作协调，引导馆员将自我行为与图书馆的整体目标统一协调起来。在这种信念的支配下，大家就会齐心协力，朝着同一个方向迈进。大学图书馆文化也具备激励功能，主要体现在精神、物质和机会三个方面。在精神层面给予高度的认同与鼓励，在物质层面体现多劳多得、按贡献分配，增强每个馆员的获得感。在机会层面是指为馆员的个人职业成长与培训学习提供良好的平台与渠道。通过确立奋斗目标，规划职业生涯，重视团队精神，奉献自身价值，追求工作成效，实现全面发展，凝练高素质、重团队的馆员队伍。此外，大学图书馆的环境文化，也在一定程度上辅助营造积极向上的良好氛围，提供良好的工作和学习环境，对馆员和读者都起到了良好的激励作用。

6.1.2 大学图书馆文化的现状

图书馆是一个不断生长的有机体，从久远的以收藏保管为主的藏书楼，到昔日“静”字高悬的阅览场所，发展为今天以读者为中心、兼具 O2O (Online To Offline，线上到线下）服务特征的复合型图书馆，逐渐肩负起知识工厂和创新触媒的职能。大学图书馆一直被誉为“知识的殿堂”和“大学精神的象征”，并在大学中确立了作为“学术交流中心、知识加工中心（含学习中心）和文化传承中心”的地位。随着时代的进步，大学图书馆服务的读者也发生着变化：读者获取文献资源的方式变化、读者阅读和信息利用行为变化，读者真正成为图书馆的构建者，图书馆要建设以读者为主体的创新交流体系。

目前，图书馆已经普遍意识到图书馆职业面临新的挑战和机遇。今天，图书馆信息和知识组织的重心已经从对资源外形的描述，深入到对资源内容的开发上。由“结构”和“语义”所引发的一系列创新技术不仅在改变互联网，也在改变图书馆。图书馆资源管理的重心转向内容，从信息的收集、描述。储存到服务，整个业务流程都围绕着知识展开，并且更加强调人与知识之间的关系。业务流程中环节之间以及资源之间的界限变得更加模糊，而图书馆与用户之间的供需关系变得更加密切，一切与知识相关的要素都被有机地整合和调动起来，形成一种面向需求、适应变化的知识管理与服务机制。国内大部分图书馆对于无纸化社会的重现是缺乏准备的，即使是欧美等一些较发达的图书馆也是在转型的探索和实验之中。从纸质型为主体的图书馆向全媒体图书馆过渡有一个痛苦的转型过程。数字范式（digital paradigm）将彻底改变组织文化、组织中的人及其工作方式、既定的学术传统以及支撑它们的系统和服务[8]。

2016 年 4 月，美国图书馆协会发布了《2016 年美国图书馆状况报告》，其中提到：今天，人们很少谈论图书馆能提供什么，而是图书馆能为人们以及和人们一起做些什么。这反映出图书馆“见物更见人”的新发展观[9]。大学图书馆的发展，离不开国家的教育发展方略以及学校的整体定位和建设目标。近些年来，中国政府出台了一系列发展教育、深化改革的战略决策。2015 年 10 月，国务院发布《统筹推进世界一流大学和一流学科建设总体方案报告》，为提升我国教育发展水平、增强国家核心竞争力指明了方向，也为大学图书馆的发展框定了基本思路[10]，中国的大学图书馆迎来前所未有的发展机遇。

大学图书馆的发展随着高等教育投入的加大而得到了很好的发展，无论在馆舍条件和设施设备等硬件建设上，还是在技术应用等许多方面已接近或超越国外先进水平，经费与人力资源差距也逐渐缩小。但在战略规划、职业认证、统计与绩效管理等软件建设与管理方面一直存在着较大差距。此外，国内大学图书馆行业的职业认同感一直较低，很少有人将其当做事业并为之奋斗，所以组织文化建设等方面很容易被忽略并不易实现，文化管理也还没有成为国内图书馆界的强烈意识与普遍行动。可以说大学图书馆文化管理缺乏系统深入的理论研究支持，缺乏操作性强且可以借鉴推广的模式和运行管理体系。

结合图书馆的发展历史，图书馆文化是极具包容性和时代性的，图书馆文化管理是新时期图书馆管理发展的一个标志，是图书馆发展的重要战略。面对新的社会发展和挑战，图书馆如何转型和超越成为了新的方向。图书馆必须抓住发展机遇，努力提升自身的核心价值与能力。图书馆文化是发挥重要功能的要素之一。目前大学图书馆文化的主要瓶颈问题是：（1）整体水平参差不齐，发展不平衡。大学图书馆因身处大学的校园环境中，其发展与大学的建设息息相关。目前大学发展的不平衡，严重制约了大学图书馆的整体发展，很多大学图书馆无法真正形成积极向上的图书馆文化，进而影响图书馆工作的开展，成为一个恶性循环；（2）图书馆整体社会地位不高。图书馆行业在社会的认可度直接影响了对图书馆的投入及重视程度，因此，也直接导致很多馆员的积极性不高，图书馆内部很难形成共同的价值观，图书馆发展步伐缓慢；（3）队伍素质有待进一步提高。尽管在大部分985和211高校，图书馆的馆员队伍素质不断提升，但在很多中小型高校图书馆中，馆员队伍建设受限，人员队伍老化，无法充分发挥团队文化的优势；（4）图书馆整体管理水平有待提高。很多图书馆的管理水平没有跟上时代发展的步伐，管理文化落后。

实际上，不同图书馆有各自不同的图书馆文化，不同地区，不同类型的图书馆应该建设属于自己特色的文化，图书馆文化是对图书馆使命担当和战略实施的态度，图书馆文化是图书馆事业发展的“催化剂”，同社会文化、国家文化的相互渗透，可以促进图书馆不断创新转型以适应整个社会信息环境的发展变化。随着图书馆内外环境的变迁，图书馆需要在制度、技术等方面做出相应的变革以适应“数字土著一代”及“下一代读者”的步伐，图书馆文化的研究与实践任重而道远。

6.1.3 大学图书馆文化与服务的关系

文化是任何一个组织机构发展创新的不竭动力源。文化孕育着巨大的力量，具有持之以恒的魅力，文化漫步于有形与无形之间，文化也传承着无限的精髓，对话着现在与未来。文化对文化的依赖表现在一个文化的现阶段既然必须依赖于它前面的阶段，那么我们就能清楚地认知某一群体过去的文化发展的线索或支配它的潜力是什么，我们也就能测知这个群体的未来行为。大学图书馆文化的研究可以增进对大学图书馆功能的不断认知，有助于推动大学图书馆在适应不同环境下的持续发展。尤其体现在大学图书馆服务的不断进步和创新中。

随着网络信息技术的快速发展，特别是信息服务竞争的加剧，大学图书馆文化和服务创新对图书馆发展的作用变得更为重要和突出，已成为现代图书馆可持续发展的两大动力。早在2010年，由教育部高等学校图书情报工作指导委员会、中国图书馆学会图书馆管理专业委员会及上海交通大学图书馆主办，东南大学承办的“第三届图书馆管理与服务创新论坛（CFLMS — Creative Forum for Library Management and Service）”主题就定为“文化支撑服务”[11]，探讨大学图书馆在校园文化资产保存、图书馆自身文化建设和推动校园文化发展方面的贡献与实践，并为业内同行探讨图书馆理论、管理、技术及实践经验提供交流平台。共有来自北京大学、清华大学、复旦大学、武汉大学、上海交大、香港城市大学、台湾大学、重庆大学等代表近300人参会。论坛围绕“顶层设计——图书馆组织文化与新型发展理念塑造”、“中坚支撑——图书馆服务文化与多元模式及用户环境融合”、“基础推动——图书馆技术文化与服务保障体系并进”展开热烈研讨，将图书馆文化与服务创新之间的相互促进作用有机地结合起来，使图书馆服务创新与图书馆文化相互嵌入融合，希冀在相互促进中向深层次发展，取得了良好的反响。

大学图书馆文化和服务创新是现代图书馆开拓发展的两大驱动力，也是构成图书馆核心竞争力的重要因素[12]。对于图书馆的持续发展，最基本的行为方式是服务创新，但是服务创新工作的顺利开展必须有一个良好的图书馆内部环境，而大学图书馆文化建设在图书馆内部环境塑造中起着基础性的作用。可以说，大学图书馆文化是服务创新的土壤，是服务创新的基本力量，而大学图书馆服务的不断创新反过来又培育、丰富、发展了大学图书馆文化，促进大学图书馆文化创新以适应服务创新，两者相辅相成，密不可分。

（一）组织文化是实现服务创新的基本保障

良好的文化与和谐氛围，是保障机构长期可持续发展的创新动力。文化的内涵博大精深，文化孕育着巨大的力量，有着持之以恒的魅力，无形的文化可以塑造出有形价值。对于图书馆而言，在当前形势下，培育共同的价值观念，塑造具有感召力的团队精神，树立良好的内外形象，更加具有深层次的意义。

在图书馆的文化体系中，良好的组织文化可以推动和激发积极、创新的服务，尤其是在图书馆事业处于快速发展的转型时期，组织文化建设对确保发展战略的实施起着决定性作用，而且有利于提升图书馆的核心竞争力，不断激发馆员乃至读者参与服务创新的积极性。而且，良好的组织文化还是保障图书馆有序、快速发展的润滑剂。

一般来说，在党、政、工、青、妇等各个方面的协同配合与互补保障条件下，通过建立帮助馆员提升的学习机制，培养馆员的使命感和忠诚度，强化团队精神与合作氛围，充分尊重馆员的能力和个性发展，均是营造昂扬、积极、进取的有效组织文化体系的重要方面。最终，希望通过组织文化体系的建立，让团队精神、创新精神、服务精神、奉献精神深入人心，进而顺利实现服务读者的总体目标。

(二) 团队文化是实现服务创新的关键

图书馆服务创新是一项复杂的系统工程，需要图书馆领导班子、各部门馆员、用户的参与和密切合作，通过集体的智慧来实现。图书馆服务创新需要馆员锐意进取、不怕失败，需要馆员具有一种能挑战现状并试图实现变革的精神。馆员是图书馆创新思想的重要来源，同时也是服务创新的推动者和执行者。图书馆是否具有这种精神，是否能营造一种有利于创新的文化氛围，是否能给参与创新的馆员以积极的支持和帮助，直接影响着馆员参与创新的积极性和主动性，影响着图书馆的服务创新活力。

这就要求图书馆必须不断激发馆员参与创新的积极性、创造性，才能推动图书馆服务持续创新。只有当图书馆真正营造一个有利于创新的文化氛围，激发馆员的创造性，才能使图书馆对内、外部环境的变化保持充分的关注，促进图书馆服务的持续创新。而团队文化的建设正是把图书馆管理置于启迪馆员智慧、塑造馆员灵魂、激发馆员积极性、提高馆员凝聚力的基础上，通过图书馆价值观、图书馆精神的挖掘和培养，对馆员的人文关怀和合理授权，使大家自觉地对图书馆产生认同感、主人翁意识和责任感，增进的协同合作，增强图书馆的凝聚力，激发图书馆活力和馆员的创造性，形成一种推进图书馆服务创新的合力。通过团队文化的建设，激发馆员自觉的服务创新意识和行为，为馆员实施创新提供强大的精神动力。

（三）学习文化是实现服务创新的动力

外部环境的剧烈变化要求图书馆不断提升创新能力，进行持续的服务创新。这就要求图书馆要不断加强学习，提高馆员队伍的整体素质。因此，组织学习实际上就是图书馆不断改变、不断提升创新能力以适应快速变化的外部环境的过程。图书馆通过构建学习型图书馆文化，能在图书馆内形成良好的学习风气，促进馆员积极参加培训和进行自主学习，努力获取、共享、利用和创造知识，不断完善自身的知识结构和修正自身的行为，不断自我超越，使馆员在学习和工作的实践过程中不断提升创新能力。

图书馆文化与服务创新是图书馆持续发展的两大驱动力，两者紧密相连，相辅相成，缺一不可。优秀的图书馆文化通过人本管理、组织学习、塑造创新氛围等为服务创新提供强大的精神动力，对服务创新有着深刻的影响和推动，而成功的服务创新又能为图书馆文化建设提供支撑。图书馆应在服务创新过程中加强图书馆文化建设，并将图书馆文化融入到服务创新过程中，将服务创新变成馆员的自觉行动，促进服务创新向更深层次发展，提升图书馆的核心竞争力，推动图书馆的持续发展。

6.2 核心文化建设

目前文化管理已经成为科学管理的新课题，是管理适应发展大趋势的必然选择。文化管理就是以文化为基础，提升人员的主观能动性，突出团队精神和情感管理，从而激发出团队的无限潜力。图书馆文化之所以重要，是因为如果不能将图书馆团队中共有的价值、规范、理念等明确集中在所服务的对象上，很难提供持续不断的优质服务并形成稳定的服务口碑。文化不是虚无缥缈的，文化也可以落到实处。大学图书馆文化包含的内容丰富多彩，其中组织文化、管理文化和环境文化是图书馆文化中的重要组成部分，本章也将主要围绕这三方面进行阐述。

6.2.1 组织文化

（一）图书馆组织文化

组织文化最早的研究源于20世纪80年代，日本企业的企业文化特征促使企业发展的现象引发了图书馆对企业文化或组织文化的研究。1985年，美国麻省理工斯隆学院教授艾德佳．沙因（Edgar H. Schein）综合前人对文化比较的研究成果，从文化的本质概念出发，对文化的构成因素进行分析，率先提出了组织文化的概念[13]。至今，组织文化并没有一个统一的定义，国内有学者基于文化人类学、组织行为学的研究将组织文化定义为：组织文化是组织在其内外环境中长期形成的、以价值观为核心的行为规范、制度规范和外部形象的总和[14]。

组织文化使大家产生对组织目标、行为准则及价值观念的认同感，自觉按照组织的共同价值观及行为准则去工作。一个组织的组织文化一旦形成，并不会迅速改变，而是要维持较长时间的稳定，因而具有历史的惯性并呈现出相对的稳定性。组织文化不是千篇一律的，在不同社会、不同地区、不同环境下，组织文化的风格也不尽相同。组织文化是一个系统工程，是一个严密有序的有机体，由组织内互相联系、互相依赖、互相作用的不同层次、不同部分结合而成。组织文化工作必须与组织的其他工作紧密联系在一起，而不是孤立地进行。

图书馆的组织文化是代代相传的，具有一定的延续性。图书馆组织文化具有组织文化的一般功能，如导向功能、凝聚功能、约束功能、激励功能、陶冶功能、规范协调功能、效益功能、辐射功能、创新功能等[15]。

（二）大学图书馆组织文化的内容

图书馆组织文化又与一般的企业文化不同，图书馆行业是以公益性的服务为主，仅靠物质激励难以真正支撑和推动相关的发展。大学图书馆深处高等教育机构的环境中，作为辅助支撑的部门，要真正实现自身的价值，就必须紧密结合学校发展战略、创新人才培养等方面展开，提供契合并有效的服务。积极、创新和拓展的服务需要良好的组织文化和管理文化来推动和激发，尤其目前图书馆事业处于快速发展的转型时期，急需在各方面得到提升和发展。所以，大学图书馆组织文化的内容主要包括：

（1）共同的价值观。价值指的是主体的需要以及客体对主体的满足，价值观是指个人或群体对主体需要以及客体意义的总的看法和根本观点，主体不同，价值观也就不相同。一个组织的价值观是组织内大多数成员所认同的，它是组织文化的核心[16]。大学图书馆的价值观应该是强调图书馆在大学中的存在价值。大学图书馆必须树立以人为本的观念，重视馆员队伍建设和馆员素质的提升，采取各种措施，调动馆员的工作积极性。例如，上海交通大学图书馆将组织文化提炼概括为：提倡一种团队合作精神，注入一种积极进取的心态，培养一种不断创新的能力，营造一种人文关怀环境，建立一种学习提升机制，形成一种相互塑造氛围。其基本特征为：倡导团队合作、加强工作交流、激发思想沟通、鼓励相互塑造、携手共同提升。图书馆通过塑造积极的组织文化，激发了馆员的工作热情和主观能动性，使团队精神、创新精神、服务精神和奉献精神深入人心，促进了一大批思维活跃、技能精湛、爱岗敬业的业务骨干的快速成长。

（2）稳固的组织结构。组织机构与组织文化之间关系密切，图书馆文化会体现在图书馆的组织结构之中。成功实施组织战略的关键因素之一是对组织文化的识别，战略规划中组织文化扮演着重要角色，它可能会促进战略决策，同时也有可能阻碍战略决策。基于共享成果、愿景、使命和对过去和未来的讨论，战略规划是试图改变图书馆文化的一个重要组成部分。有学者指出具有组织文化意识的战略规划为组织的实践提供了指导，在所有的规划活动、过程、参与和准备阶段甚至对于最终的战略规划来讲，组织文化都是至关重要的一个因素。如果在规划过程中没有充分地考虑到组织的文化因素，即使规划过程很规范、方法很严谨，最终也可能不是一个成功的可执行的战略规划。

（3）畅通的沟通机制。在当今的信息环境下，大学图书馆的服务是由各部门的团队合作完成的，在整体的运行体系中，没有哪一项创新服务是可以独立完成。所以，在合作过程中，良好畅通的沟通机制是形成良好组织文化的重要因素。沟通机制不仅需要建立在馆员与馆员间、部门与部门间，还需要建立在上级与下级间。图书馆的管理层只有与馆员加强沟通，才能使他们了解图书馆的整体发展战略，激发他们的工作积极性，进而在图书馆内部形成一致的价值观，形成自己特有的组织文化。

6.2.2 管理文化

（一）图书馆管理文化

管理（Manage）是社会组织中，管理者为了实现预期的目标，以人为中心进行的协调活动[17]。管理的直接目的不是获得成功的结果，而是提高成功的把握。管理的本质是服务。管理的意义，在于更有效地开展活动，改善工作，更有效地满足用户的需要，提高效率。

管理文化一般被认为是从企业文化体系中衍生出来的一种子文化。现代管理学之父彼得·德鲁克在《管理》一书中把管理与文化明确地联系起来。管理也是一种文化，管理活动即可视为文化现象，要从文化的视角来考察和研究管理，对管理进行文化方面的研究。也有人认为管理植根于文化之中，在管理理论的基础上发展起来的企业文化理论，称之为管理文化。将企业管理从技术、经济上升到文化层面，是管理思想发展史上的创举，作为在管理理论基础上发展起来的企业文化理论，是对原有管理理论的总结创新而成的[17]。

图书馆管理文化并不是一开始就有的，它是随着社会的发展不断革新的，与时俱进成了图书馆管理文化发展的内在要求，创新是图书馆管理文化的活力之源泉。图书馆管理文化的形成和发展是一个持续和漫长的过程，对于图书馆管理有着长效作用，对于整个图书馆的发展有着持久性的影响。当今社会，先进的管理模式层出不穷，为图书馆管理提供了借鉴的经验。因而图书馆要不断吸收现代管理理论的精华，结合不断发展变化的图书馆管理实践，创造性地提出新的管理理念、管理模式和管理方法，实现图书馆管理创新[17]。

(二) 大学图书馆管理文化的内容

大学图书馆管理文化经历了不断地发展，从制度管理文化到人本管理文化，这对大学图书馆的管理创新起到了重要作用，结合时代的发展，大学图书馆管理正在朝着生态管理文化发展，它是有机结合了制度管理和人本管理的优势而衍生出来的。接下来，笔者将主要介绍这三类图书馆管理文化的内容。

(1) 制度管理文化

制度与文化共生共存。制度是人类在社会实践中创造的，没有文化内涵的制度是不存在的，任何一种制度的产生和形成不论是自发的，还是有意设计的，都是某一历史时期文化的反映或者是文化的需求。在制度的规范下，人们的社会实践活动才能发展、进步。文化是制度的主要特征，制度是文化的充分反映[6]。文化的存在只有被认同和学习时才是有意义的，而被认同和学习的实现，必须依靠一套相关的制度规则，由此，制度文化就将文化与制度统一起来了。从某种意义上可以说，制度是文化的产物，它根植于文化土壤之中，没有文化价值的制度是不存在的，没有制度形态的文化也是不存在的[18]。

图书馆制度是具有鲜明的图书馆特性的，它包括图书馆制定的规章制度、工作流程与规范等。它具有强烈的时代特征，是图书馆事业发展历程中图书馆精神、道德标准、行为规范、科学管理的体现。

结合制度文化的概念，图书馆制度文化可以理解为：它是图书馆文化的有机组成，是塑造和延伸图书馆文化的坚实保证。图书馆制度文化用以规定图书馆馆员间的相互关系、馆员和读者间的相互关系，以及馆员和读者的行为模式。它既包括成文的组织章程、准则、规定、条例、实施办法等，又包括不成文的图书馆制度体系。同时图书馆制度文化的推动需要组织机构的有效支撑。纵向来看，图书馆组织机构包括领导班子、部室主任、各类馆员。横向来看，组织机构确定了图书馆的管理模式、规范及其执行落实的过程，有着浓厚的文化信息，是图书馆制度文化的主流。

在图书馆制度文化中，领导体制影响着图书馆组织机构的运行，影响着图书馆管理的各个方面。图书馆领导体制是制度文化的核心内容，在现代图书馆中尤为突出。卓越的图书馆领导者应当善于建立统一、协调、通畅的图书馆制度文化。图书馆党组织是图书馆的核心，它的主要任务是：① 贯彻落实党和国家各项方针、政策；② 做好图书馆思想建设、组织建设，作风建设；③ 保障图书馆领导层的目标和对图书馆正常运作的统一指挥；④ 做好图书馆馆员的思想政治工作；⑤ 加强对群众组织的思想政治领导，做好群众工作[18]。除了领导体制外，图书馆管理与建设工作还要动员全体员工积极参与。此外，现在许多图书馆还在邀请读者参加，或开展读者调查活动，使制度制定得更合理，更能反映图书馆馆员与读者根本需求，同时能更好地维护广大读者利用图书馆的权益。

（2）人本管理文化

什么是人本管理？“以人为本”的思想在历史上早已存在，从中国古代的儒家思想体系到现代的毛泽东思想，从古希腊的雅典民主政治到现代心理资源的开发，都是“以人为本”思想的体现。人本管理20世纪中期以后渐渐兴起，发展至今已较为完善，它是一系列以人为中心的管理理论与管理实践活动的总称，与制度管理相对应。在人本管理中，“人”是活动的核心，机构内全体成员即为管理的主体，因此在人本管理过程中要充分利用和开发人力资源，激发人的积极性和创造性，挖掘人的潜能，从而提供更加高质量的服务。

如何创建图书馆“以人为本”的管理文化，一分为二地看，无论是对馆员还是对读者都要实行人本管理。在馆员方面，第一，做到尊重和关心馆员。人本管理中“人”是核心，那么就要先做到对人的尊重。除了尊重馆员的人格和权利，更要尊重馆员的个人意愿、劳动成果。具体而言就是要充分认可每个馆员对图书馆的贡献、客观的对其进行评价，尊重馆员选择适合自己的岗位，并为其提供发挥潜能的机会，深入研究掌握馆员的心理状态。尽力满足馆员合理的心理需求。尊重、理解、关心和信任馆员，设计有效而人性化的考核和激励方式，形成良好的管理理念，有助于提高图书馆的凝聚力。第二，树立馆员主人翁意识。在图书馆中树立个人与图书馆是命运共同体的意识，那么就必须要馆员参与图书馆的管理工作。让馆员了解图书馆的发展规划和目标，使馆员感到可以为图书馆的发展贡献自己应有的力量，这个心理基础是必不可少的。第三，建立合理的用人机制。图书馆的发展依赖于一支优秀的专业队伍。首先，推行全员岗位聘任制度，通过革新用人制度，不看资历看能力，打破墨守成规、论资排辈的现状，鼓励年轻馆员勇挑重任，充分激发大多数馆员的积极性和创造性。其次，不断提升馆员的综合素质。馆员要有高尚的品质和敬业精神，在基本能力方面，要有创新意识，有科学合理的知识结构，在心理方面要能承受住各种压力，有良好的体魄。只有这样才能够实现图书馆的人性化管理。第四，注重团队文化建设，建立起爱岗敬业的良好氛围。良好的工作氛围既包括和谐的人际关系又包括适宜的工作环境。营造和谐且具有凝聚力的氛围，创造公平竞争的人际环境，提供自由交流沟通的平台。使图书馆成为馆员施展才能．实现自身价值的广阔舞台。此外，提供适宜的工作环境，能缓解馆员的工作压力，进而充分调动馆员的积极性和创造力。

(3) 生态管理文化

图书馆生态管理文化是希望推动图书馆发展进入良性的生态循环中。在建立良好的组织机构基础上，还必须在工作规范和馆员队伍建设上积极创新。首先要有目的、与时俱进地制订工作规范、梳理和整合业务流程、优化运行机制，在兼顾严格性和灵活性条件下，确保机构运行的制度化和规范化，进而保证工作的一致性和延续性。其次，可以按照金字塔结构和业务功能分类、分层（专业、辅助）组建馆员队伍（图6-1），并且应特别注重培养馆员的职业素质、业务能力和敬业精神，不断强化和拓宽专业知识，让馆员在融入教学、支持科研、资源建设、传承文化、辅助创新等不同方面都有机会发挥作用。

另一方面，面对大数据和数字学术时代的挑战，大学图书馆比以往任何时候更加需要强化管理。全面、有效地管理好各类（基础）业务数据，既可以准确、实时掌握工作动态，监控业务联动状态；也能够通过统计分析做出科学的判断和决策，简化工作流程，提升服务品质；进而可以在保证数据统一性和准确性的前提下，统一口径对外发布数据。条件允许的话，图书馆应考虑建立数据统计平台，实时、自动地采集来自各业务部门和应用系统的各

图 6-1　馆员队伍结构“金字塔”

类最小单元基础数据，在需要时一键自动生成各种类型的归口报表，然后充分利用这些基础业务数据进行统计分析，监控各个业务和服务环节，及时发现工作中的问题。

未来大学图书馆将是“泛在”、“智能”的，图书馆将无处不在、随时随地为读者提供信息，成为读者日常生活中必不可少的部分。未来的大学图书馆管理将管理文化逐渐深入、管理制度逐渐健全、管理模式逐渐完善的。当然，信息技术的进步和社会环境的发展将带给大学图书馆新的挑战和机遇，主动运用新技术，将新技术融入到图书馆管理文化，也是推进了管理创新的必要元素。

6.2.3 环境文化

（一）图书馆环境文化

环境是环绕人及事物的一定空间范围和领域。环境文化是人们在社会实践过程中，对自然的认识、对人与自然环境关系的认知状况和水平的群体性反映样态[19]。图书馆环境文化是校园文化环境的重要组成部分，是图书馆文化构建的基础，包括物质环境和人文环境两个方面。

环境文化作为图书馆文化的物质基础，通过外在形式呈现在人们的眼前，主要包括图书馆硬件方面的内容，通过图书馆建筑、设施、布局、美化、园林艺术、厅堂装饰、形象标识、馆舍周边环境等各种物化形态所体现出的环境氛围。包括图书馆建筑设计风格、图书馆设施形态、馆内外的布置艺术、场所绿化与美化等物化形态内容。人文环境主要是指意识形态范畴的精神的图书馆环境文化，主要包括图书馆馆员的核心价值观、职业道德及良好的形象。两者共同构成图书馆环境文化有机体，对大学生树立正确人生观、培养品德、熏陶性情、积累文化、拓展知识、精神境界升华、心理素质培养等都将产生积极、不可替代的作用。良好的图书馆环境文化具有多种功能，给人润物无声的环境熏陶。

（二）大学图书馆环境文化建设内容

（1）建筑文化

图书馆建筑是大学校园内标志性文化建筑之一，体现大学的文化地标和精神沉淀。图书馆不仅仅是一座建筑，其建筑自身就是一个教育实体，在满足图书馆功能的基础上，利用空间形态语言给人以视觉美感，力求建筑结构与艺术完美结合，满足人们对视觉艺术的需求，体现建筑艺术魅力，反映图书馆主题，彰显图书馆人文理念、文化底蕴，当读者走进图书馆就有一种步入科学殿堂、跨进知识海洋的神圣与美感，激励读者奋发拼搏，满足大学师生生理与心理的多元化需要。

考虑到大学图书馆的主要服务对象是学校师生，结合读者流向和流量，为方便高校师生读者利用图书馆，大学图书馆多选择建在学校的中心区域。建筑需综合考虑多功能性、开放性、适应性，并兼具象征性、时代性等特征。随着时代的发展，科技的进步，满足图书馆功能需要，体现大学图书馆人文精神，符合建筑设计美学的大学图书馆建筑日渐增多。亨特图书馆是北卡罗莱纳州立大学绿色环保、可持续发展建筑的典范，以“建筑应当启迪思想、激发行动”为理念，利用高科技与现代建筑设计为师生创造了近 100 个高新技术空间与协作学习空间，其致力于支持技术密集型实验、鼓励跨学科学习研究与交流，定义了研究型图书馆的未来。曾荣获美国绿色能源与环境设计先锋奖（Leadership in Energy and Environmental Design，LEED））银级认证，以及美国建筑师学会（AIA）与美国图书馆协会（ALA）2013 年“图书馆建筑奖”，同时获得 2014 年 AIA 教育设施设计优秀奖，也获得斯坦福大学 2015

年创新奖[20]。

菲利普斯埃克塞特学院图书馆（如图 6-2），20 世纪中叶美国建筑设计大师路易斯·康（Louis Kahn）设计，秉持“这座建筑物以书作为请柬”、“建筑物具有书籍的魅力”的理念，精练为在其每一个角落都能读书的集中形式，一种倾向于成为象征的形式——书籍是用来阅读、用来学习的；纽约大学图书馆在图书馆战略规划中开宗明义，提出图书馆应成为“人的连接器”（connector of people），图书馆应该能够帮助便利与同事之间的联系，并且为他们之间的正式和非正式交流创造空间[8]；日本多摩艺术大学图书馆（如图 6-3），日本著名建筑设计大师伊东丰雄（Toyo Ito）设计，以强调自然采光的绿色设计为主题，建筑与建筑环境融为一体，旨在为所有人提供一个开放的公共空间；我国著名高等学府清华大学图书馆始建于 1916 年，经由不同建筑设计师之手形成如今的规模，从最初 1931 年中国近现代建筑设计开拓者杨廷宝先生的设计，到之后 20 世纪 80 年代新馆扩建，清华大学建筑学院教授关肇业先生，过程中几经扩建和修缮，但始终遵循“尊重历史，尊重环境，为今人服务，为先贤增辉”的原则，在体现时代精神和建筑个性的同时，努力使建筑与周围环境和谐统一，相互呼应、浑然一体，在空间、尺度、色彩和风格上保持了清华园原有的建筑特色，富于历史的延续性，但又不拘于原有建筑形式而透出一派时代气息。

（2）外部环境

图书馆外部环境是指图书馆通常会在建筑周边留出的空间，是图书馆室内环境向室外的延伸。一方面美化建筑景观，另一方面提供室外活动场所[21]。由自然环境和人文环境组成，自然环境包括图书馆所处地理位置及自然形态的植物景观等；人文环境包括图书馆建筑外观、道路交通空间设施及相应的周边园林布置、绿化、雕塑等。图书馆建筑与建筑周边环境是一个有机整体，馆区外环境的构建要拥有自身特色，不能脱离校园的总体环境氛围，尽量做到景观设施与校园文化的渗透联系，与周边环境保持和谐。如：上海交通大学图书馆主馆前广场中央主题雕塑——五校同根（如图 6-4），寓意上海交通大学、西安交通大学、北京交通大学、西南交通大学、台湾新竹交通大学五校同源，一代又一代交大人薪火传承，艰苦奋斗，才造就了今日的交

图 6-2　美国埃克塞特学院图书馆

图 6-3　日本多摩艺术大学图书馆

大。寄予了交大人回溯历史，立足今天，展望未来，将交大建设得越来越好的殷切期望。另一个主题雕塑——新的一页（如图 6-5），矗立于图书馆主馆前方，主馆建成后设计制作，造型犹如翻开的书页，寓意图书馆走入一段新的征程，将在新的环境下更好地为读者服务。饱含着图书馆对交大莘莘学子的殷切希冀，希望在交大学子能够秉承学校百年来的优秀作风，勤于学习，在各自的领域中谱写新的篇章。

图 6-4　上海交通大学主馆外雕塑——五校同根

（3）内部环境

图书馆馆内环境是指图书馆内部设备配置和装饰，包括丰富的馆藏、精美的雕塑、装饰性的书画、花木，到图书馆灯光等各种环境因素，以满足馆藏资源分布需要、符合读者阅读习惯为设计出发点，集中体现一定的文化底蕴，突出图书馆知识殿堂的文化气息，创造图书馆特有的书香环境文化氛围，体现学校的办学思想。

新加坡南洋理工大学商业图书馆内部空间环境文化（如图 6-6），突出体现图书馆独特的“商业、经济”主题氛围，选择世界上知名经济学家卡通图像作为设计元素，搭配相应的人物英文介绍，作为图书馆小组讨论室外墙面以及书架侧板装饰画。这种内部空间环境文化设计方式，符合现代大学生的

图 6-5　上海交通大学主馆外雕塑——新的一页

视觉喜好；轻松诙谐；突出图书馆藏书主题——经济。这些经济学家的成就对学生的影响也是深远的。

图 6-6　新加坡南洋理工大学商业图书馆

此外，还可以通过构建特色环境来营造创新氛围。创客空间就是一种极具创意和表现力的形式，对于促进学习与实践的结合具有良好的提升作用。在这方面，上海交通大学图书馆给出了一个很有推广价值的案例——交大-京东创客空间（见图 6-7）和焦土①创客空间，其中，交大-京东创客空间采用 9 个废旧集装箱改建而成。创客空间为学生创新创意实践提供了基地，为学生交流创新思想提供了平台，为学生 DIY 建立了实验室。未来，依托创客空间，通过举办创业沙龙、宣传创业项目、举办创新竞赛、组织创新研讨会、支持学生作品展览等，图书馆可以在辅助创新工作中发挥积极的作用，为激发校园创意做出贡献。

图 6-7　交大—京东创客空间组图

（4）再造空间

在智慧图书馆发展的趋势下，空间作为图书馆的重要资源，空间模式也发生了巨大转变：以藏书为基础、阅览室为主体、满足个体阅读和研究需要的传统空间布局已不适应互联网络时代的发展，大学图书馆正逐步演变为支持学习、科研、社会交往等多种功能要求的综合性复合型学习场所[22]。合理改造以适应现代学习、研讨的需求是十分必要的。同时，将实体空间营造得满足读者需求，吸引读者，对于提升图书馆的形象和影响力具有重要价值，

① “焦土”是交大图书馆的谐音

自然也是赢得读者、做好服务的基础保障。

图书馆空间可以分为实体空间和虚拟空间，此外还有像 IC、LC、KC 等虚实结合的第三空间。国际图联 2007 年出版的《图书馆建筑指南（IFLA Library Building Guidelines）》（以下简称《指南》）[23] 提出优秀图书馆空间应当具备的十大特点，其中两项就是“多样化”（Varied）和“互动性”（Interactive）。“多样化”意指图书馆应当提供不同类型的学习环境（包括场所、家具、学习工具等），以适应不同读者的学习习惯。对于大学图书馆而言，最常见的功能分区就是个人学习空间和群组讨论空间，前者主要位于阅览室，而后者则通过小组学习室（Group Study Room）和信息共享空间（Information Commons）实现。两大区间相对独立，互不影响，满足读者的多样化需求，成为大学图书馆空间改造的主流形式。调研发现，国际知名大学图书馆大都认可图书馆空间的多样化；芝加哥大学图书馆在其愿景（Vision）中提出，芝大图书馆致力于为学习、科研、工作、沉思和互动提供一个舒适、友好而安全的空间[24]；北卡罗来纳大学（UNC）在其五年规划（2013—2018）中则提出将为个人学习和团队合作提供良好的空间设施[25]；耶鲁大学 Bass Library 将自己定位为安静学习和不同人群动态交互的理想场所[26]；康奈尔大学图书馆则在其五年规划（2011—2015）中提出改造场馆，从而为学习、合作、跨学科交流提供有益且具有吸引力的学习环境[27]。除了这两大基本区域，图书馆还可以结合自身情况设置特色区域，例如密西根大学就根据 Harlan Hatcher Graduate Library 的建筑特色，将其改造为一个融展览区和群组学习区于一体的新空间[28]。不难看出，以上这些知名大学图书馆都认识到作为空间场所的图书馆绝不仅是一个安静的学习场所，而应该通过改造，实现功能区分，进而满足读者日益增长的各种需求。

“互动性”指图书馆应当促进读者之间以及读者与图书馆服务之间的联系。《指南》提及，随着技术革新和多媒体的发展，现代图书馆应当从以资源为基础转变为以交流为基础。此外，高等教育也日渐成为“合作型、研究型和面向问题型”的团队活动[29]。1992 年，爱荷华大学图书馆出现了第一个信息共享空间，将阅览室、计算机房和视听室的功能有机结合，成为一个全新的交流空间。此后，各种学习空间、共享空间如雨后春笋般出现，正体现了大学图书馆增进读者互动交流、协同合作的努力。美国研究图书馆联盟（ARL）于2009年发布了美国研究型图书馆空间改造的创新案例报告[30]，报告列举了66所美国研究型大学图书馆的计划及成果，其中大部分都是学习共享空间（Learning Commons）的建设，例如UC Irvine图书馆增加合作学习空间，包括小组学习室和部分公共区域的重新装修；宾州州立大学当时则正在筹建一个全新的知识共享空间，包括群组协同空间和工作站。通过营造积极互动的学习环境，同时配备先进技术工具，大学图书馆将持续推动教学科研的发展，成为大学学术交流的中心。

上述的案例告诉我们，基于感知和3D导航的空间引导，交流、休闲、互动、体验的空间，配套高端学习设备的小组学习、研讨室已经成为大学图书馆空间功能的主要拓展方向，大学图书馆的再造空间是一项有价值并值得尝试的发展方向。

（4）视觉识别

视觉识别是指系统的、统一的视觉符号系统，具有直接、传播力、感染力等特点。图书馆视觉识别是图书馆理念的一种物化表达方式，是一种重要的形象识别方式。包括图书馆名称、标志、导向标识系统、借书证、工作牌等诸多因素中反映“每一个”图书馆共性和作为“这一个”图书馆的个性[18]。图书馆视觉识别有助于树立图书馆形象，帮助读者通过视觉感受图书馆环境和氛围，突出图书馆特色，提升工作人员工作积极性，增强图书馆凝聚力。

以图书馆导向标识系统为例，是指在环境中指导人们活动行为安全、合理、秩序化的环境公共设施，在不同的区域中可分别由不同的子系统承担各自的功能，以共同构成整个环境的导视系统[31]。根据导向标识的功能差异，可将导向标识分为五个不同的子系统，识别系统（图书馆环境中主要是视觉识别，包括图书馆馆内机构设施名称、标志、标识、相关图案、色彩等）、方向系统、空间系统（三维环境中不同方位、不同角度导向标识元素相互关联）、说明系统（文字、图形图案、色彩等）、管理系统。这五个子系统与大学图书馆相关联衍生出一系列设计规划内容，共同构成一个完整的系统体系，以保证读者路线、文献流通路线和管理人员活动路线畅通。上海交通大学图书馆主馆导向标识系统设计背景：主馆建筑面积较大，功能空间划分复杂。导向标识体系内容包括楼层总索引、分楼层索引、区域空间名称指示牌、功能服务空间名称标牌，阅览室内部索引、书架导引标识牌、书标等，并且在每两个位置节点中间还设有连续、重复的方向导引标识，确保标识指引的连续性。在视觉识别系统中，关注功能设置复杂的空间——机构设施标识、导向标识、藏书分布标识的链接，特别是导向标识元素之间的逻辑性和延续性。

表 6-1　上海交通大学图书馆主馆标识系统部分设计

标识	机构设施标识导向标识名称	标识	导向标识名称
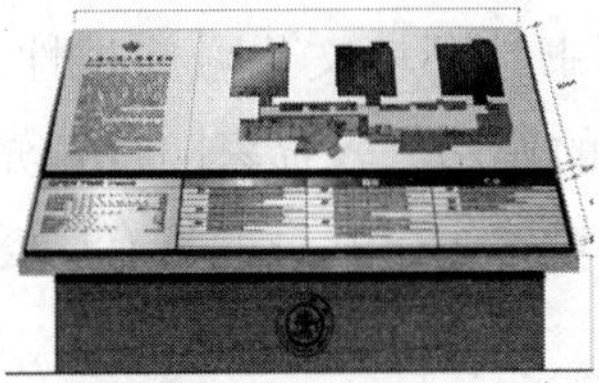	楼层总索引		走廊悬挂指示牌
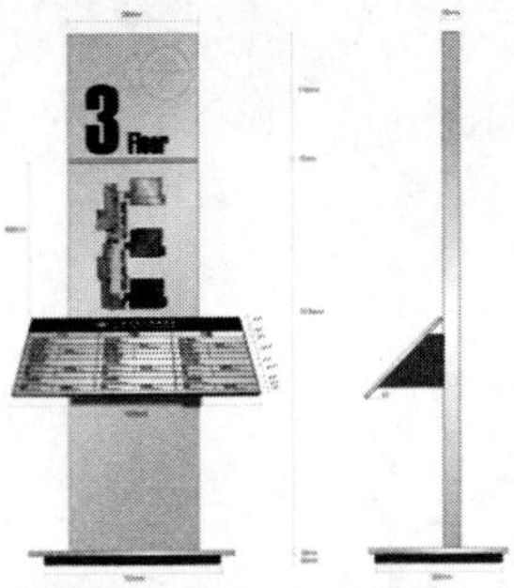	分楼层索引	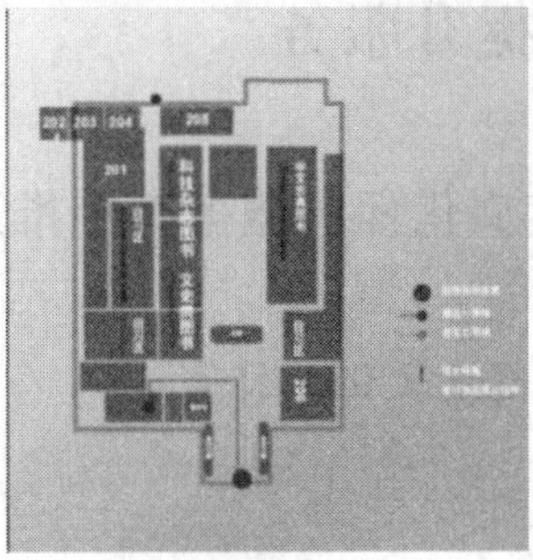	阅览区域内部导向标识
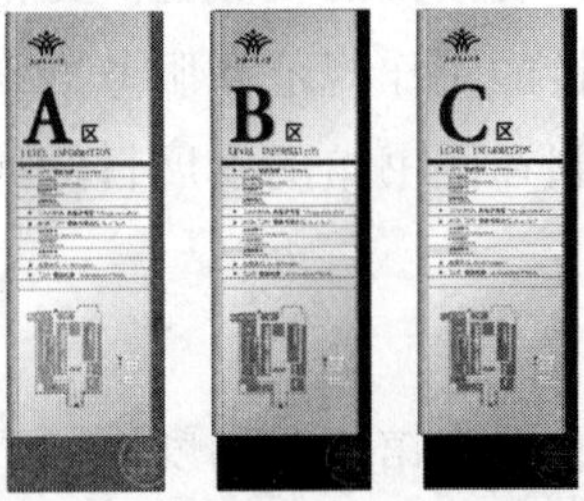	阅览区索引		电梯、步行梯方向指示

续表

标识	机构设施标识导向标识名称	标识	导向标识名称
	功能区标识		

总之，图书馆是大学文化传播的重要阵地。图书馆环境文化融知识性、教育性、艺术性于一体，往往能起到“无声教化”的作用。教育家陶行知先生说过：“一种生机勃勃、稳定和谐、健康向上的环境氛围，本身就具有广泛的教育功能”。

6.3 文化提升服务

6.3.1 制度文化保障服务有序推进

（一）图书馆制度文化的特点

（1）权威性

图书馆制度体系一旦建立，制度开始实施，就具有极大的权威性。无论是图书馆馆员还是读者其行为均受制度的约束。馆员的工作规范和服务准则也就相应地明确了下来。图书馆的一切活动都要限制在图书馆的发展目标的范畴之中。

（2）规范性

图书馆制度文化的规范性一方面表现为强制性，图书馆规章制度不同于图书馆的管理理念、价值观或道德观，它不是思想和习惯来维持的。而是带有强制性的约束，且具有较强的规范属性。另一方面表现为普遍性，图书馆制度是针对图书馆全体馆员或所有读者的行为规范，对于每一个人普遍适用，不分级别。

(3) 稳定性

规章制度建立后，就好比图书馆的“法规”，不可随意改动。实践是检验真理的唯一标准，长期的实践可以检验规章制度的合理性，同时人们对规章制度的认识和适应也需要一个过程。所以，随意改动制度，会影响图书馆服务质量。然而，稳定并不代表一成不变。随着大环境的发展变化，图书馆的制度文化也发生着一定的变化，其最终目标是更好的匹配现实活动，以免束缚图书馆的发展。

(二) 形成良好制度文化的前提条件

(1) 与图书馆馆情相匹配

图书馆应依据馆情发展对服务制度适时修订。否则随着时间的推移和社会的发展，制度的内容与实践将渐行渐远，缺乏实用价值。要做到制度与馆情匹配，就要求管理者认识到制度对于组织管理、理念塑造、服务文化引领的真实作用，并采取及时有效的修订，推陈出新。

(2) 与图书馆服务相协调

图书馆系统的运作离不开前台与后台各子系统的配合与协作。需要协调处理的事务往往具有突发性和不确定性。在制度中无法明确详尽规定，因而在各部门的内部制度中添上“服从领导的安排”，认为是为层级部门的协调服务留足空间。其实，这是以领导安排代替制度管理，不仅违背了制度管理准则，而且容易导致部门和馆员懒于协调服务却把责任推给上级领导[32]。其实，一个组织文化和管理文化发展良好的图书馆，制度在服务协调性上也是比较完善的。

(3) 完备的激励措施

服务开展的主体是图书馆馆员，服务的优劣一定程度上取决于馆员的情绪，良好的激励措施对于稳定馆员情绪，提升服务质量意义重大。激励措施包括物质激励和精神激励两个方面，大多数管理者以物质激励为主，即便是评先进评优秀，最终仍归属为金钱和物质奖励。实践证明，精神激励才更利于提升服务满意度，因此管理者需在制定激励制度的时候，考虑到个人的职业规划、满足其科研、职称、名望等个性化需求，增强服务的精神动力。

(4) 较强的执行力

再先进的制度若不能切实执行，都形同虚设。提升执行力，首先要增强馆员对制度内容及其内涵的理解、认同，强化其执行意愿。其次，扩大制度制定的参与面，除最高管理者层面外，让广大基层馆员和中层普通管理人员参加到制度制订、审议的过程中。另外，制度表现形式多样化，除了网络平台公布，更需要以手册的形式传阅，这样更利于馆员及时了解和使用。同时制度的内容要言简意赅，避免模糊不清、拖沓冗长，不利于理解。

(三) 图书馆制度文化对服务开展的作用

制度文化是管理文化中必不可少的一员，它维护着图书馆的形象，推动图书馆事业发展。具体包括以下几点：

(1) 具有一定的价值导向功能

图书馆制度是在图书馆长期发展和实践中，把有益的图书馆价值观念、目标宗旨、服务理念等内容以规范的形式沉淀下来。它揭示了图书馆提倡什么、反对什么、约束什么。使图书馆的服务和读者的行为都有法可依。如果没有制度，图书馆发展就会失去方向，馆员就会缺乏价值导向而陷入思想混乱。

(2) 是实现科学管理的依据

图书馆规章制度是图书馆管理体系的重要组成部分，它对图书馆各项活动具有约束、规范和强制的作用。同时，梳理业务流程与工作规范，成为业务工作准绳，通过规章制度竖立基准，充分保障机构运行的制度化和规范化，保证工作开展的延续性和一致性。同时，通过与时俱进的实时修订，确保图书馆业务运行时刻保持最优化的工作流程及最高的工作效率。例如，为了捋顺管理关系，上海交通大学图书馆多次修订和完善图书馆规章制度，形成《上海交通大学图书馆规章制度》。同时，为了规范和梳理业务流程，组织制定并适时更新图书馆及其各部门的业务流程与服务规范，形成《上海交通大学图书馆工作规范和业务流程》。

(3) 有效协调各种关系

大学图书馆与校内各部门有着密切关系，图书馆制度的存在能够调整图书馆与校内部门、图书馆与图书馆、图书馆与馆员、与读者、与社会之间的矛盾纠纷，有效协调好外部关系及内部关系，避免不利关系的滋长，集中力量保障发展。

(4) 提高馆员的积极性和创造性

图书馆规章制度以不同形式确保图书馆馆员的权益，规定了图书馆馆员的职责、权利和义务。通过制度的调节作用，把图书馆员的个人利益与图书馆利益紧密联系起来，激发他们的事业心和敬业精神。在图书馆工作中，实现自身价值，创造出美好的人生。好的制度文化，能激励人才，使人才脱颖而出且能留住人才；反之，则必定遏制人才，制约人的积极性的发挥[33]。

(5) 是评价服务的一项标准

从制度文化的特性来看，它具有较强的强制性和约束力，因此可作为一种评判的标准。图书馆馆员在日常开展服务的过程中，最基本地是要做到遵照制度规范进行，如果有所偏离甚至违背，那么制度就成为奖励和惩罚的标准。

(6) 促使先进服务理念和服方法广泛传递

在日常服务中，制度文化在某种层面是将服务理念和服务方法以服务规则的形式转换形成的。服务制度为图书馆的服务提供的是一种模式，通过对服务内容的规范化要求，致使馆员在服务过程中按照相关的服务标准进行正确的操作，在此种模式下使图书馆的服务规范化。制度通过对服务模式的规范控制，使图书馆实际工作中的各种服务资源得以有效的分配、协调，将服务以具体的流程引导到图书馆所倡导的服务理念中来[32]。因此，制度的形成，无形中就促使了服务理念和服务方法的传递。

(7) 促进图书馆整体发展

现代图书馆正走上一条高速发展的道路，不断向智能化图书馆迈进，新技术的使用越来越多，服务品牌意识越来越强，服务范围越来越广，这些都需要一套科学、完备的图书馆管理依据，没有制度或有章不依、就会出现许多人为的因素，导致朝令夕改，员工无所适从，团队涣散，图书馆事业陷入一片混乱。制度是准绳，它可以调整不利因素，整合有利的力量，推动图书馆事业健康发展[34]。

6.3.2 团队文化确保服务协同高效

团队文化在大学图书馆服务中体现得尤为重要，它决定了图书馆服务和发展的成功与否。一直以来，图书馆的团队组织模式一般为业务流模式。所谓业务流模式，就是依据图书馆的基本业务流程划分各部门，如采访、编目、典藏、期刊、流通、阅览、咨询、情报等部门。2008 年，以上海交通大学图书馆为典型代表的众多高校图书馆确立了“推行学科化服务”的发展道路，随着学科化服务推进的范围不断扩大、服务内容更加深入，服务内容逐步向学科资源建设、学科信息咨询、信息素养教育及更深层次的服务拓展，学科服务必须强调团队精神，交叉协同，相互支持，成果共享。团队文化成为服务协同高效的重要保障。

团队文化主要体现在团队的组建上，团队或工作组是图书馆组织机构的组成部分，好的组织机构是确保团队文化建设的首要前提。例如，2008 年，上海交通大学图书馆确立了“推行学科化服务”的发展道路，然而，原有的围绕开展图书馆业务设置的组织结构不能够满足“以用户为中心”的学科化服务的需求，因此，图书馆按照“讲求创新，突破常规，实现跨越式发展”的改革理念，以图书馆主馆落成为契机，以学科化服务为主线，进行了机构改革和业务重组。经过反复斟酌与全盘思索，图书馆进行大刀阔斧的机构改革，原有 10 余个部室整合为新的“三部一所”。2016 年上海交通大学图书馆面对学校以“双一流”建设为核心目标，以深入推进“学在交大”、“多元评价”和“院为实体”的综合改革为突破口，全面启动“十三五”建设，实现整体实力跻身世界一流的关键时期。为完成“十三五”转型发展目标，图书馆坚持立德树人，努力加强业务转型、整合、统筹和协调，开始进行新一轮机构改革以有机融合传承与创新，确保服务的获得感。新的组织机构设置分为资源与公共服务部、学习与研究支持部、文化与特藏服务部、平台与技术支撑部、行政管理与合作部、后勤保障与文影部六大部门。是图书馆近三年探索的结晶，具有完全扁平化的特征，各部门内外衔接、相互支撑，部门内协同联动。这使原有的岗位分类、布局、等级及聘任要求进一步优化和明确，岗位设置科学，等级划分合理，各项工作全面兼顾、重点突出，人力配置有效。两次的机构改革始终围绕以泛学科化服务体系为核心，组织一线服务团队与支撑人员队伍。

团队建设的方式有很多种，总结来说包括常态化团队、跨部门团队和拓展型团队。

（1）常态化团队

由固定人员组成的服务团队就是常态化团队，常态化团队的特点是人员稳定、分工明确，团队成员可以有效互补和支撑，一定程度上有利于工作的长效持续开展。例如上海交通大学图书馆的学科服务团队，该图书馆读者服务总部按大学科划分为理学部、工学部、文学部三大学部，每个学部下再按一级学科细分为若干个固定学科团队，每个团队以一名学科馆员、两名咨询馆员和若干辅助馆员组成。

（2）跨部门团队

图书馆工作的推进中也会遇到重大专项和涉及跨部门协作的专项工作，工作内容涉及不同部门的多个方面，此时就需要组建跨部门团队支撑项目的执行。此外，有些常态的工作，也是涉及多个部门的协作，跨部门的固定团队就非常重要。例如，上海交通大学图书馆在学科服务中，一直强调学科馆员要参与资源建设的工作，在资源建设“三一原则”中，“三”代表院系师生、学科馆员和采访馆员；“一”指图书馆工作委员会。“三一原则”的核心是读者需求驱动，即资源建设由“院系师生说了算，学科馆员定基调”，最大限度确保有限经费能满足最合适的需求。所以，资源建设工作团队是由隶属于不同部门的学科馆员和采访馆员共同组成的。跨部门团队的组建更需要注入协同积极的团队文化，这样工作才会更有效的推进。

（3）拓展型团队

前两种团队模式均为图书馆内部组建的团队，但是随着服务的日益深化，图书馆服务的对象和范围也随之扩大。仅仅依靠图书馆的有限人力是不足以完全满足所有师生的需求。为此上海交通大学图书馆探索推出了信息专员制度，由各院系不同科研团队委派1人参加图书馆的高级培训，考核通过后聘任其为学科服务团队的信息专员。信息专员的职责是做好所在科研团队的学科服务工作，并接受学科团队的考核和指导。这种模式的特点是学科服务团队和院系科研团队联系紧密，非常有利于将学科服务嵌入科研，但对信息专员的培训、管理与考核制度还需完善。

图书馆机构机制的健全、服务团队之间的良好协作，是大学图书馆提供高质量服务的前提条件。以学科化服务为例，学科化团队是一支具有开创性的、高效规范的团队，它密切了图书馆与用户之间的关系，改善了图书馆对院系的服务和院系教师对图书馆的态度，提升了图书馆的服务层次。随着学科化服务的不断深入，如何完善学科化服务队伍建设、建立良好的绩效评价体系和激励机制，大学图书馆还面临着长期而艰巨的任务。所以，我们必须注重团队文化的建立，只有这样才能确保服务协同高效地开展。

6.3.3 创新文化促进服务先进精良

创新是民族进步的灵魂，国家兴旺发达的不竭动力，在大众创业、万众创新的旗帜下，大学图书馆必须敢于迎接挑战，为学习创新、学术创新、科研创新等提供辅助支撑。辅助创新完全可以打开思路，在各个方面、每个地方落脚生根。一个创新型的大学图书馆，总要依赖具有创新的环境条件来保证，总要具有创新本质的文化来支撑，可以说，构建一个良好的、有利于创新的文化环境，是图书馆创新发展和服务先进精良的必由之路。同时，在图书馆内部注入一种积极进取的心态并培养一种不断创新的能力，是使大学图书馆保持竞争活力的客观要求。

例如，美国伊利诺伊大学香槟分校尝试使用定位服务改善大学体验，借助学生自主开发的学习伙伴程序，帮助学生定位图书馆内同班同学的位置，帮助学生在图书馆内形成学习小组[35]。上海交通大学图书馆基于“感知、认知、探知”的理念，积极开展新技术展示、体验和应用，首创性地引入了互动屏幕、带有 Kinect 的 Xbox One、3D 打印机、各种新技术支撑的新设备等，让学生有机会亲临体验、感知到新技术魅力，进而通过触摸新技术、认知并领悟其原理，未来经过学习和潜心研究、探知更多的创新技术。

创新文化建设的过程，实际上就是一个图书馆活力激活的过程。创新文化要求图书馆馆员在工作中创新，同时要求图书馆管理层在管理中创新，并且以宽容，支持的态度去鼓励创新。创新使得图书馆的每一个构成元素都活跃起来，以新的构成形式重新组合，形成新的体制，吸纳新的理念新的技术使图书馆的核心竞争力不但加强。

图书馆创新文化是指与创新相关的文化形态，它主要涉及以下几个方面：

(1) 构建图书馆创新文化，要保持观念更新

创新文化环境的建设首先必须基于观念更新。依靠开放进取的观念，创新人才能积极应对科技进步的日新月异，吸纳信息技术发展的技术成果并运用到图书馆的创新服务建设过程之中。实践也证明在各种思想文化相互激荡的今天，只有在创新文化观念的引导下，不断汲取科技文明成果，才能不断生成和发展图书馆自己创新文化，最终促进服务的创新。

(2) 构建图书馆创新文化，要加强制度建设

推动制度建设是实现图书馆管理与服务机制的跨越，建立和完善有利于创新的管理制度和行为规范，为大学的创新提供持续的动力保障，是大学图书馆构建创新文化的重要任务。

发展创新文化，培育创新精神需要观念的支撑，更呼唤制度的保障。创新文化建设离不开制度的承载和支撑，对于创新文化来说，制度不仅能够为创新主体构建一个和谐、稳定的运作机制与社会环境，而且能够营造有利于创新文化成长发展的良好环境和土壤。积极有效的激励机制是科技创新的动力源泉，在整个创新活动开展过程中起着重要的作用，激励机制最根本的目的是正确地诱导创新主体的工作积极性，从而挖掘他们的创新潜能创造更多的财富。

(3) 构建图书馆创新文化，要具备对失败的宽容

创新是对未知世界的探索，其结果是无法事先预料的。探索的过程中将面临多重风险与困难，有一种观点就认为“创新源于试错与容错”，所以图书馆都必须有勇气和魄力直面各种风险挑战。

因此，对待创新风险的积极态度构成营造创新文化环境的重要组成部分。在这样的文化环境中，人们一方面不畏惧创新所面临的风险，普遍具有较强

的创新风险意识，同时对于创新的失败要有宽容精神。这是对图书馆自主创新积极性、创造性的最大保护，有利于馆员创新过程中勇于冒险，大胆探索。

图书馆对创新文化的建设必然以提升大学图书馆服务能力为目标，并带动提升大学校园创新能力。要通过图书馆创新环境氛围的营造、创新激励机制的建立，实现从观念引导到行动实现的过程，这一过程就是创新文化建设和服务的过程。因此，创新文化的建设效果必然是引领图书馆服务的更加精彩。

6.3.4 技术文化引领服务精彩前瞻

回顾图书馆的发展历程，每一次信息技术的变革都影响到图书馆服务手段及方式的升级转变。图书馆的内涵也随之发生巨大变化，从早期藏书楼、图书室等传统图书馆到图书馆自动化，发展到数字图书馆后更符合信息时代的服务需求。随着新的信息技术发展浪潮，社交网络、物联网、移动互联网等技术为图书馆未来发展插上了智能的飞翼。

本书将主要从数字化、物联网和社交媒体三个方面，阐述技术变革对图书馆的服务带来的新转变。

(一) 数字化助力文化传承服务

加强对文化特色资源的管理、研究与利用，是图书馆着力发展的方向。数字化保存与流媒体等技术的运用可以管理文化数字资源，促进资源的共享与传播。特别是珍贵的文化资源类型多样，数字化保存的目标是对各种纸质和多媒体资源，包括图书、专著、论文、照片、音频、视频、手稿、书画作品等进行数字化加工，生成各种类型元数据信息，并完成元数据组织整合与数字对象的链接。同时，采取备份机制以及长期保存策略来保障数字资源的长期存储与可获取。

数字化保存技术助力文化传承服务的意义主要在于：

(1) 信息时代的文化传承、传播以及文化生活、文化消费与技术密不可分。数字技术有利于实现多维度立体展示珍贵文化资源的成果。现代信息技术手段的引入，将更贴近青年学子，也便于更好地宣扬与弘扬科学精神和人文素养，建立激励后学奋进的重要网络教育平台。

（2）对于珍贵文化资源的数字化保存，体现图书馆对相关文献实物及资料最完整、最系统、最全面的收藏保存中心功能。

正是依托各种技术、资源、设备和环境支撑，数字化保存技术对纸质文献和多类型资源的数字化、多媒体编辑制作和资源保存提供了新的实现方式。数字化保存技术实施的成果是实现各类教育资源的长期保存与在线服务，不断扩大大学校园文化的服务受众面，提升大学校园文化资源的建设与传承。表6-2中显示的是近年来，上海交通大学图书馆完成的重大文化资源建设成果。

表 6-2　上海交通大学图书馆部分数字资源

时间	项目	成果
2012.6-2012.11	李政道数字资源中心	完成李政道先生所有资料的数字加工、图像处理与长期保存。数字资源中心于2013年4月正式开通上线。
2013.4-2015.5	契约文书数字加工与编目	完成上海交通大学历史系收集的契约文书扫描、图像处理35万页，主题标引7万条，并建立数据库平台提供数据共享服务
2013.1-2016.12	境外中国现代人物传记资料整理与研究	陆续完成上海交通大学传记中心收藏7100余种资料的数字加工与编目，并建立数据库平台提供数据共享服务
2013.7-2013.10	中国传媒领袖大讲堂	与上海交通大学人文艺术研究院合作完成中国传媒领袖大讲堂授课内容的录制、编辑和发布
2015.12-2017.3	走进能源科普影视创作	与上海交通大学能源研究院合作完成走进能源科普系列影视视频的制作与发布

正是通过图书馆对珍贵资源的数字化保护与开发工作，资源“藏”与“用”的矛盾等到缓解，既满足对珍贵文献资源的使用与研究需求，又保护了原始文献。目前，已经有海量文献资料完成数字化，以及原生数字资源的大量涌现。对数字化资源继续使用传统的标引、编目、组织、检索和利用手段已不再能完全满足需要。数字人文技术悄然兴起，语义技术、地理信息系统

和文本分析等技术的综合运用恰恰为图书馆的数字化建设与服务注入新的发展原动力。

（二）物联网打造智慧图书馆

物联网的概念最初来源于网络无线射频识别系统，主要是通过信息传感设备，按照约定的协议，把任何物品与互联网连接起来，进行信息交换和通信，以实现智能化识别、定位、跟踪、监控和管理的一种网络。无线射频识别（Radio Frequency Identification，RFID）作为物联网感知层重要的感知技术应用于图书馆等信息服务业后，可以大幅提高管理与运作效率，降低成本，成为重要的智能化基础设施，因此 RFID 技术也被认为是构建智慧型图书馆服务的基石，日益受到关注，发展也非常迅速。特别是 RFID 技术的应用，则带给大学图书馆全新的服务理念和管理模式，进一步促进图书馆服务及管理的人性化、自由化、智能化发展趋势。此外，RFID 技术在大学图书馆的应用，将在基础服务、人力资源配置、读者关系管理、服务创新和推广、辅助决策等方面，产生显著的影响，并将对图书馆服务管理带来深刻的变化。

图书馆的基础服务最重要的部分即为流通阅览服务和管理，传统的流通阅览服务管理采用手工操作，工作内容多为重复性的体力劳动。采用 RFID 技术，图书馆可以在以下几个方面发生转变：

（1）实现自动借阅，提高工作效率，增加图书借阅量。

（2）在清查书目方面，提高馆藏书目的准确性。

（3）能够简化文献加工，实现精确典藏。

（4）能够细化文献馆藏地址，实现文献定位导航。

（5）增加可出借文献类型（薄片的乐谱、图册、DVD 等）。

（6）可延长服务时间，延伸服务空间，实现自助式和 24 小时的人性化、全天候服务。

RFID 技术应用于大学图书馆不仅节省人力成本，还提高了工作效率和整体服务水平，实现了馆藏文献管理的智能化。大学图书馆服务管理重心的转变，势必引起一些创新型服务内容广泛开展。这些新型服务是否受到读者的欢迎，是否能够促进高校教学和科研，都需要提前进行充分的调研。通常调研是通过信息调查反馈表来完成。信息调查反馈表（以下简称反馈表）一般有纸质和电子两种形式。纸质反馈表对于学习和科研任务越来越重的高校师生来说，不太受欢迎，而且发放、收集反馈表信息也给工作人员增加很多工作量，而电子反馈表很难受到读者的关注。再加上反馈表的问题设计有时不够权威、全面等，以上种种原因常常导致调研结果达不到预期效果。

RFID 技术可以提供大量有关读者及其需求的信息，通过这些信息可以预测读者需求趋势。同样，通过对数据的分析和挖掘，也可以预测图书馆新增服务项目是否受欢迎、受哪些读者欢迎。RFID 技术在大学图书馆的运用使得图书馆的服务创新和推广实现了“有据可依”。

RFID 技术还可以记录文献的利用历史、读者使用数据，能够得到最精确、最及时的信息，通过分析模型提供给决策者准确的策略，并对执行效果进行智能化评估，从而为合理的图书馆各项服务建设提供客观的决策，提升图书馆服务管理的“智能化”。

（1）为文献流通提供改进和创新方案

通过 RFID 技术得到动态的借阅数据，分析借阅量和借阅策略的影响因素，为决策者提供文献流通的改进和创新方案，及时落实图书推荐和剔旧计划，提高信息资源流通的效率。

（2）为资源建设提供辅助决策

RFID 技术可以记录文献的利用历史、读者使用数据，根据累积的数据分析读者偏好，从而为合理的资源建设提供客观的决策，实现资源建设的动态管理。

（3）为读者信息服务提供决策

RFID 技术引入大学图书馆，使得图书馆服务重心转向多元化、人本化、学科化服务，而大学图书馆了解和掌握高校读者的需求和资源使用行为，是开展以上咨询及信息服务的一个非常重要环节。从读者使用图书馆的数据信息可以挖掘与教学和科研相关的许多信息，通过分析不同读者、不同时期的信息需求趋势，进而为读者提供主动的、高层次的、个性化的信息服务。比如学科化书目的自动推送。

（三）社交网络丰富沟通渠道

社交网络即社交网络服务，源自英文 SNS（Social NetworkService），这是一种为帮助人们建立社会性网络的互联网应用服务，其主要作用是为一群拥有相同兴趣与活动的人建立在线社区。这类服务往往被聚合起来，演变成一个基于互联网，为用户提供各种联系、交流的社交网络平台。微博的出现的确创造一个真正的双向传播和新媒体的时代[36]，参与的用户不但可以创造内容，更重要的是可以实时地创造内容，随时随地地创造内容。同时也可以通过社交关系的建立，能够实时地、快速地去传播内容。社交网络在迈入自媒体的时代后，给整个媒体行业、媒体的产业链带来的影响，带来的冲击是非常巨大的。

当前关于社交网络的研究内容已经随着基础调研、构建方法研究、传播模式等理论研究而逐步深入，进入具体实际应用阶段。不论是公共图书馆还是大学图书馆都有开创社交网络在图书馆服务营销方面实际应用的案例[37]，以此丰富服务营销手段。研究表明[38]，当前以微博、微信为代表的国内图书馆社交网络应用已从起步阶段进入到发展阶段，但是社交网络服务的体系设计与服务内涵还有待进一步深化和提高。

借助社交网络信息平台，可以方便地建立一个社交网络信息生态模型。以官方微博平台为例，上海交通大学图书馆所处的信息生态模型如图 6-8 所示。

在这个模型中，图书馆官方微博作为机构微博，在定位上更偏向于信息的传播者，微博促使更多用户接触到优质信息，同时增进与微博普通用户之间的信息反馈，是新型传播渠道的一个有效途径。

对于整个微博信息生态而言，各种类型的微博源加入使得海量的信息流入，结合自身真实的社会化网络，信息传播的质量和范围都得以保证。这些特殊的传播者与受众促成上海交通大学微博生态圈与社会微博生态圈的有机融合，在信息传播过程中各自扮演了举足轻重的角色。基于微博信息生态模型，上海交通大学图书馆微博服务的主要形式有官方微博和馆员微博两种组成。在信息传播的过程中，通过交叉式的互动实现微博服务营销与传播。交

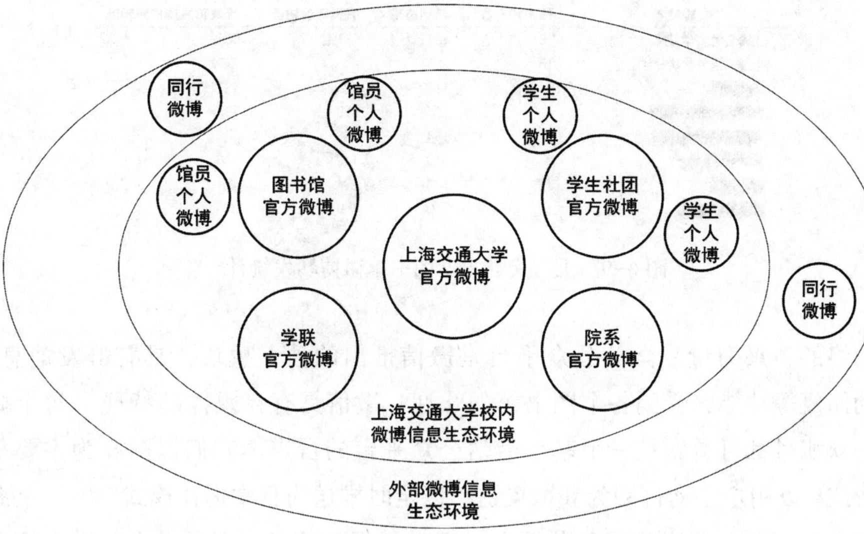

图 6-8　上海交通大学微博信息生态模型

叉式的互动主要体现在学校官方微博、校内各单位、学生团体、图书馆、学生教师个体之间可以在这个模型内进行扁平式的信息交流。

微博服务可以达到传统传媒无法实现的传播效果。由于传播方向明确且基于真实好友关系，受众的反应比较明显。不仅拓展信息的传递范围，还能达到较好的传播效果。微博作为信息传播的新平台，大量普通用户参与信息传播的方式正在改变图书馆固有宣传营销模式和形态。从这个角度讲微博实实在在体现新媒体的双向传播作用。

另外，日常微博数据的统计与分析也是一项重要的工作，可以更深一步了解微博数据背后可能包含的一些隐性内容。一般需要统计的指标值主要有：转发量，这个指标能在一定的程度上，反应引发话题的能力，及所发话题的传播覆盖程度。图 6-9 是某条热门微博的转发量统计图表，可以揭示该条微博呈现的辐射数量级。其次就是短网址流量，短网址常用于专门缩短推广链接，便于缩短后的链接可以方便的在微博等 SNS 平台中进行传播。借助第三方工具能统计详细的宣传效果。

近年来，随着智能终端的普及，微信自发布后，迅速占领市场，成为社

#	转发者	带来转发量	粉丝总量	转发者的粉丝	带来转发用户的粉丝
1	上海交通大学微博	351	134791	63798	70993
2	上海交通大学研究生会	15	2854	-	2854
3	[redacted]	6	1393	72	1321
4	[redacted]	4	2055	483	1572
5	[redacted]	3	194	15	179
6	[redacted]	2	512	142	370
7	[redacted]	2	334	29	305
8	[redacted]	1	550	160	390

图 6-9　上海交通大学图书馆微博转发统计

交网络的新兴力量。微信公众平台是微信推出的独立模块，具有群发消息、自动回复等功能，受到各个图书馆的欢迎。微信具有自媒体的特征“每个微信公众账号都可看做是一个基于微信公众平台的自媒体它们以图文为主要呈现形式，以用户主动订阅为获取渠道，以定时推送为日常运作模式”[39]。上海交通大学图书馆利用微信公共平台，实现了服务信息、资源动态、讲座活动等的定期推送，拉近了与读者之间的距离，实现了一对多的广播。同时利用留言模块与读者进行实时交流，实现了一对一的定向沟通。

上海交通大学图书馆进行微博服务营销已有六年，开展微信服务营销也近三年，主要经验体会有以下几点：第一，大大拉近图书馆与读者之间的距离，信息传递更为直接；第二，图书馆进行信息发布时不仅仅是单向传递，往往可以从粉丝收到有价值信息反馈；第三，单独的社交网络服务效果有限，有必要整合群体的力量扩展服务效果，可以使营销效果成倍增长。

社交网络中迅速发展，成为国内图书馆界研究的一个热点。到目前为止，微博、微信的应用已经进入具体实践阶段。在实际应用过程中，各馆可根据实际的用户使用倾向性以及具体的业务需求选择适合的社交网络构建服务体系与深化服务内涵。

6.3.5　学习文化强化服务生态持续

“图书馆的未来系于图书馆员，而图书馆馆员的未来亦取决于图书馆。——谢拉（Shera）”。面对不断变化的信息环境、用户需求环境和技术应用环境，图书馆开始逐步关注对馆员的能力建设与培养：提升馆员职业修养、优化馆员知识结构、更新专业知识、提高业务技能、完善服务理念和思路，营造图书馆内积极健康向上的学习文化环境或“精神氛围”，保证馆员始终具备向用户提供高质量、前瞻性信息服务的能力，为读者服务的能力。

大学图书馆身处高校这一高素质人才密集的大环境，肩负着支撑教学科研的重任，需要向师生读者提供前瞻性的信息分析和跟踪服务，这对馆员的能力提出了更高、更全面的要求：

第一、全面的综合素质

随着信息时代的到来，当代大学图书馆更多地承担着信息发现、收集和分析的角色。大学图书馆员应成为信息的导航员，具有复合型的知识结构：图书情报知识、计算机技术、外语、一门或多门其他专业知识。馆员应具备的素质也从单一的专业素养向综合素养转变，包括人际交流能力、新技术操作技能、教学与表达能力、分析与评价能力、团队合作能力等。

第二、积极主动的学习能力

信息资源与日俱增、信息技术日新月异，大学图书馆员必须适应信息环境发展的需求，要始终保持积极主动的学习意识，并具备充分的自主学习能力，不断更新自身的知识库和技能，以适应不断提升的服务需求。

第三、敏锐的行业洞察力

敏锐的行业洞察力是服务创新的源泉，是保证服务品质且可持续发展的决策性因素。同时，敏锐的行业洞察力源于馆员本身所具备的扎实的业务功底、前瞻性的理论技术概念及对读者需求的深层次分析等。

本书将主要从学习内容、学习形式和学习保障机制三个方面，阐释图书馆学习文化对现代大学图书馆服务的影响。

(一) 大学图书馆馆员学习培训内容

馆员学习内容主题主要涉及：图情基础知识（图情理论、基本知识等），职业道德（职业精神、道德准则等），专业技能（信息检索技巧、工具的使用、查证、查引、科技查新技能等），前沿追踪（图情领域国内外热点问题与现象）以及其他素养（除图书情报专业以外的知识和技能）等方面。结合学科化服务的需求和特点，图书馆应该重点从以下五个方面的设计学科馆员培训体系的内容。

(1) 信息素养培训

馆员尤其是学科馆员扮演着信息资源收集、整理、挖掘与传递的角色，因此必须具备较强的信息素养，(Information Literacy)——“能够判断什么时候需要信息，并且懂得如何去获取信息，如何去评价和有效利用所需的信息”[美国图书馆学会（American Library Association，ALA）]，包括了解信息资源，利用信息工具，选择、获取、识别信息，加工、处理、传递信息并再创造信息的能力等。现阶段，信息技术本身不断进化，信息资源总量不断扩大，信息获取途径也日新月异。因此，紧跟发展步伐，及时对学科馆员进行信息素养培训是确保学科馆员成为“信息专家”的必要手段。

(2) 新技术培训

学科馆员作为新技术的跟踪应用者，必须具备较强的计算机与网络使用能力，能及时掌握和更新信息技术（Information Technology）知识（特别是计算机、网络方面)，并结合工作需求将其巧妙地运用到学科服务中去。因此，有必要及时地向学科馆员普及最新的IT知识，如新媒体、手机阅读、电子图书等，同时要充分启发学科馆员思考和探索新技术在学科服务中的运用。

(3) 教学技能培训

学科馆员作为高等教育者，讲课是传播知识的基本手段。为了运用好这一手段，每位学科馆员都要学习掌握基本的教学理论，以及教学设计与讲课的实用技巧。例如：如何进行课程设计，如何协调好文字语言与肢体语言的运用，如何制作教学课件，如何在课堂上与学生互动交流等。

(4) 科研能力培训

科研能力是一个人在其所从事的专业中，以科学的思维和适当的方法，对未知领域进行科学探索的能力。它是一个人专业知识深度和广度的综合体现，可反映其发现问题、认识问题和解决问题的能力。科研能力的高低很大程度上反应了一个人职业能力的强弱，因此，科研能力的培养对于馆员职业生涯的发展是非常重要的。

(5) 综合素养培训

学科馆员是图书馆与读者沟通的桥梁和纽带，不仅需要具备较高的专业素养，还必须具备较强的综合能力，包括：团队合作、交流沟通（面对面、书信往来、电子邮件、电话等)、策划营销、客户服务等。加强馆员综合素养培养有助于塑造服务团队良好的精神风貌和整体形象，显著提升工作成效。

(二) 大学图书馆馆员学习培训形式

图书馆可采用各种方式对馆员进行有目的、有计划的培养和训练，针对不同系列的培训内容，可以选用灵活多样的培训手段，必须始终坚持“学习与实践相结合，培养与实用相结合”的方针，避免只采取单一、枯燥的传统授课方式，应鼓励和提倡运用网络视频教学、开会研讨、访问游学等多种不同方式，让培训不再受时间地点的限制，让学科馆员有机会与世界各地的同行进行交流学习，让培训真正落到实处，发挥功效。

(1) 轮岗培训

轮岗培训较适合作为新进馆员入职后的上岗前培训，可以使得新进馆员在较短的时间内，全面了解图书馆的基本运作，尽快适应各工作岗位的需求。在培训结束时，图书馆还可以结合个人的轮岗表现，更合理的安排新进人员的工作岗位。

图书馆可按照一定的分组和顺序要求新进馆员在各部门岗位上进行轮岗实习和锻炼。结合各部门的业务特点和实际工作需要具体分配在各部门的实习时间，长的为一周左右，如读者服务部门、采访编目部门等；少的则1~2天，如技术部门、情报分析部门等。例如，读者服务部门是直接面向读者，提供各项服务的主力部门，除做好日常借阅管理工作外，重点是面向院系开展各种学科服务，同时针对不同学科特点，其服务又各有特色。因此，从基础的读架、统架，到各具特色的深层次学科服务，新进人员可以以实习生的身份加入各学科服务团队中，较快地掌握最新技能，切实体验各项具体工作。

(2) 讲座培训

传统的图书馆学习形式多侧重于采用集中授课培训的方式。馆员培训，指根据各图书馆发展及工作实际，采取多种多样的形式对馆员进行有计划、有组织、多层次、多渠道的培养、教育和训练活动。图书馆可整合各方资源，定期组织安排馆员素养培训讲座。例如，安排馆内资深馆员作相关技能介绍，邀请馆外专家、学者作最新学术报告，安排出访馆员作馆外学习交流情况汇报等。

（3）会议交流

通过受训者之间的语言交流来解决疑难问题，巩固和拓展已经学习的知识。这种交流有助于先进经验的传播，又可以对一些焦点、热点问题进行讨论，寻求解决办法。图书馆应鼓励专业人员认真学习、勤于思考，多撰写学术论文，踊跃参加各项学术会议和活动，比如，图书馆学会的年会、港澳台地区的学术会议、IFLA大会、其他院校图书馆等组织的国内、国际性的会议和论坛等。

（4）馆员访问

图书馆可以派专业馆员去到国内外知名图书馆，作为“访问馆员”进行考察、访问、进修，同时也可以邀请国外图书馆专业人员作为“访问馆员”来到馆内，进行交流合作。图书馆可以从这种地区间、国际间的馆员访问交流中，增进友谊，获得新的知识和管理方法，使馆员增长见识，提高素质。

（5）远程培训

随着网络和计算机的普及，馆员培训也应该充分利用网络、视频和录像等形式，消除培训在时间和地域上的限制，让培训学习变得更方便、快捷。同时，也契合快速的工作节奏，培养馆员的自学能力和意识，提倡馆员结合自身需要和日程安排自由选择学习的课程，最终实现优化知识结构的目的。

（6）模拟课堂

为馆员们，特别是缺乏经验的馆员们提供讲课机会，让他们把培训所学知识和技巧运用到实践中，做到学习与实践相结合，并采取互动讨论、点评指导等形式，形成“老帮新，老带新”的局面，形成一种“边学边练”的培训模式，使馆员们在实践锻炼中不断进步。

（7）在职进修

高校作为高素质人才集中的地方，对图书馆员的专业和学历要求也越来越高，特别是学科馆员，不但需要其具备扎实的图书、情报知识，同时又要求其尽可能地熟悉对口服务的专业知识。从工作需求来看，如果学科馆员能同时具备图情和某一专业两种学科背景，将非常有利于其在某专业开展深入地学科服务。但是，目前我国的图书馆专业人才培养还未能实现对这一人才需求的保障，学科馆员主要分为单一的图情背景或单一的某学科背景人员，因此，大学图书馆应该鼓励学科馆员选择“在职进修”的方式，允许其根据自己的实际情况，在图情或某一专业领域进行进一步深造。

（8）信息推送型学习

关注国内外图书馆的发展动向，从国内外图情领域的权威出版物中精选出部分学术价值高、实用性强的文章进行汇编，向全馆馆员推送图书情报专业前沿知识的导读，例如上海交通大学图书馆每月向馆员推送的《图情新讯》。选编的文章包括：图情领域热点问题的前瞻性研究，图书馆工作的实践探索，图林博客圈中喜闻乐见的博文精品，重点展示国内外图书馆尤其是大学图书馆的最新发展动态以及有代表性的研究和实践成果。使馆员们以最快的速度、最简洁的方式获取业内前沿信息，为培养其敏锐的行业洞察力打下良好的基础。

（9）其他各类组织学习

馆员可以将各类任务、兴趣、项目作为平台，在共同完成某一任务的过程中，不断挖掘学习的欲望和潜能，最终实现能力提升的目的。例如：2009年起，交大馆成立了“焦饭团”，即交大图书馆泛技术小组，该小组以图书馆内的研究型馆员为核心、吸引有兴趣的馆员共同参与。“焦饭团”成立以来，会定期（年会）和不定期组织以泛技术、泛服务为主题的头脑风暴活动。活动形式新颖活泼，开放民主，提倡不同业务部门间的交流，激发馆员的学习、研究与工作热忱，带动馆内科研与业务工作的相互促进。该团体还与厦门大学图书馆共同组织开展“焦饭团·虾饭团学术联谊”活动，就图书馆最新技术与创新运用，定期通过头脑风暴的形式进行学术交流[40]。目前，由“焦饭团”产生的若干金点子已经被图书馆采纳并实施。

（三）学习培训保障机制

为了保证常规培训的正常开展，大学图书馆应建立相应的制度进行保障。

（1）建立长效的培训制度

目前我国大学图书馆很少有建立学科馆员培训制度的，有的也只是一些短期的、零星的、不系统的培训计划，并没有形成长效的、系统的培训制度，以致学科馆员的培训机会少之又少。随着我国学科馆员制度的建立和发展，学科馆员在高校教学和科研中的作用及地位越发显得重要。为了提高学科馆员的素质能力，保障其对师生的服务质量，我国大学图书馆必须吸取国外大学图书馆的成功经验，并结合我国实际，给学科馆员提供更多的培训和学习机会，让学科馆员的培训学习常态化、制度化，建立健全学科馆员培训制度。如奥克兰大学图书馆就成立了图书馆培训委员会，设置了教学与培训部和人力资源部，由他们专门负责学科馆员日常培训，保证了学科馆员素质的提升和专业知识的不断更新。

（2）实行完善的资格认证制度

职业资格认证制度是学科馆员设置的基础与保障，其主要作用是对准学科馆员的任职资格做科学、公正的评价，从而保证学科馆员队伍的整体素质。新西兰的学科馆员必须经过新西兰图书馆和信息协会（LIANZA）的专业认证注册后方能从业。该协会要求注册者必须拥有图书情报专业的硕士学历，并且注册前需接受指定的职业培训，以确保获得足够的实践经验。当注册成功后，每三年需定期更新专业注册证明，这就使注册者压力与动力并存，必须时刻保持着积极学习的意识和态度。这也从侧面印证了学科馆员培训制度建立的重要性和必要性。除新西兰以外，美国、英国、日本等发达国家也早已普遍实行图书馆从业者的资格认证制度。我国虽然早在1994年就已颁布了《职业资格证书制度》，并在许多行业中取得成功经验，但是我国图书馆界至今仍没有实行职业资格证书制度和专业人员认证制度。这也就是目前我国图书馆从业人员整体素质不高，学科馆员的知识结构不合理的症结所在。我国也可以向发达国家学习，借鉴他们的成功经验，采取切实可行的措施，尽早在我国实行完善的学科馆员资格认证制度。

目前，国内CALIS三期馆员素养培训与资质认证项目即是一个很好地实践探索，该项目由上海交通大学作为组长单位，于2010年3月启动，2012年5月底通过教育部验收。举办了5期学科馆员培训班、2期馆长高级研修班、2次西部地区专家巡讲，以及国际师资聘请、教师学员研讨会、访问馆员培训、综合业务培训等培训与活动。该项目通过现场授课、远程培训、在线研讨、主题研修、地区巡讲、访问馆员、头脑风暴等多种形式，以学科馆员培训作为重点实施项目，以馆长研修班为高端实施项目，同时，通过一定数量的访问馆员、地区巡讲等形式，以及委托省中心承办具有较大覆盖面和影响力的综合业务培训，扩大培训受益面，为中国大学图书馆培养出一批具有实干能力及创新精神的骨干专业队伍，是国内图书馆届普及学科化服务理念与方法、探索馆员培训、认证体系的一次重要实践，促进了我国图书馆事业健康、快速、有效发展，时任北京大学图书馆朱强馆长高度评价该工作“居功至伟”。

（3）建立有效的培训评估制度

当学科馆员的培训工作制度化，并纳入日常工作时，为了保证培训发挥作用，及时验证培训成效，就必须建立相应的培训评估制度。大学图书馆可采取多种方式获得评估的依据，可向学生发放调查问卷，了解学生对学科馆员服务的满意程度；也可以利用与院系教师座谈交流的机会，获得教师们的反馈意见。以上两种途径都是从学科馆员的日常工作情况入手，侧面反映培训的效果。

另一较为直接的方法是将培训的内容条目，对应培训的能力，实际达到的效果及程度分制定成完整的培训评估指标体系。定期（每学期或每学年）对学科馆员进行评估，可以结合知识竞赛、技能比拼等形式对学科馆员的学习情况进行摸底和考核。并针对评估结果与学科馆员进行座谈交流，实行褒贬奖惩。同时，鼓励学科馆员结合指标体系对自己的培训情况进行归纳总结，自我剖析，了解自己的现状，为进一步培训奠定基础，从而形成一套系统的评估体系，激励学科馆员的不断成长。

结语

总之，编织和谐文化是维持图书馆生态发展的灵魂。和谐文化是保障图书馆服务生态、长期可持续发展的重要一环，因此，编织和谐文化必须贯穿于改革创新发展的始终，起到维系发展灵魂的作用。在信息爆炸与知识服务的时代，转型已经成为高校图书馆发展的必然趋势。高校图书馆必须以更加开放的发展眼光和创新思维，不断调整和改变常规的服务模式和管理思路，只有如此，才能适应高等教育发展所赋予图书馆的使命。同时，图书馆也需要在理念体系、机构管理、业务运行与组织文化等几个重要层面，不断寻求变革与突破，加强管理体制和内涵建设，以便从被动发展模式转变为适应变化、用户驱动的主动创新体。

参考文献

[1] 殷海光．中国文化的展望［M］．上海：上海三联书店，2002：28.

[2] 方克立，周德丰．中国文化概论［M］．北京：北京师范大学出版社，2010：3.

[3] 王惠君，荀昌荣．图书馆文化论［M］．长沙：湖南大学出版社，2004.

[4] 百度百科．文化［EB/OL］．［2016-06-04］．http：//baike. baidu. com/subview/3537/6927833. htm？ fr = aladdin#2.

[5] 黄宗忠．图书馆学导论［M］．武汉：武汉大学出版社，2013.

[6] 王黎，秦红．大学图书馆文化论［M］．成都：西南交通大学出版社，2007.

[7] 柯平，张文亮，唐承秀．国内外图书馆文化研究述评［J］．图书情报工作．2013（12）：5-15.

[8] 吴建中．转型与超越 无所不在的图书馆［M］．上海：上海大学出版社，2012.

[9] State of America's Libraries Report 2016［EB/OL］．［2016 - 07 - 04］．http：//www. ala. org/news/sites/ala. org. news/files/content/state-of-americas-libraries-2016-final. pdf.

[10] 国务院关于印发统筹推进世界一流大学和一流学科建设总体方案的通知［EB/OL］.［2016 - 04 - 01］．http：//www. gov. cn/zhengce/content/2015 - 11/05/content _ 10269. htm.

[11] 2010年第三届图书馆管理与服务创新论坛@东南大学图书馆［EB/OL］．［2016-12-28］．http：//cflms. lib. sjtu. edu. cn/2010/index. html.

[12] 刘勇，王长金．图书馆文化对服务创新的影响路径及其建设策略［J］．图书馆建设，2014（2）：58-60，57.

[13] 程亚男．组织文化与文化塑造——图书馆管理的视角转换［J］．中国图书馆学报，2004（3）：30-32.

[14] 石伟．组织文化［M］．上海市：复旦大学出版社，2010. 09.

[15] 柯平．从科学管理到文化管理：关于图书馆组织文化的战略思考［J］．大学图书

馆学报；2013（3）：44-49.

[16] 刘兹恒，徐建华，张久珍．现代图书馆管理［M］．北京：电子工业出版社，2010：233.

[17] 百度百科．管理，管理文化［EB/OL］．［2016-06-04］．http：//baike. baidu. com/view/18841. htm? fr = aladdin，http：//baike. baidu. com/view/3198967. htm.

[18] 马莎．大学图书馆文化建设与创新［M］．成都：西南交通大学出版社，2008.

[19] 百度百科．环境文化［EB/OL］．［2016-06-04］．http：//baike. baidu. com/item/%E7%8E%AF%E5%A2%83%E6%96%87%E5%8C%96? sefr=cr.

[20] 郭卫宁．大学图书馆空间革命——美国北卡罗莱纳州立大学亨特图书馆见闻启示录［J］．图书馆学研究，2016，92-96.

[21] 郝玲．图书馆建筑的环境与艺术设计研究［D］．西安：西安建筑科技大学，2006：10.

[22] 黄东翔．复合型大学图书馆读者空间研究［D］．清华大学，2012.

[23] IFLA. IFLA Library Building Guidelines：Developments & Reflections［EB/OL］．［2016-04-01］．http：//ir. nmu. org. ua/bitstream/handle/123456789/143545/ec5de359d5b331f4b5fd8cf6b5ba624d. pdf? sequence=1.

[24] The University of Chicago. Library Mission，Vision and Values［EB/OL］．［2016-04-01］．http：//www. lib. uchicago. edu/e/about/mvv. html.

[25] The University of North Carolina at Chapel Hill. The Library and the Mission of the University（2013-2015）［EB/OL］．［2016-04-01］．https：//library. unc. edu/wp-content/uploads/2014/02/UNC-Library-Strategic-Plan. pdf.

[26] Yale University. Anne T. and Robert M. Bass Library［EB/OL］．［2016-04-01］. http：//web. library. yale. edu/building/bass-library.

[27] Cornell University. Vision and Mission［EB/OL］．［2016-04-01］．https：//www. library. cornell. edu/about/inside/mission.

[28] ARL. Innovative Spaces in ARL Libraries：Results of a 2008 Study［EB/OL］．［2016-04-01］．http：//www. arl. org/storage/documents/publications/innovative-spaces-2009. pdf.

[29] 张晓林．颠覆数字图书馆的大趋势［J］．中国图书馆学报，2011，(05)：4-12.

[30] ARL. Innovative Spaces in ARL Libraries：Results of a 2008 Study［EB/OL］．［2016-04-01］．http：//www. arl. org/storage/documents/publications/innovative-spaces

-2009. pdf.

[31] 百度百科．导向标识系统［EB/OL］．［2016-04-01］．http：//baike. baidu. com/view/9379245. htm.

[32] 于蓓莉，李桂华．国外图书馆协会图书馆服务制度制定研究［J］．图书馆，2011（2）：75-77.

[33] 苏瑞竹．图书馆与人文关怀［M］，南宁：广西人民出版社，2006.

[34] 邓岳，李桂华．图书馆内部服务制度建设研究［J］．国家图书馆学刊，2011（3）：14-18.

[35] 新媒体联盟地平线报告（2015 图书馆版）［J］．北京广播电视大学学报，2015，5：39-49，60.

[36] 曹国伟．在中国开创微博时代［EB/OL］．［2016-04-01］．http：//dangjian. people. com. cn/GB/15957162. html.

[37] 司姣姣．图书馆开设微博的实践探索［J］．图书馆杂志，2011（5）：31-34.

[38] 张楠．微博在国内图书馆中应用状况调查及相应发展对策［J］．图书情报资料工作，2012（1）：102-104.

[39] 黄浩波．高校图书馆微信服务现状及建议［J］．图书馆学研究．2014（3）：60-63，93.

[40] 李杨；潘卫；徐璟．大学图书馆馆员学习机制的创新实践与思考［J］．图书馆建设．2013（12）：80-83.

后　记

时光荏苒。从 2012 年组稿，到陆续完成稿件，这期间学科化服务的发展日新月异。

本书的完成，来源于上海交通大学图书馆近些年开展学科化服务实践探索的智慧结晶，也得益于蓬勃发展的大学图书馆行业同仁们的共同努力。陈进负责全书选题及研究框架设计，兰小媛负责第一章，宋海艳负责第二章，李芳负责第三章，参与编撰的人员包括彭佳，黄栋晓，张迪。潘卫和高协负责第四章，参与编撰的人员包括汤莉华、付佳佳、杨眉、刘宁静。郭晶负责第五章，参与编撰的人员包括孙翌、杨莉、黄琴玲、张洁、胡银霞。徐璟负责第六章，参与编撰的人员包括陈晶晶、张叶蓁、王昕、陈琛。全书由陈进负责审核、定稿。在此对各位老师为本书所付出的辛勤劳动表示最衷心的感谢。

大学图书馆泛学科化服务是一项处于探索和不断发展中的服务模式，本书疏漏之处在所难免，敬请读者指正。

后记

[illegible]